Ihre Arbeitshilfen zum Download:

Die folgenden Arbeitshilfen stehen für Sie zum Download bereit:

- Musterverträge
- Musterschreiben
- Kündigungsmuster
- Zeugnismuster u.v.m.

Den Link sowie Ihren Zugangscode finden Sie am Buchende.

Kostenlos mobil weiterlesen! So einfach geht's:

 1. Kostenlose App installieren

 2. Zuletzt gelesene Buchseite scannen

 3. Ein Viertel des Buchs ab gescannter Seite mobil weiterlesen

 4. Bequem zurück zum Buch durch Druck-Seitenzahlen in der App

Hier geht's zur kostenlosen App:
www.papego.de
Erhältlich für Apple iOS und Android.
Papego ist ein Angebot der Briends GmbH, Hamburg
www.papego.de

Arbeitsrecht – ein Crashkurs

Uwe Ringel

Arbeitsrecht – ein Crashkurs

3. Auflage

Haufe Group
Freiburg · München · Stuttgart

Bibliografische Information der Deutschen Nationalbibliothek
Die Deutsche Nationalbibliothek verzeichnet diese Publikation in der Deutschen Nationalbibliografie; detaillierte bibliografische Daten sind im Internet über http://dnb.dnb.de abrufbar.

Print: ISBN 978-3-648-12401-7 Bestell-Nr. 14011-0003
ePub: ISBN 978-3-648-12402-4 Bestell-Nr. 14011-0102
ePDF: ISBN 978-3-648-12403-1 Bestell-Nr. 14011-0152

Uwe Ringel
Arbeitsrecht – ein Crashkurs
3. Auflage 2019

© 2019 Haufe-Lexware GmbH & Co. KG, Freiburg
www.haufe.de
info@haufe.de
Produktmanagement: Christiane Engel-Haas

Lektorat: Lektoratsbüro Peter Böke, Berlin
Satz: Reemers Publishing Services GmbH, Krefeld
Umschlag: RED GmbH, Krailling

Alle Angaben/Daten nach bestem Wissen, jedoch ohne Gewähr für Vollständigkeit und Richtigkeit. Alle Rechte, auch die des auszugsweisen Nachdrucks, der fotomechanischen Wiedergabe (einschließlich Mikrokopie) sowie der Auswertung durch Datenbanken oder ähnliche Einrichtungen, vorbehalten.

Inhaltsverzeichnis

Vorwort zur ersten Auflage		13
Vorwort zur dritten Auflage		17
1	**Rechtsgrundlagen**	**19**
1.1	Europarecht	19
1.2	Verfassungsrecht	22
1.3	Gesetz	23
1.4	Tarifverträge	24
1.5	Betriebsvereinbarungen/Dienstvereinbarungen	25
1.6	Arbeitsvertrag	26
1.7	Weisungen	27
2	**Individualarbeitsrecht**	**29**
2.1	Begriff des Arbeitsvertrages – Abgrenzung zu anderen Vertragsformen	29
2.2	Anbahnung des Arbeitsvertrages	31
	2.2.1 Stellenausschreibung	31
	2.2.2 Vorstellungsgespräch	32
	2.2.3 Personalfragebogen/Recherchen in den Social Media	32
	2.2.4 Bewerberauswahl	35
	2.2.5 Auslagenerstattung	36
2.3	Abschluss und Form eines Arbeitsvertrages	38
	2.3.1 Zustandekommen eines Arbeitsvertrages	38
	2.3.2 Vertretung bei Abschluss eines Arbeitsvertrages	39
	2.3.3 Form des Arbeitsvertrages (Nachweisgesetz)	40
	2.3.4 AGB-Kontrolle	42
2.4	Betriebliche Übung	44
2.5	Anspruch auf Gleichbehandlung	45
2.6	Anfechtungsmöglichkeiten des Arbeitsvertrages	46
3	**Inhalt des Arbeitsvertrages**	**49**
3.1	Dauer des Arbeitsverhältnisses	49
	3.1.1 Unbefristetes Arbeitsverhältnis	50
	3.1.2 Befristetes Arbeitsverhältnis	50

Inhaltsverzeichnis

		3.1.3	Arbeit auf Abruf	60
		3.1.4	Probearbeitsverhältnis	62
	3.2	Art und Ort der Arbeitsleistung		63
		3.2.1	Direktionsrecht des AG	63
		3.2.2	Anspruch des AN auf Beschäftigung	67
		3.2.3	Freistellungsanspruch des AG	67
	3.3	Arbeitszeit		69
		3.3.1	Voll-/Teilzeit	69
		3.3.2	Mehrarbeit/Überstunden	74
	3.4	Arbeitsvergütung		78
		3.4.1	Lohn/Gehalt/Sachbezug	78
		3.4.2	Lohngrenzen/Mindestlohn	80
		3.4.3	Entgeltgleichheit und Entgelttransparenzgesetz	90
		3.4.4	Sondervergütungen	91
		3.4.5	Variable Bezüge	92
		3.4.6	Sicherung der Arbeitsvergütung	98
	3.5	Urlaub		100
		3.5.1	Urlaubsanspruch	100
		3.5.2	Urlaubsgewährung	107
		3.5.3	Urlaubsvergütung	109
	3.6	Entgeltfortzahlung ohne Arbeitsleistung		111
		3.6.1	Im Krankheitsfall	111
		3.6.2	Feiertagsvergütung	118
		3.6.3	Arbeitsverhinderung aus persönlichen Gründen	120
		3.6.4	Annahmeverzug des AG	121
	3.7	Betriebliche Altersversorgung		123
	3.8	Nebentätigkeiten		126
	3.9	Verschwiegenheitspflicht		127
	3.10	Wettbewerbsverbote		129
		3.10.1	Vertragliches Wettbewerbsverbot	129
		3.10.2	Nachvertragliches Wettbewerbsverbot	131
	3.11	Kündigung des Arbeitsvertrages		134
		3.11.1	Kündigungsarten	136
		3.11.2	Kündigungsberechtigte	139
		3.11.3	Kündigungsempfänger/Zugang der Kündigung	142
		3.11.4	Form der Kündigung	146
		3.11.5	Kündigungsfristen	147

	3.11.6	Kündigungsgründe	151
	3.11.7	Kündigungseinschränkungen in Sonderfällen	152
	3.11.8	Besondere Kündigungsverbote	153
	3.11.9	Kündigung in Betrieben/Verwaltungen mit Betriebs- bzw. Personalrat	156
	3.11.10	Kündigung von schwerbehinderten Menschen	161
	3.11.11	Kündigung bei Schwangerschaft/Eltern-/Pflegezeit	166
	3.11.12	Andere Beendigungsformen	168
3.12		Schriftformklausel	169
3.13		Ausschlussfristen	170
3.14		Vertragsstrafenabreden	172
4		**Arbeitsrechtliche Fragen**	**173**
4.1		Betriebsübergang	173
	4.1.1	Was ist ein Betriebsübergang?	173
	4.1.2	Folgen des Betriebsübergangs	175
	4.1.3	Widerspruchsrecht des Arbeitnehmers	176
4.2		Abmahnung	177
	4.2.1	Inhalt der Abmahnung	177
	4.2.2	Grundsätze zur Abmahnung	178
	4.2.3	Abwehrmöglichkeiten	180
	4.2.4	Abmahnung und Kündigung	181
4.3		Personalakte	181
4.4		Arbeitszeugnis	182
	4.4.1	Grundsätze	182
	4.4.2	Inhalt des Zeugnisses	184
	4.4.3	Berichtigung des Zeugnisses	185
4.5		Arbeitspapiere	186
4.6		Kündigungsschutz	187
	4.6.1	Voraussetzungen	188
	4.6.2	Kündigungsgründe	191
	4.6.3	Kündigungsschutz in Sonderfällen	209
	4.6.4	Anspruch auf Abfindung	222
	4.6.5	Erhebung der Kündigungsschutzklage	229
4.7		Arbeitnehmerhaftung	232
	4.7.1	Grundsätze	232
	4.7.2	Haftung nach Verschuldensgrad	233

	4.7.3	Haftungsbegrenzung	234
	4.7.4	Haftungsausschluss	235
4.8		Arbeitnehmerüberlassung	235
	4.8.1	Vertragsbeziehungen in der Zeitarbeit	235
	4.8.2	Abgrenzung zum Werkvertrag	236
	4.8.3	Erlaubnispflicht	237
	4.8.4	Gleichwertige Vertragsbedingungen (§ 8 AÜG)	238
	4.8.5	Lohnuntergrenzen	239
4.9		Berufsbildungsverhältnis	240
	4.9.1	Abschluss und Inhalt des Ausbildungsverhältnisses	241
	4.9.2	Pflichten des Ausbilders	243
	4.9.3	Pflichten des Auszubildenden	244
	4.9.4	Besonderheiten zum Arbeitsvertrag	245
	4.9.5	Ausbildungsvergütung	246
4.10		Mutterschutz	246
4.11		Datenschutz	247
	4.11.1	Nationales Recht	248
	4.11.2	Europarecht	251

5 Kollektives Arbeitsrecht 253

5.1		Betriebsverfassungsrecht	253
	5.1.1	Geltungsbereich des BetrVG	253
	5.1.2	Allgemeine Grundsätze des BetrVG	258
	5.1.3	Organe der Betriebsverfassung	259
	5.1.4	Wahl des Betriebsrates	262
	5.1.5	Aufgaben des Betriebsrates	270
	5.1.6	Arbeitsweise des Betriebsrates	276
5.2		Europäische Betriebsverfassung	279
5.3		Mitbestimmung in größeren Unternehmen	282
	5.3.1	Mitbestimmungsgesetz	283
	5.3.2	Drittelbeteiligungsgesetz	285
5.4		Tarifrecht	286
	5.4.1	Begriff des Tarifvertrages	287
	5.4.2	Inhalt von Tarifverträgen	289
	5.4.3	Wirkung von Tarifverträgen	290
	5.4.4	Tarifeinheitsgesetz	293

5.5 Rechtsschutz in arbeitsrechtlichen Streitigkeiten 294
    5.5.1 Aufbau der Arbeitsgerichtsbarkeit 294
    5.5.2 Sachliche und örtliche Zuständigkeit 296
    5.5.3 Urteils- und Beschlussverfahren 297
    5.5.4 Gang des Verfahrens 299
    5.5.5 Rechtsmittel 302
    5.5.6 Kosten 304

Nachwort 307
Verzeichnis der Arbeitshilfen online 308
Abkürzungsverzeichnis 309
Abbildungsverzeichnis 314
Stichwortverzeichnis 315
Der Autor 322

Vorwort zur ersten Auflage

Das Arbeitsrecht ist ein eigenständiges und vom Grundgesetz geschütztes Rechtsgebiet. Jeder ist schon einmal mit ihm in Berührung gekommen, sei es als Schüler in einem Ferienjob oder spätestens mit Beginn einer beruflichen Ausbildung.

Das Arbeitsrecht ist die Summe einer Vielzahl von arbeitsrechtlichen Normen in verschiedenen Gesetzen. Im Gegensatz zum Zivilrecht kennt das Arbeitsrecht nicht etwas Ähnliches wie das Bürgerliche Gesetzbuch. Der Gesetzgeber hat schon einige vielversprechende Anläufe unternommen, ein Arbeitsgesetzbsuch zu schaffen, leider jedoch bislang ohne sichtbaren Erfolg.

Die einzelnen Gesetze im Arbeitsrecht weisen keine große Regelungstiefe auf. Sie enthalten viele unbestimmte Rechtsbegriffe, die die Rechtsprechung konkretisieren muss. Deshalb ist das Arbeitsrecht auch Richterrecht und damit einem schnellen Wandel unterworfen. Was gestern noch ständige Rechtsprechung des Bundesarbeitsgerichtes war und scheinbar wie in Stein gemeißelt Bestand hatte, ist heute falsch. Dazwischen liegt manchmal nur ein Zuständigkeitswechsel innerhalb der Senate des Bundesarbeitsgerichtes oder ein personeller Wechsel im Senatsvorsitz.

Der Gesetzgeber selbst ist überfordert, mit dieser Entwicklung Schritt zu halten, und hat es bis heute nicht geschafft, seine Gesetze der tatsächlichen Rechtslage anzupassen. So enthält z.B. §622 Abs. 2 BGB nach wie vor die Regelung, dass bei der Berechnung der Beschäftigungsdauer im Rahmen der Kündigungsfristen die Zeiten nicht zu berücksichtigen sind, die vor Vollendung des 25. Lebensjahres liegen. Seit Langem ist man sich in der Rechtsprechung einig, dass diese Regelung altersdiskriminierend und nicht mehr anzuwenden ist.

Das Arbeitsrecht unterliegt auch stärker dem Wandel der Zeit als andere Rechtsgebiete. Die Politik nimmt starken Einfluss auf dieses Rechtsgebiet. Auf der anderen Seite ist es auch ein schnelles Recht, bei dem die Recht Suchenden in relativ kurzer Zeit zu ihrem Recht oder zu einer für beide Parteien befriedigenden Lösung kommen.

Das Arbeitsrecht füllt ganze Bibliotheken. Ein Crashkurs, der seinem Namen gerecht werden soll (also ein Lehrgang, in dem der Unterrichtsstoff besonders komprimiert vermittelt wird), kann nicht das gesamte Rechtsgebiet abdecken und dieses in allen Verästelungen darstellen.

Ich habe den Versuch unternommen, Ihnen am Beispiel eines Arbeitsvertrages das Arbeitsrecht näherzubringen und dabei den Praxisbezug herzustellen. Einige Bereiche wurden etwas ausführlicher als andere behandelt, auf die Sie wie bei einem Handbuch immer wieder zurückgreifen können. Sie können auch ein Kapitel überblättern, wenn es für Sie im Augenblick nicht von Interesse ist.

Arbeitshilfen online
Darüber hinaus erhalten Sie mit dem Buch einen Onlinezugang zu dem nötigen Rüstwerk im Arbeitsrecht. Gehen Sie einfach auf http://mybook.haufe.de und geben Sie dort den Buchcode ein, der am Ende dieses Buches abgedruckt ist. Dort finden Sie praktische Vertragsmuster sowie zahlreiche rechtssichere Musterschreiben z.B. für eine Abmahnung, eine Kündigung und für verschiedene Arbeitszeugnisse – also einen Querschnitt durch das Leben eines Arbeitsverhältnisses.

Auch dieses Buch kommt nicht ohne Abkürzungen aus. Diese sind allein dem Crashkurs geschuldet (z.B. AG = Arbeitgeber, AN = Arbeitnehmer). Hinten im Buch finden Sie ein Abkürzungsverzeichnis.

Die Leserinnen unter Ihnen bitte ich um Verständnis, dass sich der Text nicht gendermäßig korrekt verhält. Aus Gründen der besseren Lesbarkeit wird in diesem Buch meistens die grammatisch männliche Form gebraucht. Dies ist selbstverständlich als rein sprachliche Festlegung ohne sozialen Bezug zu verstehen.

Dieses Buch hat [in der ersten Auflage; Anm. d. Verlags] zwar nur einen Verfasser, aber viele Helfer, die zum Gelingen und zur pünktlichen Herstellung beigetragen haben. Dafür danke ich Frau Natalie Schulz, die in bewundernswerter Ruhe für die Manuskriptherstellung verantwortlich zeichnet, Frau Martin, die dafür gesorgt hat, dass die Ausführungen für Laien verständlich werden und Schachtelsätze sowie überfrachtete Sätze vermieden wurden und Herrn Rechtsanwalt Dr. Till Ristow, der mit seinem juristischen Sachverstand das Manuskript einer strengen Prüfung unterzogen hat.

Bevor Sie nun mit der Lektüre beginnen, empfehle ich Ihnen, sich die Arbeitsgesetze und das Sozialgesetzbuch anzuschaffen und in Reichweite zu legen, um im Einzelnen die zitierten Vorschriften nachzulesen. Dabei wünsche ich Ihnen viel Freude.

Dr. Hartmut Hiddemann
Freiburg, im August 2015

Vorwort zur dritten Auflage

Das Arbeitsrecht unterliegt einem schnellen Wandel. Das vorliegende Buch wurde für die dritte Auflage vollständig überarbeitet und aktualisiert. Dazu wurde die aktuelle Rechtsprechung und Gesetzgebung berücksichtigt.

Dem Schutz der Arbeitnehmerdaten kommt eine immer größere Bedeutung zu. Mit der dritten Auflage wird der Beschäftigtendatenschutz in der Praxis aufgrund der Neuregelungen durch die Datenschutz-Grundverordnung und das Bundesdatenschutzgesetz zum 25.05.2018 beschrieben (Kapitel 4.11).

Das Entgelttransparenzgesetz (Gesetz zur Förderung der Transparenz von Entgeltstrukturen) ist am 06.07.2017 in Kraft getreten und schafft u.a. einen individuellen Auskunftsanspruch des Arbeitnehmers zu den Entgeltstrukturen. Die Übergangsregelung von sechs Monaten nach dem Inkrafttreten ist abgelaufen, so dass dieser Anspruch jetzt in Unternehmen mit mehr als 200 Arbeitnehmern geltend gemacht werden kann.

Auch die Übergangsregelung nach der Reform des Arbeitnehmerüberlassungsgesetzes ist in der Zwischenzeit abgelaufen. Nach dem Inkrafttreten der Änderungen des AÜG zum 01.04.2017 haben Leiharbeiter nach dem Ablauf von neun Monaten des Einsatzes bei demselben Entleiher einen Anspruch auf Arbeitsentgelt wie die Stammbelegschaft. Eine Gleichstellung mit Stammkräften besteht demnach seit dem 01.01.2018.

Verbesserungen für Frauen gibt es auch im Mutterschutzrecht. Durch die Neuregelungen zum 01.01.2018 werden nun auch Schülerinnen, Praktikantinnen, Studentinnen und Auszubildende mit in den Schutz einbezogen. Eine Beschäftigung ist nun auch während der Schutzfristen möglich, wenn die Frau dies ausdrücklich verlangt.

Nach langer Diskussion trat mit Wirkung zum 01.01.2019 das Gesetz zur Weiterentwicklung des Teilzeitrechts – Einführung einer Brückenteilzeit in Kraft und verbessert künftig die Situation von Arbeitnehmern, die zeitlich begrenzt in Teilzeit arbeiten möchten (Kapitel 3.3.1.2). Bislang gab es für in Vollzeit beschäftigte Arbeitnehmer, die ihre Arbeitszeit reduzieren wollten, keinen Rechtsanspruch auf erneute Vollbeschäftigung nach Beendigung der Teilzeit.

Auch in der neuen Auflage finden Sie auf http://mybook.haufe.de praktische Arbeitshilfen wie Vertragsmuster und Musterschreiben, die auf den aktuellen Rechtsstand gebracht wurden.

Für die Arbeit mit diesem Buch wünsche ich Ihnen viel Erfolg.

Uwe Ringel
Berlin, im Januar 2019

1 Rechtsgrundlagen

Das deutsche Arbeitsrecht hat viele Wurzeln und Grundlagen, die am besten an der nachstehenden Normenpyramide deutlich werden:

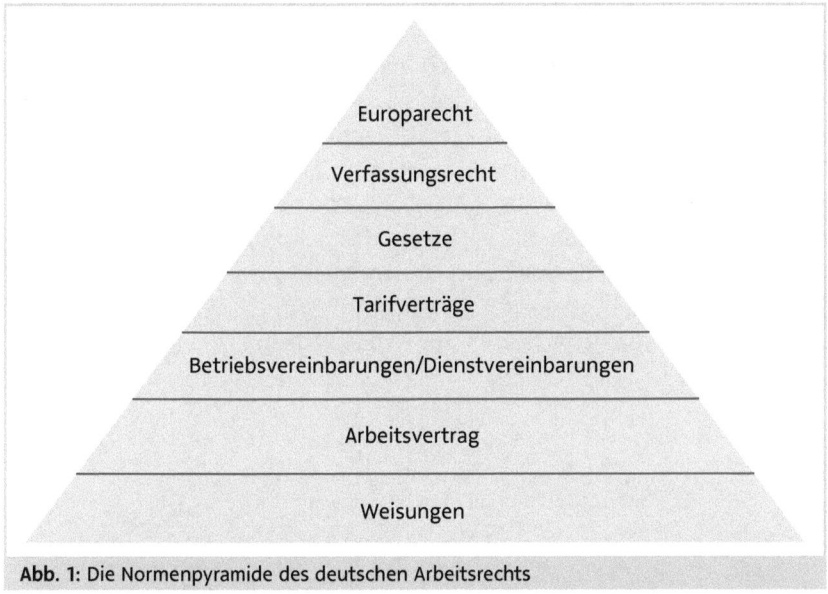

Abb. 1: Die Normenpyramide des deutschen Arbeitsrechts

1.1 Europarecht

Das Europäische Arbeitsrecht gewinnt in Deutschland durch das Zusammenwachsen von Europa immer mehr an Bedeutung. Man unterscheidet in der Europäischen Union **Primär-** und **Sekundärrecht**.

Das Europäische Primärrecht regelt die Rechtsgrundlagen für die Existenz der Europäischen Union, ihre Organe sowie das Verhältnis zwischen den Mitgliedstaaten und der Europäische Union (z. B. EUV, AEUV, Charta der Grundrechte der EU).

Grundsätzlich wirkt das Primärrecht nicht unmittelbar auf die Bürger in den Mitgliedstaaten. Aber es gibt auch Ausnahmen wie z. B. das Recht auf Freizügigkeit und den Grundsatz »Gleiche Entgelte für Mann und Frau bei gleicher Arbeit«.

Zum Sekundärrecht gehören alle Rechtsakte, die die Organe der EU nach Maßgabe des Primärrechtes erlassen wie z. B. EU-Verordnungen oder EU-Richtlinien. Die Verordnungen wirken unmittelbar in das deutsche Arbeitsrecht (Art. 288 Abs. 2 AEUV), ohne dass sie der Umsetzung in nationales Recht bedürfen. Für sie gilt der Grundsatz: **EU-Recht bricht nationales Recht**. Die Richtlinien wenden sich regelmäßig nur an die Mitgliedstaaten und nicht an die einzelnen Bürger (§ 288 Abs. 3 AEUV), weil sie noch der Umsetzung in das nationale Recht bedürfen. Sie entfalten aber schon vorher eine mittelbare Wirkung. Denn das nationale Recht ist richtlinienkonform auszulegen.

Das Europäische Arbeitsrecht ruht auf sieben Säulen:

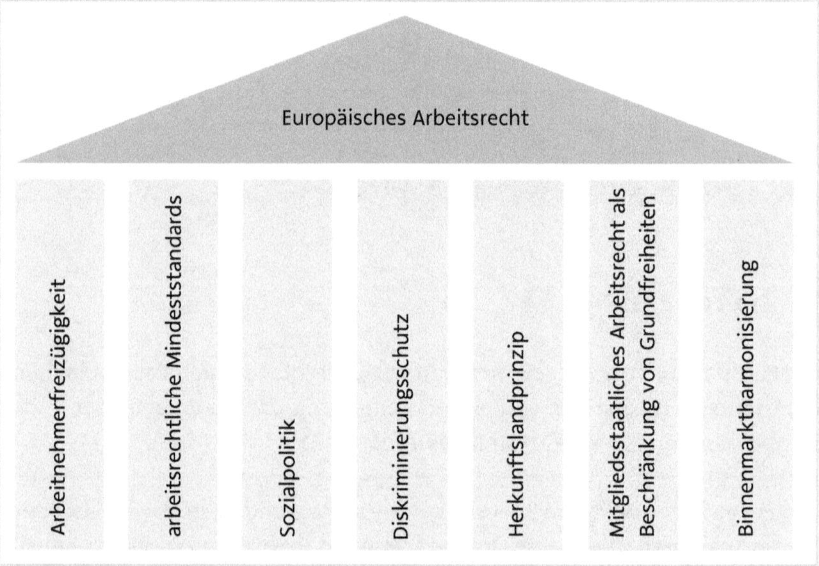

Abb. 2: Die sieben Säulen des Europäischen Arbeitsrechts

1.1 Europarecht

Hier eine Auswahl der wichtigsten Richtlinien und Verordnungen des Europäischen Arbeitsrechts, die sich heute im deutschen Arbeitsrecht wiederfinden:
- RL 91/533/EWG des Rates vom 14.10.1991 über die Pflicht des Arbeitgebers zur **Unterrichtung des Arbeitnehmers** über die für seinen Arbeitsvertrag oder sein Arbeitsverhältnis geltenden Bedingungen;
- RL 1999/70/EG des Rates vom 28.06.1999 zu der EGB-UNICE-CEEP-Rahmenvereinbarung über **befristete Arbeitsverträge**;
- RL 2000/43/EG des Rates vom 29.06.2000 zur Anwendung des **Gleichbehandlungsgrundsatzes** ohne Unterschied der Rasse oder der ethnischen Herkunft;
- RL 2000/78/EG des Rates vom 27.11.2000 zur Festlegung eines allgemeinen Rahmens für die Verwirklichung der **Gleichbehandlung in Beschäftigung und Beruf**;
- RL 2001/23/EG des Rates vom 12.03.2001 zur Angleichung der Rechtsvorschriften der Mitgliedstaaten über die Wahrung von Ansprüchen der Arbeitnehmer beim **Übergang von Unternehmen, Betrieben** oder Unternehmens- oder Betriebsteilen;
- RL 2003/88/EG des Europäischen Parlaments und des Rates vom 04.11.2003 über bestimmte Aspekte der **Arbeitszeitgestaltung**;
- RL 2006/54/EG des Europäischen Parlaments und des Rates vom 05.07.2006 zur Verwirklichung des Grundsatzes der **Chancengleichheit** und **Gleichbehandlung von Männern und Frauen** in Arbeits- und Beschäftigungsfragen;
- RL 2008/94/EG des Europäischen Parlaments und des Rates vom 22.10.2008 über den Schutz der Arbeitnehmer bei **Zahlungsunfähigkeit des Arbeitgebers**;
- RL 2008/104/EG des Europäischen Parlaments und des Rates vom 19.11.2008 über **Leiharbeit**;
- Verordnung (EU) 2016/679 des Europäischen Parlaments und des Rates vom 27.04.2016 zum Schutz natürlicher Personen bei der Verarbeitung personenbezogener Daten, zum freien Datenverkehr und zur Aufhebung der Richtlinie 95/46/EG (**Datenschutz-Grundverordnung**).

1 Rechtsgrundlagen

1.2 Verfassungsrecht

Das Grundgesetz (GG) und damit das Bundesverfassungsgericht (BVerfG) sind die Hüter des **deutschen** Rechtes.

Das Grundgesetz regelt unter anderem die **Grundrechte**, die das deutsche Arbeitsrecht prägen und zugleich der nationalen Gesetzgebung Grenzen aufzeigen. Das Arbeitsrecht gehört zur **konkurrierenden Gesetzgebung** des Bundes (Art. 74 Nr. 12 GG), der den einzelnen Bundesländern das Recht nimmt, auf ihrem Gebiet eigene Arbeitsgesetze zu verabschieden, solange und soweit der Bund von seiner Gesetzgebungskompetenz Gebrauch gemacht hat. Ist der Bund untätig geblieben, geht die Gesetzeskompetenz auf die Bundesländer über. Wird der Bund später gesetzgeberisch tätig, gilt der Verfassungssatz:

Bundesrecht bricht Landesrecht (Art. 30 GG)
Die nachstehenden Grundrechte sind wesentlicher Teil des deutschen Arbeitsrechtes und gehen allen anderen arbeitsrechtlichen Regelungen vor:

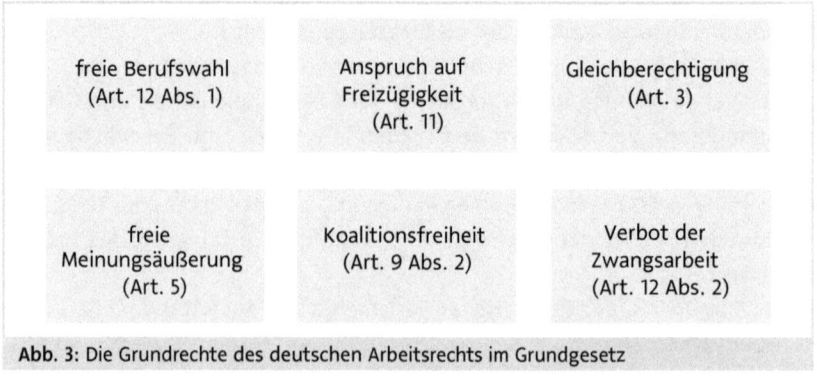

Abb. 3: Die Grundrechte des deutschen Arbeitsrechts im Grundgesetz

Daneben kennt das Grundgesetz auch noch das **Sozialstaatsprinzip** (Art. 20, 28 GG) aus dem der AN jedoch keine eigenen Ansprüche herleiten kann. Es bindet lediglich den Gesetzgeber. Verstößt dieser dagegen, ist die Rechtsnorm verfassungswidrig und kann nicht mehr angewendet werden.

1.3 Gesetz

Dem Gesetzgeber ist es bisher leider nicht gelungen, ein **Arbeitsgesetzbuch** wie das Bürgerliche Gesetzbuch (BGB) zu verabschieden, so dass im Arbeitsrecht auf viele verschiedene Rechtsquellen zurückgegriffen werden muss. Sie finden sich in einer Vielzahl von Gesetzen, die nur beispielhaft und nicht abschließend aufgeführt werden können:

- Bürgerliches Gesetzbuch (BGB)
- Handelsgesetzbuch (HGB)
- Gewerbeordnung (GewO)
- Kündigungsschutzgesetz (KSchG)
- Allgemeines Gleichbehandlungsgesetz (AGG)
- Arbeitnehmerüberlassungsgesetz (AÜG)
- Arbeitszeitgesetz (ArbZG)
- Arbeitsgerichtsgesetz (ArbGG)
- Arbeitsschutzgesetz (ArbSchG)
- Gesetz zur Verbesserung der betrieblichen Altersversorgung (BetrAVG)
- Betriebsverfassungsgesetz (BetrVG)
- Bundesdatenschutzgesetz (BDSG)
- Datenschutz-Grundverordnung (DSGVO)
- Bundesurlaubsgesetz (BUrlG)
- Entgeltfortzahlungsgesetz (EntgeltFG)
- Entgelttransparenzgesetz (EntgTranspG)
- Mindestlohngesetz (MiLoG)
- Mitbestimmungsgesetz (MitBestG)
- Mutterschutzgesetz (MuSchG)
- Nachweisgesetz (NachweisG)
- Pflegezeitgesetz (PflegezeitG)
- Tarifvertragsgesetz (TVG)
- Teilzeit- und Befristungsgesetz (TzBfG)
- Neuntes Buch Sozialgesetzbuch (SGB IX)

An dieser Stelle ist nochmals zu empfehlen, sich eine Textsammlung von arbeitsrechtlichen und sozialrechtlichen Vorschriften anzuschaffen, um die zitierten Vorschriften nachlesen zu können.

1.4 Tarifverträge

Tarifverträge regeln in vielen Arbeitsverhältnissen die dortigen Arbeitsbedingungen. Das Tarifrecht blickt auf eine wechselvolle Geschichte zurück. Mit Inkrafttreten des Grundgesetzes haben die Tarifverträge aufgrund von Art. 9 Abs. 3 GG in Deutschland eine große Bedeutung erlangt. Ende 2015 gab es mehr als 70.000 Tarifverträge. Allerdings sinkt seit vielen Jahren die Zahl der AN, die von Branchentarifverträgen profitieren.

Tarifverträge sind **schriftliche Vereinbarungen** zwischen einer oder mehreren **Gewerkschaften** und einem **Arbeitgeberverband** oder einem einzelnen AG über Arbeitsbedingungen.

Man unterscheidet **Flächen-** oder **Verbandstarifverträge**, die für eine Branche oder einen Wirtschaftsbereich bundesweit oder für eine bestimmte Region gelten (wie z. B. die Chemische Industrie, Metall- und Elektroindustrie), und **Firmen-/Haustarifverträge**, die nur für ein Unternehmen vereinbart werden.

Tarifverträge unterscheiden sich auch vom Inhalt her:
- Mantel-/Rahmentarifverträge
- Lohn- und Gehaltstarifverträge
- Urlaubstarifverträge u. a.

Mantel-/Rahmentarifverträge regeln alle wesentlichen Arbeitsbedingungen wie Probezeit, Arbeitszeit, Kurzarbeit, Stundenzuschläge, Vergütungsgruppen, Kündigungsfristen, Ausschlussfristen u. a. Näheres finden Sie in Kapitel 5.4.

Lohn- und Gehaltstarifverträge werden im Gegensatz zu den Manteltarifverträgen in kürzeren zeitlichen Abständen verhandelt und abgeschlossen, um konkrete Arbeitsvergütungen für bestimmte Lohn- und Gehaltsgruppen festzulegen.

Urlaubstarifverträge regeln die Länge des Urlaubs, die Möglichkeit, den Urlaub auf das nächste Jahr zu übertragen, das Urlaubsgeld u. a.

Tarifverträge gelten grundsätzlich nur für AN und AG, die der Gewerkschaft bzw. dem Arbeitgeberverband angehören, die den jeweiligen Tarifvertrag abgeschlossen haben. In Einzelfällen kann der Staat einen Tarifvertrag für **allgemeinverbindlich** erklären. Dann gelten seine Regelungen nach dem Gleichbehandlungsgrundsatz für **alle** AN und AG einer bestimmten Branche oder eines bestimmten Wirtschaftszweiges, ohne dass diese der betreffenden Gewerkschaft bzw. dem betreffenden Arbeitgeberverband angehören müssen. Ähnliches gilt, wenn ein einzelner Arbeitgeber in seinen Arbeitsverträgen einen bestimmten Tarifvertrag **in Bezug nimmt**. Dann werden die Regelungen des Tarifvertrages quasi zum Inhalt des Arbeitsvertrages.

1.5 Betriebsvereinbarungen/Dienstvereinbarungen

In Unternehmen der privaten Wirtschaft, in denen ein Betriebsrat besteht bzw. bestanden hat, können betriebliche und betriebsverfassungsrechtliche Fragen durch **Betriebsvereinbarungen** geregelt werden. Sie sind Vereinbarungen zwischen **AG** und **Betriebsrat**, die der Schriftform bedürfen (§ 77 Abs. 2 BetrVG). Sie gelten **unmittelbar** und **zwingend** für alle aktiven Mitarbeiter mit Ausnahme der leitenden Angestellten (§§ 77 Abs. 4, 5 BetrVG).

Betriebsvereinbarungen können allgemeine Arbeitsbedingungen, eine Betriebsordnung oder eine Regelung über das Verhalten der AN im Betrieb zum Inhalt haben. Sie dürfen dagegen keine Regelungen enthalten, die sich üblicherweise in Tarifverträgen finden wie z. B. Löhne und Gehälter, Zuschläge, Kündigungsfristen u. a.

Mit dieser Regelungsbeschränkung will der Gesetzgeber die Tarifhoheit der Tarifparteien schützen, es sei denn, sie selber haben in ihren Tarifverträgen eine **Öffnungsklausel** vorgesehen, die AG und Betriebsrat auffordern, eine eigene Regelung in einer Betriebsvereinbarung zu treffen.

Betriebsvereinbarungen können auch nicht in bestehende gesetzliche oder tarifliche Regelungen eingreifen. Insoweit gilt der **Vorrang des Gesetzes bzw. des Tarifvertrages** (§ 87 Abs. 1 Einleitungssatz BetrVG).

Die zwingende Geltung von Betriebsvereinbarungen wird nur durch das **Günstigkeitsprinzip** durchbrochen. Hat der AN mit seinem AG eine für ihn günstigere Regelung im Arbeitsvertrag vereinbart, geht diese der Betriebsvereinbarung vor. Das gilt dann nicht, wenn gleichzeitig im Arbeitsvertrag geregelt ist, dass dieser **betriebsvereinbarungsoffen** ist. In diesen Fällen können AG und Betriebsrat mithilfe von Betriebsvereinbarungen in bestehende Arbeitsverträge eingreifen und diese sogar verschlechtern.

Betriebsvereinbarungen gibt es auf den verschiedenen Ebenen der betrieblichen Hierarchie. In einem Unternehmen mit mehreren Betrieben heißen sie **Gesamtbetriebsvereinbarung**, im Konzern **Konzernbetriebsvereinbarung**. Sie gelten jeweils in dem Bereich (Betrieb/Unternehmen/Konzern), für den sie abgeschlossen worden sind.

In der **öffentlichen Verwaltung** gibt es auch eine Mitarbeitervertretung, den Personalrat. Die Vereinbarungen mit dem AG heißen dort **Dienstvereinbarungen** (vgl. Bundespersonalvertretungsgesetz [BPersVG]).

1.6 Arbeitsvertrag

Der Arbeitsvertrag ist ein privatrechtlicher gegenseitiger Vertrag, durch den sich der AN zu einer bestimmten Tätigkeit nach Weisung des AG und dieser sich zur Zahlung einer Vergütung verpflichtet.

Er kommt durch **Angebot** und **Annahme** zustande und begründet zwischen den Parteien ein **Arbeitsverhältnis**. Dabei genießen diese **Vertragsfreiheit**. Sie können alles vereinbaren, was nicht gesetzlich verboten ist. Sie müssen sich mindestens über Art und Beginn der vom AN zu erbringenden Tätigkeit einigen. Bei Unklarheiten ist der Inhalt des Arbeitsvertrages durch **Auslegung** (§§ 133, 157, 242 BGB) zu ermitteln.

Treffen die Parteien keine eigene Regelung, gelten das Gesetz und die betriebliche Übung, z. B. für Arbeitszeit, Dauer des Vertrages, Vergütung etc.

Arbeitsverträge können mündlich wie schriftlich geschlossen werden, es sei denn, das Gesetz sieht in Einzelfällen eine besondere Form vor (z.B. §14 Abs. 4 TzBfG, §11 Abs. 1 BBiG, §11 Abs. 1 AÜG).

Der Gesetzgeber verlangt aber den schriftlichen Nachweis der wesentlichen Arbeitsbedingungen (§2 Abs. 1 NachwG), ohne jedoch gleichzeitig Sanktionen anzudrohen, wenn ein schriftlicher Nachweis unterbleibt. Einzelheiten dazu finden Sie in Kapitel 2.3.3.

Arbeitsverträge erfüllen üblicherweise den Begriff von **Allgemeinen Geschäftsbedingungen** (AGB). Seit dem 01.01.2002 findet die AGB-Kontrolle auch im Arbeitsrecht Anwendung, wo sie bislang ausdrücklich ausgenommen war (vgl. Kapitel 2.3.4).

Sieht ein Arbeitsvertrag für eine Partei das Recht vor, **einseitig** Leistungen zu bestimmen (z.B. bei Gewinnbeteiligungen, Prämien, Anordnung von Mehrarbeit u.a.), unterliegen diese Regelungen zusätzlich der **Billigkeitskontrolle** (§315 BGB).

Ein AG kann sich – auch ohne eine ausdrückliche Regelung – durch eine **wiederkehrende** Verhaltensweise zu einer bestimmten Leistung verpflichten. Dies nennt man **betriebliche Übung**. Hat z.B. ein AG dreimal hintereinander Weihnachtsgeld in gleicher Höhe gezahlt, ohne den Vorbehalt der Freiwilligkeit zu machen, ist er ab dem vierten Jahr und in Folge verpflichtet, seinen Mitarbeitern Weihnachtsgeld zu zahlen. Betriebliche Altersversorgung, Essenszuschüsse und bezahlte Freizeit an Brauchtumstagen wie z.B. Rosenmontag, Silvester, Heilig Abend sind Beispiele betrieblicher Übung, die die AN notfalls gerichtlich einfordern können.

1.7 Weisungen

Nach §106 GewO kann der AG **Inhalt**, **Ort** und **Zeit** der Arbeitsleistung sowie die **Ordnung** und das **Verhalten** des AN nach billigem Ermessen bestimmen, solange diese Arbeitsbedingungen nicht anderweitig durch Arbeitsvertrag, Betriebsvereinbarung, Tarifvertrag oder Gesetz geregelt sind. Demnach obliegt es dem AG, **einseitig** dem AN bestimmte Tätigkeiten zuzuweisen, den

Beginn und das Ende der täglichen Arbeitszeit sowie die Dauer und die Lage der Pausen festzulegen oder zu ändern. Gleiches gilt für das Verhalten des AN an seinem Arbeitsplatz. Die Grenzen des Weisungs- bzw. Direktionsrechtes bilden in der Reihenfolge ihrer zunehmenden Stärke:
- Arbeitsvertrag
- Betriebsvereinbarung
- Tarifvertrag
- Gesetz
- Verfassung

Je detaillierter die Rechte und Pflichten des AN im Arbeitsvertrag geregelt sind, umso so enger ist der Weisungsspielraum des AG.

Der AG muss sein Weisungsrecht nach **billigem Ermessen** ausüben. In einzelnen Fällen hat er den Betriebsrat zu beteiligen, sofern ein solcher im Betrieb besteht (z.B. bei Versetzungen [§99 BetrVG], Rauchverbot, Kleiderordnung [§87 Abs. 1 Nr. 1 BetrVG]).

Ein AG kann sich nicht in allen Fragen auf ein vermeintliches Weisungsrecht berufen, das nach dem Gesetz nur in den engen Grenzen des §106 GewO besteht. So hat das BAG einem AN Recht gegeben, der ein Personalgespräch mit dem Geschäftsführer eigenmächtig abgebrochen hat, als dieser versuchte, ihn zu einem Arbeitsvertrag mit schlechteren Konditionen zu bewegen (siehe BAG-Urteil vom 23.06.2009 – 2 AZR 606/08).

2 Individualarbeitsrecht

2.1 Begriff des Arbeitsvertrages – Abgrenzung zu anderen Vertragsformen

jetzt § 611 a BGB

Der Arbeitsvertrag ist im Gesetz nicht definiert. Er ist ein Unterfall des Dienstvertrages, den §611 BGB regelt. Häufig werden in der Praxis die Begriffe **Arbeitsvertrag** und **Dienstvertrag** synonym verwendet, obwohl rechtlich gesehen zwischen beiden Vertragstypen wesentliche Unterschiede bestehen.

Im **Arbeitsvertrag** verpflichtet sich der AN zu einer **abhängigen** bzw. **unselbstständigen** Tätigkeit, die den Weisungen des AG unterliegt.

Im **Dienstvertrag** erbringt der Dienstverpflichtete eine **freie, unabhängige Tätigkeit**, die nicht an die Weisungen des Dienstgebers gebunden ist. Beispiele für einen Dienstvertrag sind Verträge mit Rechtsanwälten, Ärzten, Ingenieurbüros, der Anstellungsvertrag des Geschäftsführers in der GmbH bzw. des Vorstandes in der Aktiengesellschaft oder der Vertrag mit einem freien Mitarbeiter. Gerade das letzte Beispiel zeigt, dass die Grenzen zwischen Dienst- und Arbeitsvertrag sehr fließend sind und nicht immer eindeutig gesagt werden kann, ob der freie Mitarbeiter wirklich frei oder doch nur ein verdeckter AN mit allen sozialrechtlichen Folgen wie Kranken-, Pflege-, Renten- und Arbeitslosenversicherungspflicht ist.

Im Streitfall kommt es nicht darauf an, wie die Parteien den Vertrag bezeichnet oder gestaltet, sondern wie sie ihn **gelebt** haben.

Der Arbeitsvertrag zeigt Ähnlichkeiten auch mit anderen Vertragstypen wie Werk-, Gesellschafts-, Dienstverschaffungsvertrag und Auftrag, von denen er abzugrenzen ist.

Die folgenden 6 Fallbeispiele zeigen Auftragskonstellationen, in denen eine Person für eine andere eine Tätigkeit verrichtet.

> **Beispiele**
> Die Firma Scheffler GmbH beauftragt:
> 1. die Autowerkstatt Kolbenfresser mit der Reparatur ihres Firmenwagens
> 2. das Steuerberaterbüro Geldher mit der Vertretung in einer Steuerangelegenheit vor dem Finanzamt
> 3. den Gesellschafter Tunichts mit Entwicklungsarbeiten
> 4. die Leiharbeitsfirma Ungeheuer, fünf Mitarbeiter für die Sommerferien zur Verfügung zu stellen
> 5. die Ehefrau des Gesellschafters Tunichts, Frau Singer, beim Firmenjubiläum das musikalische Rahmenprogramm mit ihrer Flöte zu gestalten
> 6. ihren Mitarbeiter Schufti, die Abfüllanlage umzurüsten

Die Autoreparatur in **Fall 1** ist ein **Werkvertrag**, bei dem die Werkstatt nicht nur eine Tätigkeit mittlerer Art und Güte, sondern ein bestimmtes Arbeitsergebnis schuldet. Es reicht nicht aus, dass der Kfz-Monteur gewisse Zeit an dem Auto verbracht hat, sondern das Auto muss am Ende wieder funktionstüchtig sein.

Der Auftrag an den Steuerberater in **Fall 2** ist ein typischer **Dienstvertrag**. Der Steuerberater ist nicht weisungsgebunden gegenüber der Firma Scheffler GmbH, sondern kann frei gestalten, wann und wie er die Tätigkeit gegenüber der Firma erbringt.

In **Fall 3** geht es um eine Tätigkeit im Rahmen eines **Gesellschaftsvertrages**, zu der die einzelnen Gesellschafter nach dem Gesellschaftsvertrag verpflichtet sein können, ohne dass sie deshalb in einem Dienst- oder Arbeitsverhältnis zur Gesellschaft stehen.

In **Fall 4** verpflichtet sich die Zeitarbeitsfirma Ungeheuer nicht zur persönlichen Dienstleistung, sondern zur Auswahl und Bereitstellung von fünf Mitarbeitern während der Sommerferien. Dieser Vertrag ist ein **Dienstverschaffungsvertrag**, besser bekannt unter dem Namen **Arbeitnehmerüberlassungsvertrag**, der heute aus der Praxis nicht wegzudenken ist.

Bei der Arbeitnehmerüberlassung sind mindestens drei Personen beteiligt, der **Verleiher**, der **Entleiher** und der **Leiharbeitnehmer**. Der Verleiher stellt dem Entleiher seine Arbeitskräfte, die Leiharbeitnehmer, zur Verfügung, die im Betrieb des Entleihers eingesetzt werden, ohne dass die Leiharbeitnehmer Mitarbeiter des Entleihers werden. Sie bleiben weiterhin beim Verleiher angestellt und beziehen auch von ihm ihr Gehalt. Das entleihende Unternehmen hat den Vorteil, dass es die Leiharbeitnehmer nur nach Bedarf anfordern und einsetzen kann (vgl. Kapitel 4.8).

In **Fall 5** wird eine Tätigkeit im Rahmen eines **Auftrags** erbracht, der regelmäßig dann angenommen wird, wenn die Tätigkeit üblicherweise nicht vergütet wird, wie dies z.b. für die Mithilfe im Verwandten- und Freundeskreis oder für die Ausübung eines Ehrenamtes (Sportverein, Telefonseelsorge) zutrifft.

In **Fall 6** handelt es sich um einen typischen **Arbeitsvertrag**, in dem Herr Schufti, eine unselbstständige, abhängige Tätigkeit verrichtet, die der Weisung der Firma Scheffler unterliegt und für die er bezahlt wird.

2.2 Anbahnung des Arbeitsvertrages

2.2.1 Stellenausschreibung

Man unterscheidet öffentliche und betriebsinterne Stellenausschreibungen. Im ersten Fall wendet sich der Arbeitgeber z.B. mit einer Zeitungsanzeige oder einem Eintrag im Internet an einen ihm unbekannten Adressatenkreis.

Wird die Stelle durch Aushang am Schwarzen Brett bzw. im Intranet **betriebsintern** ausgeschrieben, werden nur Betriebsangehörige angesprochen. Nach einigen Betriebsvereinbarungen sind öffentliche Stellenausschreibungen nur zugelassen, wenn eine vorherige innerbetriebliche Stellenausschreibung erfolglos verlief.

Der AG ist grundsätzlich frei, wie er seine Stellen ausschreibt. Er muss einen Arbeitsplatz als Teilzeitarbeitsplatz ausschreiben, wenn dieser sich dafür eignet (§7 Abs. 1 TzBfG).

Die Ausschreibung darf **nicht diskriminierend** sein und den Bewerber aus Gründen der Rasse, wegen seiner ethnischen Herkunft, seines Geschlechtes, seiner Religion oder Weltanschauung, seiner Behinderung, seines Alters oder seiner sexuellen Identität benachteiligen. Deshalb finden Sie in Stellenanzeigen immer den Hinweis auf den geschlechtsneutralen Bewerber. Fehlt ein solcher Hinweis, kann der Bewerber des anderen Geschlechtes **Schadensersatz** verlangen, es sei denn, das Geschlecht ist eine unverzichtbare Voraussetzung für die ausgeschriebene Tätigkeit (z. B. bei der Hebamme). Der Schaden ist innerhalb von 2 Monaten schriftlich nach Ablehnung der Bewerbung gegenüber der ausschreibenden Firma geltend zu machen (§ 15 Abs. 4 AGG) und innerhalb weiterer 3 Monate nach schriftlicher Geltendmachung einzuklagen (§ 61b Abs. 1 ArbGG). Der Anspruch beschränkt sich auf **3 Gehälter** der ausgeschriebenen Stelle (§ 15 Abs. 2 AGG), wenn der Beschäftigte auch bei benachteiligungsfreier Auswahl nicht eingestellt worden wäre.

2.2.2 Vorstellungsgespräch

Nach Sichtung der Bewerbungsunterlagen steht es dem AG frei, wen er zum Vorstellungsgespräch einlädt. Dies gilt nicht für öffentliche AG (Gemeinden, Länder, Bund u. a.), wenn sich bei ihnen ein schwerbehinderter Mensch beworben hat. In diesem Fall **muss** der öffentliche AG den schwerbehinderten Menschen zu einem Vorstellungsgespräch einladen, es sei denn, dem schwerbehinderten Menschen fehlt **offensichtlich** die fachliche Eignung (§ 165 Satz 3 SGB IX). Unterlässt der AG dies, wird vermutet, dass der schwerbehinderte Bewerber **wegen** seiner Behinderung abgelehnt wurde mit der Folge, dass dieser Schadensersatz verlangen kann.

2.2.3 Personalfragebogen/Recherchen in den Social Media

2.2.3.1 Personalfragebogen

In Vorstellungsgesprächen füllen Bewerber häufig Personalfragebögen aus und stehen dem AG Rede und Antwort, damit sich dieser ein Bild über sie machen kann. **Dabei geht das Fragerecht des AG weiter als die Offenbarungspflicht des Bewerbers.** Letzterer muss ungefragt nur Tatsachen offenbaren, die für den ausgeschriebenen Arbeitsplatz von ausschlaggebender Bedeutung sind oder ihn hindern, die ausgeschriebene Tätigkeit überhaupt auszuüben oder zeitnah anzutreten (z.B. bei bevorstehendem Haft- oder Kurantritt, nachvertraglichem Wettbewerbsverbot).

Eine Bewerberin muss jedoch nicht auf ihre Schwangerschaft und ein Bewerber nicht auf seine Schwerbehinderung hinweisen. Das Gleiche gilt für ausgeheilte oder akute Erkrankungen.

Die Grenzen des Fragerechts sind fließend. Im Einzelfall sind die betrieblichen Interessen des AG und das Persönlichkeitsrecht des AN gegeneinander abzuwägen. Der Bewerber muss auf **unzulässige** Fragen des AG **nicht wahrheitsgemäß** antworten. Würde er dies tun oder sich auf die Unzulässigkeit der Frage berufen, käme es nicht zu seiner Einstellung. Stellt sich später heraus, dass er eine solche Frage falsch beantwortet hat, kann der AG den Vertragsabschluss nicht anfechten.

Hier einige häufig gestellte Fragen und deren (Nicht-)Zulässigkeit:
- **Gesundheitszustand: Ja**, wenn dieser die Einsatzfähigkeit des Bewerbers auf dem vorgesehenen Arbeitsplatz in Frage stellt. Fragen nach akuten Erkrankungen sind zulässig, Fragen nach chronischen Erkrankungen oder häufig wiederkehrenden Erkrankungen sind unzulässig (vgl. EuGH, Urteil vom 11.07.2006 – C-13/05: NZA 2006, 839). Fragen nach einer Aidserkrankung sind zulässig, Fragen nach einer Aidsinfektion nur, wenn sie Auswirkungen auf die geschuldete Tätigkeit hat (z.B. bei sämtlichen Heilberufen wegen des Blutkontaktes);
- **Schwangerschaft: Nein**, auch wenn der Beschäftigung ein gesetzliches Beschäftigungsverbot entgegensteht;
- **Schwerbehinderung:** Der Rechtzustand ist noch nicht eindeutig. Das BAG hat die Frage offengelassen. Nach Inkrafttreten der EG-Gleichbehandlungsrichtlinie (2000/78/EG) und deren Umsetzung in nationales Recht (§§ 164 Abs. 2 SGB IX, § 1 AGG) hat das BAG die Rechtsfrage noch nicht wieder entschieden. Es wird von einigen LAG die Auffassung vertreten, dass die Frage nach der Schwerbehinderung wie nach der Schwangerschaft grundsätzlich **unzulässig** ist. Nur wenn der AG ein besonderes Informationsbedürfnis hat, kann er durch zulässige Fragen klären, ob der Bewerber dem Anforderungsprofil gewachsen ist, ohne die direkte Frage nach der Schwerbehinderung zu stellen;

- **Vorstrafen:** Ja, wenn diese für die Art der zu besetzenden Tätigkeit von Bedeutung sind (z. B. Verkehrsdelikte bei Kraftfahrern, Vermögensdelikte bei Kassierern);
- **Vermögensverhältnisse, insbesondere die Einholung einer Schufa-Auskunft:** Ja, wenn es bei der ausgeschriebenen Position um die eines leitenden Angestellten oder eines AN in besonderer Vertrauensstellung geht;
- **Sicherheitsüberprüfung:** Ja, wenn sicherheitsempfindliche Bereiche tangiert sind;
- **Gewerkschaftszugehörigkeit:** Nein;
- **Genetische Veranlagungen:** Nein;
- **Kur:** Ja, wenn sie bereits bewilligt oder in Aussicht genommen worden ist und der Dienstantritt dadurch hinausgeschoben werden muss;
- **Lohn-/Gehaltspfändungen:** Ja, wenn ein berechtigtes Interesse des AG besteht, z. B. Pfändungen in einem erheblichen Umfang vorliegen;
- **Religions-/Parteizugehörigkeit:** Nein;
- **Beruflicher Werdegang:** Ja, die Angaben müssen auch vollständig sein;
- **Vorlage eines polizeilichen Führungszeugnisses:** Diese Frage ist streitig. Grundsätzlich kann der AG nur nach den Vorstrafen fragen, die für die Art des zu besetzenden Arbeitsplatzes von Bedeutung sind, was sich nicht nach seinen subjektiven, sondern nach objektiven Maßstäben bestimmt.
- **Grafologisches, psychologisches Gutachten und Gesundheitszeugnis:** Ja, wenn ein konkreter Bezug zur Tätigkeit besteht, auch wenn dadurch der AG von einer bestehenden Alkohol- oder Drogenabhängigkeit erfährt.

Hat der Bewerber wahrheitswidrig zulässige Fragen des AG beantwortet, kann der AG nach Kenntnis davon den Arbeitsvertrag später wegen arglistiger Täuschung anfechten mit der Folge, dass der Arbeitsvertrag nichtig ist (§ 123 BGB). Die Anfechtungsfrist beträgt ein Jahr ab Kenntnis des AG von der Täuschung (§ 124 BGB).

Ausgefüllte Personalfragebögen bleiben im Eigentum des AG und können vom AN nicht herausverlangt werden. Ein abgelehnter Bewerber kann aber vom AG die Vernichtung des Fragebogens verlangen (analog § 1004 BGB). Wird der Bewerber eingestellt, wird der Personalfragebogen Teil der Personalakte und dort aufbewahrt (vgl. Kapitel 4.3).

2.2.3.2 Recherchen in den Social Media

Im Zeitalter des Internets informieren sich AG immer häufiger auf Internetplattformen wie Facebook, Google+ und Xing. Bei allen Netzwerken, in denen sich der AG nicht gesondert anmelden muss, sondern die Information über eine Suchmaschine erhält, sind ihm keine Grenzen gesetzt. Etwas anderes gilt, wenn die Netzwerke eine ausschließliche Nutzung für private Zwecke vorsehen. Hier stehen die überwiegenden Interessen des Bewerbers der Datenerhebung durch den AG entgegen (§ 26 Abs. 1 BDSG), anders bei Netzwerken, die auch geschäftlichen Zwecken dienen wie z. B. Xing und für den AG allgemein zugänglich sind. Gleichwohl darf der AG nicht dort Daten auf Profilen Dritter wie z. B. Gästebücher, Gruppen oder Fotoalben erheben. Ein Bewerber muss nicht damit rechnen, dass ein möglicher AG auf Profile Dritter zurückgreift. In der Praxis wird man nicht immer feststellen, wie und wo der AG sich die Informationen beschafft hat.

2.2.4 Bewerberauswahl

Der AG ist bei der Auswahl der Bewerber grundsätzlich frei. Er muss aber bestimmte gesetzliche Schranken beachten.
- AG mit durchschnittlich 20 Arbeitsplätzen müssen mindestens 5% der Arbeitsplätze mit schwerbehinderten Menschen besetzen und dabei schwerbehinderte Frauen besonders berücksichtigen (vgl. § 154 Abs. 1 SGB IX). Bei Nichtbeachtung hat der AG eine Ausgleichsabgabe zu entrichten;
- Teilzeitbeschäftigte AN, die dem AG den Wunsch nach einer Erhöhung ihrer vertraglich vereinbarten Arbeitszeit angezeigt haben, sind bei der Besetzung eines freien Arbeitsplatzes bei gleicher Eignung gegenüber einem externen Bewerber zu bevorzugen, es sei denn, dass dringende betriebliche Gründe oder die Arbeitszeitwünsche anderer Teilzeitbeschäftigter entgegenstehen (vgl. § 9 TzBfG);
- Bei der Bewerberauswahl hat der AG die Differenzierungsverbote nach dem Allgemeinen Gleichbehandlungsgesetz (AGG) zu beachten und keinen Bewerber aus Gründen seiner Rasse, seiner ethnischen Herkunft, seines Geschlechts, seiner Religion oder Weltanschauung oder wegen

seiner Behinderung, seines Alters oder seiner sexuellen Identität abzulehnen. Der öffentliche AG hat zusätzlich den Gleichbehandlungsgrundsatz des Art. 3 GG zu beachten;
- Ein Bewerber darf wegen seiner Gewerkschaftszugehörigkeit nicht benachteiligt werden (Art. 9 Abs. 3, Abs. 1 und Art. 2 GG);
- Öffentliche AG haben die Pflicht, eine sachgerechte Bewerberauswahl zu treffen und dabei bestehende Frauenförderungsgesetze zu beachten (Art. 33 Abs. 2 GG);
- In Betrieben mit einem Betriebsrat und mit in der Regel mehr als 20 wahlberechtigten AN bedarf jede Einstellung dessen Zustimmung, die in bestimmten Fällen verweigert werden kann (§ 99 BetrVG).

2.2.5 Auslagenerstattung

Die Auslagen für die Bewerbungsunterlagen (Porto, Lichtbild, Fotokopien von Zeugnissen etc.) trägt der AN. Fordert der AG den AN auf, sich persönlich vorzustellen, übernimmt der AG die üblichen Vorstellungskosten wie Fahrt-, Übernachtungskosten und Verpflegungsaufwand, es sei denn, dass der AG den Bewerber vorher darauf hinweist, dass er keinerlei Kosten übernehmen will.

2.2.5.1 Fahrtkosten/Übernachtungskosten/Verpflegungsaufwand

Als Fahrtkosten sind grundsätzlich die Kosten anzusetzen, die bei Benutzung eines Pkws angefallen wären (pro Kilometer derzeit 0,30 EUR). Der AG kann aber vorher die Fahrtkosten auf die Kosten der Inanspruchnahme eines öffentlichen Verkehrsmittels beschränken. Flugkosten sind nur zu übernehmen, wenn der AG sie vorher zugesagt hat.

Übernachtungskosten sind zu erstatten, wenn der Bewerber aufgrund der weiten Entfernung nicht an einem Tag an- und abreisen kann. Der Verpflegungsaufwand ist entweder nach Beleg oder nach den steuerlichen Pauschalen je nach Dauer der Abwesenheit zu bezahlen.

Der Auslagenerstattungsanspruch verjährt innerhalb von 3 Jahren beginnend mit dem Schluss des Jahres, in dem der Anspruch entstanden ist (§§ 195, 199 BGB). Ist der Anspruch z. B. am 20.08.2015 entstanden, verjährt er am 31.12.2018.

2.2.5.2 Zeitaufwand

Die Zeit, die ein Bewerber aufwendet, um sich vorzustellen, ist vom neuen AG nicht zu vergüten. Der AN hat keinen Anspruch auf Erstattung seines Verdienstausfalles oder seines genommenen Urlaubs. Steht der Bewerber in einem gekündigten oder befristeten Arbeitsverhältnis, dessen Ende bevorsteht, hat der AN gegenüber seinem (Noch-)AG Anspruch auf bezahlte angemessene Freizeit zum Zwecke der Stellensuche (§ 629 BGB). Es empfiehlt sich, den Tag rechtzeitig zu benennen, an dem der AN sich vorstellen will, um Störungen im Betriebsablauf beim AG zu vermeiden. Der AN darf sich die Freizeit nicht selbst gewähren. Auf der anderen Seite kann der AG ihm auch diese nicht mit dem Hinweis verweigern, er habe noch Resturlaub.

Der AG muss die Freizeit für die Stellensuche, was Häufigkeit und Dauer betrifft, nach **billigem Ermessen** gewähren. Verweigert der AG die Freistellung oder übt er sein billiges Ermessen unzutreffend aus, kann der AN seinen Anspruch per einstweiliger Verfügung beim Arbeitsgericht durchsetzen.

Verlangt der AN Freistellung, steht ihm für diese Zeit auch die vereinbarte Vergütung zu (§ 616 BGB). Der AG hat für eine verhältnismäßig unerhebliche Zeit das Arbeitsentgelt fortzuzahlen. Er kann die Vergütungspflicht aber im Arbeitsvertrag ausschließen, z. B. durch einen Hinweis, dass eine Vergütung nur für geleistete Arbeit gezahlt wird. Davon bleibt jedoch der Freistellungsanspruch an sich unberührt, der vertraglich nicht ausgeschlossen werden kann.

2.3 Abschluss und Form eines Arbeitsvertrages

2.3.1 Zustandekommen eines Arbeitsvertrages

Ein Arbeitsvertrag kommt in der Regel durch ein Angebot des AG und durch Annahme des AN zustande.

AG kann jede **natürliche** oder **juristische Person** des privaten oder öffentlichen Rechtes sein (z. B. Einzelfirma, GmbH, OHG, KG, Gemeinde, Land, Bund). Dagegen kann nur eine **natürliche Person** Arbeitnehmer sein mit einer Ausnahme: das **Gruppenarbeitsverhältnis**, bei dem mehrere Personen in einer Gruppe als AN tätig werden (z. B. Musikkapelle, Hausmeisterehepaar).

AG und AN müssen sich mindestens über **Art** und **Beginn** der Arbeitsleistung einig sein. Die weiteren Regelungen sind dem Gesetz und der betrieblichen Übung zu entnehmen. Bei Unklarheiten ist der Vertrag auszulegen.

Ein Arbeitsvertrag kann auch ohne übereinstimmende Willenserklärungen von AG und AN **kraft Gesetzes** zustande kommen, und zwar in folgenden Fällen:
- Ein Mitarbeiter wird weiterbeschäftigt, obwohl das Arbeitsverhältnis durch Kündigung oder Fristablauf geendet und der AG der fortgesetzten Tätigkeit des AN nicht widersprochen hat (§§ 625 BGB, 15 Abs. 5 TzBfG);
- Ein Auszubildender wird nach bestandener Prüfung vom AG weiter beschäftigt (§ 24 BBiG) bzw. ein Auszubildender, der Mitglied der Jugend- und Auszubildendenvertretung bzw. des Betriebsrates ist, hat drei Monate vor Beendigung seiner Berufsausbildung schriftlich vom AG die Weiterbeschäftigung verlangt (§ 78a BetrVG);
- Der Leiharbeitnehmer wird AN des Entleihers, wenn sein Vertrag mit dem Verleiher wegen fehlender Erlaubnis des Verleihers unwirksam ist (§ 10 Abs. 1 AÜG);
- Im Fall des Betriebsübergangs geht das Arbeitsverhältnis mit dem Betriebsveräußerer auf den Erwerber ohne Zutun des AN über (§ 613a Abs. 1 BGB).

2.3.2 Vertretung bei Abschluss eines Arbeitsvertrages

2.3.2.1 Vertragliche Vertretung

AG und AN können sich jederzeit beim Abschluss des Arbeitsvertrages vertreten lassen. Aufseiten des AG handelt nicht immer der Inhaber, sondern seine Mitarbeiter wie Prokuristen, Leiter der Personalabteilung oder Meister, ohne dass diese eine gesonderte Vollmacht vorlegen. Aufseiten der AN kommt es nicht häufig vor, dass diese sich beim Abschluss des Arbeitsvertrages vertreten lassen; wenn doch, ist der AG gut beraten, sich die Vollmacht im Original vorlegen zu lassen.

2.3.2.2 Gesetzliche Vertretung

a) Minderjährige Arbeitnehmer
Minderjährige, die älter als 7 und jünger als 18 Jahre sind, können einen Arbeitsvertrag nur mit Zustimmung ihrer gesetzlichen Vertreter schließen (§ 108 Abs. 1 BGB). Denn sie sind nur **beschränkt geschäftsfähig**.

Schließt ein solcher Minderjähriger ohne Zustimmung seiner Eltern einen Arbeitsvertrag, hat der AG die Eltern zur Genehmigung des Arbeitsvertrages aufzufordern. Diese können bis zum Ablauf von **2 Wochen** nach Empfang der Aufforderung den Vertrag genehmigen. Reagieren die Eltern nicht, gilt die Genehmigung als verweigert (§ 108 Abs. 2 BGB) und der Arbeitsvertrag kommt nicht zustande.

Bis zur Genehmigung durch die Eltern kann der AG den Vertrag widerrufen. Hat der AG die Minderjährigkeit gekannt, kann er nur dann widerrufen, wenn der Minderjährige der Wahrheit zuwider die Einwilligung seiner Eltern behauptet hat (§ 109 BGB).

Die Eltern üben gemeinsam das Sorgerecht über den Minderjährigen aus und müssen demzufolge auch gemeinsam den Arbeitsvertrag genehmigen. Gibt es unter den Eltern unterschiedliche Auffassungen, müssen sie sich einigen (§ 1627 Satz 2 BGB). Einigen sie sich nicht, kann das Familiengericht auf Antrag einem Elternteil die Entscheidung übertragen (§ 1628 Abs. 1 BGB).

Hat der Minderjährige einen **Vormund**, muss das Familiengericht den Arbeitsvertrag, in dem sich der Minderjährige zu einer persönlichen Leistung von **mehr als einem Jahr** verpflichtet, genehmigen (§ 1822 Nr. 7 BGB). Ein Minderjähriger kann ohne ausdrückliche Zustimmung seiner gesetzlichen Vertreter einen Arbeitsvertrag schließen, wenn diese ihn dazu **ermächtigt** haben. Dies macht den Minderjährigen für alle Rechtsgeschäfte **unbeschränkt geschäftsfähig**, die nicht nur den **Abschluss** des Arbeitsvertrages, sondern auch dessen **Beendigung** und **Erfüllung** umfassen (§ 113 Abs. 1 BGB). Die Ermächtigung bezieht sich nur auf Arbeits- und nicht auf Ausbildungsverträge, da bei Letzteren der Ausbildungszweck überwiegt (§ 1 Abs. 2 BBiG) und diese nur mit ausdrücklicher Zustimmung der gesetzlichen Vertreter geschlossen werden können.

b) Minderjährige Arbeitgeber
Für den minderjährigen AG gilt zunächst das Gleiche wie für den minderjährigen AN. Insoweit kann auf die vorstehenden Ausführungen verwiesen werden. Hier reicht aber die Ermächtigung der Eltern (§ 112 BGB) allein nicht aus. Der minderjährige AG bedarf für das Betreiben seiner Selbstständigkeit der Genehmigung des Familiengerichtes.

> Minderjährige Parteien können als AG oder AN mit vorheriger Zustimmung ihrer Eltern (= Einwilligung) bzw. mit nachträglicher Zustimmung (= Genehmigung) einen Arbeitsvertrag abschließen. Einer ausdrücklichen Zustimmung bedarf es nicht, wenn die Eltern als gesetzliche Vertreter sie ermächtigt haben, einen Arbeitsvertrag abzuschließen, und für den AG das Familiengericht dem selbstständigen Betrieb eines Erwerbsgeschäftes zugestimmt hat.

2.3.3 Form des Arbeitsvertrages (Nachweisgesetz)

Arbeitsverträge bedürfen keiner besonderen Form. Sie können mündlich wie schriftlich geschlossen werden. Verlangt das Gesetz die Schriftform – wie bei befristeten Arbeits- und Ausbildungsverträgen –, müssen die Parteien auf ein und derselben Urkunde unterschreiben. Werden mehrere gleichlautende Ausfertigungen hergestellt, reicht es aus, wenn jede Partei die für die andere bestimmte Vertragsausfertigung unterschreibt (§ 126 Abs. 2 BGB).

2.3 Abschluss und Form eines Arbeitsvertrages

Fax und E-Mail genügen nicht. Es fehlt an den Unterschriften auf ein und derselben Urkunde.

Seit 1995 verlangt der Gesetzgeber vom AG, dass er für jeden AN – ausgenommen Aushilfen bis 1 Monat Beschäftigung – innerhalb eines Monats nach dem vereinbarten Beschäftigungsbeginn bzw. später nach Änderung des Vertrages die **wesentlichen Vertragsbedingungen schriftlich niederlegt, unterzeichnet** und dem AN **aushändigt** (§ 2 Abs. 1 NachwG).

Ein schriftlicher Arbeitsvertrag erfüllt erst recht die Voraussetzungen, wenn er die wesentlichen Vertragsbedingungen enthält:

> **Übersicht: Die wesentlichen Bedingungen eines Arbeitsvertrages** ❗
> 1. Name und Anschrift des AG und AN
> 2. Zeitpunkt des Beginns des Arbeitsverhältnisses, bei Befristung die vorhersehbare Dauer
> 3. Arbeitsort oder, falls der AN nicht nur an einem bestimmten Arbeitsort tätig sein soll, der Hinweis, dass er an verschiedenen Orten beschäftigt werden kann
> 4. Beschreibung der vom AN zu leistenden Tätigkeit
> 5. Zusammensetzung und Höhe des Arbeitsentgeltes einschließlich Zulagen, Zuschläge, Prämien und Sonderzahlungen sowie andere Bestandteile des Arbeitsentgeltes und deren Fälligkeit
> 6. vereinbarte Arbeitszeit
> 7. Dauer des jährlichen Erholungsurlaubes
> 8. Fristen für die Kündigung des Arbeitsverhältnisses
> 9. Hinweis auf Tarifverträge, Betriebs- und Dienstvereinbarungen, die auf das Arbeitsverhältnis anzuwenden sind

Der AG kann auf den Inhalt der Nummern 5 bis 8 verzichten, wenn er auf einschlägige Tarifverträge, Betriebs- oder Dienstvereinbarungen oder ähnliche Regelungen, die für das Arbeitsverhältnis gelten, verweist.

Trotz dieser seit Jahren bestehenden Verpflichtung verzichten AG immer noch auf die Erteilung einer solchen Niederschrift bzw. auf Abschluss eines schriftlichen Arbeitsvertrages. Der Gesetzgeber hat es versäumt, eine Sanktion für den Unterlassungsfall anzudrohen. Dennoch sei jedem AG im eigenen Interesse geraten, mit seinen AN schriftliche Arbeitsverträge zu schließen.

2.3.4 AGB-Kontrolle

Seit der Schuldrechtsreform im Jahre 2002 findet die Kontrolle von Allgemeinen Geschäftsbedingungen (AGB) auch in Arbeitsverträgen statt. Dies gilt nur für **Formulararbeitsverträge**. Das sind Vertragsbedingungen, die für eine Vielzahl von Verträgen vorformuliert sind und die eine Vertragspartei (= Verwender) der anderen zum Vertragsabschluss anbietet (§ 305 Abs. 1 Satz 1 BGB). Es reicht die Absicht aus, die vorformulierte Arbeitsbedingung mindestens **dreimal** zu verwenden, ohne dass dies bereits schon geschehen sein muss. Da der AN **Verbraucher** im Sinne von § 13 BGB ist, stellt der Arbeitsvertrag zugleich einen **Verbrauchervertrag** dar, der der AGB-Kontrolle schon unterliegt, wenn er nur für diesen Einzelfall vom AG entworfen worden ist (§ 310 Abs. 3 Nr. 2 BGB).

Die AGB-Kontrolle findet nicht statt, wenn der Arbeitsvertrag zwischen den Parteien im Einzelnen ausgehandelt worden ist. Dafür ist der AG allerdings beweispflichtig. Er muss darlegen, dass jede Klausel des Arbeitsvertrages ernsthaft im Gespräch mit dem AN zur Disposition stand und er dem AN die Möglichkeit gegeben hat, diese anders zu fassen. Das setzt voraus, dass der AG mit dem AN die einzelnen Vertragsbedingungen ausführlich durchgesprochen hat und jede Klausel nach entsprechender Diskussion im Einverständnis beider Parteien in den Arbeitsvertrag aufgenommen worden ist. Diese Vorgehensweise entspricht nur selten der Wirklichkeit.

Demzufolge unterliegen Arbeitsverträge, standardisierte Aufhebungsverträge, Rückzahlungsverträge und Ausgleichquittungen der AGB-Kontrolle, die nach dem folgenden Prüfschema abläuft, wenn feststeht, dass es sich um eine Formulararbeits- oder vorformulierte Einmalbedingung handelt:

! **Prüfschema der AGB-Kontrolle**

- Handelt es sich um eine überraschende oder mehrdeutige Klausel nach § 305c BGB? Wenn ja, wird sie nicht Vertragsbestandteil.
- Gibt es eine vorrangige Individualvereinbarung, die z. B. mündlich getroffen worden ist (§ 305b BGB)?
- Liegt ein Klauselverbot nach § 308 BGB oder § 309 BGB vor? Wenn ja, ist die Klausel unwirksam.

2.3 Abschluss und Form eines Arbeitsvertrages

- Verstößt die Vertragsbedingung gegen das Transparenzgebot? Wenn ja, ist die Bedingung unwirksam (§ 307 Abs. 1 Satz 2 BGB).
- Hält die Vertragsbedingung einer Inhaltskontrolle nach § 307 Abs. 1 Satz 1 i.V.m. Abs. 2 Nr. 1 BGB stand? Dabei wird geprüft:
  - Hat die Klausel einen kontrollfähigen Inhalt?
  - Welches ist die gesetzliche Grundlage?
  - Wie weit weicht die Regelung von der gesetzlichen Regelung ab?
  - Ist die Abweichung eine unangemessene Benachteiligung des AN?
  - Gibt es arbeitsrechtliche Besonderheiten für das Abweichen?

Mit der Inhaltskontrolle können etwaige Störungen des Gleichgewichtes beseitigt werden, die durch die Übermacht des AGB-Verwenders (= AG) bei den Vertragsverhandlungen entstanden sind. § 307 BGB regelt den allgemeinen Maßstab für die Inhaltskontrolle, wenn sich aus den §§ 308, 309 BGB keine Einschränkungen ergeben.

Eine Regelung in den Allgemeinen Geschäftsbedingungen, sprich im Arbeitsvertrag, ist unwirksam, wenn diese den AN entgegen dem Gebot von Treu und Glauben unangemessen benachteiligt. Das wird bejaht, wenn die vertragliche Regelung mit den wesentlichen Grundgedanken der gesetzlichen Regelung, von der sie abweicht, nicht zu vereinbaren ist. Die Gerichte haben Regelungen über Ausschlussfristen und Vertragsstrafen in Arbeitsverträgen mithilfe der Inhaltskontrolle auf ein zulässiges Maß zurückgeführt.

Verstoßen einzelne vertragliche Regelungen gegen das AGB-Gesetz, führt dies nicht zur Unwirksamkeit des **gesamten** Vertrages, sondern allein die betroffene Regelung ist unwirksam und entfällt. An ihre Stelle tritt das Gesetz.

Eine ergänzende Vertragsauslegung findet nicht statt, so dass der Verwender (= AG) nicht darauf hoffen kann, dass die Gerichte seine Klauseln auf das gesetzlich zulässige Maß reduzieren und er damit nur ein geringes Risiko eingeht, wenn er gesetzwidrige Klauseln verwendet (**Verbot der geltungserhaltenden Reduktion**).

Eine ergänzende Vertragsauslegung findet lediglich teilweise bei Arbeitsverträgen statt, die **vor dem 01.01.2003** geschlossen worden sind. Die Gerichte fragen, was die Parteien vereinbart hätten, wenn sie die durch die Gesetzesänderung eingetretene Unwirksamkeit der Klausel gekannt hätten, und führen so die Klauseln auf ihren zulässigen Inhalt zurück. Deshalb ist es im Augenblick nicht notwendig, sog. **Altverträge** zu überarbeiten und der firmeninternen AGB-Kontrolle zu unterziehen. Das übernehmen im Streitfall später die Gerichte.

Hinzuweisen ist auf die Rechtsänderung zum 01.10.2016 in §309 Nr. 13 BGB. Danach ist die zwingende Vorgabe der Schriftform für Erklärungen in den AGB nicht mehr zulässig. Es genügt nun die sog. Textform (vgl. Kapitel 3.13).

2.4 Betriebliche Übung

Vertragliche Leistungen des AG können in der Praxis – ohne dessen ausdrückliche Erklärung – allein durch die regelmäßige Wiederholung bestimmter Verhaltensweisen begründet werden, aus denen der AN entnehmen muss, dass ihm die Leistung oder Vergünstigung auf Dauer eingeräumt werden soll. Dieses tatsächliche Verhalten wird **betriebliche Übung** genannt. In dem wiederholten Verhalten des AG liegt das Vertragsangebot, z.B. Zahlung eines Weihnachts- oder zusätzlichen Urlaubsgeldes, Arbeitsbefreiung am Heiligen Abend, das der AN mit der widerspruchslosen Hinnahme der Leistung annimmt. Auf diese Weise kommt ein Vertrag über jene Leistung zwischen AG und AN zustande.

Nicht jede wiederholte Leistung eines AG begründet eine betriebliche Übung. Nach der Rechtsprechung des BAG entsteht ein Anspruch erst nach **dreimaliger Gewährung**. Das gilt selbst dann, wenn ein AG z.B. ein vertraglich nicht vereinbartes Weihnachtsgeld in unterschiedlicher Höhe zahlt. Aus der ungleichförmigen Höhe des Weihnachtsgeldes muss der AN nicht den Schluss ziehen, der AG habe sich nicht dem Grunde nach auf Dauer zur Zahlung eines Weihnachtsgeldes binden wollen (so früher BAG, jetzt anders BAG, Urteil vom 13.05.2014 – 10 AZR 266/14, NZA 2015, 992).

Eine betriebliche Übung entsteht auch dann nicht, wenn der Arbeitsvertrag eine doppelte Schriftformklausel vorsieht (vgl. Kapitel 3.12). Mit dieser Klausel machen die Parteien deutlich, dass sie auf die Schriftform besonderen

Wert legen und nur ein bestimmtes wiederholtes Verhalten allein keinen Anspruch begründen soll.

Der AG kann das Entstehen einer betrieblichen Übung vermeiden, wenn er bei Zahlung oder Gewährung der Leistung ausdrücklich darauf hinweist, dass diese »ohne Anerkennung einer Rechtspflicht« oder »ohne Rechtsanspruch für die Zukunft« erfolgen soll.

Häufig findet man in ähnlichen Schreiben des AG die Formulierung, dass er z.B. das Weihnachtsgeld »**freiwillig und jederzeit widerruflich**« zusage. Dieser Vorbehalt ist widersprüchlich und kann das Entstehen einer betrieblichen Übung nicht verhindern. Entweder ist die Leistung freiwillig, dann muss sie nicht widerrufen werden. Oder sie ist nicht freiwillig, dann besteht auch eine Verpflichtung, die widerrufen werden muss. Wegen dieser Mehrdeutigkeit einer solchen Erklärung ist der darin enthaltene Widerruf wegen Verstoßes gegen das **Transparenzgebot unwirksam** (§ 307 Abs. 1 Satz 2 BGB).

2.5 Anspruch auf Gleichbehandlung

Der AN kann auch einen Rechtsanspruch aus dem allgemeinen **arbeitsrechtlichen Gleichbehandlungsgrundsatz** herleiten, der nicht im Gesetz ausdrücklich geregelt ist. Er ist Ausfluss des Rechtsempfindens, Gleiches gleich und Ungleiches ungleich zu behandeln.

Er verbietet dem AG, einzelne AN oder AN-Gruppen von allgemeinen begünstigenden Regelungen **ohne sachlichen Grund** auszunehmen oder schlechter zu stellen als andere AN in vergleichbarer Lage. Hat z.B. ein AG 80% seiner Belegschaft ein Weihnachtsgeld versprochen, können die restlichen 20% das Weihnachtsgeld ebenso verlangen, wenn kein sachlicher Grund für ihre Schlechterstellung besteht. Ein Leistungsvergleich findet nur mit AN aus demselben Betrieb und Unternehmen, nicht jedoch aus dem gesamten Konzern statt.

Der Gleichbehandlungsgrundsatz verbietet dem AG nicht, für gleiche Arbeit einen unterschiedlichen Lohn zu zahlen. Hier geht der Grundsatz der **Vertragsfreiheit** dem **Gleichbehandlungsgrundsatz** vor.

Der AG kann auch einzelne AN oder AN-Gruppen besserstellen. Hat der AG 5 % seiner Belegschaft begünstigt, können die nicht begünstigten AN sich nicht auf den Gleichbehandlungsgrundsatz berufen. Dieser greift erst dann, wenn der AG **ohne sachlichen Grund** einzelne AN von einer einseitig verfügten Leistung ausnimmt oder Gruppen von AN bildet und diese bevorzugt, ohne dass dafür ein sachlicher Grund besteht. Besonderheiten gelten bei der Arbeitnehmerüberlassung (Kapitel 4.8.4).

Die Vollbeschäftigung bzw. Teilzeit ist z. B. kein sachlicher Grund (§ 4 Abs. 1 TzBfG), gleiches gilt für die frühere Unterscheidung zwischen Arbeiter und Angestellter. Das BVerfG hat die damaligen unterschiedlichen Kündigungsfristen für diese Personengruppen als verfassungswidrig festgestellt und den Gesetzgeber aufgefordert, neue Kündigungsregelungen zu schaffen (siehe jetzt § 622 BGB).

Hat ein AG mit seinen AN, die die gleiche Arbeit verrichten, unterschiedliche Gehälter vereinbart, kann ein AN, der ein geringeres Gehalt als seine Kollegen erhält, sich **nicht** auf den Gleichbehandlungsgrundsatz berufen. Hier hat die **Vertragsfreiheit** Vorrang.

Erhöht der AG bei fast allen AN zum Jahresbeginn deren Gehälter und schließt er davon einige AN aus, haben diese einen Anspruch auf die – prozentual gesehen – gleiche Gehaltserhöhung wie die anderen AN, wenn für die Unterscheidung ein sachlicher Grund fehlt. Wollen die übergangenen AN ihren Anspruch gegenüber ihrem AG geltend machen, müssen sie zunächst eine Gruppe von AN bilden, die sich aufgrund bestimmter Umstände oder Merkmale mit ihnen in einer im Wesentlichen übereinstimmenden Lage befinden und gegenüber ihnen besser behandelt werden. Lässt sich eine solche Gruppe nicht bilden oder weist diese Gruppe erhebliche Unterschiede zu ihrer Tätigkeit auf, können sie sich in aller Regel nicht auf den Anspruch der arbeitsrechtlichen Gleichbehandlung berufen. Denn für die ungleiche Behandlung besteht dann ein sachlicher Grund.

2.6 Anfechtungsmöglichkeiten des Arbeitsvertrages

Jeder Vertrag, genauer gesagt jede Willenserklärung, kann angefochten werden, auch die, die zum Arbeitsvertrag geführt hat.

2.6 Anfechtungsmöglichkeiten des Arbeitsvertrages

Es gibt die Anfechtung wegen **Irrtums** (§ 119 BGB) und wegen **arglistiger Täuschung** oder **Drohung** (§ 123 BGB).

Die **Irrtumsanfechtung** kennt 4 Formen:
- Irrtum in der Erklärungshandlung (§ 119 Abs. 1 2. Fall BGB). Darunter fallen das Versprechen, Verschreiben, Vergreifen. Das, was der AG oder AN erklärt hat, entspricht nicht dem Willen des Erklärenden.
- Irrtum über Erklärungsinhalt (§ 119 Abs. 1 1. Fall BGB), auch Inhalts- oder Geschäftsirrtum genannt. Der Erklärende weiß, was er gesagt hat, er weiß aber nicht, was er damit ausgesagt hat. Der Erklärende will der Firma A den Auftrag erteilen, ruft aber bei der Firma B an, oder der Erklärende benutzt einen Begriff, der objektiv eine ganz andere Bedeutung hat.
- Übermittlungsirrtum (§ 120 BGB). Der Erklärende bedient sich eines Boten oder Dolmetschers, der z. B. einen anderen Text übermittelt bzw. falsch übersetzt.
- Irrtum über verkehrswesentliche Eigenschaft (§ 119 Abs. 2 BGB). Der AG hat nicht gewusst, dass der soeben eingestellte AN langzeiterkrankt ist und deshalb auf längere Dauer die neue Tätigkeit nicht antreten kann.

Die ersten 3 Formen des Erklärungsirrtums spielen in der arbeitsrechtlichen Praxis keine große Rolle. Dagegen kommt der Eigenschaftsirrtum häufiger vor. Erfährt der AG erst nach der Einstellung des AN von dessen Vorstrafen, die diesen hindern, die neue Tätigkeit auszuführen (z. B. Entzug der Fahrerlaubnis bei einem Lkw-Fahrer oder Verurteilung einer Kassiererin wegen Betruges oder Unterschlagung), kann der AG den Arbeitsvertrag wegen Eigenschaftsirrtum anfechten. Hat er sich im Rahmen einer Bewerbung über die Schwangerschaft der Arbeitnehmerin oder bei einem Bewerber über dessen Schwerbehinderung geirrt, besteht keine Anfechtungsmöglichkeit. Im letzten Fall wird sie nur dann bejaht, wenn der betreffende AN aufgrund seiner Schwerbehinderung überhaupt nicht in der Lage ist, die ausgeschriebene Tätigkeit auszuführen.

Liegt ein Anfechtungsgrund vor, muss dieser für die abgegebene Willenserklärung **kausal** (ursächlich) gewesen sein. Dies ist zu bejahen, wenn der Anfechtungsberechtigte bei Kenntnis der Sachlage und bei verständiger Würdigung des Falles die gleiche Willenserklärung nicht abgegeben hätte.

Eine Partei kann ihre Willenserklärung auch dann anfechten, wenn sie durch **arglistige Täuschung** oder durch **widerrechtliche Drohung** der anderen Partei zur Abgabe dieser Willenserklärung bestimmt worden ist, z. B. wenn der AN auf zulässige Fragen des AG wahrheitswidrig antwortet (vgl. Kapitel 2.2.3.1).

Die Anfechtung ist gegenüber dem anderen Vertragspartner zu erklären. Die Irrtumsanfechtung muss **unverzüglich**, d. h. »ohne schuldhaftes Zögern« (§ 121 Abs. 1 Satz 1 BGB) maximal innerhalb einer Überlegungs- und Prüffrist von 2 Wochen ab Kenntnis vom Anfechtungsgrund, erklärt werden. Für die Anfechtung wegen arglistiger Täuschung oder widerrechtlicher Drohung gilt eine Frist von einem Jahr. Diese beginnt mit dem Zeitpunkt, zu dem der Anfechtungsberechtigte die Täuschung entdeckt, im Fall der Drohung mit dem Zeitpunkt, in dem die Zwangslage geendet hat. Die Anfechtung ist ausgeschlossen, wenn seit der Abgabe der Willenserklärung 10 Jahre verstrichen sind (§§ 121 Abs. 2, 124 Abs. 3 BGB).

Eine Anfechtung wirkt grundsätzlich auf den Zeitpunkt zurück, zu dem die angefochtene Willenserklärung abgegeben worden ist (§ 142 Abs. 2 BGB). Hier macht das Arbeitsrecht eine **Ausnahme**.

Ist der Arbeitsvertrag bereits erfüllt worden – der AN hat seine Tätigkeit aufgenommen –, wirkt die Anfechtung erst auf den Zeitpunkt des Zugangs beim Anfechtungsgegner. Der AN erhält für die Vergangenheit den vereinbarten Lohn. Für die Zukunft bestehen keinerlei Ansprüche.

Davon gibt es wiederum eine Ausnahme: Der Arbeitsvertrag war vor Zugang der Anfechtungserklärung bereits außer Funktion gesetzt, weil z. B. der AN krank war. In diesen Fällen wirkt die Anfechtung auf den Beginn der Erkrankung des AN. Dieser hat bei entsprechender Arbeit bis zu seiner Erkrankung Anspruch auf das vereinbarte Gehalt. Für die Zeit danach stehen ihm keine vertraglichen Ansprüche wie z. B. Entgeltfortzahlung im Krankheitsfalle zu.

3 Inhalt des Arbeitsvertrages

Die meisten Arbeitsverträge verschwinden in den Personalakten und werden nie wieder hervorgeholt. Damit teilen die Arbeitsverträge das Schicksal der übrigen Verträge. Sie kommen selten auf den rechtlichen Prüfstand, weil sie zur Zufriedenheit beider Vertragsparteien gelebt und beendet werden.

Das ist aber nicht in allen Fällen so.

Hier und da gibt es zwischen AG und AN Differenzen über das, was man bei Vertragsbeginn oder im Laufe der Zeit vereinbart hat. Manchmal ändert sich auch die Rechtsprechung. Das bei Vertragsabschluss Vereinbarte entspricht nicht mehr der neuen Gesetzeslage oder der Auslegung durch die Gerichte.

Im Folgenden wird Ihnen im Einzelnen das materielle Recht anhand eines üblichen Arbeitsvertrages dargestellt, damit die theoretischen Ausführungen besser eingeordnet und ein Praxisbezug hergestellt werden kann.

3.1 Dauer des Arbeitsverhältnisses

Nach der Bezeichnung der Parteien, die einen Arbeitsvertrag schließen, beginnt der Vertrag meistens wie folgt:

> **Textbaustein: Beginn der Tätigkeit**
>
> »Der Mitarbeiter tritt am ... [Datum] als ... [Bezeichnung der Tätigkeit z.B. kfm. Angestellter, technischer Angestellter, Architekt, Buchhalter, Koch, Landschaftsgärtner etc.] auf unbestimmte Zeit in die Dienste der Firma.«

Dabei handelt es sich um einen **unbefristeten** Arbeitsvertrag, der in der Praxis – im Gegensatz zu früher – nicht mehr die Regel, sondern eher die Ausnahme ist.

Stattdessen lautet der Beginn eines **befristeten** Arbeitsvertrages wie folgt:

> **Textbaustein: Beginn der Tätigkeit**
> »Der Mitarbeiter tritt am .... als .... [Bezeichnung der Tätigkeit] in die Dienste der Firma. Das Arbeitsverhältnis ist befristet und endet am ... [Datum].«

Beide Verträge unterscheiden sich darin, dass der eine kein Enddatum aufweist, während der andere das Ende des Arbeitsverhältnisses kalendermäßig bestimmt.

3.1.1 Unbefristetes Arbeitsverhältnis

Unbefristete Arbeitsverträge sind nicht auf Lebenszeit des AN geschlossen und enden auch nicht erst mit dessen Tod. Sie sind auf Dauer angelegt und deren Ende steht nicht von vornherein fest. Sieht der Vertrag keine anderen Regelungen vor, endet das Arbeitsverhältnis durch ordentliche oder außerordentliche Kündigung einer der Parteien, durch Aufhebungsvertrag oder mit dem Tod des AN. Stirbt der AG, wird der Vertrag mit seinen Erben fortgesetzt, so dass dadurch der Bestand des Arbeitsverhältnisses nicht berührt wird.

3.1.2 Befristetes Arbeitsverhältnis

Die Befristung wurde ursprünglich im Wege der richterlichen Rechtsfortbildung in wenigen Fällen zugelassen. Erst 1985 hat der Gesetzgeber in Zeiten einer großen Massenarbeitslosigkeit das Beschäftigungsförderungsgesetz verabschiedet, um auf diese Weise neue Arbeitsplätze zu schaffen. Dieses Gesetz war zunächst auf 5 Jahre befristet und wurde zweimal um je 5 Jahre verlängert, so dass es zum 31.12.2000 ausgelaufen ist. Das Teilzeit- und Befristungsgesetz (TzBfG) hat das Gesetz abgelöst und geht auf eine europäische Richtlinie zurück (RL99/70 EG des Rates vom 28.06.1999).

3.1.2.1 Befristung mit Sachgrund

Der befristete Arbeitsvertrag mit **Sachgrund** kann sowohl an ein vorheriges unbefristetes als auch ein befristetes Arbeitsverhältnis mit demselben AG anschließen. Es kommt für die Wirksamkeit der Befristung immer auf die zuletzt getroffene Befristungsabrede an. Befristungsdauer und Befristungsgrund müssen sich decken.

Das Gesetz (§ 14 Abs. 1 TzBfG) nennt 8 sachliche Gründe, ohne diese jedoch abschließend aufzuführen. Der Befristungsgrund muss im Arbeitsvertrag nicht namentlich erwähnt werden.

Es geht im Wesentlichen um folgende Sachgründe:

a) Vorübergehender Arbeitskräftebedarf
Aus einem bestimmten Anlass nimmt die Arbeit vorübergehend zu, z.B. bei Saisonkräften, im Ernteeinsatz, vor Weihnachten/Ostern u.a. Entscheidend ist, dass der Arbeitsanfall vorübergehend ist und später wieder abflacht.

b) Erstanstellung im Anschluss an eine Ausbildung oder ein Studium
Ein weiterer Sachgrund ist die Erstanstellung im Anschluss an eine Ausbildung oder ein Studium, um dem AN den Übergang vom Studium bzw. der Ausbildung in das Arbeitsleben zu erleichtern. Will der Ausbildungsbetrieb einen Auszubildenden befristet weiterbeschäftigen, muss er eine entsprechende schriftliche Befristungsabrede noch vor Beginn des Arbeitsverhältnisses mit dem Auszubildenden treffen. Im anderen Fall wird ein unbefristetes Arbeitsverhältnis gesetzlich fingiert (§ 24 BBiG). Ein lückenloser Übergang von Ausbildung/Studium und Arbeitsbeginn wird nicht verlangt.

c) Vertretung erkrankter oder beurlaubter Arbeitnehmer
Dies ist der **häufigste Fall** der sachlichen Befristung. Befristungsdauer und zeitlicher Ausfall des Vertretenen müssen sich nicht decken. Der AG kann für die Langzeiterkrankung eines AN mehrere sachlich befristete Arbeitsverhältnisse mit einem oder mehreren AN abschließen. Der Vertreter muss auch nicht dieselbe Arbeit des Vertretenen übernehmen. Der AG darf die Arbeit neu verteilen. Entscheidend ist, dass durch den Ausfall des vertretenen AN ein Arbeitsbedarf entstanden ist, den es zu decken gilt.

Der AG kann grundsätzlich davon ausgehen, dass selbst ein über mehrere Jahre erkrankter AN wieder an seinen Arbeitsplatz zurückkehrt und die Arbeit aufnimmt. Scheidet der Vertretene im Laufe des befristeten Arbeitsverhältnisses mit dem Vertreter durch Tod oder Eigenkündigung aus dem Arbeitsverhältnis aus, endet die Befristung des Vertreters in aller Regel nicht. Andererseits ist der AG nicht verpflichtet, den Vertreter jetzt fest anzustellen bzw. den befristeten Arbeitsvertrag zu entfristen. Der AG soll in diesem Fall Gelegenheit erhalten, die durch das Ausscheiden des bisher vertretenen AN entstandene Personalsituation neu zu regeln.

d) Eigenart der Arbeitsleistung
Dieser Sachgrund liegt z.B. vor, wenn es um Verträge mit hoch bezahlten Fußballern und deren Trainern geht. Die Befristung wird dort damit begründet, dass bei Trainern die Fähigkeit nachlasse, Sportler zu motivieren. Ob dieser Sachgrund auch für Sportler noch zu halten ist, ist durchaus fraglich. Bislang ist diese Rechtsfrage noch nicht höchstrichterlich entschieden. Das Arbeitsgericht Mainz hat in jüngerer Zeit bei einem Profifußballer diesen Sachgrund verneint.

Er wird nicht nur im Leistungssport verwendet, sondern auch in Arbeitsverträgen mit Regisseuren, Intendanten, Moderatoren und Kommentatoren, wenn diese nicht als freie Mitarbeiter beschäftigt werden. Die Befristung soll dem Innovationsbedürfnis der Allgemeinheit Rechnung tragen und damit der grundgesetzlich geschützten Rundfunkfreiheit dienen. Entsprechend werden AN, die Hörfunk- und Fernsehsendungen inhaltlich mitgestalten, befristet eingestellt. Ähnliches gilt für Mitarbeiter, die in der Presse, Kunst oder Wissenschaft arbeiten oder als wissenschaftliche Mitarbeiter bei einer Parlamentsfraktion tätig sind. Im letzteren Fall dient die Befristung der vom Grundgesetz geschützten Unabhängigkeit der freien Mandatsausübung.

e) Erprobung
AG wie AN können aus dem Grund der Erprobung ein Interesse an einer Befristung haben, bevor sie sich entscheiden, endgültig zusammenzuarbeiten. Das Gesetz nennt keine Höchstdauer. Es ist aber davon auszugehen, dass eine Befristung von maximal 6 Monaten nur als angemessen anzusehen ist, wie z.B. bei der Vereinbarung einer vorgeschalteten Probezeit in einem befristeten Arbeitsverhältnis (vgl. Kapitel 3.1.4). In Einzelfällen kann diese Frist

überschritten werden, wenn der Arbeitsplatz besondere Anforderungen an den Stellenbewerber stellt und die 6 Monate nicht ausreichen, ihn auf Eignung und Leistung zu überprüfen. Sie kann auch verlängert werden, wenn der AN z. b. längere Zeit erkrankt und die verbleibende Zeit nicht ausreicht, seine Eignung festzustellen.

f) Gründe in der Person des Arbeitnehmers
Ab und zu kommt es vor, dass ein AN von sich aus eine befristete Arbeit sucht, weil er z. B. vor Antritt einer mehrmonatigen Reise steht oder ein Umzug ansteht oder feststeht, dass eine bestehende Arbeitserlaubnis nach einer gewissen Zeit nicht mehr verlängert wird. Ein häufiger Fall sind die Arbeitsverträge mit Mitarbeitern, um die Zeit bis zum Beginn einer anderen Beschäftigung, eines Studiums oder des Wehrdienstes überbrücken zu können. Eine befristete Fortsetzung eines Beschäftigungsverhältnisses nach Erreichen des Rentenalters kann sachlich gerechtfertigt sein, wenn der AN Altersrente aus der gesetzlichen Rentenversicherung bezieht und die befristete Fortsetzung z. B. der Einarbeitung einer Nachwuchskraft dient. Der Rentenbezug als solcher reicht für eine Befristung allerdings nicht aus.

Ein weiterer Grund, der in der Person des AN liegt, ist die **Altersgrenze**, zu der ein Arbeitsverhältnis enden soll. In unbefristeten Arbeitsverträgen trifft man unter der Überschrift »Beendigung des Arbeitsverhältnisses« häufig auf die Regelung:

> **Textbaustein: Beendigung des Arbeitsverhältnisses**
> »Das Arbeitsverhältnis endet, ohne dass es einer Kündigung bedarf, am Ende des Monats, in dem der Mitarbeiter das gesetzliche Rentenalter erreicht.«

Ein solcher, scheinbar unbefristeter Arbeitsvertrag ist letztlich doch befristet, weil er eine **Höchstbefristung** enthält, nach der das Arbeitsverhältnis mit Erreichen des gesetzlichen Rentenalters enden soll. Diese Regelung stellt keine Altersdiskriminierung dar (§ 10 Satz 3 Nr. 5 AGG) und verstößt auch nicht gegen Art. 12 GG. Der Gesetzgeber selbst hat eine derartige Regelung vorgesehen (§ 41 SGB VI).

Alte Arbeitsverträge sehen statt des Eintritts des gesetzlichen Rentenalters eine feste Altersgrenze von z. B. 65 Jahren vor. Nach der gesetzlichen Auslegungsregel (§41 Satz 2 SGB VI) ist diese Vereinbarung dahingehend auszulegen, dass der Arbeitsvertrag mit Erreichen der Regelaltersgrenze enden soll. Seit der Einführung der Rente mit 67 Jahren wird das Rentenalter ab den Geburtsjahrgängen 1947–1963 schrittweise auf die Vollendung des 67. Lebensjahres angehoben, so dass es sich in den nächsten Jahren nach dem jeweiligen Geburtsjahrgang bestimmt und ab dem Geburtsjahrgang 1964 67 Jahre beträgt.

Mit einer Rechtsänderung zum 01.07.2014 besteht die Möglichkeit, dass die Arbeitsvertragsparteien durch gesonderte Vereinbarung während des Arbeitsverhältnisses den Beendigungszeitpunkt, ggf. auch mehrfach, hinausschieben können, wenn im Arbeitsvertrag die Beendigung des Arbeitsverhältnisses mit dem Erreichen der Regelaltersgrenze vorgesehen ist (§41 Satz 3 SGB VI).

Die Wirksamkeit von vereinbarten Altersgrenzen richtet sich – wie jede andere Befristung des Arbeitsvertrages – nach dem Teilzeit- und Befristungsgesetz (TzBfG) und bedarf, wenn sie länger als 2 Jahre beträgt, eines sachlichen Grundes. Die Rechtsprechung sieht den sachlichen Grund in der gesicherten Lebenserfahrung, dass mit zunehmendem Alter und insbesondere nach Vollendung des 65. Lebensjahres die Gefahr einer verminderten Leistungsfähigkeit größer wird und auf der anderen Seite der AG die Möglichkeit haben muss, sein Personal verlässlich zu planen und den Nachwuchs zu fördern (vgl. EuGH-Urteil vom 12.10.2010 – C-45/09 – NZA 2010, 1167).

g) Vergütung aus Haushaltsmitteln
Dieser Befristungsgrund gilt nur für öffentlich-rechtliche AG (Bund, Bundesländer, Gemeinden und alle weiteren juristischen Personen des öffentlichen Rechtes), die durch ihre demokratisch legitimierten Organe pro Kalenderjahr **Haushaltspläne** aufstellen und diesen bestimmte Haushaltsmittel zuweisen. Die Tatsache, dass die Haushaltsmittel immer nur für ein Jahr zugewiesen werden und es demzufolge ungewiss ist, ob dies auch für das nächste Jahr in voller Höhe zutrifft, reicht allein nicht aus, darauf eine Befristung zu stützen, da der AG die Beschäftigung mit eigenen Mitteln fortsetzen könnte. Andererseits gilt, dass öffentlich-rechtliche AG keine Verpflichtungen eingehen sollen, die haushaltsrechtlich nicht gedeckt sind. In diesem Fall könnte sich jeder öffentlich-rechtliche AG auf die fehlenden Haushaltsmittel berufen

und seine Mitarbeiter nur noch befristet beschäftigen. Dem stände Art. 12 Abs. 1 GG (Berufsfreiheit) entgegen, der im Bereich des arbeitsvertraglichen Bestandsschutzes einen staatlichen Mindestschutz garantiert. Nach der Rechtsprechung der Arbeitsgerichte sollte ein sachlicher Grund gegeben sein, wenn der Haushaltsgesetzgeber eine konkrete Haushaltsstelle allein für eine begrenzte Zeit ausweist, ohne Verlängerungen vorzusehen. Diese Rechtsprechung hat das BAG jedoch in den letzten Jahren immer weiter verfeinert und weitere Bedingungen entwickelt, damit die Befristung sachlich gerechtfertigt ist. An Universitäten bzw. Hochschulen wird ein großer Teil der Mitarbeiter durch sog. **Drittmittel** finanziert. Die befristete Vergabe von Drittmitteln kann ein Sachgrund für eine Befristung sein, setzt jedoch voraus, dass die Finanzierung für eine bestimmte Aufgabe und Zeitdauer bewilligt ist und der AN überwiegend der Zweckbestimmung dieser Mittel entsprechend beschäftigt wird; die vereinbarte Befristungsdauer soll dem bewilligten Projektzeitraum entsprechen (§ 2 Abs. 2 des Gesetzes über befristete Arbeitsverträge in der Wissenschaft – Wissenschaftszeitvertragsgesetz).

h) Gerichtlicher Vergleich
Nicht jeder gerichtliche Vergleich reicht aus, um eine Befristung wirksam zu begründen. Die Zivilprozessordnung (ZPO) kennt den Vergleich, den die Parteien in der mündlichen Verhandlung schließen und der vom Gericht protokolliert wird.

Daneben können die Parteien auch außerhalb des Gerichtssaales sich gem. § 278 Abs. 6 ZPO vergleichen. Hier gibt es zwei Möglichkeiten:
- **Fall 1:** Das Gericht unterbreitet den Parteien einen schriftlichen Vergleichsvorschlag, den die Parteien gegenüber dem Gericht annehmen.
- **Fall 2:** Die Parteien teilen dem Gericht einen von ihnen ausgehandelten Vergleich mit, den das Gericht feststellt.

Nur im ersten Fall erfüllt der Vergleich die Voraussetzungen für eine Befristungsabrede, weil der Vergleich aus der »Feder« eines Richters kommt. In Fall 2 übernimmt das Gericht ungeprüft eine Vereinbarung der Parteien und stellt das Zustandekommen und den Inhalt des geschlossenen Vergleiches durch Beschluss fest, ohne aber selbst die Verantwortung für den Inhalt zu übernehmen.

Deshalb sollte man darauf achten, dass der Vergleich entweder in der mündlichen Verhandlung oder außerhalb des Gerichtes aufgrund eines gerichtlichen Vorschlages geschlossen wird, wobei es den Parteien unbenommen ist, einen derartigen Vergleich bei Gericht zu initiieren. Beispiele für eine Befristung durch einen gerichtlichen Vergleich sind: Verlängerung des ursprünglich befristeten Arbeitsverhältnisses oder Verschiebung eines Kündigungstermins um mehrere Monate (z. B. Kündigung zum 31.03. und vergleichsweise Beendigung zum 30.09. desselben Jahres). Im letzten Fall schließt sich ein befristetes Arbeitsverhältnis (vom 01.04. bis 30.09.) an ein bisher unbefristetes Arbeitsverhältnis bei demselben AG an, was ohne gerichtlichen Vergleich nicht zulässig wäre.

3.1.2.2 Sachgrundlose Befristung

Der häufigste Fall der Befristung ist in der Praxis die **sachgrundlose** Befristung, mit der viele AN nach ihrer Ausbildung in das Arbeitsleben starten.

Nach § 14 Abs. 2 TzBfG ist sie bis zur Dauer von **2 Jahren** zulässig. Innerhalb dieses Rahmens kann sie höchstens **dreimal verlängert** werden, so dass der Abschluss von 4 befristeten Arbeitsverträgen mit einer Gesamtlaufzeit von **2 Jahren** möglich ist. Tarifverträge können eine längere Höchstdauer und mehrere Verlängerungsmöglichkeiten vorsehen (z. B. gilt im Sicherheitsgewerbe eine Höchstdauer von 42 Monaten).

Ein Arbeitsvertrag kann nur sachgrundlos befristet werden, wenn mit demselben AG zuvor noch **kein** befristetes oder unbefristetes Arbeitsverhältnis bestanden hat (§ 14 Abs. 2 Satz 2 TzBfG). Nach dem Gesetzeswortlaut könnte ein früherer Ferienjobber z. B. nach Abschluss seiner Hochschulausbildung nicht bei dem gleichen Unternehmen befristet eingestellt werden, da er bei diesem schon einmal bereits gearbeitet hat.

Damit hat das Gesetz der Praxis zunächst Steine statt Brot gegeben. In vielen Fällen führte dies zur Arbeitsverhinderung statt Arbeitsförderung. Das BAG hat der Praxis erst jetzt aus diesem Dilemma verholfen, als es die Worte »bereits zuvor« dahingehend auslegt, dass zwischen Ende des früheren Arbeitsverhältnisses und Beginn des neuen Arbeitsverhältnisses bei demselben AG mehr als **3 Jahre** liegen müssen. Das bedeutet, dass ein AN, der zum 31.12.2014 aus einem Unternehmen ausgeschieden ist, frühestens zum 02.01.2018 dort wieder sachgrundlos befristet eingestellt werden kann. Dabei kommt es nicht auf den Zeitpunkt der Vertragsunterzeichnung des neuen Vertrages an, sondern allein auf den Zeitpunkt, wann mit der neuen Tätigkeit begonnen werden soll bzw. begonnen worden ist und ob zwischen Ende der letzten Tätigkeit und Beginn der neuen Tätigkeit mehr als 3 Jahre liegen. Damit hat sich auch das BVerfG beschäftigt, das die Regelung zwar als verfassungsgemäß ansieht, davon aber Ausnahmen zulässt. Nach dem Beschluss vom 22.06.2018 (1 BvL 7/14, 1 BvR 1375/14, BGBl. I 2018, 882), gültig ab 29.06.2018, können und müssen die Arbeitsgerichte in Fällen, in denen offensichtlich keine Gefahr der Kettenbefristung in Ausnutzung der strukturellen Unterlegenheit der Vorbeschäftigten besteht, den grundrechtlich geschützten Positionen der Beteiligten durch die Einschränkung des Anwendungsbereichs der Vorschrift Rechnung tragen, die allerdings im Einklang mit dem sozialpolitischen Ziel des Schutzes der unbefristeten Beschäftigung als Regelfall stehen muss, mit anderen Worten: Im Einzelfall kann von der Bedingung der fehlenden Vorbeschäftigung abgesehen werden.

Die **Verlängerung** der sachgrundlosen Befristung muss schriftlich **während der Dauer** und darf nicht im Zusammenhang mit sonstigen Änderungen des Arbeitsverhältnisses erfolgen. Im anderen Fall wäre sie unwirksam. Die Verlängerung ist allein die **zeitliche Verschiebung** in die Zukunft (z. B. vom 31.03. auf den 31.10.). Dabei darf es keine zeitliche Unterbrechung geben. Selbst ein Tag, der vielleicht noch Feiertag ist, wäre schädlich. Endet z. B. der befristete Arbeitsvertrag zum 31.12. und vereinbaren die Parteien wegen Neujahr die Verlängerung erst am 02.01., liegt darin keine wirksame Verlängerung des Arbeitsvertrages, sondern ein **Neuabschluss** eines befristeten Vertrages, dessen Befristungsabrede wegen §14 Abs. 2 Satz 2 TzBfG unwirksam ist, weil mit demselben AG bereits ein befristetes Arbeitsverhältnis bestanden hat. Im Beispielsfall hätten die Parteien spätestens am 31.12. die Befristung verlängern müssen.

Des Weiteren darf der AG die Arbeitsbedingungen nicht im selben Zuge mit der Verlängerung des Arbeitsvertrages ändern. Häufig werden mit der Fristverlängerung neue Arbeitsbedingungen vereinbart z. B. Erhöhung der Wochenarbeitszeit und damit Erhöhung des Gehaltes. Die Rechtsprechung sieht darin den Abschluss eines **neuen** befristeten Arbeitsvertrages, dessen Befristung jedoch unwirksam ist, weil der AN bereits bei demselben AG schon beschäftigt war.

Vertragsänderungen im Zusammenhang mit Fristverlängerungen sind nur dann zulässig, wenn der AN auf diese einen Anspruch hat, weil z. B. im bestehenden befristeten Arbeitsvertrag geregelt wurde, dass er ab einem bestimmten Zeitpunkt einen höheren Stundenlohn erhalten soll (siehe Online-Arbeitshilfen).

Soll ein bestehendes befristetes Arbeitsverhältnis verlängert werden, muss dies **schriftlich** und **rechtzeitig** vor Fristende geschehen. Die Verlängerungsabrede darf auch nicht gleichzeitig mit Änderungen der Arbeitsbedingungen einhergehen. Deshalb sollte der AG beides zeitlich trennen. Im anderen Fall läuft er Gefahr, dass ein Gericht die Vereinbarung über die geänderten Arbeitsbedingungen als den Abschluss eines **neuen** Arbeitsvertrages ansieht, der der Wirksamkeit der Befristung entgegensteht und den bislang befristeten Arbeitsvertrag zu einem unbefristeten macht (§14 Abs. 2 Satz 2 TzBfG).

3.1.2.3 Verlängerte sachgrundlose Befristung

a) Junge Unternehmen
Junge Unternehmen sind in den ersten **4 Jahren** nach ihrer Gründung privilegiert. Sie können sachgrundlose befristete Arbeitsverträge bis zur Dauer von 4 Jahren schließen, ohne in der Zahl der Verlängerungen beschränkt zu sein (§14 Abs. 2a TzBfG).

b) Ältere Arbeitnehmer
Ältere Arbeitnehmer können ab Vollendung des 52. Lebensjahres bis auf 5 Jahre kalendermäßig befristet beschäftigt werden, wenn sie folgende Voraussetzungen erfüllen (§14 Abs. 3 TzBfG):
- mindestens 4 Monate beschäftigungslos im Sinne von §138 Abs. 1 Nr. 1 SGB III waren. Beschäftigungslos sind alle Arbeitslose sowie diejenigen, die einen Angehörigen pflegen und deshalb keiner Erwerbstätigkeit nachgehen oder vorübergehend erwerbsunfähig sind, wie auch diejenigen, die sich aus persönlichen Gründen nicht arbeitssuchend gemeldet haben;

3.1 Dauer des Arbeitsverhältnisses

- Transferkurzarbeitergeld bezogen haben. Transferkurzarbeitergeld beziehen Mitarbeiter, die durch eine Betriebsänderung ihren Arbeitsplatz verloren haben und in aller Regel während der Kündigungsfrist vorzeitig in eine Beschäftigungsgesellschaft übergewechselt sind und sich dort weiterqualifiziert und fortgebildet haben, um eine Anschlusstätigkeit zu finden;
- oder an einer öffentlich geförderten Beschäftigungsmaßnahme nach SGB II bzw. SGB III teilgenommen haben. Dazu zählen AN, die in einer sog. ABM-Maßnahme beschäftigt waren.

Unter diesen Voraussetzungen, kann ein älterer AN einmal oder mehrmals bis zu 5 Jahren befristet beschäftigt werden. Anschließend muss er wieder 4 Monate beschäftigungslos sein bzw. die anderen Voraussetzungen erfüllen, um bei demselben AG erneut weitere 5 Jahren befristet arbeiten zu können. Hier gilt nicht das **Anschlussverbot** des § 14 Abs. 2 Satz 2 TzBfG, weil die Regelung für ältere AN eine besondere Form der Sachgrundbefristung ist, die eine Aneinanderreihung von Sachgrundbefristungen zulässt.

Früher hat das Gesetz die zulässige Befristung ausschließlich an das Erreichen eines bestimmten Alters geknüpft (erst 60 Jahre, später 58 Jahre und dann 52 Jahre), was die Praxis als altersdiskriminierend angesehen hat mit der Folge, dass sich die AG nicht getraut haben, einen älteren AN länger als 2 Jahre befristet einzustellen. Sie mussten zurecht befürchten, dass die Befristung unwirksam ist, obwohl die Voraussetzung des Gesetzes erfüllt waren. Damit erfüllten jene Gesetzesfassungen nicht ihren Zweck, ältere AN wieder in Arbeit zu bringen. Heute ist neben dem Alter ein weiterer Sachgrund hinzugetreten, der die besondere Befristungsabrede rechtfertigt. Dennoch ist auch diese nicht unumstritten und wird zum Teil für europarechtswidrig gehalten.

3.1.2.4 Sonderbefristungsregelungen

Neben der allgemeinen Befristung von Arbeitsverträgen (TzBfG) gibt es für besondere Berufsgruppen bzw. Bereiche noch Sonderregelungen wie z. B. das **Wissenschaftszeitvertragsgesetz** bzw. das **Gesetz über befristete Arbeitsverträge mit Ärzten** in der Weiterbildung. Nach dem erst genannten

Gesetz kann das wissenschaftliche und künstlerische Personal an staatlichen Hochschulen, soweit es noch nicht promoviert hat, bis zu einer Dauer von 6 Jahren befristet beschäftigt werden. Nach abgeschlossener Promotion ist eine erneute Befristung bis zu weiteren 6 Jahren zulässig, im Bereich der Medizin bis zu 9 Jahren. Ärzte, die sich in der Facharztausbildung befinden, können bis zu 8 Jahren befristet beschäftigt werden.

3.1.2.5 Allgemeines Befristungsrecht

Befristungsabreden bedürfen der **Schriftform**. Dies gilt auch für jede Verlängerung. Vereinbaren die Parteien mündlich, dass der Arbeitsvertrag befristet gelten soll, ist die Befristung unwirksam.

Der Grund für die Befristung ist nicht schriftlich festzuhalten.

Will sich ein AN auf die Unwirksamkeit der Befristung berufen, muss er innerhalb von **3 Wochen** ab Beendigung des befristeten Arbeitsverhältnisses **Klage** beim Arbeitsgericht erheben. Im anderen Fall wird die Wirksamkeit des befristeten Arbeitsvertrages fingiert (§ 17 TzBfG).

Ein kalendermäßig befristeter Arbeitsvertrag endet mit Ablauf der vereinbarten Frist (z. B. 30.09.). Er kann während der Befristung nicht ordentlich gekündigt werden, es sei denn, dass sich die Parteien im Arbeitsvertrag das Kündigungsrecht vorbehalten haben oder dieses sich aus einem Tarifvertrag ergibt (§ 15 Abs. 3 TzBfG).

Ist die Befristung unwirksam, gilt der befristete Arbeitsvertrag auf unbestimmte Zeit geschlossen und kann vom AG frühestens zum unwirksam vereinbarten Ende ordentlich gekündigt werden z. B. unwirksam befristet vom 01.04. bis 30.11., Kündigung des AG frühestens zum 30.11. möglich (§ 16 TzBfG).

3.1.3 Arbeit auf Abruf

Im Zeitalter der Flexibilisierung von Arbeitszeiten sind AG stark daran interessiert, AN auf Abruf zu beschäftigen (sog. Arbeit auf Abruf). Es handelt sich dabei um ein Arbeitsverhältnis, in dem die Dauer der Arbeitszeit feststeht (z. B. 20 Wochenstunden), der AG jedoch die Lage der Arbeitszeit an den einzelnen Arbeitstagen noch konkretisieren muss. Dadurch hat der AG die Möglichkeit, je nach Arbeitsanfall den AN zur Arbeit zu rufen und zu beschäftigen. Diese Form des Arbeitsverhältnisses ist in § 12 TzBfG geregelt.

Die **Dauer der wöchentlichen** und der **täglichen Arbeitszeit** ist zu vereinbaren. Unterbleibt dies, gilt eine Arbeitszeit von **20 Stunden pro Woche (bis 31.12.2018: 10 Stunden pro Woche)** als vereinbart. Fehlt eine Regelung über die Dauer der täglichen Arbeitszeit, kann der AN eine Beschäftigung und Vergütung von mindestens **3 aufeinander folgenden Stunden** pro Arbeitstag verlangen. Bei Vereinbarung einer wöchentlichen Mindest- und/oder Höchstarbeitszeit gilt in Umsetzung der Rechtsprechung des BAG durch das Gesetz zur Weiterentwicklung des Teilzeitrechts – Einführung einer Brückenteilzeit zum 01.01.2019 die Neuregelung in § 12 Abs. 2 TzBfG: Bei Vereinbarung einer Mindestarbeitszeit darf der AG nur bis zu 25 % der wöchentlichen Arbeitszeit zusätzlich abrufen, bei Vereinbarung einer Höchstarbeitszeit darf der AG nur bis zu 20 % der wöchentlichen Arbeitszeit weniger abrufen.

Der AN ist zur Arbeitsleistung nur verpflichtet, wenn der AG ihm die Lage der Arbeitszeit jeweils mindestens **4 Tage im Voraus** mitteilt. Die Tage des Zugangs der Arbeitsaufforderung und der Arbeitsaufnahme zählen nicht mit. Möchte ein AG, dass der AN am Mittwoch seine Tätigkeit aufnimmt, muss er ihn bereits am Freitag der Vorwoche zur Arbeit auffordern. Werden im Arbeitsvertrag kürzere Ankündigungsfristen vereinbart, sind diese unwirksam (§ 12 Abs. 3 TzBfG i. V. m. § 134 BGB). In § 12 Abs. 4 und 5 TzBfG gelten ab 01.01.2019 gesetzliche Sonderregelungen zur Entgeltfortzahlung im Krankheitsfall und an Feiertagen.

Die Regelung gilt nur für Teilzeitbeschäftigte auf Abruf, nicht grundsätzlich für die Anordnung von Überstunden oder Bereitschaftsdiensten.

In der Praxis hat sich die Arbeit auf Abruf nicht durchgesetzt. Durch die Einhaltung der Mindestankündigungsfrist von 4 Tagen ist sie zu schwerfällig, um auf kurzfristigen Mehrbedarf an Arbeitskräften zu reagieren. Andererseits bestehen die AN in der Praxis nicht auf die Einhaltung der Viertagefrist und machen von ihrem Recht wenig Gebrauch, mindestens 20 Wochenstunden bzw. 3 Stunden pro Arbeitstag beschäftigt und bezahlt zu werden, wenn vertragliche Regelungen über die Mindestarbeitszeit fehlen.

3.1.4 Probearbeitsverhältnis

Ein Probearbeitsverhältnis kann sowohl als befristetes Arbeitsverhältnis als auch als vorgeschaltete Probezeit im Rahmen eines unbefristeten Arbeitsverhältnisses vereinbart werden. Denkbar sind z.B. folgende zwei Formulierungen:

> **Textbaustein: Probearbeitsverhältnis**
> »Die ersten 3 (6) Monate gelten als Probezeit. Während dieser Zeit kann das Arbeitsverhältnis beiderseits mit einer Frist von 2 Wochen gekündigt werden.«
> Oder:
> »Dieser Vertrag wird vom ... bis ... zur Probe abgeschlossen und endet mit Ablauf der Probezeit, sofern er nicht verlängert wird.«

Beim ersten Vertrag handelt es sich um eine **vorgeschaltete Probezeit**, beim zweiten um ein **befristetes Probearbeitsverhältnis**.

Die Dauer der Probezeit richtet sich nach der Art der Tätigkeit. Sie darf **6 Monate** nicht überschreiten.

Die vom Gesetzgeber vorgesehene **kurze Kündigungsfrist** von 2 Wochen, die Tarifverträge noch kürzer regeln können, ist der **einzige Vorteil** der Probezeit. Denn die Möglichkeit, sich in dieser Zeit ohne besonderen Grund wieder zu trennen, folgt nicht aus der Probezeit, sondern ergibt sich aus der Tatsache, dass in den ersten 6 Monaten eines Arbeitsverhältnisses weder das Kündigungsschutzgesetz noch der Schwerbehindertenschutz gilt (vgl. Kapitel 4.6.1.2 und 3.11.10).

Es reicht, wenn die Kündigung noch **in** der Probezeit ausgesprochen und erst danach wirksam wird.

Das **befristete** Probearbeitsverhältnis hat den Vorteil, dass es mit seiner Befristung endet. Dies gilt auch dann, wenn die Arbeitnehmerin während der Probezeit schwanger wird bzw. sich ihre Schwangerschaft herausstellt. Der AG darf aber nicht nach außen zu erkennen geben, dass er wegen der Schwangerschaft das befristete Arbeitsverhältnis nicht verlängert, was im anderen Falle zu einer Diskriminierung der Schwangeren führen kann.

Ist die Probezeit einem unbefristeten Arbeitsverhältnis nur vorgeschaltet, gilt der Kündigungsschutz der Schwangeren von Anfang an und nicht erst nach 6 Monaten (§17 MuSchG). Auf der anderen Seite findet sich kaum ein AN, der bereit ist, sich auf einen auf 6 Monate befristeten Arbeitsvertrag einzulassen.

3.2 Art und Ort der Arbeitsleistung

In den meisten Arbeitsverträgen werden die Art der Tätigkeit und der Einsatzort des AN wie folgt beschrieben:

> **Textbaustein: Art und Ort der Tätigkeit**
> »Der Mitarbeiter wird in der Debitorenbuchhaltung mit allen dort anfallenden Aufgaben in X-Dorf beschäftigt.«

Je genauer die Tätigkeit beschrieben ist, umso enger sind die Grenzen des Weisungsrechtes des AG aus §106 GewO.

3.2.1 Direktionsrecht des AG

Wie in Kapitel 1.7 dargelegt, steht dem AG ein allgemeines Direktions- und Weisungsrecht zu, soweit es den **Inhalt, Ort und die Zeit** der Arbeitsleistung betrifft. Dieses Direktionsrecht, das der AG nach billigem Ermessen ausüben muss, wird unter anderem durch den Arbeitsvertrag **konkretisiert**. Dabei bedarf der Arbeitsvertrag der Auslegung, ob der AG mit den Angaben zur Tätigkeit und zum Einsatzort nur von seinem Direktionsrecht Gebrauch gemacht hat oder die Parteien den Arbeitsvertrag auf diese Angaben konkretisieren wollten. Nur im ersten Fall kann der AG ohne Zustimmung des AN diesem einseitig z.B. eine andere Tätigkeit zuweisen. Im zweiten Fall kann die Tätigkeit nur durch eine Änderungskündigung einseitig geändert werden.

Nach dem Nachweisgesetz (§ 2 Abs. 1 Nr. 4 und 5) ist der AG verpflichtet, die vom AN zu leistende Tätigkeit kurz zu charakterisieren oder zu beschreiben und den Arbeitsort zu benennen oder, falls der AN nicht nur an einem Arbeitsort tätig sein soll, darauf hinzuweisen, dass er an verschiedenen Orten beschäftigt werden kann.

Haben die Parteien im Arbeitsvertrag die Tätigkeit und ihren Ort verbindlich festgeschrieben und enthält der Arbeitsvertrag keine wirksame Versetzungsklausel, kann der AG dem AN ohne dessen Einverständnis weder eine andere Tätigkeit übertragen noch ihn an einem anderen Ort beschäftigen. Dem AG bleibt lediglich die Möglichkeit, eine Änderungskündigung auszusprechen, die bei Anwendung des Kündigungsschutzgesetzes nur unter ganz engen Voraussetzungen möglich ist (vgl. Kapitel 4.6.3.3).

Enthält der Arbeitsvertrag einen **Versetzungsvorbehalt**, ist zu prüfen, ob dieser wirksam ist:
- Entspricht der Vorbehalt der gesetzlichen Regelung des § 106 GewO oder weicht er sogar zugunsten des AN davon ab, ist die Klausel nicht zu beanstanden (siehe Online-Arbeitshilfen, dort Mustervertrag).
- Behält der AG sich das Recht vor, die vertragliche Tätigkeit oder den Arbeitsort einseitig zu ändern, unterliegt diese Regelung der Angemessenheitskontrolle nach § 307 Abs. 1 Satz 1 BGB. Die Regelung ist unwirksam, wenn sie den AN entgegen Treu und Glauben unangemessen benachteiligt. Das wird bejaht, wenn der AG durch einseitige Vertragsgestaltung missbräuchlich versucht, eigene Interessen auf Kosten des AN durchzusetzen, ohne dessen Belange hinreichend zu berücksichtigen und ohne ihm einen angemessenen Ausgleich zu gewähren – z. B. wenn der AG sich das Recht vorbehält, einseitig die vertraglich vereinbarte Tätigkeit unter Einbeziehung geringwertiger Tätigkeiten zulasten des AN zu ändern. Hier kommt es nicht darauf an, ob der AG tatsächlich dem AN eine geringwertige Tätigkeit zuweist. Es ist allein entscheidend, dass der Vertrag diese Möglichkeit vorsieht. Dies macht die Versetzungsklausel unwirksam.

Dafür ein Beispiel:

> **Textbaustein: Unwirksame Versetzungsklausel** !
> »Die Firma kann dem Mitarbeiter eine andere als die vertraglich vereinbarte Tätigkeit falls erforderlich oder nach Abstimmung der beiderseitigen Interessen einseitig zuweisen.«

Will der AG dem AN eine andere Tätigkeit zuweisen, muss er bei der Abfassung des Arbeitsvertrages darauf achten, dass die neue Tätigkeit gegenüber der alten immer gleichwertig sein muss. Im anderen Fall würde der AG in den Kern des Arbeitsvertrages einseitig eingreifen, was ihm nur durch eine Änderungskündigung gestattet ist.

Prüfung der Gleichwertigkeit einer Tätigkeit
Bei der Prüfung der Gleichwertigkeit einer Tätigkeit wird in erster Linie auf folgende Kriterien abgestellt:
- Kenntnisse und Fähigkeiten (**Anforderungsprofil**)
- Einordnung innerhalb der Hierarchie
- Sind **Vorgesetztenfunktionen** damit verbunden?

Die Versetzung ist eine einseitige **rechtsgeschäftliche** Erklärung, mit der die bisherige Arbeit entzogen und gleichzeitig die neue Tätigkeit zugewiesen wird. Sie ist die Zuweisung eines anderen Arbeitsbereiches, die voraussichtlich die Dauer von einem Monat überschreitet oder die mit einer erheblichen Änderung der Umstände verbunden ist, unter denen die Arbeit zu leisten ist (§ 95 Abs. 3 BetrVG).

Die Versetzung unterliegt der **Ausübungskontrolle**. Der AG muss nach billigem Ermessen von seinem Weisungsrecht Gebrauch machen. Dabei hat er alle wesentlichen Umstände des Einzelfalls und die beiderseitigen Interessen angemessen zu berücksichtigen, nicht jedoch die Grundsätze der Sozialauswahl, wenn z. B. ein AN auf einen neuen Arbeitsplatz versetzt werden soll, auf den auch andere AN versetzt werden könnten.

Soll die Versetzung aufgrund von verhaltensbedingten Gründen erfolgen – weil der AN z.B. durch sein Verhalten in einer bestimmten Abteilung nicht mehr tragbar ist –, muss der Versetzung eine Abmahnung des AN vorausgehen.

- Ist die Versetzung **wirksam**, weigert der AN sich aber, die neue Tätigkeit anzutreten, verliert er seinen Anspruch auf Gehalt und läuft gleichzeitig Gefahr, nach einer entsprechenden Abmahnung verhaltensbedingt gekündigt zu werden.
- Ist dagegen die Versetzung **unwirksam**, kann der AN die neue Tätigkeit zwar ablehnen, verliert aber seinen Gehaltsanspruch, solange das Gericht die Rechtswidrigkeit der Versetzung noch nicht rechtskräftig festgestellt hat.

Die Frage, ob eine Versetzung wirksam oder unwirksam ist, ist nicht immer leicht und eindeutig zu beantworten. Deshalb empfiehlt es sich für den AN, der Versetzung schriftlich zu widersprechen und ihr zunächst Folge zu leisten, um dann in einem Prozess klären zu lassen, ob die Versetzung wirksam war. Der AN kann auf Feststellung klagen, dass die Versetzung unrechtmäßig war, oder im Wege der Klage die vertragsgemäße Beschäftigung einfordern.

In einigen Arbeitsverträgen wird dem AN ein Versetzungsrecht eingeräumt. Dies kann sowohl die Art als auch den Ort der Tätigkeit betreffen, wenn die Parteien z.B. vereinbaren, dass der AN in den ersten zwei Jahren ein Trainee-Programm durchläuft, um dann eine bestimmte Position, die vertraglich bereits festgelegt ist, an einem bestimmten Ort zu übernehmen oder der AN zunächst im Ort X am Firmensitz seine Tätigkeit aufnimmt, um dann im Werk in Y eine bestimmte Tätigkeit zu übernehmen.

Daneben gibt es in bestimmten Fällen noch die Verpflichtung des AG, einen AN zu versetzen, wenn der Betriebsrat dies wegen Störung des Betriebsfriedens verlangt (§ 104 BetrVG).

In Betrieben, in denen ein Betriebsrat bzw. Personalrat besteht, bedarf die Versetzung der vorherigen Zustimmung des Betrieb- bzw. Personalrates (vgl. Kapitel 5.1.5.2).

Mitglieder des Betriebsrates bzw. des Personalrates genießen einen besonderen Schutz vor Versetzungen. Sie bedürfen der Zustimmung des Betriebsrates, wenn die Mitglieder dadurch ihr Amt oder die Wählbarkeit zum Betriebsrat verlieren würden (§ 103 Abs. 3 BetrVG und § 47 Abs. 2 Satz 3 BPersVG). Die Zustimmung kann aber im Streitfall durch das Arbeitsgericht ersetzt werden.

3.2.2 Anspruch des AN auf Beschäftigung

Bis 1955 hatte der AN keinen Anspruch auf Beschäftigung, lediglich auf Vergütung. Heute wird der Beschäftigungsanspruch aus dem allgemeinen Persönlichkeitsrecht des AN hergeleitet, wonach Arbeit die Achtung und Wertschätzung des AN wesentlich beeinflusst und eine wichtige Möglichkeit ist, die geistigen und körperlichen Fähigkeiten und damit die Persönlichkeit zu entfalten.

Deshalb hat der AN während des Arbeitsverhältnisses einen einklagbaren Anspruch auf Beschäftigung. Diesen kann er durch eine einstweilige Verfügung oder durch Klage beim Arbeitsgericht durchsetzen. Die Vollstreckung erfolgt durch Androhung eines Zwangsgeldes oder einer Zwangshaft.

Von dem Beschäftigungsanspruch ist der Weiterbeschäftigungsanspruch zu unterscheiden, der im gekündigten Arbeitsverhältnis nach Auslaufen der Kündigungsfrist eine Beschäftigung sichern soll.

3.2.3 Freistellungsanspruch des AG

In der Praxis kommt es häufig vor, dass ein AG gleichzeitig mit der Kündigung seinen AN von der Arbeitsleistung freistellt. Der AN wird aufgefordert, unverzüglich seinen Arbeitsplatz zu räumen. Dabei kann die Freistellung **widerruflich** oder **unwiderruflich** erfolgen. Im ersten Fall behält sich der AG das Recht vor, seine Freistellungsverfügung wieder aufzuheben und den AN zur Arbeit aufzufordern. Im zweiten Fall bleibt der AN bis zum Vertragsende freigestellt. Hat der AG gleichzeitig verfügt, dass der AN sich einen etwaigen Zwischenverdienst anrechnen lassen muss, ist der AN in der Verwertung seiner Arbeitskraft frei und nicht mehr an das vertragliche Wettbewerbsverbot gebunden, es sei denn, der AG besteht ausdrücklich darauf.

Ohne eine entsprechende Freistellungsregelung im Arbeitsvertrag kann der AN seinen allgemeinen Beschäftigungsanspruch notfalls gerichtlich durchsetzen.

Sieht der Arbeitsvertrag pauschal das Recht des AG vor, den AN einseitig von seinen Arbeitspflichten freizustellen, hält diese Klausel nicht der AGB-Kontrolle stand. Der AN wird durch einen generellen Verzicht auf seinen Beschäftigungsanspruch unangemessen benachteiligt (§ 307 Abs. 1 BGB).

In Einzelfällen kann der AG sich auf ein berechtigtes Interesse berufen, den AN freizustellen, wenn z. b. dieser selbst gekündigt und in einer Abteilung gearbeitet hat, in der hochsensible Daten und Informationen des Unternehmens bearbeitet bzw. verarbeitet werden. Ähnliches gilt für AN im Außendienst, bei denen der AG befürchten muss, dass diese während der Kündigungsfrist versuchen, die Kunden für den neuen AG zu gewinnen.

Will man im Arbeitsvertrag die Freistellung wirksam regeln, könnte dies wie folgt geschehen:

!   **Textbaustein: Freistellungsregelung**

»Die Firma kann den AN unter Fortsetzung der Bezüge ganz oder vorübergehend bei Vorliegen eines sachlichen Grundes von der Arbeitsleistung unwiderruflich freistellen. Mit der Freistellung wird ein eventuelles Urlaubs- oder Freizeitguthaben verrechnet. Ein sachlicher Grund liegt dann vor, wenn der AN selbst kündigt oder ihm verhaltensbedingt gekündigt wurde oder wenn er Zugang zu Kundendaten oder anderen wichtigen betriebsinternen Daten hat, an denen die Firma ein Geheimhaltungsinteresse hat.«

3.3 Arbeitszeit

Die Arbeitszeit ist in Arbeitsverträgen häufig wie folgt geregelt:

> **Textbaustein: Arbeitszeit und Überstunden**
> »Die wöchentliche Arbeitszeit richtet sich nach den für den Betrieb geltenden tariflichen und betrieblichen Bestimmungen in der jeweils gültigen Fassung. Sie beträgt zur Zeit 40 Stunden.
> Die Lage und Dauer der täglichen Arbeitszeit sowie der Pausen richten sich nach den jeweiligen Weisungen der Firma, die sich jederzeit ändern können, auch dann, wenn diese über längere Zeit unverändert gewesen sind. Die Firma kann auch Sonn- und Feiertagsarbeit anordnen, soweit dies aus berechtigten betrieblichen Gründen erforderlich und rechtlich zulässig ist.
> Der Mitarbeiter verpflichtet sich, auf Verlangen der Firma Überstunden zu leisten.
> Die Firma ist berechtigt, einseitig Kurzarbeit anzuordnen, wenn die Bezugsmöglichkeit von Kurzarbeitergeld vorliegt. Für die Dauer der Kurzarbeit verringert sich die Vergütung entsprechend der ausgefallenen Arbeitszeit.«

3.3.1 Voll-/Teilzeit

Die Festlegung der Arbeitszeit und die Vereinbarung über das Arbeitsentgelt, die sich gegenseitig beeinflussen, sind die zentralen Fragen eines Arbeitsvertrages.

3.3.1.1 Festlegung der Arbeitszeit

Die Arbeitszeit wird pro Tag, Woche, Monat oder Jahr angegeben. Üblicherweise spricht man von der **Wochenarbeitszeit**.

Vereinbaren die Parteien keine konkrete Arbeitszeit, gilt die betriebsübliche Arbeitszeit. Je nach Wirtschaftszweig differiert die Wochenarbeitszeit zwischen 35 und 42 Stunden. Sie kann auch höher liegen.

Das Arbeitszeitgesetz (ArbZG) begrenzt die Wochenarbeitszeit auf **48** Stunden bei einer Sechstagewoche und die werktägliche Arbeitszeit auf **8** Stunden. Letztere kann sich jedoch auf **10** Stunden erhöhen, wenn sie innerhalb eines Ausgleichszeitraums von **6 Kalendermonaten** oder **24 Wochen** im Durchschnitt **8 Stunden** werktäglich nicht überschreitet. Nimmt man den Ausgleichszeitraum von 24 Wochen, dürfen in diese Zeit 1.152 Arbeitsstunden fallen (24 × 48 Stunden). Die Aufteilung der Stunden bleibt den Parteien vorbehalten, z. B. 110 Tage à 10 Stunden, 13 Tage à 4 Stunden und 21 Tage arbeitsfrei (110 × 10 [= 1.100] + 13 × 4 [= 52] = 1.152).

Der AG kann die vereinbarte Arbeitszeit einseitig (= ohne Zustimmung des AN) nur bei einem entsprechenden Vorbehalt oder durch eine Änderungskündigung ändern. Im Übrigen kann er einvernehmlich mit dem AN die Arbeitszeit herab- bzw. hochsetzen.

Bei einer täglichen Arbeitszeit von mehr als 6 und bis zu 9 Stunden muss es eine im Voraus feststehende **Ruhepause** von 30 Minuten geben, die spätestens nach 6 Stunden zu nehmen ist. Beträgt die Arbeitszeit mehr als 9 Stunden, erhöht sich die Ruhepause auf 45 Minuten, die in zwei bzw. drei Zeitabschnitte von mindestens 15 Minuten aufgeteilt werden kann (§ 4 ArbZG).

Des Weiteren ist eine **Ruhezeit** von **11 Stunden** zwischen Ende der alten und Beginn der neuen Arbeitszeit am nächsten Tag einzuhalten. Das bedeutet, dass z. B. ein AN, der bis 21:00 Uhr am Vortag gearbeitet hat, am nächsten Tag nicht vor 8:00 Uhr anfangen darf. Davon gibt es für Krankenhäuser, Pflegeeinrichtungen, Gastronomie, Verkehrsbetriebe u. a. Ausnahmen.

Die Arbeit ruht an Sonn- und Feiertagen zwischen 0:00 Uhr und 24:00 Uhr. Auch davon gibt es eine Vielzahl von Ausnahmen.

Der AG ist verpflichtet, das ArbZG sowie die aufgrund dieses Gesetzes erlassenen und für den Betrieb geltenden Rechtsverordnungen bzw. Tarifverträge, Betriebs- und Dienstvereinbarungen an geeigneter Stelle im Betrieb zur Einsichtnahme auszulegen oder auszuhängen.

> **Achtung**
>
> Der AG ist weiter verpflichtet, über die werktägliche Arbeitszeit, die über 8 Stunden pro Arbeitstag hinausgeht, ein Verzeichnis pro AN zu führen und diesen Nachweis mindestens 2 Jahre aufzubewahren (§ 16 Abs. 2 ArbZG). Verstößt der

AG gegen diese Verpflichtung, kann gegen ihn eine Geldbuße bis zu 15.000 EUR verhängt werden (§22 Abs. 1 Nr. 9, Abs. 2 ArbZG).

Das ArbZG gilt nicht ausnahmslos für alle AN. Leitende Angestellte im Sinne des BetrVG, Chefärzte, Leiter von öffentlichen Dienststellen und deren Vertreter sowie AN im öffentlichen Dienst, die zu selbstständigen Entscheidungen in Personalangelegenheiten befugt sind, wie auch Mitarbeiter im liturgischen Bereich der Kirchen- und Religionsgemeinschaften u.a. sind davon ausgenommen. Das Gleiche gilt für Personen unter 18 Jahren, für die das strengere Jugendarbeitsschutzgesetz gilt.

Beginn und Ende der Arbeitszeit sowie die Lage der Pausen unterliegen dem Weisungsrecht des AG und in Betrieben mit Betriebs- bzw. Personalrat der Mitbestimmung dieser Gremien (§87 Abs. 1 Nr. 2 BetrVG bzw. §75 Abs. 3 Nr. 1 BPersVG).

Macht der AG jahrzehntelang von seinem Weisungsrecht bei der Arbeitszeit keinen Gebrauch, kann sich der AN nicht auf betriebliche Übung oder darauf berufen, dass sich der Arbeitsvertrag auf die bislang praktizierte Arbeitszeit konkretisiert habe und der AG an diese Arbeitszeit gebunden sei. Das Gegenteil ist vielmehr der Fall. Der AG kann jederzeit die Lage der Arbeitszeit ändern, einen geteilten Dienst, Ruf- oder Bereitschaftsdienst oder sogar Sonntagsarbeit, sofern gesetzlich zulässig, einführen.

Das Weisungsrecht ist in aller Regel bei Teilzeitbeschäftigten eingeschränkt, weil es bei ihnen gerade auf den Beginn und das Ende der Arbeitszeit ankommt, um z.B. die Kinder zu einer bestimmten Uhrzeit aus dem Kindergarten zu holen oder einer zweiten Beschäftigung nachgehen zu können.

In Großbetrieben kann Streit entstehen, wann die Arbeitszeit beginnt bzw. endet. Beginnt sie schon, wenn der AN das Unternehmen betritt oder erst, wenn er an seinem Arbeitsplatz die Arbeit aufnimmt?

Grundsätzlich beginnt die Arbeitszeit erst mit **Aufnahme der Tätigkeit** und umfasst den gesamten Zeitraum, in dem sich der AN dem AG uneingeschränkt zur Verfügung hält und **arbeitsbereit** ist. Deshalb fallen die Fahrt zur Arbeit, etwaiges Waschen und Umkleiden vor und nach der Arbeit nicht in die Arbeitszeit. Etwas anderes gilt z. B. dann, wenn vom AN erwartet wird, dass er eine auffällige Dienstkleidung trägt wie z. B. bei IKEA, ALDI oder McDonalds oder in öffentlichen Verkehrsbetrieben. Hier wird dem AN nicht zugemutet, in Dienstkleidung zur Arbeit zu fahren, was in Einzelfällen auch vom AG nicht gewünscht oder geduldet wird. In diesem Fall beginnt die Arbeitszeit mit dem Umkleiden im Betrieb. Die dafür notwendige Zeit sollte je nach Aufwand mit 5 bis 10 Minuten betriebsintern geregelt werden. Bei einem AN im Außendienst beginnt die Arbeitszeit regelmäßig mit Verlassen der Wohnung, wenn er sich auf den Weg zum Kunden macht. Fährt er vorher zur Betriebsstätte, beginnt die Arbeitszeit erst mit der Fahrt von dort zum Kunden.

3.3.1.2 Vereinbarung von Teilzeit

In Arbeitsverträgen besteht die Möglichkeit, von Anfang an einen AN in Teilzeit zu beschäftigen. Nach §2 TzBfG liegt Teilzeit vor, wenn die wöchentliche Arbeitszeit geringer ist als die eines vollzeitbeschäftigten AN sowie bei geringfügiger Beschäftigung.

Um Flexibilität für von Anfang an vollzeitbeschäftigte AN zu schaffen, lautet der Grundsatz des TzBfG, dass der AG Teilzeitarbeit zu ermöglichen hat. Nach §8 TzBfG kann ein vollzeitbeschäftigter AN verlangen, dass seine **vertraglich vereinbarte Arbeitszeit verringert** wird, z. B. für die Betreuung eines Kindes nach Ende der Elternzeit. Einen Grund für die Reduzierung muss der AN nicht angeben. Dafür gelten folgende Bedingungen (§8 TzBfG):
1. Das Arbeitsverhältnis muss mindestens 6 Monate bestehen.
2. Der AG beschäftigt in der Regel mehr als 15 AN, unabhängig von der Zahl der Auszubildenden.
3. Der AN muss den zeitlichen Umfang der Verringerung seiner Arbeitszeit spätestens 3 Monate vor Beginn der geplanten Teilzeit in Textform geltend machen und kann seine Wunscharbeitszeit angeben.
4. Zwischen AG und AN hat ein Personalgespräch über die Veränderung der Arbeitszeit zu erfolgen mit dem Ziel einer schriftlichen Vereinbarung.
5. Der AG muss der gewünschten Vertragsänderung zustimmen, es sei denn, es sprechen betriebliche Gründe dagegen. Das ist z. B. dann der Fall, wenn die Verringerung der Arbeitszeit die Arbeitsorganisation, die Sicherheit im Betrieb oder den Arbeitsablauf wesentlich beeinträchtigt

oder unverhältnismäßige Kosten verursacht. Ablehnungsgründe können sich auch aus einem Tarifvertrag ergeben.
6. Der AG hat seine Entscheidung über das Ob und Wie der Teilzeit spätestens einen Monat vor der beantragten Vertragsänderung schriftlich mitzuteilen. Fehlt eine Einigung zwischen AG und AN über den Umfang Teilzeit und hat der AG im Fall einer Ablehnung die Monatsfrist versäumt, gilt die Verringerung der Arbeitszeit entsprechend dem beantragten Wunsch des AN. Fehlt es an einer Einigung zwischen AG und AN über die Verteilung der Arbeitszeit und hat der AG im Fall einer Ablehnung der gewünschten Verteilung die Monatsfrist versäumt, gilt der Wunsch des AN zur Verteilung der Arbeitszeit als festgelegt. Die Verteilung der Arbeitszeit kann später vom AG unter bestimmten Bedingungen wieder geändert werden.
7. Eine erneute Verringerung der Arbeitszeit kann der AN erst nach dem Ablauf von 2 Jahren nach der Vereinbarung der Teilzeit oder nach berechtigter Ablehnung durch den AG verlangen.

Andere Regelungen gelten, wenn ein in **Teilzeit beschäftigter AN sein Arbeitszeit verlängern** will, entweder weil er jetzt in Vollzeit arbeiten will oder er bereits vor der Teilzeitbeschäftigung in Vollzeit gearbeitet hat. Nach der bisherigen Regelung hatte der AN auf eine unbefristete Verlängerung der Arbeitszeit keinen Anspruch, es galt nur die Regelung in §9 TzBfG a.F., dass der AN bei der Besetzung eines entsprechenden freien Arbeitsplatzes bei gleicher Eignung bevorzugt zu berücksichtigen war, es sei denn, dass dringende betriebliche Gründe oder Arbeitszeitwünsche anderer teilzeitbeschäftigter Arbeitnehmer entgegenstanden. Das gilt im Grundsatz auch noch nach dem 01.01.2019, wobei weitere Einschränkungen für diese bevorzugte Berücksichtigung geschaffen wurden §9 TzBfG i.d.F. ab 01.01.2019). Diese Situation wurde mit Wirkung **zum 01.01.2019 zumindest teilweise zum Vorteil des AN geändert.** Die Änderungen gelten nur für Teilzeitvereinbarungen, die nach dem 01.01.2019 getroffen werden und wenn der AN zuvor in Vollzeit gearbeitet hat. Grundlage dafür ist das Gesetz zur Weiterentwicklung des Teilzeitrechts mit der Einführung der sog. Brückenteilzeit, wonach AN das Recht haben, für einen befristeten Zeitraum in Teilzeit zu arbeiten und danach wieder in Vollzeit zu gehen. Allerdings gelten dafür bestimmte Bedingungen (§9a TzBfG i.d.F. ab 01.01.2019):

1. Das Arbeitsverhältnis muss zum Zeitpunkt der Beantragung der Teilzeit mindestens 6 Monate bestehen.
2. Der Anspruch gilt nur für AN in Betrieben mit mehr als 45 AN ohne Berücksichtigung der Zahl der Auszubildenden.
3. Die Teilzeitphase ist befristet zwischen einem und fünf Jahren.
4. Sind im Unternehmen 46 bis 200 AN beschäftigt, gilt der Anspruch des AN aus Gründen der Zumutbarkeit für den AG nur eingeschränkt: Pro 15 AN muss der AG nur einem AN Brückenteilzeit gewähren, weitere Anträge kann er ablehnen.
5. Bei Verweigerung der Aufstockung der Arbeitszeit durch den AG muss er darlegen, dass es keine entsprechende freie Stelle gibt oder dringende betriebliche Gründe oder die Interessen anderer Teilzeitbeschäftigter der Rückkehr in Vollzeit entgegenstehen.
6. Während der Teilzeitphase kann vom AN keine weitere Verringerung der Arbeitszeit oder eine Verlängerung der Arbeitszeit verlangt werden.
7. Eine erneute Verringerung der Arbeitszeit kann vom AN frühestens ein Jahr nach der Rückkehr zur ursprünglichen Arbeitszeit verlangt werden.

Unabhängig von den gesetzlich geregelten Ansprüchen des AN auf Gewährung der Veränderung der Arbeitszeit ist eine vertragliche Änderung der Arbeitsbedingungen jederzeit im gegenseitigen Einvernehmen zwischen AG und AN möglich. Dabei ist aber zu beachten, dass nach § 22 TzBfG vertragliche Abweichungen von den gesetzlichen Regelungen zu Ungunsten des AN nicht zulässig bzw. wirksam sind.

3.3.2 Mehrarbeit/Überstunden

Die Terminologie ist nicht ganz eindeutig. Unter Mehrarbeit versteht man die Überschreitung der gesetzlichen Arbeitszeit (z. B. die 9. und 10. Stunde pro Tag). Überstunde ist die Zeit über der tariflichen/vertraglichen Arbeitszeit (vgl. BUrlG, EntgeltFG, MuSchG, SGB IX).

In Tarifverträgen wird der Begriff Mehrarbeit vornehmlich für die Überschreitung der regelmäßigen tariflichen Arbeitszeit verwendet (siehe z. B. § 3 MTV Einzelhandel BW, § 3 Abs. 5 BRTV).

Im Folgenden ist nur von Überstunden die Rede, wobei die Ausführungen auch für Mehrarbeit gelten.

Nicht jede Zeit, die ein AN im Betrieb seines AG vor oder nach seiner üblichen Arbeitszeit verbringt, gilt als Überstunde. Es bedarf vielmehr einer konkreten **Anordnung** des AG im Einzelfall, Überstunden zu machen wie z. B.

»Frau Maier, Sie bleiben heute länger und machen die Lieferung fertig.«

Diese ausdrückliche Anordnung ist eher die Ausnahme. Häufiger wird dem AN eine Arbeit übertragen, die innerhalb einer bestimmten Frist erledigt sein muss und die ohne Überstunden nicht eingehalten werden kann. In diesem Fall nimmt der AG in Kauf, dass der AN über seine normale Arbeitszeit hinaus arbeiten muss. Ähnliches gilt, wenn der AG die Mehrarbeit billigt oder sie auch nur duldet – z. B. der AG trifft den AN wiederholt an dessen Arbeitsplatz außerhalb der betriebsüblichen Arbeitszeit bei der Arbeit an und schickt ihn nicht nach Hause oder er überträgt ihm eine umfangreiche Arbeit, von der er weiß, dass der AN diese nicht mehr in der verbleibenden regulären Arbeitszeit erfüllen kann.

In der Praxis scheitern viele Klagen auf Überstundenvergütung an der fehlenden Dokumentation durch den AN. Dieser muss, wenn es zum Streit kommt, im Einzelnen darlegen und beweisen, an welchen Tagen er wie viel Überstunden in welchem Zeitraum geleistet und was er in dieser Zeit getan hat. Ferner hat er zu beweisen, wer und wann die Überstunden angeordnet oder wer sie geduldet hat.

Grundsätzlich ist der AN nicht verpflichtet, Überstunden zu leisten, es sei denn, er hat sich im Arbeitsvertrag dazu verpflichtet. Der AG kann aufgrund seines Weisungsrechtes (§ 106 GewO) keine Überstunden anordnen, ausgenommen in Not- und Katastrophenfällen. Auf der anderen Seite entsteht aus der wiederholten Anordnung von Überstunden kein Anspruch des AN, zukünftig ein bestimmtes Mindestmaß an Überstunden leisten zu dürfen. Ein solcher Anspruch kann sich allenfalls aus dem Gleichbehandlungsgrundsatz ergeben, wenn der AG alle anderen AN bis auf einen zu Überstunden heranzieht und diesen einen davon ausnimmt, der seinerseits aber gern Überstunden leisten möchte, weil er sonst zu wenig verdient.

Die Vergütungspflicht von Überstunden ergibt sich aus § 612 Abs. 1 BGB, der folgenden Wortlaut hat:

> **Vergütungspflicht von Überstunden (§ 612 Abs. 1 BGB)**
> »Eine Vergütung gilt als stillschweigend vereinbart, wenn die Dienstleistung den Umständen nach nur gegen eine Vergütung zu erwarten ist.«

Die Erwartung richtet sich nach der Verkehrssitte, Art, Umfang und Dauer der Dienstleistung sowie den Berufs- und Erwerbsverhältnissen des AN und der Stellung der Beteiligten zueinander, ohne dass es auf deren persönliche Meinung ankommt. Sie ergibt sich z. B. aus Tarifverträgen, die für vergleichbare Arbeiten eine Überstundenvergütung vorsehen.

Leitende Angestellte, Chefärzte oder Mitarbeiter, deren Entgelt die Beitragsbemessungsgrenze in der gesetzlichen Rentenversicherung überschreitet (für 2019 6.700 EUR [West], 6.150 EUR [Ost]) haben keinen Anspruch auf Überstundenvergütung.

Die Vergütung der Überstunden beziffert sich nach dem Stundensatz, den die Parteien vereinbart haben. Wird ein Gehalt gezahlt, ist je nach Umfang der geschuldeten Arbeitszeit (z. B. bei einer 40-Stunden-Woche) **1/173** des monatlichen Gehaltes anzusetzen. Bei der Berechnung geht man von **4,33** Wochen eines Monats (13 Wochen geteilt durch 3 Monate) aus unabhängig davon, ob der Monat tatsächlich so viele Wochen hat (z. B. Februar).

Manche Arbeitsverträge enthalten die Regelung, dass Mehr- und Überarbeit nicht bezahlt wird bzw. mit dem laufenden Gehalt abgegolten ist.

Diese Regelung ist grundsätzlich unwirksam. Denn mit dieser Regelung greift der AG einseitig in das bestehende Gleichgewicht zwischen Arbeitszeit und Vergütung ein. Ist die vereinbarte Überschreitung der regelmäßigen Arbeitszeit geringfügig (bis ca. 10 %), wird eine entsprechende Klausel im Arbeitsvertrag noch als wirksam angesehen, solange durch die Überschreitung der Arbeitszeit ein etwaig bestehender Tariflohn oder der gesetzliche Mindestlohn nicht unterschritten wird.

Deshalb empfiehlt es sich, im Arbeitsvertrag deutlich zu machen, wie viel Überstunden mit dem Gehalt abgegolten sein sollen. Dies kann z.B. mit folgender Formulierung geschehen:

Textbaustein: Überstundenregelung
»Mit dem Gehalt sind monatlich bis zu 8 Überstunden abgegolten.«

Arbeitsverträge sehen häufig das Recht einer Partei vor, geleistete Überstunden in Freizeit auszugleichen. In diesem Fall gibt der Arbeitsvertrag der betreffenden Partei ein Wahlrecht, das diese alleine ausüben kann. Können die Überstunden nicht mehr in Freizeit ausgeglichen werden, weil z.B. im Betrieb zu viel zu tun ist oder das Arbeitsverhältnis kurzfristig endet, muss der AG die Überstunden vergüten.

Aufseiten der AN besteht oft die irrige Auffassung, dass für jede Überstunde auch ein Zuschlag zu zahlen sei. Der **Überstundenzuschlag** ist die Domäne von Tarifvertragsparteien. Nur wenn er im Tarifvertrag oder im Arbeitsvertrag geregelt ist, kann der AN ihn fordern.

Der AG muss vor Anordnung einer Überstunde die Zustimmung des Betriebsrates einholen, da jede Überstunde eine Abweichung von Beginn und Ende der täglichen Arbeitszeit ist und diese in das Mitbestimmungsrecht des Betriebsrates fällt. Hierfür gibt es Betriebsvereinbarungen, die die Anordnung von Überstunden im Einvernehmen mit dem Betriebsrat regeln.

Überstundenvergütungen werden nach meiner Erfahrung gern erst am Ende eines Arbeitsverhältnisses eingefordert. Das kann in Einzelfällen zu spät sein, wenn der Anspruch einer Ausschlussfrist, die sich aus dem Arbeitsvertrag oder Tarifvertrag ergeben kann, unterliegt oder der Anspruch bereits verjährt ist und der AG sich auf die Einrede der Verjährung beruft (vgl. Kapitel 3.13).

3.4 Arbeitsvergütung

3.4.1 Lohn/Gehalt/Sachbezug

Das Arbeitsentgelt wird in Arbeitsverträgen vielfach wie folgt geregelt:

> **Textbaustein: Vergütungsregelung**
> »Als Vergütung für seine Tätigkeit erhält der Mitarbeiter ein monatliches Bruttogehalt in Höhe von 3.000 EUR.
> Die Firma stellt dem Mitarbeiter einen Dienstwagen der Mittelklasse zur Verfügung, den er auch privat nutzen kann. Die Versteuerung des geldwerten Vorteils für die private Nutzung obliegt dem Mitarbeiter.«

In dieser Vergütungsregelung sind Entgelt und geldwerte Vorteile (Sachbezug) nebeneinander geregelt.

Die Arbeitsvergütung ist eine der **Hauptleistungspflichten** des AG und korrespondiert mit der Arbeitspflicht des AN. Das Arbeitsentgelt ist in Euro zu berechnen und auszuzahlen (§ 107 Abs. 1 GewO). Die Parteien können auch Sachbezüge als Teil des Arbeitsentgeltes vereinbaren, wenn dies im Interesse des AN ist oder der Eigenart des Arbeitsverhältnisses entspricht (z. B. private Pkw-Nutzung, Überlassung eines Firmenhandys oder Laptops zur privaten Nutzung, vergünstigter Wohnraum, Unterkunft und Verpflegung, Aktienoptionen oder Personalrabatte insbesondere in der Autoindustrie).

Die Höhe des Sachbezuges ist im Ausbildungsverhältnis auf 75 % der Brutto-Vergütung beschränkt. 25 % muss in Geld ausgezahlt werden (§ 17 Abs. 2 BBiG). Ähnliches gilt im Arbeitsverhältnis, wenn Arbeitsentgelt in einen Sachbezug umgewandelt werden soll. Hier darf der vereinbarte Sachbezug nicht den pfändbaren Teil des Arbeitsentgeltes übersteigen (§ 107 Abs. 2 Satz 5 GewO) (vgl. Kapitel 3.4.5).

Beim Arbeitsentgelt unterscheidet man mehrere Formen, die sich nach Zeit, Leistung oder nach beidem bestimmen.
- Man unterscheidet den Stunden-, Monats-, Schichtlohn, übertarifliche Stundenzuschläge, Erschwerniszulage u. a.

- Zu Leistungsvergütungen zählen Akkordvergütung, Prämie, Provision, Bonus, Leistungsprämie u.a.
- Daneben können auch beide Formen miteinander verbunden werden, wenn z.b. ein Außendienstmitarbeiter ein Fixum und gleichzeitig eine Provision erhält.

Anspruchsgrundlage der Arbeitsentgelte sind in erster Linie Arbeitsverträge, Tarifverträge und in Ausnahmefällen auch Betriebsvereinbarungen (§§ 87 Abs. 1 Nr. 10 und 11, 77 Abs. 3 BetrVG). Fehlt eine solche Anspruchsgrundlage, schuldet der AG nach dem Gesetz die übliche Vergütung (§ 612 Abs. 2 BGB).

Findet ein Tarifvertrag Anwendung, kann der AG die dortigen Vergütungsgrenzen nicht unterschreiten, es sei denn, diese enthalten eine sog. **Öffnungsklausel**, die es dem AG gestattet, unter Tarif zu zahlen.

Neben der laufenden Vergütung kennt die Praxis noch **Einmalzahlungen** wie 13. Gehalt, Weihnachts-, Urlaubsgeld, Gewinnbeteiligung, Tantieme u.a.

Das Arbeitsentgelt ist zu unterschiedlichen Zeitpunkten fällig. Bei allen Formen gilt der Grundsatz: **Ohne Arbeit, keinen Lohn**. Das bedeutet, dass das Arbeitsentgelt erst nach getaner Arbeit fällig wird. Ist die Vergütung nach Zeitabschnitten bemessen, wird sie nach Ablauf des einzelnen Zeitabschnittes fällig z.B. Ende der Woche, Ende des Monats (§ 614 Satz 2 BGB). Fällt der Fälligkeitstag auf einen Sonnabend, Sonn- oder Feiertag, ist das Gehalt eines kaufmännischen Angestellten am nächsten Werktag zu zahlen (§§ 64 HGB, 193 BGB).

Provisionen sind spätestens am letzten Tag des Folgemonats abzurechnen und auszuzahlen, z.B. die Provision aus dem Monat Mai zum 30.06. (§ 87c Abs. 1 HGB). Der AG muss die Provision nicht monatlich abrechnen. Er kann den Abrechnungszeitraum auf bis zu 3 Monate ausdehnen.

Die Ausbildungsvergütung ist am **letzten Arbeitstag** des Monats fällig (§ 18 Abs. 2 BBiG).

Der AG ist verpflichtet, dem AN eine ordnungsgemäße Abrechnung der Arbeitsentgelte in schriftlicher und verständlicher Form zu erteilen. Sie muss Angaben über Abrechnungszeitraum, Zusammensetzung des Arbeitsentgeltes, Art und Höhe der Zuschläge, Zulagen, sonstige Vergütungen, Art und Höhe der Abzüge, Abschlagszahlungen und Vorschüsse enthalten. Ändert sich die Abrechnung in den Folgemonaten nicht, kann eine entsprechende Abrechnung unterbleiben (§ 108 GewO).

Der AN kann die Abrechnung notfalls gerichtlich einfordern, aber nur wenn der AG die Zahlung vorgenommen hat, ohne gleichzeitig eine Abrechnung zu erteilen. Ein entsprechendes Urteil wird durch Verhängung eines Zwangsgeldes oder Androhung von Zwangshaft vollstreckt (§ 888 ZPO).

3.4.2 Lohngrenzen/Mindestlohn

Grundsätzlich sind Arbeitsvergütungen nach oben keine Grenzen gesetzt, wenngleich davon die AG wenig Gebrauch machen. Dagegen regelt das Gesetz Lohnuntergrenzen.

3.4.2.1 Sittenwidriger Lohn

Beträgt das Arbeitsentgelt weniger als 2/3 des üblichen oder des tariflichen Lohns, liegt darin Lohnwucher (§ 138 Abs. 2 BGB). Der vereinbarte niedrigere Lohn ist sittenwidrig. An seine Stelle tritt die übliche Vergütung, die sich aus einem für den Wirtschaftszweig geltenden Tarifvertrag ergibt, auch wenn dieser Tarifvertrag auf die Parteien keine Anwendung findet. Erhält z. B. ein AN einen Stundenlohn von 9,90 EUR, während der Tariflohn 15,00 EUR beträgt, ist der vereinbarte Lohn sittenwidrig. Der AN kann die Differenz in Höhe von 5,10 EUR einfordern.

3.4.2.2 Mindestlohn nach dem Arbeitnehmerentsendegesetz

Vor der Einführung des Mindestlohns zum 01.01.2015 durch das Mindestlohngesetz hat es für einige Wirtschaftszweige bereits schon einen Mindestlohn gegeben, und zwar nach dem Arbeitnehmerentsendegesetz (AEntG). Jenes Gesetz wurde geschaffen, um das Bauhaupt- und Baunebengewerbe vor osteuropäischer Konkurrenz zu schützen. Zwischenzeitlich sind weitere Wirtschaftszweige mit den dazugehörigen Mindestlöhnen hinzugekommen (siehe §4 AEntG):
- Baugewerbe bundeseinheitlich Ungelernte nach Lohngruppe I vom 01.03.2018 bis 28.02.2019 11,75 EUR, ab 01.03.2019 12,20 EUR
- Gebäudereinigerhandwerk vom 01.01.2018 bis 31.12.2018 Lohngruppe I 10,30 EUR (West), 9,55 EUR (Ost), vom 01.01.2019 bis 31.12.2019 Lohngruppe I 10,56 EUR (West), 10,05 EUR (Ost), vom 01.01.2020 bis 30.11.2020 Lohngruppe I 10,80 EUR (West), 10,55 EUR (Ost), vom 01.12.2020 bis 31.12.2020 Lohngruppe I 10,80 EUR (West und Ost)
- Briefdienstleistungen
- Wach- und Sicherheitsgewerbe (Allgemeinverbindlichkeitserklärung zum 31.12.2013 ausgelaufen), es gilt der allgemeine Mindestlohn vom 01.01.2019 bis 31.12.2019 9,19 EUR und vom 01.01.2020 bis 31.12.2020 9,35 EUR
- Bergbauspezialarbeiten auf Steinkohlebergwerken
- Wäschereidienstleistungen im Objektkundengeschäft vom 01.10.2017 bis 31.12.2018 bundeseinheitlich der gesetzliche Mindestlohn von 8,84 EUR, vom 01.01.2019 bis 31.12.2019 9,19 EUR und vom 01.01.2020 bis 31.12.2020 9,35 EUR
- Abfallwirtschaft einschließlich Straßenreinigung und Winterdienst (Allgemeinverbindlichkeitserklärung zum 31.03.2017 ausgelaufen, bundeseinheitlich 9,10 EUR)
- Aus- und Weiterbildungsdienstleistung nach SGB II oder SGB III vom 01.01.2018 bis 31.12.2018 15,26 EUR bundeseinheitlich
- Schlachten und Fleischverarbeitung vom 01.01.2018 bis 31.12.2018 9,00 bundeseinheitlich EUR zzgl. pauschal 30,00 EUR monatlich für Umkleidezeiten

Darüber hinaus gelten auch Mindestlöhne in anderen Bereichen:
- Dachdeckerhandwerk vom 01.03.2018 bis 31.12.2018 12,20 EUR für Ungelernte, 12,90 EUR für Fachkräfte, vom 01.01.2019 bis 31.12.2019 12,20 EUR für Ungelernte, 13,20 EUR für Fachkräfte

- Gerüstbauerhandwerk vom 01.05.2018 bis 31.05.2019 bundeseinheitlich 11,35 EUR
- Zeitarbeitsbranche vom 01.04.2018 bis 31.12.2018 9,49 EUR (West), 9,27 EUR (Ost)
- Pflegebranche (Altenpflege und ambulante Krankenpflege) (§ 10 AEntG) vom 01.01.2018 bis 31.12.2018 10,55 EUR (West) bzw. 10,05 EUR (Ost), vom 01.01.2019 bis 31.12.2019 11,05 EUR (West) bzw. 10,55 EUR (Ost), vom 01.01.2020 bis 30.04.2020 11,35 EUR (West) bzw. 10,85 EUR (Ost)
- Steinmetz- und Steinbildhauerhandwerk vom 01.05.2018 bis 30.04.2019 bundeseinheitlich 11,40 EUR
- Frisörhandwerk ab 01.08.2015 einheitlicher Mindestlohn
- Schornsteinfegerhandwerk ab 01.01.2018 kein branchenspezifischer Mindestlohn mehr
- Textil- und Bekleidungsindustrie ab 01.01.2017 einheitlicher Mindestlohn
- Land- und Forstwirtschaft, Gartenbau ab 01.01.2018 einheitlicher Mindestlohn

3.4.2.3 Mindestlohn nach dem Mindestlohngesetz

Das Tarifautonomiestärkungsgesetz vom 11.08.2014 hat nicht nur Änderungen bezüglich der Allgemeinverbindlichkeitserklärung von Tarifverträgen und die Öffnung des Arbeitnehmerentsendegesetzes für alle Wirtschaftszweige gebracht, sondern gleichzeitig als Kernstück den gesetzlichen Mindestlohn, der nach der Zweiten Mindestlohnanpassungsverordnung vom 13.11.2018 aktuell 9,19 EUR pro Stunde vom 01.01.2019 bis 31.12.2019 und 9,35 EUR vom 01.01.2020 bis 31.12.2020 beträgt. Vom 01.01.2017 bis zum 31.12.2018 betrug der Mindestlohn 8,84 EUR.

a) Geltungsbereich des Mindestlohngesetzes
Der gesetzliche **Mindestlohn** gilt für AN ab 01.01.2015, die – unabhängig vom Sitz ihres AG und ihrer eigenen Nationalität – in Deutschland tätig sind oder von ihrem AG in Deutschland zur Arbeit ins Ausland entsendet werden, wenn das Arbeitsverhältnis im letzteren Fall deutschem Recht unterliegt.

3.4 Arbeitsvergütung

Damit gilt er auch für ausländische AN, die von ihrem ausländischen AG nach Deutschland entsandt werden.

b) Ausnahmen der Mindestlohnregelung
Folgende Personenkreise sind von der Mindestlohnregelung ausgenommen (§ 22 MiLoG):
1. **Arbeitnehmerähnliche Selbstständige.** Das sind unter anderem Selbstständige, die keinen versicherungspflichtigen AN beschäftigen und auf Dauer und im Wesentlichen nur für einen Auftraggber tätig sind (§ 2 Abs. 1 Nr. 9 SGB VI)
2. **Ehrenamtlich Tätige**
3. **Auszubildende**
4. **Jugendliche ohne Berufsausbildung**
5. **Langzeitarbeitslose** in den ersten sechs Monaten der Beschäftigung, wenn sie zuvor mindestens ein Jahr ohne Unterbrechung arbeitslos waren (§ 18 Abs. 1 SGB III)
6. **Bestimmte Praktikanten** mit zusätzlichen Voraussetzungen. Das Mindestlohngesetz (MiLoG) macht deutlich, dass »Praktikant« nicht gleich »Praktikant« ist, und hat damit die Arbeitgeberschaft verunsichert. Seit Einführung des Mindestlohngesetzes beschäftigen zahlreiche Firmen keine Praktikanten mehr, weil sie nicht wissen, wie die Betreffenden zu vergüten sind, und einen Mindestlohn nicht zahlen wollen.

Das Gesetz definiert in § 22 Abs. 1 Satz 3 MiLoG den Praktikanten wie folgt:

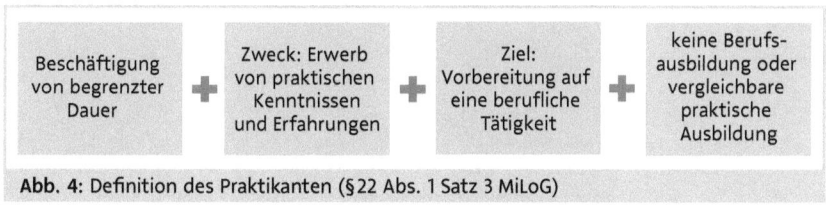

Abb. 4: Definition des Praktikanten (§ 22 Abs. 1 Satz 3 MiLoG)

Gleichzeitig verweist das Gesetz darauf, dass der Praktikant nach § 26 BBiG AN ist und deshalb vom MiLoG erfasst wird, es sei denn, dass das Praktikum besondere Voraussetzungen erfüllt. Abb. 5 können Sie entnehmen, auf welche Art von Praktika der Mindestlohn Anwendung findet oder nicht.

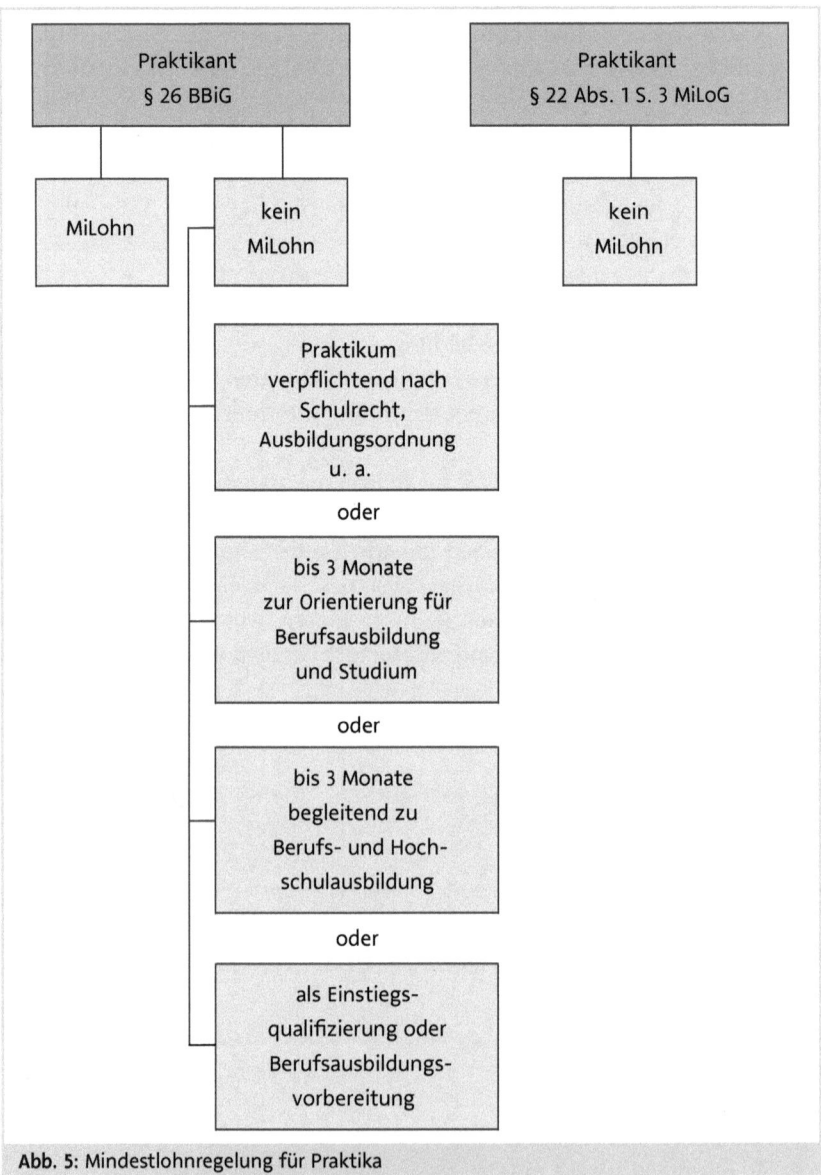

Abb. 5: Mindestlohnregelung für Praktika

7. **Ausländische Unternehmen**, deren AN nur im Transit in Deutschland arbeiten, weil sie z.B. als Lkw-Fahrer von Spanien nach Polen durch Deutschland fahren.
8. Für eine Übergangszeit bis 31.12.2017 können **tarifliche Regelungen repräsentativer Tarifvertragsparteien** vom Mindestlohn abweichen, wenn sie für alle unter den Geltungsbereich des Tarifvertrages fallenden AG mit Sitz im In- oder Ausland und deren AN verbindlich gemacht worden sind. Ab 01.01.2017 müssen asuch sie einen Stundenlohn von mindestens 8,50 EUR vorsehen (§ 24 Abs. 1 MiLoG), der bis maximal 31.12.2017 beibehalten werden darf. Ab 01.01.2018 gilt auch hier der gesetzliche Mindestlohn von 8,84 EUR je Stunde und ab 01.01.2019 von 9,19 EUR sowie ab 01.01.2020 von 9,35 EUR je Stunde.
9. Für **Zeitungszusteller** gibt es eine Sonderregelung (§ 24 Abs. 2 MiLoG), die in zwei Schritten bis zum 01.01.2017 die Löhne auf den bis zum 31.12.2016 gültigen Mindestlohn von 8,50 EUR angehoben hat, und zwar ab 01.01.2015 auf 75% (= 6,38 EUR), ab 01.01.2016 auf 85% (= 7,23 EUR). Die Übergangsfrist endet am 31.12.2017, so dass erst ab 01.01.2018 der erhöhte Mindestlohn von 8,84 EUR je Stunde bzw. ab 01.01.2019 von 9,19 EUR sowie ab 01.01.2020 von 9,35 EUR gilt. Zeitungszusteller im Sinne dieser Regelung sind nur AN, die ausschließlich periodische Zeitungen oder Zeitschriften an Endkunden zustellen. Dazu gehören auch Zusteller von Anzeigenblättern mit redaktionellem Inhalt.

c) Höhe und Fälligkeit des Mindestlohns

Der Mindestlohn wird zukünftig durch die Mindestlohnkommission festgesetzt, die alle 2 Jahre zusammentritt, erstmals zum 30.06.2016. Dabei wurde mit Wirkung zum 01.01.2017 ein neuer Mindestlohn mit 8,84 EUR bestimmt, der dann für alle in Deutschland tätigen AN ohne Ausnahme gilt. Diese Regelung gilt zunächst bis zum 31.12.2018. Der gesetzliche Mindestlohn wird ab 01.01.2019 in zwei Stufen angehoben: Vom 01.01.2019 bis 31.12.2019 gilt ein Mindestlohn von 9,19 EUR je Stunde, vom 01.01.2020 bis 31.12.2020 ein Mindestlohn von 9,35 EUR je Stunde. Ab dem 01.01.2021 wird der Mindestlohn ggf. wieder neu bestimmt.

Der Mindestlohn ist zum vereinbarten Fälligkeitszeitpunkt zu entrichten, spätestens am letzten Bankarbeitstag (bezogen auf Frankfurt a.M.), der auf den Monat folgt, in dem die Arbeitsleistung erbracht worden ist (z.B.

der Mindestlohn für Mai 2018 war spätestens am 29.06.2018 fällig). Der Mindestlohn ist **unabdingbar** (§ 3 MiLoG). Er kann weder unterschritten werden, noch kann der AN auf ihn verzichten, es sei denn, der Verzicht erfolgt in einem gerichtlichen Vergleich.

Der Mindestlohn unterliegt auch nicht der Verwirkung. Der AN kann ihn noch nach Jahren einfordern. Er dürfte wohl aber verjähren.

Der Mindestlohn ist auf den Monat berechnet. Jahresdurchschnittsberechnungen sind grundsätzlich nicht zulässig. Denn Sinn des Mindestlohns ist es, dem AN ein Minimum an Einkünften zu sichern, damit er davon seinen aktuellen Lebensunterhalt bestreiten kann. Deshalb können Einmalzahlungen nur in dem Monat berücksichtigt werden, in dem diese gezahlt werden.

Das Gesetz regelt nicht, welche einzelnen Entgeltbestandteile zur Berechnung des Mindestlohns herangezogen werden können. Nach der Stellungnahme der Bundesregierung (BT-Drucksache 18/1558, Seite 67) sollen die Vorgaben des EuGH zur Entsende-Richtlinie auf den allgemeinen gesetzlichen Mindestlohn übertragen werden. Der EuGH hat in seinem Beschluss vom 07.11.2013 – C-522/12 (ISBIR) u.a. ausgeführt, dass auch andere Vergütungsbestandteile in den Mindestlohn einbezogen werden können, wenn dadurch das Verhältnis zwischen der Leistung des AN und dem Arbeitsentgelt, dass er dafür erhält, nicht verändert wird. Daraus wird gefolgert, dass jedes Entgelt in den Mindestlohn eingerechnet werden kann, das für die reguläre Tätigkeit des AN gezahlt wird, und alles andere, das für eine besondere Leistung oder Belastung bezahlt wird, außer Betracht bleiben muss. Zu Letzterem gehören sicherlich vermögenswirksame Leistungen, Überstunden-, Schmutzzulagen und Sachbezüge, wenn diese nicht gleichzeitig einen Teil des Lebensunterhaltes abdecken wie z.B. bei freier Kost und Logis. Trinkgelder sind schon ohne das MiLoG nicht anzurechnen (§ 107 Abs. 3 Satz 1 GewO). Letztlich bleibt es der Rechtsprechung vorbehalten zu entscheiden, welche Vergütungsbestandteile zur Berechnung des Mindestlohns berücksichtigt werden dürfen.

Bezieht ein AN ein Monatsgehalt von 1.591,71 EUR brutto, das auf der Basis des Mindestlohns bei 173 Monatsstunden berechnet worden ist (4,33 Wochen × 40 Stunden × 9,19 EUR), zahlt der AG nicht in allen Kalendermonaten den Mindestlohn. Im Monat Juli z.B. müsste der AN für das gleiche Gehalt 184

Stunden (23 Arbeitstage à 8 Stunden) arbeiten. Deshalb ist bei der Bildung von Monatslöhnen bzw. Monatsgehältern verstärkt auf das MiLoG zu achten und ggf. eine Monatsvergütung auf eine Stundenvergütung umzustellen.

Werden beim AG Arbeitszeitkonten geführt, gibt es eine Sonderregelung (§2 Abs. 2 MiLoG).

Die Durchführung des Gesetzes ist der Zollverwaltung übertragen, die bereits im Rahmen des Schwarzarbeitsbekämpfungsgesetzes tätig ist und demzufolge einschlägige Erfahrungen hat. Sie wird zukünftig prüfen, ob der AG seinen Pflichten nach §20 MiLoG nachgekommen ist und allen AN ein Arbeitsentgelt in Höhe des Mindestlohns pünktlich gezahlt hat (§§14, 20 MiLoG). Bislang ist diese Verwaltung noch nicht durch Diskretion aufgefallen. Sie rückt in aller Regel bewaffnet und in Mannschaftsstärke an.

Zahlt der AG dem AN den Mindestlohn nicht oder nur nicht rechtzeitig, kann die Zollverwaltung gegen ihn ein Bußgeld verhängen, dass bis zu 500.000 EUR betragen kann (§21 Abs. 1 Nr. 9, Abs. 3 MiLoG). Wird eine Geldbuße ab einer Höhe von 2.500 EUR verhängt, kann der AG von der **Vergabe öffentlicher Aufträge ausgeschlossen** werden, bis seine Zuverlässigkeit wiederhergestellt ist (§19 Abs. 1 MiLoG). Gleichzeitig macht der AG sich wegen Nichtabführung von Sozialversicherungsbeiträgen und Lohnsteuer strafbar (§266a StGB) und muss die Sozialversicherungsbeiträge für den nicht gezahlten Teil des Mindestlohns rückwirkend für mindestens vier Jahre, bei Vorsatz für 30 Jahre, nachentrichten. Damit schuldet der AG Sozialversicherungsbeiträge aus einem Arbeitslohn, den er gar nicht bezahlt hat, der aber in Höhe des Mindestlohns Bemessungsgrundlage für die Sozialversicherungsbeiträge ist (§22 SGB IV).

Bestehende Lohn- und Gehaltsvereinbarungen sind auf die Einhaltung des Mindestlohns bezogen auf jeden Kalendermonat zu überprüfen. Dies gilt insbesondere bei variabler Vergütung. Hier sollte ein Teil in eine Garantievergütung umgewandelt werden, die der Höhe des Mindestlohns entspricht. Des Weiteren sollte man Einmalzahlungen auf die einzelnen Kalendermonate umlegen. Bei geringfügig Beschäftigten ist klarzustellen, welche Anzahl von Arbeitsstunden sie zu leisten haben. Soll die Vergütung nicht verändert werden, ist die Arbeitszeit zu reduzieren. In jedem Arbeitsentgelt unabhängig von seiner Höhe steckt ein Mindestlohn, der in jedem Fall pünktlich und vollständig gezahlt werden muss. Ein AG, der seinem AN mit einem Bruttogehalt von 5.000 EUR bei einer 40-Stunden-Woche nur 900 EUR auszahlt, verstößt gegen das MiLoG, weil der Auszahlungsbetrag unter dem Netto-Mindestlohn liegt. Deshalb ist das MiLoG auch beim Einbehalt vom Lohn zu berücksichtigen.

Ausländische AG in Wirtschaftszweigen, die nach dem Schwarzarbeitsbekämpfungsgesetz unter »Generalverdacht« stehen, müssen zusätzliche Meldepflichten erfüllen (z. B. Bau, Gaststätten, Spedition, Gebäudereinigung, Fleischwirtschaft u. a., vgl. § 2a SchwarzArbG).

d) Dokumentationspflicht des Arbeitgebers
Der AG muss für folgende AN die täglichen Arbeitszeiten dokumentieren:
- AN, deren monatliches Arbeitsentgelt regelmäßig 450 EUR nicht übersteigt (§ 8 Abs. 1 Nr. 1 SGB IV), ausgenommen geringfügig Beschäftigte in **Privathaushalten**
- AN, deren Beschäftigung innerhalb eines Kalenderjahres auf 2 Monate oder 50 Tage wegen ihrer Eigenart oder im Voraus vertraglich begrenzt ist und deren Arbeitsentgelt 450,00 EUR im Monat nicht übersteigt (§ 8 Abs. 1 Nr. 2 SGB IV)
- AN, die nach § 2 SchwarzArbG Ausweispapiere bei der Arbeit mit sich führen müssen, bis zu einem verstetigten Bruttogehalt von 2.958 EUR, ausgenommen davon:
  - AN, die in den vorangegangenen 12 Monaten regelmäßig ein Gehalt von mindestens 2.000 EUR brutto bezogen haben
  - Familienmitglieder des AG (Ehefrau, Kinder, Eltern)

Liegt das Gehalt darüber, tritt an die Stelle der Dokumentationspflicht die Aufzeichnungspflicht der Arbeitszeit, die über 8 Stunden pro Tag liegt (§ 16 Abs. 2 ArbZG). Diese AG haben den **Beginn**, das **Ende** und die **Dauer** der täglichen Arbeitszeit innerhalb einer Frist von 7 Kalendertagen zu dokumentieren, wobei der Tag nicht mitgerechnet wird, an dem die Arbeitsleistung erbracht worden ist. Die Dokumentation der Arbeitszeiten (Zeitaufschrieb) ist 2 Jahre aufzubewahren (§ 17 Abs. 1 MiLoG). Die Arbeit vom 01.07.2018 ist z. B. bis zum 08.07.2018 zu dokumentieren und bis zum 07.07.2020 aufzubewahren.

Die Aufzeichnungs- und Dokumentationspflicht kann der AG auf den AN delegieren. Dies kann im Arbeitsvertrag oder durch gesonderte Vereinbarung mit dem AN erfolgen. Der AG bleibt aber für die Vollständigkeit und Richtigkeit der Aufzeichnungen verantwortlich.

Der Zeitaufschrieb könnte wie folgt aussehen:

Mein Tätigkeitsplan für Juli 2019

Name: Max Maier, geb. am ...
Abteilung: Buchhaltung

Datum	Beginn der Arbeitszeit	Ende der Arbeitszeit	Pause	Dauer der Arbeitszeit	aufgezeichnet am	Unterschrift
01.07.2019	8:15 Uhr	12:15 Uhr	0	4 Stunden	03.07.2019	
03.07.2019	10:20 Uhr	12:50 Uhr	0	2,5 Stunden	06.07.2019	

e) Erweiterte Haftung des Arbeitgebers

Der AG haftet nicht nur für den Mindestlohn seiner AN, sondern auch für die eines Sub- oder Nachunternehmers oder einer von ihm beauftragten Zeitarbeitnehmerfirma, und zwar wie ein Bürge, der auf die Einrede der Vorausklage verzichtet hat (§ 13 MiLoG i.V.m. AEntG). Grundsätzlich haftet ein Bürge erst, wenn der Schuldner, für den er sich verbürgt hat, die geforderte Leistung nicht erbringen kann und dies in einer Klage bzw. in der nachfolgenden Zwangsvollstreckung festgestellt worden ist. Verzichtet der Bürge auf die Vorausklage, haftet er sofort neben dem Schuldner.

Bei der Haftung für den Mindestlohn kann der AN wählen, ob er seinen eigenen AG oder den Auftraggeber in Anspruch nimmt. In aller Regel wird er den Finanzstärksten zur Zahlung auffordern.

3.4.3 Entgeltgleichheit und Entgelttransparenzgesetz

Die Bundesregierung und das Parlament haben sich seit vielen Jahren mit der Lohngleichheit von Männern und Frauen befasst. Nach statistischen Untersuchungen erhalten Frauen in der Bundesrepublik Deutschland für die gleiche Arbeit durchschnittlich 21% weniger Lohn als Männer in vergleichbaren Positionen. Durch das **Entgelttransparenzgesetz** (Gesetz zur Förderung von Transparenz von Entgeltstrukturen [EntgTranspG]) soll die Entgeltlücke zwischen Männern und Frauen geschlossen sowie für Lohngleichheit gesorgt werden. Zwar wird dadurch kein direkter Anspruch des AN auf gleiche Bezahlung für gleiche Arbeit festgelegt, jedoch soll für den AN eine bessere Position bei Gehaltsverhandlungen geschaffen werden, wenn er über die Informationen zu den Gehaltsstrukturen verfügt. Das Gesetz ist am 06.07.2017 in Kraft getreten.

Danach wurde ein **individueller Auskunftsanspruch** eingeführt. AG mit mehr als 200 Beschäftigten müssen dem AN (Männer und Frauen) auf Anfrage erläutern, nach welchen Kriterien er bezahlt wird und welche Kriterien für das Entgelt für eine Vergleichstätigkeit gelten (§ 11 Abs. 1 EntgTranspG). Wenn die Kriterien und Verfahren der Entgeltfindung auf gesetzlichen Regelungen oder auf tarifvertraglichen Entgeltregelungen beruhen, genügt als Antwort die Nennung dieser Regelungen und die Angabe, wo die Regelungen einzusehen sind (§ 11 Abs. 2 EntgTranspG). Bei der Angabe des Vergleichsentgelts ist zu berücksichtigen, dass das durchschnittliche monatliche Bruttoentgelt sowie der benannten Entgeltbestandteile einer Vollzeitkraft, jeweils bezogen auf ein Kalenderjahr, anzugeben ist mit der Maßgabe, dass bei Tarifentgelten das Vergleichsentgelt der Beschäftigten des jeweils anderen Geschlechts anzugeben ist, die in die gleiche Entgelt- oder Besoldungsgruppe eingruppiert sind wie der auskunftverlangende AN. Bei nicht tarifgebundenen Entgelten ist das Vergleichsentgelt aller Beschäftigten des jeweils anderen Geschlechts anzugeben, die die erfragte Vergleichstätigkeit ausüben (§ 11 Abs. 3 EntgTranspG).

Dabei kann ein solcher Anspruch erstmals nach Ablauf einer Übergangszeit seit dem 06.01.2018 geltend gemacht werden (§ 25 Abs. 1 EntgTranspG). Das Auskunftsverlangen ist vom AN in Textform gegenüber dem AG oder dem Betriebsrat geltend zu machen. AN können den Auskunftsanspruch nur alle

3.4 Arbeitsvergütung

zwei Jahre nach Einreichen des letzten Auskunftsverlangens geltend machen, es sei denn, dass sich die Voraussetzungen wesentlich verändert haben. Das ist aber vom AN darzulegen (§ 10 Abs. 2 EntgTranspG).

Private AG mit mehr als 500 Beschäftigten sollen regelmäßig ihre Entgeltstrukturen auf die Einhaltung der Entgeltgleichheit überprüfen (§ 17 Abs. 1 EntgTranspG) und über den Stand der Gleichstellung und der Entgeltgleichheit erstmals im Jahr 2018 berichten (§ 21 EntgTranspG). Dieser Bericht muss die konkreten Maßnahmen des AG zur Förderung der Gleichstellung und zur Herstellung der Entgeltgleichheit von Männern und Frauen darstellen und ist alle drei bzw. fünf Jahre zu erstellen. Der Bericht ist dem handelsrechtlichen Lagebericht nach § 289 HGB als Anlage beizufügen und im Bundesanzeiger zu veröffentlichen (§ 22 EntgTranspG). Die fehlende Veröffentlichung ist allerdings sanktionslos, da es sich nicht um eine Jahresabschlussunterlage zum Jahresbericht handelt.

3.4.4 Sondervergütungen

Sondervergütungen, Sonderzahlungen oder Sonderzuwendungen sind alles Leistungen des AG, die nicht regelmäßig, sondern aus bestimmten Anlässen oder zu bestimmten Terminen gezahlt werden (§ 23a Abs. 1 Satz 1 SGB IV), wie z.B. Gratifikationen, 13. Monatsgehalt, Jahresabschlussvergütung, Weihnachts-, Urlaubsgeld, Jubiläumszuwendungen u.a. Sie haben Entgeltcharakter und stellen keine Schenkung des AG dar, auch wenn dieser sie als freiwillige Leistung bezeichnet. Sie können sich aus Vertrag, Tarifverträgen, Betriebsvereinbarungen, betrieblicher Übung oder aus dem Grundsatz der Gleichbehandlung ergeben.

Zum Teil werden die vertraglichen Sondervergütungen mit Stichtags- und Rückzahlungsklauseln versehen (vgl. folgenden Textbaustein).

Textbaustein: Regelung für eine Sondervergütung !

»Der AN erhält ein Weihnachtsgeld in Höhe eines Monatsgehaltes, wenn er sich zum 30.11. in einem ungekündigten Arbeitsverhältnis befindet.«
Oder:

»Scheidet der Arbeitnehmer vor dem 31.03. des Folgejahres aus dem Arbeitsverhältnis aus, hat er das Weihnachtsgeld zurückzuzahlen.«

Das BAG hat früher in diesen Klauseln den Wunsch des AG gesehen, den AN für seine bisherige wie auch für seine zukünftige Betriebstreue zu belohnen. Damit hatte die Klausel einen gewissen Mischcharakter, der es rechtfertigte, die Zahlung an einen Stichtag zu koppeln. Inzwischen hat das BAG diese Rechtsprechung aufgegeben.

Es gilt nun der Grundsatz, dass die Sonderzuwendung als **Gegenleistung** für die **erbrachte Arbeitsleistung** geschuldet wird, es sei denn, der Arbeitsvertrag enthält den ausdrücklichen Hinweis, dass sie für bisherige oder zukünftige Betriebstreue gezahlt werden soll. Damit kann die bereits verdiente Sondervergütung nach Ablauf des Kalenderjahres nicht wieder entfallen, nur weil der AN das Arbeitsverhältnis beendet hat. Entsprechende Klauseln (siehe oben) sind deshalb unwirksam.

Der Hinweis auf die Freiwilligkeit steht einem vertraglichen Anspruch grundsätzlich nicht entgegen. Er bedarf der Auslegung. Nach der Rechtsprechung drückt der AG damit lediglich aus, dass er zu dieser Leistung aus anderen Gründen wie z.B. Gesetz oder Tarifvertrag nicht verpflichtet ist, sie aber trotzdem gewähren will.

Möchte der AG verhindern, dass überhaupt ein Anspruch entsteht, muss er dies deutlich machen (BAG-Urteil vom 01.03.2006 – 5 AZR 363/05 NZA 06, 746). Deshalb kommt es bei der Auslegung darauf an, wo und wie im Arbeitsvertrag die sog. freiwillige Leistung geregelt ist. Ist sie bei den Arbeitsentgelten aufgeführt, spricht dies für eine Verpflichtung. Ist sie gesondert aufgeführt, kann man eher annehmen, dass es sich um eine freiwillige Leistung im engeren Sinne handelt.

3.4.5 Variable Bezüge

Sondervergütungen sind in aller Regel feststehende Beträge, die entweder im Vertrag beziffert sind bzw. einen Bruchteil des Gehaltes ausmachen.

Variable Bezüge dagegen sind in ihrer Höhe unbestimmt. Sie sind erfolgsbezogen und knüpfen an Tatsachen an, die der AN allein (z.B. bei Provisionen oder Prämien) oder mit der gesamten Belegschaft gemeinsam (Gewinnbeteiligung) beeinflussen kann.

3.4.5.1 Provisionen

AG und AN können als Arbeitsentgelt Provisionen vereinbaren. Die Provisionen werden in der Regel für die Vermittlung oder den Abschluss von Verträgen, die der AG mit Dritten schließt, versprochen. Sie sind eine erfolgsabhängige Vergütung und setzen den wirksamen Geschäftsabschluss zwischen AG und Dritten voraus. Der Provisionsanspruch des AN ist dem eines freien Handelsvertreters nachgebildet (§§ 87 Abs. 1, 3, 87a bis 87c, 65 HGB).

Provisionspflichtig sind alle Geschäfte, die der AN **während des Bestandes** seines Arbeitsverhältnisses vermittelt oder der AG mit Dritten schließt. Demzufolge steht dem AN auch eine Provision (sog. **Überhangprovision**) für Geschäfte zu, die er am Ende seines Arbeitsverhältnisses noch vermittelt hat, die aber erst anschließend vom AG ausgeführt werden. Diese Provision kann im Arbeitsvertrag ohne eine finanzielle Kompensation nicht ausgeschlossen werden (§ 307 Abs. 1 BGB).

Der AN hat wie ein freier Handelsvertreter Anspruch auf Auskunft, Einsicht in die Geschäftsbücher und Erteilung eines Buchauszuges, um seinen Provisionsanspruch selbst berechnen zu können. Dieses Recht kann auch nicht im Arbeitsvertrag eingeschränkt werden (§ 87c Abs. 5 HGB).

3.4.5.2 Gewinnbeteiligung/Tantiemen

Die Begriffe Gewinnbeteiligung und Tantieme werden gleichermaßen für eine zusätzliche Vergütung verwendet, die sich in aller Regel prozentual nach dem Jahresgewinn des Unternehmens berechnet. Der Gewinn des Unternehmens bestimmt sich nach der Handelsbilanz, nicht nach der Steuerbilanz, wenn eine konkrete Regelung im Arbeitsvertrag fehlt. Das Gleiche gilt für den Verlustvortrag aus den Vorjahren, der den Gewinn im laufenden

Jahr nicht schmälert. Gewinnbeteiligungen können auch an den Umsatz gekoppelt sein. In diesem Fall stellen sie eine Zwischenform von Provision und Tantieme dar.

Die Gewinnbeteiligung ist keine freiwillige Leistung, sondern ein Arbeitsentgelt, das im Austauschverhältnis von Arbeit und Entgelt steht, so dass deren Bezahlung nicht von der Fortdauer des Arbeitsverhältnisses zu bestimmten Stichtagen abhängig gemacht werden kann. Sieht gleichwohl ein Arbeitsvertrag dies vor, handelt es sich um eine unzulässige Einschränkung des Kündigungsrechts und macht die Klausel unwirksam.

3.4.5.3 Zielvereinbarungen

Zielvereinbarungen sind vertragliche Regelungen über betriebliche und/oder persönliche Ziele, die in einer bestimmten Zeitspanne, meistens im Kalender- bzw. Wirtschaftsjahr des AG, das vom Kalenderjahr abweichen kann (z. B. 01.07. bis 30.06.) erreicht werden sollen. Sie können als Einzel- bzw. als Gruppenziel vereinbart werden.

Hier ein Beispiel für eine Zielvereinbarung:

> **Textbaustein: Zielvereinbarung**
> »Der Mitarbeiter erhält für jedes Geschäftsjahr eine erfolgsabhängige Vergütung (Bonus). Diese ist fällig bis zum 31.03. des Folgejahres. Sie wird anhand von für das Kalenderjahr festzulegenden Zielen ausbezahlt und soll bei einer hundertprozentigen Erreichung der Ziele 10.000 EUR brutto betragen. Im ersten Jahr wird der Bonus entsprechend der Beschäftigungsdauer des Arbeitnehmers anteilig bezahlt. Eine Unter- oder Übererfüllung der definierten Ziele wird mit der gleichen Quote auf die Vergütung aufgeschlagen oder von ihr abgezogen.
> Die Ziele für das laufende Kalenderjahr werden gemeinsam mit dem Mitarbeiter bis zum 31.01. festgelegt. Die Auszahlung des Bonus ist an den Bestand des Arbeitsverhältnisses bis zum 31.12. des Jahres, für der der Bonus gewährt wird, nicht gebunden.«

Der Vertrag regelt zunächst, in welchem Verfahren die konkreten Ziele bestimmt werden. Die Parteien können einvernehmlich die Ziele festlegen oder

der AG bestimmt sie einseitig. Dabei darf er keine Ziele vorgeben, die der AN nicht erreichen kann. Ein solches Angebot würde dem Motivationsgedanken nicht gerecht. Denn der Zweck einer Zielvereinbarung ist es, die Leistung des betroffenen AN zu steigern und seine Motivation zu fördern.

Kommt eine Zielvereinbarung nicht oder nicht rechtzeitig zustande, kann der AN Schadensersatz (§ 280 Abs. 1 Satz 2 BGB) verlangen, wenn der AG das Nichtzustandekommen der Zielvereinbarung zu vertreten hat. Tragen beide die Schuld, muss der AN sich sein Mitverschulden anrechnen lassen. Verweigert der AN eine Mitwirkung bei der Zielabsprache, steht ihm kein Schadensersatz zu (BAG-Urteil vom 12.12.2007 – 10 AZR 97/07 – NZA 2008, 409).

Des Weiteren muss geregelt werden, wie die Zielerreichung festgestellt und welcher Bonus gezahlt werden soll. Die Zielvereinbarung kann nicht unter den Freiwilligkeitsvorbehalt gestellt werden, weil dies dem Leistungsanreiz widerspricht. Sie kann aber mit einem Änderungs- oder Widerrufsvorbehalt versehen werden, wenn gleichzeitig die sachlichen Gründe hierfür vertraglich festgelegt sind und der Zielbonus nicht mehr als 25 % des gesamten Jahreseinkommens ausmacht.

Die Zielvereinbarung kann auch befristet vereinbart werden, wenn ein Sachgrund für die Befristung besteht, z. B. Erprobung des Bonussystems oder die unsichere wirtschaftliche Lage des Unternehmens.

3.4.5.4 Prämien

Die Prämie ist eine weitere Form der Leistungsentlohnung. Sie wird meistens als Zulage zum Zeitlohn gezahlt, um dem AN einen Anreiz zu geben, schneller, besser und effizienter zu arbeiten. Ähnlich wie beim Akkord gibt es Geld- oder Zeitprämien sowie Gruppen- oder Einzelprämien. In allen Fällen bedarf es der Festlegung einer Normalleistung, an der die Leistung des AN gemessen wird. Letztere kann auch zwischen den Parteien ausgehandelt oder statistisch bzw. arbeitswissenschaftlich ermittelt werden. Prämien werden auch zur Steigerung der Qualität der Arbeit versprochen wie z. B. für geringeren Ausschuss, weniger Material- oder Stromverbrauch, pflegliche Behandlung von Maschinen und Werkzeug (z. B. unfallfreies Fahren eines Lkw-Fahrers).

Soweit Prämien das Arbeitstempo steigern sollen, sind gesundheitliche Gefahren für den AN nicht ausgeschlossen. Aus diesem Grund sind Jugendliche (§ 23 Abs. 1 Nr. 1 JArbSchG) und Schwangere (§ 11 Abs. 6 MuSchG) vom Prämienlohn und einer entsprechenden Prämienvereinbarung auszunehmen, dürfen dadurch aber nicht benachteiligt werden.

3.4.5.5 Anwesenheitsprämien

Anwesenheitsprämien sind Sonderzuwendungen, mit denen der AG dem AN einen Anreiz bieten will, die Zahl seiner berechtigten oder unberechtigten Fehltage im Bezugszeitraum möglichst gering zu halten. Sie sind nicht an bestimmte Zahlungsmodalitäten gebunden. Sie können als Prämie für jede geleistete Stunde oder für jeden einzelnen Tag, an dem der AN seine Arbeit aufnimmt, oder als Einmalleistung zu einem oder mehreren Zeitpunkten gezahlt werden.

Vorweg zwei Beispiele für eine unwirksame Regelung über eine Anwesenheitsprämie:

> **!** **Textbaustein: Unwirksame Regelung einer Anwesenheitsprämie**
>
> **Fall 1:** Der Mitarbeiter erhält am Ende des Quartals eine Anwesenheitsprämie von 500 EUR brutto, wenn er in diesem Quartal uneingeschränkt Arbeitsleistung erbracht hat, im anderen Falle entfällt die Prämie.
> **Fall 2:** Der Mitarbeiter erhält einen Stundenlohn in Höhe von 12,80 EUR brutto, der sich wie folgt zusammensetzt:
> - Grundlohn: 10,00 EUR
> - Anteiliger 13. Lohn: 2,00 EUR
> - Anwesenheitsprämie: 0.80 EUR
>
> Die Anwesenheitsprämie entfällt, wenn der Mitarbeiter keine Arbeitsleistung erbringt.

In beiden Fällen wird eine Anwesenheitsprämie versprochen. In **Fall 1** handelt es sich um eine Einmalleistung jeweils zum Quartalsende, in **Fall 2** um eine laufende Anwesenheitsprämie für jede geleistete Stunde.

Beide Fälle sehen eine Kürzungsvorschrift vor. Erkrankt der AN in **Fall 1** nur einen Tag im Quartal, verliert er den Anspruch auf die gesamte Anwesenheitsprämie von 500 EUR. In **Fall 2** wird die Anwesenheitsprämie im Krankheitsfalle nicht bezahlt. Der AN erhält nur einen Stundenlohn von 12,00 EUR als Entgeltfortzahlung im Krankheitsfall.

Wie oben schon darauf hingewiesen wurde, sind beide Kürzungsvorschriften unwirksam, obwohl sie häufig praktiziert werden.

In **Fall 2** darf die laufende Prämienzahlung nicht eingestellt werden, wenn der AN erkrankt, sich in Urlaub oder die Arbeitnehmerin sich in den Mutterschutzfristen (6 Wochen vor bzw. 8 Wochen nach der Geburt) befindet. Die Anwesenheitsprämie ist Bestandteil des laufenden Arbeitsentgeltes und ist auch dann zu zahlen, wenn keine Arbeitsleistung erbracht wird (Ausnahme: Elternzeit [§15 BEEG], Pflegezeit [§3 PflegeZG] oder der AN fehlt unberechtigt).

Einmalige Anwesenheitsprämien wie in **Fall 1** können nur im Umfang des §4a EntgeltFG gekürzt werden. Danach ist eine Kürzung um ¼ des Gehaltes möglich, das im Jahresdurchschnitt auf einen Arbeitstag entfällt. Hat in **Fall 1** der AN monatlich 3.000 EUR brutto verdient, entfallen auf den Arbeitstag 142,86 EUR (= 1/21), so dass ¼ davon (= 35,71 EUR) pro Fehltag von der Prämie abgezogen werden kann. Bei 14 Krankheitstagen wäre die Anwesenheitsprämie aufgezehrt und nicht bereits bei dem ersten Fehltag.

Die Anwesenheitsprämie ist politisch nicht ganz unumstritten. Sie wirkt sich nicht nur bei jedem unentschuldigten, sondern auch bei jedem entschuldigten Fernbleiben aus. Das zwingt den AN mittelbar, trotz Erkrankung seiner Arbeit nachzugehen, was in Einzelfällen zu irreparablen gesundheitlichen Schäden führen kann. Andererseits hat der AG großes Interesse, mithilfe der Prämie dem Missbrauch bei der Entgeltfortzahlung zu begegnen.

> Laufende Anwesenheitsprämien können im Krankheitsfall nicht gekürzt werden, außer bei unberechtigten Fehlzeiten oder wenn kein Entgeltanspruch besteht (Elternzeit/Pflegezeit). Einmalig gezahlte Prämien können nur im Umfang des §4a EntgeltFG gekürzt werden, wobei sich die Kürzung aus der vertraglichen Zusage der Anwesenheitsprämie und nicht aus dem EntgeltFG ergibt. Letztere ist lediglich der gesetzliche Maßstab für die Zulässigkeit der Kürzung, nicht deren **Anspruchsgrundlage**.

Hier eine wirksame Regelung über eine Anwesenheitsprämie:

> **Textbaustein: Regelung über eine Anwesenheitsprämie**
> 1. Der AN erhält eine freiwillige monatliche Anwesenheitsprämie von 250 EUR brutto, auf die er selbst bei wiederholter Zahlung keinen zukünftigen Rechtsanspruch hat.
> 2. Für jeden Tag, den der AN infolge Krankheit arbeitsunfähig ist, mindert sich die Prämie um 1/4 des Arbeitsentgeltes, das im Jahresdurchschnitt auf einen Arbeitstag entfällt. Der Jahresdurchschnittsverdienst bemisst sich nach dem Arbeitsentgelt, dass der AN in den letzten 12 Monaten vor dem Auszahlungsmonat verdient hat. Dabei gehen die Parteien von 260 Arbeitstagen pro Jahr aus.
> 3. Für sonstige Fehlzeiten, die nicht auf Krankheit zurückgehen, wird die Prämie mit 1/5 (= 50 EUR) pro Fehltag gekürzt.

3.4.6 Sicherung der Arbeitsvergütung

Der AN kann seine Arbeitsvergütung verpfänden (§ 1279 BGB), abtreten (§ 398 BGB) oder durch einen Dritten im Wege der gerichtlichen Zwangsvollstreckung pfänden lassen (§§ 829 ff. ZPO). Auch kann der AG gegen den Anspruch des AN auf Arbeitsentgelt aufrechnen (§ 387 BGB).

In allen Fällen ist der AN gehindert, über sein **gesamtes** Arbeitseinkommen zu verfügen. Es muss ihm ein Minimum (= **pfändungsfreier Betrag**) verbleiben, um davon sich und seine Familie ernähren zu können. Die Verpfändung und Abtretung sind in der Praxis nicht bedeutsam. Sie gehen in der Regel auf eine freie Entscheidung des AN zurück. Häufiger kommt es zu **gerichtlichen Pfändungen**. Mit Zustellung des Pfändungs- und Überweisungsbeschlusses des Gerichtes wird der AG aufgefordert, innerhalb von **2 Wochen** nach Zustellung eine Erklärung abzugeben, ob und in welchem Umfang er die Forderung anerkennt.

Eine wirksame Pfändung setzt voraus, dass das Arbeitsverhältnis noch besteht und der AG dem AN aus dem Arbeitsverhältnis Arbeitsvergütung schuldet. Im anderen Falle geht die Pfändung ins Leere.

Nach § 850c ZPO hat der AG nur den **pfändbaren Teil** der Arbeitsvergütung an den Gläubiger abzuführen. Dieser ergibt sich je nach Höhe des Nettoeinkommens des AN und dessen Unterhaltspflichten aus einer sog. **Pfändungstabelle**.

Wird aus einem Unterhaltstitel vollstreckt, weil der AN z. B. seinen ehelichen bzw. nichtehelichen Kindern keinen Unterhalt gezahlt hat, bestimmt sich der **Selbstbehalt** nicht nach der Pfändungstabelle, sondern wird auf Antrag des Gläubigers durch das Gericht niedriger festgesetzt (§ 850d ZPO). Der pfändungsfreie Teil kann auf Antrag des AN aber auch unter bestimmten Voraussetzungen erhöht werden.

Wird wegen einer Forderung aus vorsätzlicher unerlaubter Handlung (z. B. Sachbeschädigung, Diebstahl, Betrug etc.) gepfändet, kann der Gläubiger beantragen, den pfändbaren Teil des Arbeitsentgeltes über die in der Pfändungstabelle genannten Beträge auszudehnen, so dass dem AN noch so viel verbleibt, wie er für seinen notwendigen Unterhalt und zur Erfüllung seiner laufenden gesetzlichen Unterhaltspflichten benötigt (§ 850f Abs. 2 ZPO).

Von der Pfändung werden nicht erfasst:
- 50 % der **Mehrarbeitsvergütung**
- zusätzliches **Urlaubsgeld**, nicht die Arbeitsvergütung, die während des Urlaubs weitergezahlt wird (= Urlaubsentgelt)
- **Jubiläumszuwendungen**, z. B. aus Anlass des 25-jährigen Bestehens des Betriebs oder aus Anlass eines außergewöhnlich günstigen Betriebserfolgs. Dagegen sind regelmäßig ausgeschüttete Gewinnbeteiligungen pfändbar
- **Aufwandsentschädigungen, Auslösungen** und sonstige soziale Zulagen für auswärtige Beschäftigung, das Entgelt für selbst gestelltes Arbeitsmaterial, Gefahrenzulagen, Schmutz- und **Erschwerniszulagen**, soweit diese den Rahmen des Üblichen nicht übersteigen
- **Weihnachtsvergütung** bis 50 % des monatlichen Einkommens, höchstens jedoch 500 EUR
- **Heirats- und Geburtsbeihilfen**
- **Sterbegeld**

Nicht selten wirken AG und AN zusammen, um das Arbeitsentgelt des AN möglichst »pfändungssicher« zu gestalten. Dabei wird das Einkommen des AN **verschleiert**, vornehmlich Familienmitglieder erhalten einen Teil des

Arbeitsentgelts, obwohl diese nicht beim AG beschäftigt sind. Erfährt der Gläubiger davon, kann er auch diesen Teil der Arbeitsvergütung des AN gem. § 850h ZPO pfänden. Im Übrigen machen alle Beteiligten sich strafbar (Steuerhinterziehung, Sozialversicherungsbetrug).

Treffen mehrere Pfändungen oder mehrere Abtretungen oder beide zeitlich zusammen, gilt der Grundsatz der **Priorität**. Der AG muss die zeitlich zuerst hereingekommene Pfändung bzw. erklärte Abtretung bedienen, der dann die anderen folgen.

Ist das Arbeitsentgelt schon an den AN ausgezahlt und befindet es sich noch auf dem Konto des AN, kann es auch hier nur eingeschränkt gepfändet werden, wenn der AN ein sog. **Pfändungsschutzkonto** unterhält (§ 850k ZPO).

Die Arbeitsvergütung ist auch im Fall der Insolvenz des AG durch das Insolvenzausfallgeld weitgehend abgesichert. Es umfasst das Arbeitsentgelt der **letzten 3 Monate** vor Eröffnung der Insolvenz und entspricht dem Nettogehalt des AN, das er vorher bezogen hat, begrenzt jedoch auf die Beitragsbemessungsgrenze zur Arbeitslosenversicherung (2019: 6.700 EUR [West] bzw. 6.150 EUR [Ost]) (§ 167 SGB III). In das Insolvenzausfallgeld sind auch die anteiligen Einmalzahlungen hereinzurechnen, die auf den Dreimonatszeitraum fallen (z. B. 3/12 Urlaubs- und Weihnachtsgeld). Andere Jahressonderzahlungen zählen nur dann dazu, wenn sie in diesem Zeitraum fällig oder ihm zugeordnet werden können.

3.5 Urlaub

3.5.1 Urlaubsanspruch

Die Regelung des Urlaubs ist wesentlicher Bestandteil des Arbeitsvertrages. Dort findet sich häufig folgende kurze Regelung:

> **Textbaustein: Urlaubsregelung**
>
> »Der Mitarbeiter hat einen Jahresurlaub von 30 Arbeitstagen, der im Einvernehmen mit der Geschäftsleitung festzulegen ist.«

3.5 Urlaub

Wie die nachstehenden Ausführungen zeigen, sollte man den Urlaubsanspruch ausführlicher regeln. Hier muss zunächst aus Platzgründen auf die Online-Arbeitshilfen – Musterarbeitsvertrag – verwiesen werden.

Man unterscheidet zwischen **gesetzlichem**, **tariflichem** und **vertraglichem** Urlaub.

Der gesetzliche Urlaub ist quasi »in Stein gemeißelt«. Das Bundesurlaubsgesetz (BUrlG) kann – von Ausnahmen abgesehen – nur durch Tarifverträge zum Nachteil des AN geändert werden.

Der Urlaubsanspruch erfährt gerade einen Wandel. Früher war er ein einfacher Freistellungsanspruch. Der EuGH sieht in ihm einen Anspruch auf **bezahlte Freistellung**, wobei die Betonung auf »bezahlt« liegt. Das BAG hat sich in seiner Entscheidung von Anfang 2015 (Urteil vom 10.02.2015 – 9 AZR 455/13) dieser Rechtsauffassung angeschlossen und bezeichnet den Urlaubsanspruch als einen sog. **Einheitsanspruch**, der sich aus einem Anspruch auf **Freistellung** und **Entgelt** zusammensetzt. Dieser Rechtsprechungswandel hat für die Praxis bedeutende Folgen, die noch angesprochen werden.

Der bezahlte Jahresurlaub dient der **Erholung** und **Entspannung** des AN. Deshalb darf dieser während seines Urlaubs keiner Erwerbstätigkeit nachgehen, die dem Urlaubszweck widerspricht. Verstößt der AN dagegen, kann der AG Unterlassung bzw. Schadensersatz verlangen oder ihm nach vorangegangener Abmahnung sogar kündigen.

Nach §1 BUrlG hat **jeder AN**, der mindestens einen Monat gearbeitet hat, einen Anspruch auf bezahlten Erholungsurlaub. Dies gilt auch für Aushilfen, Ferien- und Minijobber oder sonstige Saisonarbeiter, was häufig in der Praxis übersehen wird.

Als Urlaubstage zählen nur Arbeitstage, also in der Regel nicht Sonn- und Feiertage. Gelten unterschiedliche Feiertage am Firmensitz und am Arbeitsort – z.B. Fronleichnam bei Firmensitz in Hessen, Arbeitsort in Baden-Württemberg –, gelten die Feiertage des Arbeitsortes. Auch arbeitsfreie Tage wie Heilig Abend, Silvester und noch teilweise Rosenmontag im Rheinland zählen nicht als Urlaubstage. Streiktage sind nur dann auf den Urlaub anzurechnen, wenn der AN nicht am Streik teilnimmt. Sonst unterbricht der Streik den Urlaub.

3.5.1.1 Dauer des Urlaubs

Der gesetzliche Urlaub beträgt jährlich **24 Werktage**. Als Werktage gelten die Tage Montag bis Samstag, so dass der gesetzliche Urlaub 4 Wochen abdeckt. Arbeitet der AN keine 6 Tage in der Woche, sondern – wie üblich – nur 5 Tage, beträgt der gesetzliche Urlaub 20 Tage. Arbeitet der AN nur an 3 Tagen die Woche, reduziert sich sein Urlaubsanspruch auf 12 Tage (24 : 6 × 3).

Verteilt sich die Arbeitszeit unregelmäßig auf das gesamte Kalenderjahr, sind die arbeitspflichtigen Tage bezogen auf das Kalenderjahr zum Jahresurlaub bei 52 Wochen pro Jahr ins Verhältnis zu setzen. Gesetzliche Feiertage bleiben außer Betracht (BAG-Urteil vom 05.11.2002 – 9 AZR 470/01: NZA 2003, 1167).

Wechselt ein AN während eines Kalenderjahres von Voll- auf Teilzeit (z. B. von einer 5-Tage-Woche auf eine 3-Tage-Woche) und kann er den in der Vollzeit erworbenen Urlaub nicht nehmen, bleibt ihm dieser in voller Höhe erhalten und er ist nicht entsprechend der Quote von Teilzeit zu Vollzeit zu kürzen (EuGH-Beschluss vom 13.06.2013 – C-415/12 – NZA 2013, 775 f.). Beispiel: Ein AN hat aus der Vollbeschäftigung 21 Tage Urlaub, die bei einer 3-Tage-Woche in vollem Umfang zu gewähren sind, was einen Zeitraum von 7 Wochen ausmacht.

AN mit einem Grad der Behinderung von 50% und mehr erhalten zu dem gesetzlichen Urlaub einen **Zusatzurlaub** von 5 Arbeitstagen (§ 208 SGB IX).

Der Urlaub für Jugendliche ist je nach deren Alter zu Beginn eines Kalenderjahres zwischen 25 und 30 Werktagen gestaffelt (§ 19 JArbSchG).

Der **volle Urlaubsanspruch** entsteht – wenn nichts anderes geregelt ist – erst nach Ablauf einer **Wartezeit** von 6 Monaten (§ 4 BUrlG). Entgegen der vielfach verbreiteten Meinung entsteht der Urlaub nicht anteilsmäßig mit jedem vollen Monat der Betriebszugehörigkeit, sondern bei Beginn eines Arbeitsverhältnisses mit **Erfüllung der Wartezeit** – nach 6-monatiger Betriebszugehörigkeit – und im laufenden Arbeitsverhältnis jeweils zum 01.01. eines Kalenderjahres (= Urlaubsjahr). Demzufolge erwirbt ein AN, der am 01.03. in den Betrieb eintritt, bereits am 01.09. seinen **vollen** gesetzlichen Jahresurlaub. Er muss sich aber den Urlaub anrechnen lassen, den er beim Vorarbeitgeber als Freizeit erhalten oder abgegolten bekommen hat. Andererseits ist der AN, der im zweiten Halbjahr in den Betrieb eintritt und demzufolge die Wartezeit im gleichen Kalenderjahr nicht mehr erfüllen kann, nicht gehindert, seinen Teilurlaub (siehe unten) noch im Eintrittsjahr zu nehmen.

3.5.1.2 Anspruch auf Teilurlaub

Der Teilurlaub beträgt 1/12 des Jahresurlaubes für jeden vollen Monat – nicht Kalendermonat – des Bestehens des Arbeitsverhältnisses. Bruchteile von Urlaubstagen, die einen halben Tag und mehr ergeben, sind auf volle Urlaubstage aufzurunden – z.B. 17,5 = 18 Tage –, Bruchteile darunter sind als Freizeit zu gewähren. (§ 5 Abs. 2 BUrlG). AN, die sich in Elternzeit befinden, steht nur ein verkürzter Urlaub zu. Er ist für jeden vollen **Kalender**monat der Elternzeit um 1/12 zu kürzen. Dies gilt nicht, wenn der AN während der Elternzeit bei seinem bisherigen AG in Teilzeit weiterarbeitet (§ 17 Abs. 1 BEEG).

Das Gesetz kennt 3 Fälle, in denen ein Teilurlaub entsteht (§ 5 BUrlG):
- Nichterfüllung der Wartezeit im laufenden Jahr
- Beschäftigung unter 6 Monaten
- Ausscheiden nach erfüllter Wartezeit im 1. Halbjahr

a) Nichterfüllung der Wartezeit
Tritt der AN zum 01.10. ein, kann er im laufenden Kalenderjahr die Wartefrist von 6 Monaten nicht mehr erfüllen. Der Teilurlaub selbst unterliegt keiner Wartefrist, sondern ist auf Antrag des AN noch im laufenden Kalenderjahr zu erfüllen. Davor scheuen AN zurück, weil sich der **irrige** Urlaubsgrundsatz eingeprägt hat, dass der AN vor Ablauf von 6 Monaten im neuen Arbeitsverhältnis keinen Urlaubsanspruch habe. Dennoch ist es möglich, dass ein entsprechender Urlaubswunsch des AN vom AG fehlinterpretiert werden und bei ihm den Entschluss reifen lassen könnte, sich von dem AN in den ersten

6 Monaten wieder zu trennen, in denen dieser sowieso keinen Kündigungsschutz genießt (vgl. Kapitel 4.6.1.2).

Der nicht genommene Teilurlaub kann auf das ganze nächste Jahr, nicht nur bis zum 31.03., übertragen werden (§7 Abs. 4 Satz 3 BUrlG).

Alle AN, die nach dem 01.07. in ein Arbeitsverhältnis treten, können ihren Teilurlaub gem. §5 Abs. 1 lit. a BUrlG im laufenden Jahr verlangen. Wollen sie dies nicht, müssen sie mit einem kurzen Hinweis dem AG deutlich machen, dass sie den Teilurlaub auf das neue Kalenderjahr übertragen wollen.

b) Beschäftigung unter 6 Monaten
Wenn von vornherein klar ist, dass der Mitarbeiter vor erfüllter Wartezeit wieder aus dem Arbeitsverhältnis ausscheidet, weil er nur z.B. 4 Monate arbeitet, entsteht ein Teilurlaub. Steht bereits am Anfang des Kalenderjahres fest, dass das Arbeitsverhältnis z.B. zum 31.03. endet, entsteht auch nur ein anteiliger Vollurlaub (z.B. 3/12).

c) Ausscheiden nach erfüllter Wartezeit im ersten Halbjahr
Das setzt voraus, dass der AN im vorangegangenen Urlaubsjahr (= Kalenderjahr) die Wartezeit erfüllt hat (z.B. Eintritt zum 01.06. des Vorjahres). Zu Beginn des neuen Jahres war der volle Urlaubsanspruch für das laufende Jahr entstanden. Scheidet nun der AN aus, verwandelt sich dieser volle Urlaubsanspruch in einen Teilurlaub.

Scheidet ein AN nach erfüllter Wartefrist erst in der 2. **Hälfte** des Kalenderjahres aus dem Arbeitsverhältnis aus oder besteht das Arbeitsverhältnis in dem betreffenden Jahr länger als 6 Monate (z.B. Eintritt 01.03.), steht ihm der volle **gesetzliche** Jahresurlaub zu, auch wenn im Tarif- oder Arbeitsvertrag eine Quotelung vorgesehen ist. Der gequotelte Urlaub darf nicht unter dem gesetzlichen Urlaub (= 20 Arbeitstage bzw. 24 Werktage) liegen. Dies wird vielfach in der Praxis übersehen. Fehlt eine Regelung, ist nicht nur der gesetzliche, sondern auch der gesamte tarifliche oder vertragliche Urlaub zu gewähren. Dies ergibt sich aus dem **Gleichlauf** des übergesetzlichen mit dem gesetzlichen Urlaub, d.h. der übergesetzliche Urlaub wird wie der gesetzliche Urlaub behandelt, solange der Tarif- oder Arbeitsvertrag keine andere Regelung enthält.

3.5.1.3 Urlaub und Krankheit

Erkrankt der AN während seines Urlaubs – z.B. an 2 Tagen –, so wird der Urlaub entsprechend unterbrochen, ohne dass er sich um die gleiche Zeit der Unterbrechung verlängert. Wird der AN vor Urlaubsantritt krank und während des gesamten Urlaubs nicht wieder gesund, muss er im laufenden Kalenderjahr einen neuen Urlaub beantragen. Wird er während des Urlaubs wieder gesund, muss er den restlichen Urlaub nehmen und den noch nicht verbrauchten Urlaub später erneut geltend machen.

3.5.1.4 Urlaubsanspruch beim neuen AG

Ist der Urlaub für das laufende Kalenderjahr vom vorherigen AG ganz oder teilweise erfüllt worden, weil z.B. der AN in der 2. Hälfte des Jahres ausgeschieden ist, entsteht kein weiterer Urlaubsanspruch für dieses Jahr beim neuen AG bzw. ist der bereits gewährte oder abgegoltene Urlaub anzurechnen. Dies gilt auch, wenn der bisherige AG den Urlaub abgegolten hat (§ 6 BUrlG). Der AG hat dem AN eine entsprechende Urlaubsbescheinigung zu erteilen, aus der sich die Dauer des Arbeitsverhältnisses im laufenden Kalenderjahr und der gewährte bzw. abgegoltene Urlaub ergeben. In der Praxis spielt diese **Urlaubsbescheinigung** kaum eine Rolle mit Ausnahme im Baugewerbe. Der neue AG sollte sich aber eine entsprechende Bescheinigung vom AN vorlegen lassen, um den anteiligen Urlaub nicht doppelt zu gewähren.

3.5.1.5 Verfall von Urlaubsansprüchen

Urlaubsansprüche verfallen, wenn sie bis zum **Ende des Kalenderjahres** nicht genommen werden und die Voraussetzungen für ihre Übertragung nicht vorliegen. Dies wird zu wenig in der Praxis beachtet. In der Regel weigert sich ein AG im laufenden Arbeitsverhältnis nicht, dem AN restliche Urlaubsansprüche aus dem Vorjahr zu erfüllen. Anderes gilt, wenn der AN zum 31.03. ausscheidet und für das abgelaufene Kalenderjahr Resturlaubsansprüche geltend macht.

Nach §7 Abs. 3 Satz 1 BUrlG ist der Urlaub im **laufenden Kalenderjahr** zu nehmen. Er kann nur auf das nächste Kalenderjahr übertragen werden, wenn dringende **betriebliche** oder **in der Person** des AN **liegende Gründe** dies rechtfertigen. Dieser Resturlaub aus dem Vorjahr muss in den **ersten drei Monaten** des folgenden Kalenderjahres gewährt und genommen werden, also bis spätestens zum 31.03. Liegt ein Übertragungsgrund objektiv vor – der AN erkrankt im Dezember –, so bedarf es keiner Erklärung oder Handlung des AN. Der Urlaub geht kraft Gesetzes auf das erste Quartal des neuen Jahres über, anders beim Teilurlaub wegen nicht erfüllter Wartezeit (vgl. Kapitel 3.5.1.2).

Der Urlaub verfällt am 31.03. nicht, wenn der AN andauernd arbeitsunfähig erkrankt war und deshalb seinen Urlaub nicht nehmen konnte. Diese AN können bis zum 31.03. **des übernächsten Jahres** ihren Urlaub noch nehmen, wenn sie zu diesem Zeitpunkt wieder gesund sind, oder sich den Urlaub abgelten lassen, wenn das Arbeitsverhältnis endet. Das bedeutet, dass ein AN seinen Jahresurlaub 2017 bis zum 31.03.2019 fordern kann, wenn er in der Zwischenzeit auf Dauer erkrankt.

Dies gilt nicht nur für den gesetzlichen, sondern auch für den darüber hinausgehenden vertraglichen Urlaub, wenn der Arbeitsvertrag keine anderslautende Regelung enthält. Durch richtige Vertragsgestaltung kann ein AG Personalkosten sparen.

> Ist ein AN über mehrere Jahre durchgehend erkrankt und will der AG ihm kündigen oder macht der AN den Vorschlag, das Arbeitsverhältnis aufzuheben, sollte das Arbeitsverhältnis nach dem 31.03. beendet werden, um die Urlaubsabgeltung für das Vorvorjahr zu sparen.

Verschuldete oder unverschuldete Fehlzeiten kann der AG nicht vom gesetzlichen Urlaub abziehen, da dies zur unzulässigen Verkürzung des Urlaubes führen würde. Solche Tage können aber mit dem übergesetzlichen Urlaub verrechnet werden, wenn dies ausdrücklich vereinbart worden ist bzw. wird.

Schwangere, die wegen eines Beschäftigungsverbots ihren Urlaub nicht oder nicht vollständig nehmen konnten, können diesen auf das nächste Kalenderjahr übertragen (§24 MuSchG).

3.5.2 Urlaubsgewährung

Der Urlaub wird durch den AG gewährt. Das bedeutet, dass der AN ihn nicht selbst nehmen darf. Er muss ihn geltend machen. Dies kann durch einen Urlaubsantrag oder einen Eintrag in die Urlaubsliste geschehen. Äußert sich der AN nicht, wann er Urlaub haben möchte, kann der AG von sich aus den Urlaub festlegen. Häufig ordnet der AG für einen Teil des Urlaubs Betriebsferien an, an die der AN gebunden ist.

Urlaubswünsche des AN sind zu berücksichtigen. Der AG kann den gewünschten Urlaub verweigern, wenn dem beantragten Urlaub **dringende betriebliche Belange** – z.B. Saisonzeit, Inventurarbeiten, plötzlich auftretende Nachfrage – oder **Urlaubswünsche anderer AN**, die unter sozialen Gesichtspunkten den Vorrang verdienen, entgegenstehen (§7 Abs. 1 Satz 1 BUrlG). Zu den sozialen Gesichtspunkten anderer AN gehören deren Lebensalter, Zahl der schulpflichtigen Kinder, Betriebszugehörigkeit, Gesundheitszustand, Urlaub anderer Familienangehöriger, bestehendes Erholungsbedürfnis, Urlaubsgewährung in den vorangegangenen Jahren – z.B. Urlaub mit vielen Brückentagen.

Der AG **muss** den Urlaub gewähren, wenn dieser an eine Maßnahme der medizinischen Vorsorge oder Rehabilitation angeschlossen werden soll (§7 Abs. 1 Satz 2 BUrlG).

Der Urlaub ist **zusammenhängend** zu gewähren, es sei denn, dass dringende betriebliche oder in der Person des AN liegende Gründe eine Teilung des Urlaubs erfordern. Wird der Urlaub aus diesen Gründen nicht zusammenhängend gewährt, stehen ihm wenigstens 12 Werktage am Stück zu, vorausgesetzt er hat noch so viel Urlaub (§7 Abs. 2 BUrlG).

Hat der AG den Urlaub zugesagt, ist er auch daran gebunden, es sei denn, es treten eine Notsituation oder unvorhersehbare Ereignisse ein.

Kündigt der AN und liegt sein beantragter Urlaub nach Ablauf der Kündigungsfrist, ist diese Urlaubsfestlegung unwirksam. Der AN muss einen neuen Urlaubsantrag stellen.

Kündigt der AG, kann er im gleichen Fall wie oben den Urlaub nicht neu festlegen, wenn die Parteien über die Wirksamkeit der Kündigung streiten. Der AG hat insoweit sein **Bestimmungsrecht** verbraucht. Gleichwohl versuchen AG mit Erfolg, den Urlaub in die Kündigungsfrist zu legen, um einer Abgeltung zuvorzukommen. Dies ist möglich, wenn der Urlaub noch nicht festgelegt worden ist. Oftmals stellt der AG den AN während der Kündigungsfrist unwiderruflich frei unter Gewährung seines Urlaubs, ohne diesen genau zeitlich festzulegen. Für diesen Fall ermächtigt der AG den AN, die konkrete Lage des Urlaubs innerhalb der Freistellungszeit selbst zu bestimmen. Ist der AN damit nicht einverstanden, muss er dies dem AG unverzüglich mitteilen. Unterbleibt ein solcher Widerspruch, kann der AG davon ausgehen, dass der AN mit der Vorgehensweise einverstanden ist. Ein späteres Urlaubsverlangen des AN ist rechtsmissbräuchlich (§ 242 BGB).

Die Freistellung führt dann nicht zur Urlaubsgewährung, wenn sie für den AN **unzumutbar** ist, weil dieser zu einem späteren Zeitpunkt Urlaub machen möchte – z. B. eine Reise gebucht oder ein besonderes Interesse hat, außerhalb der Kündigungsfrist – nur im Winter – Urlaub zu machen.

Durch den Wandel der Rechtsprechung zum Charakter des Urlaubsanspruches reicht für die Urlaubsgewährung nicht nur die **Freistellung** von der Arbeitspflicht, sondern die **Bezahlung** der Urlaubsvergütung bzw. deren **vorbehaltslose Zusage** muss hinzukommen. Ab sofort genügt es wohl nicht, wenn der AG im Kündigungsschreiben den AN von der Arbeitspflicht unwiderruflich freistellt. Er muss ihm entweder gleichzeitig das Urlaubsentgelt vor Urlaubsbeginn bezahlen oder dieses vorbehaltlos zusagen. Dies ist im entsprechenden Kündigungsschreiben zu beachten (siehe Online-Arbeitshilfen, Kündigungsschreiben).

Urlaub, der nicht in natura gewährt werden kann, ist in Geld auszubezahlen. Dabei wird pro Urlaubstag 3/65 des Monatsverdienstes zugrunde gelegt (z. B. 8 Tage bei 3.000 EUR = 3.000 × 3/65 × 8 = 1.107,69 EUR).

3.5.3 Urlaubsvergütung

Die Urlaubsvergütung umfasst das Urlaubs**entgelt** und das Urlaubs**geld**. Das Urlaubsentgelt ist die Vergütung für die Dauer des Urlaubs, die **Gehaltszahlung während des Urlaubs**. Das Urlaubsgeld ist eine **zusätzliche Vergütung**, die der AN in aller Regel erhält, um seine erhöhten Aufwendungen im Urlaub davon zu bestreiten.

3.5.3.1 Urlaubsentgelt

Der AN hat während seines Urlaubs Anspruch auf Fortzahlung seiner Vergütung. Das Urlaubsentgelt bemisst sich nach dem durchschnittlichen Arbeitsverdienst mit Ausnahme der Überstundenvergütung, den der AN in den letzten **13 Wochen** vor Beginn des Urlaubs erhalten hat (§ 11 Abs. 1 Satz 1 BUrlG). Damit sind in die Urlaubsentgeltberechnung sämtliche Bezüge einzubeziehen, die der AN für seine Arbeit innerhalb des Referenzzeitraumes von 13 Wochen erhalten hat. Dazu gehören:
- Nacht-, Sonn- und Feiertagszuschläge
- Erschwernis-, Gefahrenzulagen
- Provisionen
- Bezahlung von Bereitschaftsdiensten und Rufbereitschaften
- Urlaubsentgelt, wenn schon mal Urlaub in dieser Zeit gewährt worden ist
- Prämien, die nicht für geleistete Arbeit, sondern für besondere Leistungen geschuldet und im Referenzzeitraum gezahlt worden sind (z. B. bei Profifußballern Prämien für Einsatz, Punkte oder Tabellenplatz)
- Sachbezüge, es sei denn, sie werden während der Urlaubszeit weiter gewährt

Dagegen werden **nicht** eingerechnet:
- 13. Gehalt
- Weihnachts- und Urlaubsgeld;
- einmalige Zuwendungen;
- vermögenswirksame Leistungen, die aber während des Urlaubs weiter gezahlt werden
- Vergütungen, die auf Mehr- oder Überstundenarbeit zurückgehen

Hat sich der Verdienst während des Referenzzeitraums oder des Urlaubs nicht nur vorübergehend erhöht, ist die Erhöhung zu berücksichtigen – der AN erhält eine Zulage oder er wechselt von Teil- auf Vollzeit. Hat sich dagegen der Verdienst verringert – z. B. liegen im Berechnungszeitraum Kurzarbeit oder unverschuldete Arbeitsausfälle –, bleiben diese für die Berechnung des Urlaubsentgeltes außer Betracht.

Sachbezüge, die während des Urlaubs nicht gewährt werden, sind angemessen in bar abzugelten – Kost oder Firmenwagen bei privater Nutzung, der im Urlaub zurückgegeben werden muss (§ 11 Abs. 1 Satz 4 BUrlG).

Nach dem Gesetz ist das Urlaubsentgelt **vor Antritt des Urlaubs** zu zahlen (§ 11 Abs. 2 BUrlG). Diese Vorschrift wird in der Praxis ignoriert. Ob sich durch das Mindestlohngesetz etwas ändern wird, bleibt abzuwarten.

Das Urlaubsentgelt ist vererbbar, wenn der AN vor der Auszahlung verstirbt.

Es ist auch wie normales Arbeitsentgelt pfändbar, aber nicht verzichtbar, solange das Arbeitsverhältnis noch besteht (§§ 13 Abs. 1, § 1 BUrlG).

3.5.3.2 Urlaubsgeld

Das Urlaubsgeld ist im Gegensatz zum Urlaubsentgelt nicht gesetzlich geregelt. Es kann sich aus Tarifvertrag, Betriebsvereinbarung, Arbeitsvertrag oder betrieblicher Übung ergeben. Das Urlaubsgeld kann auch als Teil eines 13. Gehaltes zugesagt sein, das je zur Hälfte im Juni und November eines Jahres ausgezahlt wird. Meistens ist es ein gewisser Prozentsatz der monatlichen Vergütung, kann sich aber auch nach den einzelnen Urlaubstagen berechnen (z. B. 27 EUR pro Urlaubstag). Im letzten Falle wird der Zusatzurlaub für Schwerbehinderte nicht mitgerechnet, wenn es nicht ausdrücklich vorgesehen ist.

Teilzeitbeschäftigte erhalten bei Fehlen ausdrücklicher anderslautender Regelung ein im Verhältnis ihrer Arbeitszeit zur tariflichen oder vertraglichen Vollarbeitszeit gemindertes Urlaubsgeld. Sie können in keinem Fall vom Urlaubsgeld ausgeschlossen werden (§ 4 Abs. 1 TzBfG).

Ist die Fälligkeit des Urlaubsgeldes nicht geregelt, gilt wegen der Gleichbehandlung von Urlaubsentgelt und Urlaubsgeld §11 Abs. 1 Satz 1 BUrlG. Das Urlaubsgeld ist vor Antritt des Urlaubs zu zahlen.

Ist der Urlaub erloschen, besteht in der Regel auch kein Anspruch auf zusätzliches Urlaubsgeld. Das Gleiche gilt für den Urlaubsgeldanspruch von Langzeiterkrankten (vgl. oben Kapitel 3.5.1.5).

3.6 Entgeltfortzahlung ohne Arbeitsleistung

Das Arbeitsrecht kennt zwar den Grundsatz: »Ohne Arbeit keinen Lohn«, es gibt aber auch Ausnahmen.

3.6.1 Im Krankheitsfall

Die Arbeitsverträge regeln die Entgeltfortzahlung im Krankheitsfall meistens wie im Gesetz. Deshalb kann auf die vertragliche Regelung im Musterarbeitsvertrag in den Online-Arbeitshilfen verwiesen werden.

3.6.1.1 Anspruchsvoraussetzungen

Der AN hat im Krankheitsfall einen Entgeltfortzahlungsanspruch gegen seinen AG, wenn folgende Voraussetzungen erfüllt sind:
- Der AN muss **infolge einer Krankheit** an seiner Arbeitsleistung verhindert sein (§3 EntgeltFG). Krankheit ist im medizinischen Sinne jeder regelwidrige körperliche oder geistige Zustand (vgl. BAG-Urteil vom 07.08.1991 – 5 AZR 410/90, NZA 1992, 69). Nicht jede Krankheit führt zu einer Arbeitsunfähigkeit (AU).
Ein AN ist infolge Krankheit arbeitsunfähig, wenn er aufgrund der Krankheit außerstande ist, die nach dem Arbeitsvertrag obliegende Arbeit zu verrichten, oder wenn er die Arbeit nur unter der Gefahr fortsetzen könnte, in absehbar naher Zeit seinen Gesundheitszustand zu verschlimmern.
Nach §92 Abs. 1 Nr. 7 SGB V gibt es eine Richtlinie über die Arbeitsunfähigkeit (sog. **AU-Richtlinie**), an die die Kassenärzte gebunden sind (§81

Abs. 3 Nr. 2 SGB V). Danach kann ein Arzt die Arbeitsunfähigkeit seines Patienten nur dann richtig beurteilen, wenn er die Tätigkeit des AN kennt. Ärzte kommen nicht immer dieser Verpflichtung nach und nehmen sich nicht die Zeit, den Patienten (= AN) zu befragen.
In der AU-Richtlinie vom 14.11.2013 i.d.F. vom 20.10.2016 heißt es in §2 Abs. 5:

»Die Beurteilung der Arbeitsunfähigkeit setzt die Befragung der oder des Versicherten durch die Ärztin oder den Arzt zur aktuell ausgeübten Tätigkeit und den damit verbundenen Anforderungen und Belastungen voraus. Das Ergebnis der Befragung ist bei der Beurteilung von Grund und Dauer der Arbeitsunfähigkeit zu berücksichtigen. Zwischen der Krankheit und der dadurch bedingten Unfähigkeit zur Fortsetzung der ausgeübten Tätigkeit muss ein kausaler Zusammenhang erkennbar sein. Bei Arbeitslosen bezieht sich die Befragung auch auf den zeitlichen Umfang, für den die oder der Versicherte sich der Agentur für Arbeit zur Vermittlung zur Verfügung gestellt hat.«

- Schwangerschaft, künstliche Befruchtung, Teilnahme an gesundheitsfördernden oder rehabilitativen Maßnahmen oder der normale Arztbesuch – wenn er ohne Krankschreibung verläuft – führen nicht zur krankheitsbedingten Arbeitsunfähigkeit.
- Die Erkrankung darf nicht auf ein **Verschulden des AN** zurückgehen. Die Rechtsprechung verlangt ein grobes Verschulden des AN gegen sich selbst. Darunter wird ein unverständliches, leichtfertiges Verhalten verstanden, bei dem der AN in gröblicher Weise gegen das von einem verständigen Menschen im eigenen Interesse zu erwartende Verhalten verstößt – z.B. unfallbedingte Verletzungen wegen alkoholbedingter Fahruntüchtigkeit, Rotlichtverstoß, Überholen an unübersichtlicher Stelle, Abkommen von der Straße, Nichtanlegen des Sicherheitsgurtes, bei Teilnahme an Schlägereien oder Ausübung eines gefährlichen Sportes, wozu entgegen der häufigen Annahme von AG Fußball noch nicht gehört, lediglich Kickboxen.
- Die Arbeitsunfähigkeit muss der **einzige Grund** sein (monokausal), warum der AN die Arbeit nicht verrichten kann, anders, wenn die Arbeit aus anderen Gründen wie Kurzarbeit, witterungsbedingten Gründen oder einer vereinbarten Betriebsruhe ausfällt.
- Das Arbeitsverhältnis muss **vier Wochen** ununterbrochen bestanden haben. Begründet ein AN nach kurzer Unterbrechung ein zweites Arbeitsverhältnis beim gleichen AG, so gilt eine Unterbrechung von drei Wochen nicht als schädlich, wenn die Unterbrechung witterungsbedingt oder aus

betrieblichen Gründen erfolgte und ein tariflicher Wiedereinstellungsanspruch besteht (BAG-Urteil vom 22.08.2001 – 5 AZR 699/99 NZA 2002, 611 ff.). Erkrankt der AN in den ersten vier Wochen seiner Beschäftigung, erhält er zunächst keine Entgeltfortzahlung. Erst wenn der AN die Wartezeit erfüllt hat und weiter arbeitsunfähig erkrankt ist, steht ihm der volle Anspruch zu.

3.6.1.2 Dauer der Entgeltfortzahlung

Die Entgeltfortzahlung wird für **6 Wochen** (= 42 Tage) gezahlt. Dieser Zeitraum verlängert sich durch Zeiten des Arbeitskampfes (Streik), Schlechtwetterperioden oder sonstige Ausfallzeiten. Erkrankt der AN in einem ruhenden Arbeitsverhältnis (z.B. während der Elternzeit oder Pflegezeit), beginnt die Sechswochenfrist erst mit der Wiederaufnahme der Tätigkeit.

Der Zeitraum verkürzt sich, wenn der AN gegen seine Verpflichtung verstößt, alles Notwendige zu unternehmen, um den Heilungserfolg herbeizuführen. In diesem Falle endet die Entgeltfortzahlung zu dem Zeitpunkt, zu dem die Krankheit abgeklungen wäre, wenn der AN sich heilungsfördernd verhalten hätte, was nicht immer leicht vom AG zu beweisen ist.

Die Entgeltfortzahlung endet mit dem Arbeitsverhältnis, es sei denn, der AG hat dem AN aus Anlass der Arbeitsunfähigkeit, also wegen der Krankheit gekündigt (§ 8 EntgeltFG). Deshalb sei jedem AG geraten, im Kündigungsschreiben oder sonst nicht darauf hinzuweisen, dass er wegen der bestehenden Arbeitsunfähigkeit das Arbeitsverhältnis beende. Ist die Erkrankung wesentlicher Grund für die Beendigung und erfährt der AN davon, kann er über das Ende des Arbeitsverhältnisses hinaus Entgeltfortzahlung verlangen. Deshalb gilt hier der Grundsatz einmal mehr: »Reden ist Silber, Schweigen Gold«.

3.6.1.3 Mehrfacherkrankungen

Schwierig wird es, wenn der AN mehrfach erkrankt.

Treten die Krankheiten nacheinander auf, hat der AN für jede Erkrankung einen Entgeltfortzahlungsanspruch von 6 Wochen. Dies gilt nicht, wenn die

3 Inhalt des Arbeitsvertrages

zweite Erkrankung während der ersten hinzukommt. Hier bleibt es bei dem Zeitraum von sechs Wochen aufgrund der ersten Erkrankung. Nach dem BAG reicht es für eine weitere volle Entgeltfortzahlungsperiode aus, wenn der AN zwischen der ersten und der zweiten Erkrankung seine Arbeitsfähigkeit wiedererlangt und sei es nur für wenige Stunden außerhalb der Arbeitszeit, was naturgemäß der AG nicht überprüfen und widerlegen kann.

Handelt es sich bei der zweiten und den weiteren Erkrankungen um sog. **Fortsetzungserkrankungen**, also Erkrankungen mit den gleichen Ursachen, entsteht kein neuer Entgeltfortzahlungsanspruch, es sei denn, dass zwischen dem Ende der letzten Erkrankung und dem Beginn der neuen Erkrankung mindestens sechs Monate liegen oder seit Beginn der ersten Arbeitsunfähigkeit aufgrund dieser Krankheit eine Frist von 12 Monaten verstrichen ist (§3 Abs. 1 Satz 2 EntgeltFG).

Diesen Zusammenhang veranschaulicht Abb. 6.

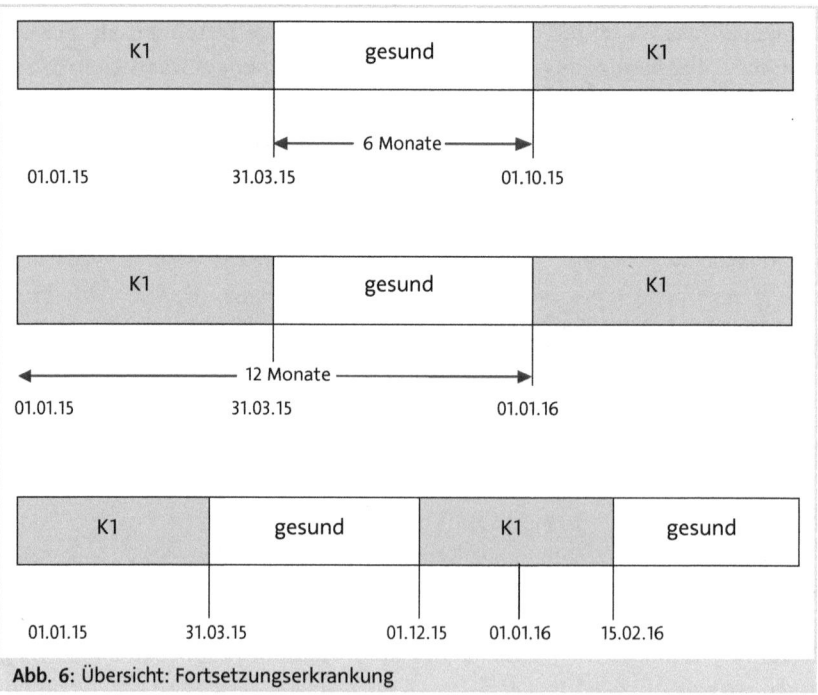

Abb. 6: Übersicht: Fortsetzungserkrankung

Beginnt die wiederholte Erkrankung im Laufe des 12-Monats-Zeitraums und dauert sie bis zum 15. des 14. Monats fort – in Abb. 6 bis 15.02.2016 –, hat der AN zunächst bis zum Ablauf des 12-Monats-Zeitraums (31.12.2015) nur einen Anspruch auf Krankengeld, danach auf Entgeltfortzahlung. Dies wird von den Instanzgerichten aus dem Wortlaut des §3 Abs. 1 Satz 2 Nr. 2 EntgeltFG geschlossen, aber bislang vom BAG nicht vertreten.

3.6.1.4 Höhe der Entgeltfortzahlung

Der AG hat dem AN das ihm während der Arbeitszeit, die durch Krankheit ausgefallen ist, zustehende Arbeitsentgelt zu zahlen, jedoch ohne Überstundenvergütung und ohne Überstundenzuschläge (§4 Abs. 1 EntgeltFG). Hat der AN regelmäßig Überstunden geleistet, sind diese beim Zeitfaktor zu berücksichtigen – statt 8 Stunden sind täglich 10 Stunden in Ansatz zu bringen, wenn diese ständig angefallen sind.

Bei leistungsbezogener Vergütung ist ein Durchschnittsverdienst zu bilden. Das gilt für Leistungsprämien, Leistungszulagen, Anwesenheitsprämien. Aufwendungen, die dem AN wegen der Arbeitsunfähigkeit nicht entstehen, werden nicht gezahlt (z.B. Fahrtkostenzuschuss).

In Tarifverträgen kann eine abweichende Bemessungsgrundlage des fortzuzahlenden Arbeitsentgeltes festgelegt werden (§4 Abs. 4 EntgeltFG).

3.6.1.5 Erstattungsanspruch des AG

AG mit weniger als **30 AN**, zu denen Auszubildende nicht rechnen, haben Anspruch gegenüber den gesetzlichen Krankenkassen – ausgenommen die Landwirtschaftliche Krankenkasse – auf Erstattung von 80% der Zahlungen, die sie gem. §§3 Abs. 1 und 2, 9 Abs. 1 EntgeltFG an den AN gezahlt haben zuzüglich der darauf lastenden Sozialversicherungsbeiträge. Der Anspruch richtet sich an die Krankenkasse, bei der der AN versichert ist. Bei geringfügig Beschäftigten ist die **Deutsche Rentenversicherung Knappschaft/Bahn/See** zuständig. Dazu siehe im Einzelnen das Gesetz über den Ausgleich der Arbeitgeberaufwendungen für Entgeltfortzahlungen.

Die Mittel, aus denen der 80%ige Zuschuss bestritten wird, wird durch Umlage bei den AG erhoben.

3.6.1.6 Gründe für die Zahlungsverweigerung

Der AG kann die Entgeltfortzahlung vorübergehend verweigern, wenn der AN seinen Mitwirkungspflichten nicht nachkommt – z. B. eine AU-Bescheinigung nicht vorlegt oder bei einem Unfall mit Fremdverschulden den Unfallverursacher nicht mit Namen und Adresse benennt (§ 6 Abs. 2 EntgeltFG). Im letzten Fall bedarf es keiner Forderungsabtretung durch den AN. Der Schadensersatzanspruch geht kraft Gesetzes auf den AG über (§ 6 Abs. 1 EntgeltFG).

Der AG kann den Entgeltfortzahlungsanspruch endgültig verweigern, wenn er den **Beweiswert der AU-Bescheinigung erschüttern** kann, und der AN nicht beweist, dass er in der fraglichen Zeit arbeitsunfähig erkrankt war.

Der AN genügt seiner Nachweispflicht, wenn er innerhalb der ihm gesetzten Frist (vgl. Kapitel 3.6.1.8) eine ordnungsgemäß ausgefüllte ärztliche Bescheinigung vorlegt. Die Bescheinigung muss von einem Arzt und nicht von dessen Personal ausgestellt sein. Die Bescheinigung reicht für den Beweis des ersten Anscheins, der erschüttert wird, wenn der AG Tatsachen vorträgt, die an der bescheinigten Arbeitsunfähigkeit zweifeln lassen. Solche Zweifel können z. B. sein, wenn der AN eine Krankheit ankündigt oder mit dieser für den Fall droht, dass ihm kein Urlaub gewährt wird und dann anschließend erkrankt, nachdem ihm der Urlaub verweigert worden ist. Gleiches gilt, wenn er wiederholt nach einem Heimaturlaub im Ausland erkrankt oder der AN während einer Arbeitsunfähigkeit eine beschwerliche Reise unternimmt oder zum Skilaufen geht oder Eheleute regelmäßig gemeinsam am Ende eines Heimaturlaubs erkranken.

Der Beweiswert der ärztlichen Bescheinigung ist dagegen noch nicht erschüttert, wenn der AG den AN während dessen Arbeitsunfähigkeit nicht zuhause in seiner Wohnung antrifft oder ihn bei Spaziergängen, leichter sportlicher Betätigung oder Einkäufen beobachtet, es sei denn, der AN ist bettlägerig erkrankt.

Hat der AG ernsthafte Zweifel an der Arbeitsunfähigkeit seines AN, kann er gemäß § 275 Abs. 1a SGB V auf eigene Kosten den **Medizinischen Dienst** der Krankenkasse einschalten, bei der der AN versichert ist, und dort eine gutachterliche Stellungnahme anfordern. Als ernsthafte Zweifel reichen, wenn der AN auffällig häufig nur für kurze Zeit erkrankt oder der Beginn der Erkrankung am Anfang oder am Ende einer Woche liegt (z. B. montags oder freitags) oder die AU-Bescheinigung von einem Arzt ausgestellt worden ist, der durch die Häufigkeit der von ihm ausgestellten AU-Bescheinigungen auffällig geworden ist. Der Medizinische Dienst kann die Stellungnahme ablehnen, wenn sich bereits aus den beigezogenen ärztlichen Unterlagen eindeutig eine Arbeitsunfähigkeit ergibt.

Hat ein Arzt eine Arbeitsunfähigkeit festgestellt, ohne dass dafür die medizinischen Voraussetzungen vorlagen, kann der AG das zu Unrecht an den AN gezahlte Arbeitsentgelt vom Arzt als Schadensersatz verlangen, wenn dieser die Arbeitsunfähigkeit grob fahrlässig oder vorsätzlich festgestellt hat (§ 106a Abs. 5 SGB V).

3.6.1.7 Wiedereingliederung nach langer Krankheit

Das Arbeitsrecht kennt keine **Teilarbeitsfähigkeit**. Entweder ist der AN gesund und kann umfänglich seine Arbeit verrichten oder er ist krank und dadurch gehindert zu arbeiten.

Das Sozialrecht dagegen kennt die Teilarbeitsfähigkeit im Fall der Wiedereingliederung eines langzeiterkrankten AN (§ 74 SGB V). Soll ein AN nach einem längeren Krankenstand wieder in den Arbeitsprozess eingegliedert werden, sehen entsprechende Wiedereingliederungspläne seine schrittweise Heranführung zur vollen Arbeitszeit vor. Dabei übernimmt die Krankenkasse die Arbeitsvergütung in Form des Krankengeldes während der Wiedereingliederungszeit.

Der AG ist aber nicht verpflichtet, den betroffenen AN entsprechend dem Wiedereingliederungsplan zu beschäftigen. Er kann darauf bestehen, dass der AN erst wieder zur Arbeit erscheint, wenn er vollständig auskuriert und arbeitsfähig ist.

3.6.1.8 Pflichten des AN im Krankheitsfall

Abschließend sei noch auf die Pflichten des AN im Zusammenhang seiner Arbeitsunfähigkeit hingewiesen.

Der AN ist verpflichtet, seinem AG unverzüglich, d.h. ohne schuldhaftes Zögern (§ 121 BGB), mitzuteilen, dass er erkrankt ist und voraussichtlich wie lange. Spätestens wenn der AN selbst feststellt, dass er sich krank fühlt und demzufolge nicht zur Arbeit erscheinen kann, muss er seinen AG verständigen. Dies kann mündlich, fernmündlich, schriftlich, per SMS, E-Mail etc. erfolgen. Diese **Anzeigepflicht** hat den Sinn, den AG über das Fernbleiben des AN rechtzeitig zu informieren und ihm Gelegenheit zu geben, die Arbeit anders zu organisieren. Wenn es keine ausdrücklichen Vereinbarungen im Betrieb gibt, hat der AN sich bei seinem Vorgesetzten oder in der Personalabteilung arbeitsunfähig zu melden.

Zusätzlich hat der AN seine Arbeitsunfähigkeit durch Vorlage eines ärztlichen Attestes nachzuweisen (**Nachweispflicht**). Gegen diese Pflicht verstoßen die AN häufig, was mit Abmahnungen und Kündigungen geahndet werden kann. Nach dem Gesetz ist die ärztliche Bescheinigung am darauffolgenden Arbeitstag vorzulegen, wenn die Arbeitsunfähigkeit länger als 3 Kalendertage dauert (§ 5 Abs. 1 Satz 2 EntgeltFG). Das bedeutet, dass bei einer Erkrankung bis zu 3 Tagen eine AU-Bescheinigung nicht vorgelegt werden muss. Dauert die Arbeitsunfähigkeit jedoch länger, muss sie am darauffolgenden Arbeitstag dem AG zugehen (z.B. Erkrankung am Mittwoch oder Donnerstag, Vorlage der AU-Bescheinigung am folgenden Montag). Der AG ist berechtigt, die Bescheinigung schon vorher zu verlangen.

3.6.2 Feiertagsvergütung

Nach § 2 Abs. 1 EntgeltFG hat der AN Anspruch auf Feiertagsvergütung, wenn **infolge** eines gesetzlichen Feiertags seine Arbeitszeit ausfällt. Als Feiertage kommen nur die **gesetzlichen** und nicht die nur kirchlich geschützten Feiertage in Betracht. Bundeseinheitlich gibt es folgende gesetzliche Feiertage: Neujahr, Karfreitag, Ostern, Ostermontag, 1. Mai, Christi Himmelfahrt, Pfingstmontag, 3. Oktober, 1. und 2. Weihnachtstag. Daneben gibt es in einzelnen Bundesländern noch weitere gesetzliche Feiertage wie: Heilige Drei Könige, Fronleichnam, Mariä Himmelfahrt (15.08.), Reformationstag (nur am 31.10.2017 als bundeseinheitlicher Feiertag), Allerheiligen, Buß- und Bettag.

Grundsätzlich gelten die tatsächlichen bzw. rechtlichen Verhältnisse am Arbeitsort des AN, wenn Wohnort, Firmensitz und Arbeitsort auseinanderfallen. Bei Auslandseinsätzen sollte im Vertrag geregelt werden, an welchen deutschen Feiertagen und an welchen Feiertagen im Gastland arbeitsfrei ist.

Die Feiertagsvergütung entsteht nur dann, wenn die Arbeit **wegen** des Feiertages ausgefallen ist. Arbeitet der AN am Feiertag, hat er nur Anspruch auf sein Arbeitsentgelt und möglicherweise auf Feiertagszuschläge.

Liegt ein Feiertag im Urlaub, ist dieser zu vergüten. Liegt der Feiertag im Entgeltzahlungszeitraum aufgrund einer Arbeitsunfähigkeit, erhält der AN für diesen Tag Entgeltfortzahlung im Krankheitsfall nach den Regeln des Feiertagsrechtes, die unter Umständen günstiger sein können (§ 4 Abs. 2 EntgeltFG).

Die Feiertagsvergütung berechnet sich ähnlich dem Entgelt im Krankheitsfall. Lediglich die Überstundenvergütung ist hier nicht herauszurechnen und für die Kurzarbeit gilt eine Sonderregelung (§ 2 Abs. 2 EntgeltFG).

Die Feiertagsvergütung ist ausgeschlossen, wenn der AN am letzten Arbeitstag vor oder am ersten Arbeitstag nach einem Feiertag unentschuldigt der Arbeit fernbleibt (§ 2 Abs. 3 EntgeltFG). Erscheint der AN z.B. unentschuldigt am Ostersamstag nicht zur Arbeit, entfällt für ihn die Feiertagsbezahlung für Karfreitag und Ostermontag, vorausgesetzt, der AN hat das Fernbleiben zu vertreten. Hier kommt es ausschließlich darauf an, ob der AN objektiv berechtigt war, der Arbeit fernzubleiben, auch wenn er den AG nicht unverzüglich informiert hat. Insoweit gibt es bei der Feiertagsvergütung keine Anzeige- bzw. Nachweispflicht wie bei der Arbeitsunfähigkeit.

3.6.3 Arbeitsverhinderung aus persönlichen Gründen

Der AN behält seinen Vergütungsanspruch auch dann, wenn er für eine verhältnismäßig unerhebliche Zeit durch einen in seiner Person liegenden Grund ohne sein Verschulden an der Arbeitsleistung verhindert ist (§ 616 BGB). Er muss sich jedoch den Betrag anrechnen lassen, den er für diese Zeit der Verhinderung aus einer aufgrund gesetzlicher Verpflichtung bestehenden Kranken- oder Unfallversicherung erhält.

Dieser Anspruch kann vertraglich ausgeschlossen werden mit dem Hinweis, dass **nur geleistete Arbeit vergütet wird**. Enthält der Arbeitsvertrag keine Regelung, steht dem AN für die nachfolgend aufgeführten Anlässe ein Freistellungsanspruch zu, der in der Praxis aber nicht so häufig gestellt wird. Stattdessen nimmt der AN lieber Urlaub, obwohl er dies nicht müsste:
- eigene Hochzeit (auch zwischen gleichgeschlechtlichen Partnern)
- goldene Hochzeit der Eltern
- Niederkunft der Ehefrau oder der in häuslicher Lebensgemeinschaft lebenden Partnerin
- Erstkommunion/Konfirmation der Kinder
- Hochzeit der Kinder
- Wiederverheiratung eines Elternteiles
- Begräbnis im engeren Familienkreis (Eltern, Geschwister, Ehepartner bzw. Lebenspartner, Kinder oder im Haushalt lebende Angehörige)
- Arztbesuch nur, wenn dieser in der Arbeitszeit dringend notwendig ist (z. B. plötzlich auftretender Schmerz) oder der AN nachweist, dass er außerhalb seiner Arbeitszeit keinen Arzttermin bekommt. Ist der AN bereits arbeitsunfähig erkrankt, ist dies kein Fall des § 616 BGB, sondern der Entgeltfortzahlung im Krankheitsfall.

Ein Freistellungsanspruch besteht nicht bei
- behördlichen oder gerichtlichen Terminen in eigener oder fremder Sache: streitig, weil kein Grund in der Person besteht. Das Gleiche gilt für das Fernbleiben wegen Ausübung politischer oder religiöser Ämter;
- Zuspätkommen wegen Verkehrsstörungen, da dies kein persönlicher Grund und im Übrigen das Wegerisiko des Arbeitnehmers ist;
- kurzzeitiger Pflege naher Angehöriger, maximal 10 Arbeitstage (§ 2 PflegeZG), weil keine verhältnismäßig kurze Zeit.

Eine verhältnismäßig unerhebliche Zeit ist im Gesetz nicht definiert. Die Rechtsprechung geht von **1 bis 2 Tagen** aus, bei der Pflege maximal **5 Tage**. Dauert die Pflege länger, entfällt der gesamte Anspruch nach §616 BGB und nicht nur der Teil, der nicht mehr verhältnismäßig ist.

Benötigt ein AN Zeit, um sein erkranktes Kind zu betreuen, gilt §45 Abs. 3 SGB V. Er kann von seinem AG pro Kind bis 12 Jahre maximal **10**, als Alleinerziehender **20** Arbeitstage und maximal für alle Kinder pro Kalenderjahr **25** bzw. als Alleinerziehender **50** Arbeitstage Arbeitsbefreiung verlangen. Die Vergütungspflicht kann vertraglich ausgeschlossen sein. Der AN kann dann von seiner Krankenkasse das sog. Kinderkrankengeld beziehen.

Auszubildende sind für die Teilnahme am Berufsschulunterricht und an Prüfungen sowie bis zur Dauer von sechs Wochen freizustellen, wenn sie aus einem in ihrer Person liegenden Grund unverschuldet verhindert sind, ihre Pflichten aus dem Berufsausbildungsverhältnis zu erfüllen (§19 Abs. 1 Nr. 2 BBiG).

3.6.4 Annahmeverzug des AG

Der AN kann vom AG Arbeitsvergütung ohne Arbeit verlangen, wenn der AG sich in Annahmeverzug befindet (§615 BGB). Der AN muss sich jedoch anrechnen lassen, was er infolge des Unterbleibens seiner Arbeit erspart oder durch anderweitige Verwendung seiner Arbeitskraft erwirbt oder zu erwerben böswillig unterlässt. Der Vergütungsanspruch entsteht auch dann, wenn der AG das Risiko des Arbeitsausfalles trägt (z.B. Rohstoffmangel, Stromausfall u.a.).

Der Vergütungsanspruch aus Annahmeverzug setzt Folgendes voraus:
- Der AN muss zur Arbeitsleistung verpflichtet sein.
- Der AN muss dem AG seine Arbeitskraft im ungekündigten Arbeitsverhältnis tatsächlich anbieten. Er muss an seinem Arbeitsplatz erscheinen und versuchen, die Arbeit aufzunehmen. Dabei muss er leistungsbereit, leistungsfähig und auch imstande sein, die Arbeit auszuführen.

3 Inhalt des Arbeitsvertrages

Der AN muss in eigener Person, zur rechten Zeit am rechten Ort und in der rechten Weise seine Arbeitskraft anbieten. Dem genügt er nicht, wenn er nur erscheint, ohne den Eindruck zu hinterlassen, dass er auch arbeiten will – z.B. er fährt auf den Hof der Firma, ohne auszusteigen oder erkennbar mit der Arbeit beginnen zu wollen.

Das wörtliche Angebot reicht grundsätzlich nicht aus.

Eines besonderen Angebotes bedarf es nicht, wenn dem AN das Angebot unzumutbar ist, wie z.B. nach Ausspruch eines Hausverbotes oder einer außerordentlichen Kündigung. In diesen Fällen muss der AG dem AN eine vertragsgerechte Arbeit anbieten, um seinen Annahmeverzug zu beenden. Dabei muss es eine Arbeit sein, die der AN als Erfüllung seines bestehenden Arbeitsvertrages annehmen kann. Ähnlich ist es nach Auslaufen der Kündigungsfrist, wenn über die Wirksamkeit der Kündigung Streit herrscht. Der AN muss nur deutlich machen, dass er die Kündigung nicht akzeptiert. Dann ist der AG am Zuge, dem AN eine vertragsgemäße Beschäftigung anzubieten. Dabei spielt es keine Rolle, ob der AN zum Zeitpunkt des Angebotes gerade arbeitsunfähig erkrankt ist. Der AG muss neben dem Beschäftigungsangebot gleichzeitig auch die von ihm ausgesprochene Kündigung zurücknehmen.

Der AN hat nach dem **Lohnausfallprinzip** einen Anspruch auf sein Arbeitsentgelt. Er ist so zu stellen, wie er gestanden hätte, wenn der AG ihn weiterbeschäftigt hätte. Er muss sich jedoch einen etwaigen **Zwischenverdienst** anrechnen lassen bzw. die fiktiven Einkünfte, die er böswillig unterlassen hat. Der AN handelt böswillig, wenn er eine zumutbare Arbeitsmöglichkeit nicht annimmt. Er ist nicht verpflichtet, eine anders geartete oder geringwertige Tätigkeit aufzunehmen. Er muss sich auch nicht bei der Agentur für Arbeit arbeitssuchend melden. Dagegen kann das Angebot einer Prozessbeschäftigung während des Kündigungsschutzprozesses ein zumutbarer Zwischenverdienst sein, den sich der AN anrechnen lassen müsste, wenn er ihn ablehnt.

3.7 Betriebliche Altersversorgung

Die betriebliche Altersversorgung ist neben der gesetzlichen und der privaten Altersversorgung eine der **drei Säulen der Altersversorgung**. Sie war lange nicht gesetzlich geregelt. Seit dem 19.12.1974 gilt das Gesetz zur Verbesserung der betrieblichen Altersversorgung oder kürzer gesagt das **Betriebsrentengesetz** (BetrAVG).

Das Thema ist sehr komplex und nicht einfach, so dass im Rahmen dieses Crashkurses die wesentlichen Grundsätze vorgestellt werden sollen. Eine vertragliche Regelung ist den Online-Arbeitshilfen zu entnehmen, dort dem Mustervertrag.

Durch das neue Betriebsrentenstärkungsgesetz sind zum 01.01.2018 Verbesserungen in Kraft getreten, um die Verbreitung der betrieblichen Altersversorgung zu erhöhen und auch für Geringverdiener eine attraktive Betriebsrente zu ermöglichen. Dabei wurden das sog. Sozialpartnermodell als weitere Betriebsrentenart eingeführt und weitere steuerliche Entlastungen für den AG geregelt. Es wurde ein verpflichtender AG-Zuschuss eingeführt, wenn der AG durch die Altersversorgung Sozialversicherungsbeiträge einspart (§ 1a Abs. 1a BetrAVG).

Die **Betriebsrentenzusage** ist nicht im Gesetz geregelt. Sie kann sich aus einem Arbeitsvertrag, einer Gesamtzusage oder vertraglichen Einheitsregelung des AG oder einer Betriebsvereinbarung oder aus einem Tarifvertrag ergeben. Sie kann auch auf eine betriebliche Übung oder den Gleichbehandlungsgrundsatz gestützt werden (§ 1b Abs. 1 Satz 4 BetrAVG).

Bei der Durchführung der betrieblichen Altersvorsorge unterscheidet man verschiedene Wege:
- **Direktzusage**
  Der AG sagt selbst eine Altersversorgung zu. Er finanziert die Rentenanwartschaften durch Pensionsrückstellungen oder durch Abschluss einer Rückdeckungsversicherung.
- **Direktversicherung bei einer Versicherungsgesellschaft**
  Der AG ist Versicherungsnehmer, der AN ist Begünstigter oder Bezugsberechtigter dieser Versicherung.

3 Inhalt des Arbeitsvertrages

- **Pensionskasse**
  Hier handelt es sich um eine selbstständige Einrichtung des AG oder mehrerer AG.
- **Unterstützungskasse**
  Sie ist ebenfalls eine selbstständige Einrichtung, gegen die der AN aber keinen Rechtsanspruch auf Versorgungsleistungen hat.
- **Pensionsfonds**
  Sie ist eine selbstständige Einrichtung in Form einer Aktiengesellschaft oder eines Vereins auf Gegenseitigkeit (§§ 112 Abs. 1 Satz 4, 113 Abs. 2 Nr. 3 VAG). Sie ähnelt einem kleinen Versicherungsunternehmen und unterliegt auch der Versicherungsaufsichtspflicht. Der AN hat einen direkten Anspruch gegen sie (§ 112 Abs. 1 Nr. 3 VAG).
- **Beitragszusage**
  Seit dem 01.01.2018 ist es möglich, dass der AG seine Betriebsrentenzusage ausschließlich auf die Zahlung der Beiträge zu einer privaten Lebensversicherung oder einer Pensions- oder Versorgungskasse beschränkt (sog. Sozialpartnermodell). Damit werden unvorhergesehene finanzielle Verpflichtungen gerade für kleine und mittlere Unternehmen minimiert (*»pay and forget«*). Diese Möglichkeit besteht aber nur auf der Grundlage eines Tarifvertrages (§ 1 Abs. 2a BetrAVG) oder einer Individualvereinbarung im Arbeitsvertrag (§ 24 BetrAVG).

Der AN erwirbt bei zugesagter Altersversorgung im Laufe seines Arbeitsverhältnisses Anwartschaften auf die betriebliche Altersversorgung, die unverfallbar werden, wenn der AN das 25. Lebensjahr vollendet und die Versorgungszusage mindestens 5 Jahre bestanden hat.

Scheidet der AN nach Unverfallbarkeit der Rentenanwartschaften aus dem Arbeitsverhältnis aus, bleibt ihm die erworbene Rentenanwartschaft erhalten. Sie wird nach der sog. **m/ntel-Methode** des § 2 Abs. 1 Satz 1 BetrAVG berechnet bzw. gekürzt. Die tatsächliche Betriebszugehörigkeit (= m) wird zu der möglichen Betriebszugehörigkeit bis zum Erreichen der im Vertrag vorgesehenen Altersgrenze (= n) ins Verhältnis gesetzt und so die Anwartschaft errechnet. Bei Direktversicherungen kann der AG bei Ausscheiden des AN unter Einhaltung bestimmter Fristen die Versicherungsleistung an den AN abtreten (versicherungsrechtliche Lösung, § 2 Abs. 2 Satz 2 BetrAVG).

3.7 Betriebliche Altersversorgung

Über die Höhe des unverfallbaren Rentenanspruches hat der AG dem AN schriftlich Auskunft zu erteilen (§ 4a Abs. 1 BetrAVG).

Die insolvenzgefährdeten Rentenanwartschaften wie auch später die Renten selbst sind durch den Pensions-Sicherungs-Verein (PSV) insolvenzgeschützt (§§ 7 ff. BetrAVG).

Da Renten im besten Falle über Jahrzehnte gezahlt werden, sieht das Gesetz eine **Anpassungsprüfungspflicht** des AG vor, und zwar alle 3 Jahre. Dabei sind die Belange des Rentenempfängers und die wirtschaftliche Lage des AG zu berücksichtigen. Der Rentenerhöhungsanspruch wird einerseits durch den **Verbraucherpreisindex** für Deutschland und andererseits durch die **Nettolohnentwicklung** vergleichbarer AN im Unternehmen begrenzt. Erhöht der AG die Altersrenten um jährlich 1%, entfällt die 3-jährige Anpassungsprüfungspflicht (§ 16 Abs. 1 und 2 BetrAVG).

In bestimmten Fällen kann eine unterbliebene Rentenerhöhung später nachgeholt werden (§ 16 Abs. 4 BetrAVG). Davon ist die nachträgliche Rentenanpassung zu unterscheiden. Hier geht es um einen Anspruch auf Prüfung und Entscheidung über eine Rentenanpassung. Dieser erlischt, wenn drei Jahre nach dem letzten Anpassungsstichtag verstrichen sind. Bezieht ein Rentner z.B. seit dem 01.01.2015 Rente, so war der erste Anpassungsstichtag der 01.01.2018. Bis zum 31.12.2020 kann er noch eine nachträgliche Anpassung seiner Rente ab 01.01.2018 verlangen. Danach ist er für diesen Zeitraum ausgeschlossen (BAG-Urteil vom 17.04.1996 – 3 AZR 56/95: NZA 1997, 155 ff.).

In den Jahren der Wirtschaftsrezession mussten immer mehr Unternehmen feststellen, dass sie nicht mehr wirtschaftlich in der Lage sind, die Rentenanwartschaften zu bedienen, und haben versucht, sich von ihren Betriebsrentenversprechen zu lösen, was nicht immer erfolgreich war. Das BAG hat dazu ein Dreistufenmodell entwickelt:
1. In die bereits verdienten Anwartschaften kann der AG nur aus **zwingenden** Gründen eingreifen. Dabei reicht eine wirtschaftliche Notlage allein nicht aus.
2. In die zeitanteilig bereits verdiente Dynamik (z.B. die Altersrente ist ein prozentualer Teil des Endgehaltes, deren Höhe noch nicht feststeht) kann der AG nur mit **triftigen Gründen** einseitig eingreifen.

3. Bei dienstzeitabhängigen Steigerungsraten reichen für Änderungen in der Zukunft **sachliche Gründe**, die willkürfrei, nachvollziehbar und anerkennenswert sein und ihren Grund in einer wirtschaftlichen ungünstigen Entwicklung des Unternehmens oder einer Fehlentwicklung der betrieblichen Altersversorgung haben müssen.

Die betriebliche Altersversorgung kann auch aus persönlichen Gründen des AN widerrufen werden, wenn dieser besonders schwer gegen seine Treuepflichten verstoßen hat und sich später herausstellt, dass seine von ihm geleistete Betriebstreue für das Unternehmen wertlos oder sogar belastend war, weil der AN z.B. den AG jahrelang betrogen hat.

3.8 Nebentätigkeiten

Im Arbeitsvertrag empfiehlt es sich, jegliche Nebentätigkeiten zu verbieten und das Verbot mit einem Erlaubnisvorbehalt zu versehen. Auf diese Weise wird der AN gezwungen, vor Übernahme jeglicher Nebentätigkeiten – ob entgeltlich oder unentgeltlich – die Einwilligung (= vorherige Zustimmung) des AG einzuholen.

Der besseren Übersicht wegen wird auf die Darstellung einer entsprechenden Regelung aus dem Arbeitsvertrag an dieser Stelle verzichtet. Insoweit wird auf die Online-Arbeitshilfen (siehe Mustervertrag) verwiesen. Im Übrigen ist die nachfolgende Darstellung auf die wesentlichen Grundsätze zu diesem Thema beschränkt, da die Nebentätigkeit in den wenigsten Arbeitsverträgen detailliert zur Sprache kommt.

Der AG hat grundsätzlich ein Interesse, rechtzeitig von einer etwaigen Nebentätigkeit seines AN Kenntnis zu erhalten. Andererseits ist der Anspruch des AN auf Nebentätigkeit durch Art. 12 GG im Rahmen der freien Berufsausübung geschützt. Außerhalb des öffentlichen Dienstes – hier gibt es eine Anzeigepflicht (§ 3 Abs. 3 TVöD) – ist der AN ohne vertragliche Regelung lediglich verpflichtet, dem AG eine geplante Nebentätigkeit rechtzeitig vorher schriftlich anzuzeigen, wenn dessen Interessen berührt sein können.

Der AG kann eine Nebentätigkeit ablehnen, wenn
- die tägliche Arbeitszeit beider Arbeitsverträge addiert die Höchstgrenze des ArbZG (10 Stunden) überschreitet,
- der AN bei einem Konkurrenzunternehmen arbeiten will (vgl. Kapitel 3.10.1),
- zu befürchten ist, dass der AN seinen Vertragshauptpflichten nicht nachkommt, weil er übermüdet zur Arbeit erscheint, z. B. bei Busfahrern, für die ein generelles Nebentätigkeitsverbot im Tarifvertrag vorgesehen ist,
- aus anderen Gründen die Interessen des Hauptarbeitgebers berührt werden – z. B. ein Krankenpfleger arbeitet im Nebenarbeitsverhältnis als Leichenbestatter.

Ist eine Erlaubnis einmal erteilt, kann sie nur unter dem Gesichtspunkt des Wegfalls der Geschäftsgrundlage zurückgenommen werden. Diese Hürde ist sehr hoch. Deshalb empfiehlt es sich, bereits im Arbeitsvertrag einen Widerrufsvorbehalt mit aufzunehmen, von dem der AG unter Abwägung der gegenseitigen Interessen Gebrauch machen kann.

3.9 Verschwiegenheitspflicht

Die Verschwiegenheit ist eine Nebenpflicht des AN aus dem Arbeitsverhältnis, an die er auch ohne eine ausdrückliche Regelung im Arbeitsvertrag gebunden ist. Sie ist jedem Arbeitsvertrag immanent. Dennoch empfiehlt es sich, eine entsprechende Regelung im Arbeitsvertrag vorzusehen, um den AN an diese Nebenpflicht zu erinnern. Den Wortlaut einer solchen Verschwiegenheitsverpflichtung können Sie dem Mustervertrag bei den Online-Arbeitshilfen entnehmen.

Hier sind einige wesentliche Grundsätze zusammengefasst:

Gegenstand der Verschwiegenheit sind **Geschäfts-** und **Betriebsgeheimnisse**. Darunter versteht man Tatsachen, die
- im Zusammenhang mit einem Geschäftsbetrieb stehen,
- nur einem eng begrenzten Personenkreis bekannt sind, also nicht offenkundig sind,

- nach dem ausdrücklichen oder stillschweigend bekundeten Willen des Betriebsinhabers geheim gehalten werden sollen,
- an deren Geheimhaltung der Betriebsinhaber ein berechtigtes wirtschaftliches Interesse hat.

Betriebsgeheimnisse beziehen sich auf den technischen Betriebsablauf, insbesondere auf die Herstellung und die Herstellungsverfahren von Produkten. **Geschäftsgeheimnisse** betreffen den allgemeinen Geschäftsverkehr des Unternehmens. Dazu gehören Fertigungsverfahren, Rezepturen, Kalkulationsunterlagen, Kundenlisten, Computerprogramme und Verfahrenstechniken, wenn Letztere eindeutig und unverwechselbar beschrieben sind. Ein Betriebsgeheimnis ist offenkundig, wenn für eine breite Öffentlichkeit die Möglichkeit besteht, von diesen Dingen anderweitig Kenntnis zu bekommen.

Die Geheimhaltungspflicht kollidiert in einigen Fällen mit dem Recht des AN auf freie Meinungsäußerung. Dann sind die Interessen des AG an der Geheimhaltung und die des AN an der Veröffentlichung gegeneinander abzuwägen. In dieses Spannungsfeld gehört das sog. **Whistleblowing**, das nicht erst seit Edward Snowden in der Praxis an Bedeutung gewonnen hat. Früher wäre eine Anzeige des AN gegen den AG unsittlich. Heute darf die Anzeige nicht **wissentlich unwahr** oder **leichtfertig falsch** sein, weil ein objektiv schutzunwürdiges Verhalten des AG nicht arbeitsrechtlich geschützt werden kann. Vom AN wird aber erwartet, dass er vorher den AG auf den Missstand hinweist und ihm innerbetrieblich die Möglichkeit zur Abhilfe gibt. Dieses Hinweises bedarf es nicht, wenn der AN weiß, dass dem AG der gesetzwidrige Zustand bekannt ist, oder ein Versuch, innerbetrieblich Abhilfe zu schaffen, bereits gescheitert ist.

Bei Straftaten gegen den AN kann dieser sofort Anzeige erstatten. Das Gleiche gilt, wenn der AN durch Unterlassen der Strafanzeige sich selbst strafbar machen würde.

3.10 Wettbewerbsverbote

Im Arbeitsrecht unterscheidet man zwischen **vertraglichem** und **nachvertraglichem Wettbewerbsverbot**. Das vertragliche Wettbewerbsverbot bezieht sich auf die Zeit vom Beginn bis zum Ende des Arbeitsverhältnisses. Das nachvertragliche Wettbewerbsverbot setzt erst mit der Beendigung des Arbeitsverhältnisses ein.

3.10.1 Vertragliches Wettbewerbsverbot

Das vertragliche Wettbewerbsverbot ist für kaufmännische Angestellte im HGB (§ 60 Abs. 1 HGB) geregelt. Die Rechtsprechung sieht darin einen allgemeinen Rechtsgedanken und dehnt es auch auf alle anderen Berufe aus, ohne dass dieses im Vertrag ausdrücklich geregelt werden muss. Deswegen kann an dieser Stelle auch die Wiedergabe eines gleichwohl im Arbeitsvertrag vorgesehenen vertraglichen Wettbewerbsverbotes unterbleiben. Es genügt, auf die wesentlichen Grundsätze hinzuweisen.

Das vertragliche Wettbewerbsverbot wird aus der Treuepflicht des AN gegenüber seinem AG hergeleitet und auf § 241 Abs. 2 BGB gestützt. Danach hat jeder Vertragspartner Rücksicht auf die Rechte, Rechtsgüter und Interessen der anderen Partei zu nehmen. Dies gilt auch für Auszubildende. Entgegen dem Wortlaut des § 60 Abs. 1 HGB ist nicht das Betreiben **jeglichen** Handelsgewerbes untersagt, sondern nur jegliche **Konkurrenztätigkeit**. Dabei kommt es nicht darauf an, wie der AN tätig wird – der AN betreibt z. B. in Form einer GmbH oder unter dem Namen seiner Ehefrau eine Firma, die seinem AG Konkurrenz macht. Aber auch nicht jede Konkurrenztätigkeit ist untersagt. Der AG muss an der Unterlassung ein **berechtigtes Interesse** haben. Dies hat das BAG im Fall einer Sortiererin in einem Briefzentrum offengelassen, die nebenberuflich in einem Unternehmen Zeitungen ausgetragen hat, das auch Briefe zustellt. Für Reinigungskräfte wird man es verneinen, wenn diese z. B. in mehreren Gaststätten putzen.

Während des Arbeitsverhältnisses kommt es selten zu Wettbewerbsproblemen. Diese treten erst gegen Ende auf, wenn der AN plant, sich auf dem gleichen Sektor wie sein jetziger AG selbstständig zu machen oder zur Konkurrenz zu wechseln.

Da der Wechsel von der unselbstständigen zur selbstständigen Tätigkeit möglichst fließend sein soll, wird zwischen **zulässigen Vorbereitungsmaßnahmen** und **unzulässiger Konkurrenztätigkeit** unterschieden. Solange der AN noch **nicht werbend**, d.h., nach außen nicht sichtbar tätig wird, handelt es sich um eine zulässige Vorbereitungsmaßnahme wie z.B. Gründung der Firma, Anmeldung ins Handelsregister, Anmietung von Räumen, Vergabe von Druckaufträgen für Geschäftspapier und Visitenkarten, Einstellung von Personal. Letzteres ist fraglich, wenn der AN bereits mit seinem neuen Firmennamen in der Zeitung inseriert.

Dagegen ist es dem AN nicht erlaubt, in den Kunden- und Lieferantenkreis seines AG einzudringen, Kollegen abzuwerben, schon mit der Konkurrenztätigkeit zu beginnen oder diese am Markt zu bewerben. Dies ist weder als Aufbauhilfe für einen Dritten noch in Form der familiären Mitarbeit erlaubt.

Streiten die Parteien über die Wirksamkeit einer Arbeitgeberkündigung und ist die Kündigungsfrist bereits abgelaufen, fragt es sich, ob der AN zur Konkurrenz wechseln darf, ohne gleichzeitig eine erneute, diesmal außerordentliche Kündigung zu provozieren. Objektiv gesehen verstößt der AN gegen das bestehende vertragliche Wettbewerbsverbot. Nach der Rechtsprechung rechtfertigt dieser Verstoß keine negative Verhaltensprognose, wenn die Konkurrenztätigkeit nicht auf Dauer angelegt ist und der AN dem AG keinen Schaden zufügt. Etwas anderes gilt, wenn der AN ein eigenes Unternehmen gründet und damit deutlich macht, dass er auf Dauer seinem alten AG Konkurrenz machen will. In diesem Fall widersprechen sich das Selbstständigmachen im gleichen Wirtschaftszweig des AG und die gerichtliche Weiterverfolgung des bisherigen Arbeitsverhältnisses. Hat dagegen der AG den AN unwiderruflich freigestellt bei gleichzeitiger Anrechnung eines Zwischenverdienstes, liegt darin eine Aufhebung des vertraglichen Wettbewerbsverbotes. Der AN kann noch während des Arbeitsverhältnisses bei der Konkurrenz anfangen. Will der AG dies vermeiden, muss er dies ausdrücklich ausschließen.

Ansprüche aus Verletzung des vertraglichen Wettbewerbsverbotes verjähren in einer sehr kurzen Frist, nämlich innerhalb von 3 **Monaten** ab Kenntnis vom Abschluss des Geschäftes und unabhängig von der Kenntnis in 5 Jahren (§ 61 Abs. 2 HGB).

3.10.2 Nachvertragliches Wettbewerbsverbot

Auch dieses Wettbewerbsverbot war zunächst im HGB ausschließlich für Handlungsgehilfen (= kaufmännische Angestellte) geregelt (§§ 74 ff. HGB). Nunmehr gelten diese Vorschriften entsprechend für alle AN (§ 110 Satz 2 GewO) so dass ein nachvertragliches Wettbewerbsverbot mit sämtlichen AN vereinbart werden kann.

Früher fand man in Arbeitsverträgen nahezu standardmäßig nachvertragliche Wettbewerbsverbote. Wegen der nicht unbeträchtlichen finanziellen Auswirkungen (in der Regel ein Jahresgehalt) zögern heute die AG, ein nachvertragliches Wettbewerbsverbot in den Arbeitsvertrag aufzunehmen. Hinzu kommt, dass ca. 80% der vereinbarten Wettbewerbsverbote unwirksam sind und am Ende dem AG außer Ärger und finanzielle Verpflichtungen nichts bleibt.

Die Wettbewerbsverbote scheitern häufig daran, dass sie zu weit gefasst sind und dem AG an ihrer Einhaltung ein berechtigtes geschäftliches Interesse fehlt. Gleich ob als AG oder AN ist zu empfehlen, bei Abschluss eines neuen oder bei der Frage zur Einhaltung eines bereits vereinbarten Wettbewerbsverbotes rechtlichen Beistand eines ausgewiesenen Fachanwaltes für Arbeitsrecht einzuholen. Im Rahmen dieses Buches ist auf die Online-Arbeitshilfen, dort auf die Mustervereinbarung, zu verweisen. Die Mustervereinbarung sollte nicht ungeprüft übernommen werden, wenn an ein nachvertragliches Wettbewerbsverbot gedacht werden soll.

AG versuchen oft, ihre Mitarbeiter mit selbst erfundenen Regelungen im Arbeitsvertrag aus ihrem Geschäft zu halten, wenn diese eines Tages den Dienst quittieren, ohne dafür eine Karrenzentschädigung zahlen zu müssen. In aller Regel sind diese Versuche erfolglos, wenn der AG nicht gleichzeitig dem AN Geld anbietet. Dies trifft z. B. für folgende Klausel zu:

> **Textbaustein: Nachvertragliches Wettbewerbsverbot**
> »Der Mitarbeiter verpflichtet sich nach Beendigung des Arbeitsverhältnisses, weder als Selbstständiger noch als Arbeitnehmer eines anderen Arbeitgebers unsere Kunden bzw. Mandanten zu beliefern bzw. zu betreuen.«

An diese Klausel muss sich ein AN nicht halten.

Nachvertragliche Wettbewerbsverbote können nur **vor** oder **während** des Arbeitsverhältnisses vereinbart werden, wenn sie dem Schutz der §§ 74 ff. HGB unterliegen sollen. Danach gilt wieder die Vertragsfreiheit.

Das Wettbewerbsverbot bedarf der **Schriftform**. Fehlt es daran, ist die Wettbewerbsklausel nichtig. Zusätzlich muss der AG das Schriftstück mit der Wettbewerbsklausel dem AN **übergeben**. Hat der AG dies vergessen, steht dem AN ein Wahlrecht zu, das Wettbewerbsverbot einzuhalten oder nicht zu beachten (§ 74 Abs. 1 HGB).

Das Gesetz unterscheidet zwischen **unverbindlichen** und **nichtigen** Wettbewerbsverboten.

Ist das Wettbewerbsverbot unverbindlich, kann der AG es nicht einfordern. Der AN aber hat die Wahl, es einzuhalten und die Karrenzentschädigung zu verlangen oder das Verbot zu ignorieren und Wettbewerb zu treiben, ohne jedoch die Karrenzentschädigung zu erhalten.

Nichtige Wettbewerbsverbote sind für beide Parteien unbeachtlich, z.B. wenn es mit einem Minderjährigen abgeschlossen wurde oder der AG sich die Erfüllung des Verbotes auf Ehrenwort oder unter ähnlicher Versicherung versprechen ließ oder ein Dritter die Verpflichtung abgibt, dass sich der AN nach Beendigung des Arbeitsverhältnisses in der gewerblichen Tätigkeit beschränkt (§ 74a Abs. 2 HGB).

Die Hauptursache für ein unverbindliches Verbot liegt darin, dass dieses nicht zum Schutze eines **berechtigten geschäftlichen Interesses** des AG vereinbart wurde oder dass das **Fortkommen des AN nach Ort, Zeit oder Gegenstand** unbillig **erschwert** wird.

3.10 Wettbewerbsverbote

Ein berechtigtes geschäftliches Interesse liegt z. B. im Schutz von Betriebsgeheimnissen bzw. Kunden- oder Lieferantenkreisen. Will der AG lediglich verhindern, dass der AN zur Konkurrenz wechselt, fehlt es an einem solchen Interesse und macht das Wettbewerbsverbot unverbindlich.

Die Gegenüberstellung der berechtigten geschäftlichen Interessen des AG einerseits und die unbillige Erschwerung des Fortkommens des AN andererseits macht deutlich, dass das Wettbewerbsverbot nur dann verbindlich ist, wenn höherrangige Interessen des AG tatsächlich bestehen und nicht nur vorgeschoben werden.

Das wirksame Wettbewerbsverbot muss in seiner sachlichen wie örtlichen und zeitlichen Ausgestaltung das berechtigte geschäftliche Interesse des AG decken. Daran scheitern die meisten Wettbewerbsverbote.

Ein wirksames Wettbewerbsverbot verlangt die Zusage einer **Karrenzentschädigung** in Höhe von mindestens 50 % der zuletzt bezogenen Leistungen. Dazu gehören alle Vergütungsbestandteile, die der AN für seine Tätigkeit erhält. An dieser Stelle sind die Wettbewerbsverbote oft nicht exakt genug gefasst und machen demzufolge das Verbot für den AN unverbindlich. Deshalb empfiehlt es sich, generell auf die §§ 74 ff. HGB hinzuweisen. Liegt die zugesagte Karrenzentschädigung unter dem Mindestbetrag des § 74 Abs. 2 HGB (= 50 % der zuletzt bezogenen Leistungen), ist das Wettbewerbsverbot unverbindlich.

Wird keine Entschädigung zugesagt, ist es nichtig.

Nach § 74c HGB muss sich der AN auf die Karrenzentschädigung alles anrechnen lassen, was er in jenem Zeitraum durch anderweitige Verwertung seiner Arbeitskraft außerhalb des Wettbewerbs erwirbt oder zu erwerben böswillig unterlässt, sofern beide Vergütungen mehr als 110 % der zuletzt bezogenen vertragsgemäßen Leistungen beim alten AG betragen bzw. 125 %, wenn der AN durch das Wettbewerbsverbot gezwungen war, seinen Wohnsitz zu verlegen.

Zu den Einkünften zählen nur solche, die aus der Verwertung der Arbeitskraft resultieren. Ruhegelder und Leistungen der betrieblichen Altersversorgung gehören nicht dazu. Dagegen ist das Arbeitslosengeld anzurechnen, soweit dieses an den AN ausgezahlt wird, da es **Lohnersatzfunktion** hat. Soweit es den böswillig unterlassenen Erwerb betrifft, ist auf die Ausführungen in Kapitel 3.6.4 zu verweisen. Beide Parteien können sich unter besonderen Voraussetzungen einseitig vom Wettbewerbsverbot lösen.

Der AG kann dies ohne besondere Gründe tun (sog. Verzicht). Der AN wird dann sofort vom Verbot frei, während der AG noch ein Jahr an die Verpflichtung zur Zahlung der Karrenzentschädigung gebunden ist (§ 75a HGB). Liegen besondere Voraussetzungen vor, können sich AN und AG auch früher lösen. Wegen der Einzelheiten ist auf § 75 HGB zu verweisen.

> Ein AG sollte sich vom Wettbewerbsverbot lösen, sobald er kein Interesse mehr daran hat. Auf diese Weise liegt die Jahresfrist ganz oder teilweise noch im Arbeitsverhältnis, so dass er keine Karrenzentschädigung oder nur in geringem Umfange zahlen muss. Will der AG aus wichtigem Grund das Arbeitsverhältnis kündigen, empfiehlt es sich, sich noch im Kündigungsschreiben vom Wettbewerbsverbot für den Fall zu lösen, dass die Kündigung aus wichtigem Grund nicht bei Gericht durchgeht oder die Parteien sich auf die sofortige Beendigung des Arbeitsverhältnisses einigen. Liegt ein wichtiger Grund vor, kann der AG noch innerhalb **Monatsfrist** nach der Kündigung sich mit sofortiger Wirkung vom Wettbewerbsverbot lösen. Das Gleiche gilt für den AN.

3.11 Kündigung des Arbeitsvertrages

Das Arbeitsverhältnis ist ein Dauerschuldenverhältnis, das – wenn es nicht befristet ist – der Kündigung bedarf, um es zu beenden.

Die Kündigung ist eine einseitige empfangsbedürftige Willenserklärung, die das Arbeitsverhältnis mit ihrem Zugang beim anderen Vertragspartner (außerordentliche Kündigung) oder nach Ablauf einer Kündigungsfrist (ordentliche Kündigung) beendet, ohne dass der Gekündigte an der Beendigung des Arbeitsverhältnisses mitwirken muss. Die Kündigung wirkt wie ein abgeschossener Pfeil, dem sich der Getroffene nicht entziehen kann. Die Kündigung kann – rechtlich gesehen – auch nicht zurückgenommen werden,

3.11 Kündigung des Arbeitsvertrages

lediglich ihre Wirkung, indem man die Fortsetzung des Arbeitsverhältnisses zu unveränderten Bedingungen vereinbart.

Ist die Dauer des Arbeitsverhältnisses weder bestimmt, noch aus der Beschaffenheit oder dem Zweck der Dienste zu entnehmen, kann jede Partei das Arbeitsverhältnis nach Maßgabe der §§ 621 bis 623 BGB kündigen (§ 620 Abs. 2 BGB).

Enthält der Arbeitsvertrag keinen Hinweis auf seine Beendigung, gilt das Gesetz. Häufig trifft man jedoch auf folgende Regelungen:

Textbaustein: Beendigung des Arbeitsverhältnisses !

1. Das Arbeitsverhältnis kann von beiden Vertragsparteien innerhalb der Probezeit mit einer Frist von 2 Wochen gekündigt werden. Danach beträgt die Kündigungsfrist 2 Monate zum Monatsende. Verändern sich die von der Firma einzuhaltenden Kündigungsfristen, so gilt die veränderte Frist auch für die Kündigung durch den Mitarbeiter.
2. Das Recht zur außerordentlichen Kündigung (ohne Einhaltung einer Frist) bleibt unberührt. Eine unwirksame außerordentliche Kündigung gilt als fristgemäße Kündigung zum nächstmöglichen Termin. Eine verspätet zugegangene Kündigung gilt als Kündigung für den nächst zulässigen Zeitpunkt. Gleiches gilt bei einer Kündigung, bei der die Kündigungsfrist nicht eingehalten wurde.
3. Das Arbeitsverhältnis endet, ohne dass es einer Kündigung bedarf, mit dem Ende des Kalendermonats, in dem der Mitarbeiter sein persönliches Renteneintrittsalter erreicht bzw. eine Alters- oder Erwerbsunfähigkeitsrente bezieht.
4. Eine Kündigung bedarf der Schriftform.

Die Kündigung ist als Willenserklärung **auslegungsfähig**. Entscheidend ist, dass der Wille deutlich wird, das Arbeitsverhältnis zu beenden, z.B. reicht die schriftliche Aufforderung des AN an den AG, ihm seine Arbeitspapiere zurückzugeben, oder der schriftliche Hinweis des AG an den AN, er solle sich bei der Agentur für Arbeit arbeitsuchend melden.

Bestätigt der AG dem AN schriftlich eine von diesem zuvor mündlich ausgesprochene Kündigung, liegt darin keine eigene Kündigung des AG.

Die Kündigung muss auch dem Bestimmtheitsgebot genügen. Bei einer ordentlichen Kündigung muss grundsätzlich der Kündigungstermin angegeben werden. Es reicht aber auch aus, wenn im Kündigungsschreiben steht, dass diese zum nächstmöglichen Zeitpunkt ausgesprochen wird.

Grundsätzlich ist die Kündigung **bedingungsfeindlich**. Eine Kündigung mit folgendem Wortlaut

»Hiermit kündige ich das zwischen uns bestehende Arbeitsverhältnis fristgerecht zum 31.08.2016. Die Kündigung wird gegenstandslos, wenn wir den Auftrag XY bis dahin wieder erhalten.«

ist unwirksam. Das Arbeitsverhältnis endet nicht zum 31.08.2016, weil die Formulierung ungewiss ist.

Dagegen ist eine Kündigung mit einer Bedingung zulässig, deren Eintritt allein von der Entscheidung des Gekündigten abhängt. Dies ist z. B. der Fall, wenn der AN mit folgenden Worten kündigt:

»Ich kündige das Arbeitsverhältnis zum 31.08.2016, wenn mir bis dahin nicht die seit Langem zugesagte Gehaltserhöhung von 100 EUR gezahlt wird.«

Hier hat es der AG als Kündigungsempfänger in der Hand, die Gehaltserhöhung vorzunehmen und damit die Wirkung der ausgesprochenen Kündigung zu vereiteln, oder weiterhin untätig zu bleiben und das Arbeitsverhältnis aufgrund der Kündigung des AN enden zu lassen.

3.11.1 Kündigungsarten

Man unterscheidet folgende Kündigungsarten:
- ordentliche Kündigung
- außerordentliche Kündigung
- Änderungskündigung
- Teilkündigung

3.11.1.1 Ordentliche Kündigung

Die Grundform jeglicher Kündigungen ist die **ordentliche** Kündigung, die an die Einhaltung bestimmter Fristen gebunden ist z. B.:

> **Textbaustein: Ordentliche Kündigung durch den AN** !
> »Ich kündige hiermit das zwischen uns bestehende Arbeitsverhältnis unter Einhaltung der vertraglichen Kündigungsfrist von 2 Monaten zum 31.12.2016.«

3.11.1.2 Außerordentliche Kündigung

Die **außerordentliche** Kündigung ist regelmäßig eine **fristlose** Kündigung, die mit ihrem Zugang das Arbeitsverhältnis beendet. Sie bedarf eines **wichtigen Grundes** (§ 626 Abs. 1 BGB). Das heißt, es müssen Tatsachen vorliegen, wonach dem Kündigenden die Fortsetzung des Arbeitsverhältnisses bis zum Ablauf der Kündigungsfrist oder bis zu der vereinbarten Beendigung nicht zugemutet werden kann.

Die außerordentliche Kündigung muss innerhalb von **2 Wochen** ausgesprochen werden (§ 626 Abs. 2 Satz 1 BGB). Die Frist beginnt mit dem Zeitpunkt, in dem der Kündigungsberechtigte von den für die Kündigung maßgebenden Tatsachen Kenntnis erlangt.

Auf Verlangen des Gekündigten hat die andere Partei ihm unverzüglich die Kündigungsgründe schriftlich mitzuteilen (§ 626 Abs. 2 Satz 2 BGB).

Wegen der schwerwiegenden Auswirkungen gilt die außerordentliche Kündigung als **ultima ratio** und ist nur in diesen engen Grenzen wirksam (vgl. Kapitel 4.6.3.4).

3.11.1.3 Änderungskündigung

Die **Änderungskündigung** ist sowohl als außerordentliche wie auch als ordentliche Kündigung denkbar. Sie besteht immer aus **zwei Elementen:**
- Kündigung des bisherigen Arbeitsverhältnisses
- Angebot, einen neuen Arbeitsvertrag zu geänderten, meist schlechteren Arbeitsbedingungen abzuschließen

Hier ein Beispiel:

> **Textbaustein: Änderungskündigung**
> »Hiermit kündige ich das zwischen uns bestehende Arbeitsverhältnis unter Einhaltung der vertraglichen Kündigungsfrist von 2 Monaten zum 31.12.2016. Gleichzeitig biete ich Ihnen die gleiche Tätigkeit ab 01.01.2017 in der Stadt X an. Insoweit ändert sich nur Ihr Beschäftigungsort. Die übrigen Bedingungen Ihres Arbeitsvertrages bleiben unverändert.«

Die arbeitgeberseitige Änderungskündigung ist in §2 KSchG geregelt. Es steht natürlich dem AN frei, auch eine Änderungskündigung auszusprechen, was aber in der Praxis so gut wie gar nicht vorkommt.

Das neue Vertragsangebot muss so bestimmt sein, dass der Empfänger dies mit einem einfachen »Ja« oder »Nein« annehmen oder ablehnen kann. Das ist nicht der Fall, wenn der AG zwei Änderungsangebote unterbreitet und dem AN die Wahl lässt. Ist das Angebot nicht bestimmt genug, führt es zu Unwirksamkeit der Änderungskündigung.

Das Angebot muss im **zeitlichen Zusammenhang** mit der Kündigung stehen, nicht unbedingt in ein und demselben Schreiben. Es kann bereits vor Ausspruch der Kündigung erklärt worden sein, wenn der AG später im Kündigungsschreiben deutlich macht, dass sein ursprüngliches Angebot noch gilt.

Eine Änderungskündigung liegt nicht vor, wenn der AG zuerst die Kündigung erklärt und erst nach deren Zugang dem AN ein Änderungsangebot unterbreitet.

Der AN kann das neue Vertragsangebot ablehnen oder **mit oder ohne Vorbehalt** annehmen. Der Vorbehalt ist darauf beschränkt, dass die Änderung der Arbeitsbedingungen **nicht sozial ungerechtfertigt** ist. Dies gilt aber nur in Fällen, in denen das Kündigungsschutzgesetz Anwendung findet (vgl. Kapitel 4.6.1).

3.11.1.4 Teilkündigung

Die **Teilkündigung** beendet nicht das gesamte Arbeitsverhältnis, sondern löst lediglich die vertragliche Bindung an einzelne Arbeitsbedingungen auf. Sie ist grundsätzlich unwirksam, weil sie das Gesamtgefüge von Leistung und Gegenleistung in einem Vertrag empfindlich stört. Nur in Ausnahmefällen ist sie zulässig, wenn der Vertragspartei das Recht hierzu eingeräumt worden ist und kein zwingender Kündigungsschutz umgangen wird (BAG-Urteil vom 23.03.2011 – 10 AZR 562/09: NZA 2011, 1032 ff.).

3.11.2 Kündigungsberechtigte

Jede Partei ist berechtigt, das Arbeitsverhältnis zu kündigen. Die Kündigung kann vertraglich nicht ausgeschlossen werden. Selbst wenn der Arbeitsvertrag auf Lebenszeit einer Person oder für eine längere Zeit als fünf Jahre geschlossen worden ist, kann der AN ihn nach Ablauf der 5-Jahres-Frist unter Einhaltung einer Kündigungsfrist von 6 Monaten kündigen, so dass es maximal 5½ Jahre dauert (§ 15 Abs. 4 TzBfG).

3.11.2.1 Kündigungsberechtigung aufseiten des AN

Der AN ist grundsätzlich selbst in der Lage, das Arbeitsverhältnis zu beenden. Ist er minderjährig, bedarf seine Kündigung der Einwilligung des gesetzlichen Vertreters, seiner Eltern bzw. seines Vormundes (§ 107 BGB). Im anderen Fall ist seine Kündigung unwirksam (§ 111 BGB). Ist der Minderjährige jedoch von seinen Eltern bzw. seinem Vormund ermächtigt worden, in ein Arbeitsverhältnis zu treten, ist er (teil-)geschäftsfähig und kann ohne Beteiligung seiner Eltern bzw. seines Vormunds kündigen. Dies gilt nicht für einen Ausbildungsvertrag.

Kündigt der Minderjährige mit Einwilligung seiner Eltern, muss er diese dem AG schriftlich vorlegen, andernfalls kann der AG die Kündigung wegen fehlender Vorlage einer Einwilligungserklärung zurückweisen, was zur Unwirksamkeit der Kündigung führt (§ 174 BGB).

Die Kündigung eines Geschäftsunfähigen ist unwirksam (§ 104 BGB).

3.11.2.2 Kündigungsberechtigung aufseiten des AG

Aufseiten des AG ist die Frage nach der Kündigungsberechtigung nicht immer ganz einfach zu beantworten. Ist der AG eine Einzelperson, ergeben sich keine Besonderheiten.

Handelt es sich bei dem AG um eine OHG, so müssen sämtliche Gesellschafter an der Kündigung mitwirken.

Will eine Kommanditgesellschaft – z.B. Firma Maier KG bzw. Firma Maier GmbH & Co.KG – kündigen, wird die Kommanditgesellschaft durch die Komplementärin vertreten, die bei einer GmbH & Co.KG eine eigenständige GmbH ist, die ihrerseits wieder durch einen oder mehrere Geschäftsführer vertreten wird.

Tritt der AG als Aktiengesellschaft auf, wird sie durch den Vorstand vertreten, die Gesellschaft des bürgerlichen Rechtes durch alle Gesellschafter und der Verein durch den Vorstand.

Bei den genannten Personengruppen oder Firmen handelt es sich jeweils um die **gesetzlichen Vertreter**.

Darüber hinaus gibt es noch Personengruppierungen, die üblicherweise berechtigt sind, eine Kündigung auszusprechen. Dazu gehören Leiter einer Personalabteilung, Niederlassungsleiter, Behörden- und Amtsleiter mit Personalbefugnissen, Prokuristen. Kündigt einer aus diesem Personenkreis für den AG, muss der AN die ausgesprochene Kündigung gegen sich gelten lassen.

Kündigt dagegen ein anderer Mitarbeiter ohne Vorlage einer Originalvollmacht, kann der AN die Kündigung wegen **fehlender Vollmachtsvorlage zurückweisen** (§ 174 BGB). Nach dieser Vorschrift ist eine Kündigung, die ein Bevollmächtigter einem anderen gegenüber ausspricht, unwirksam, wenn der Bevollmächtigte eine Vollmachtsurkunde nicht vorlegt und die andere Partei die Kündigung aus diesem Grunde **unverzüglich** zurückweist.

Die Zurückweisung ist ausgeschlossen, wenn der Vollmachtgeber den Gekündigten von der Bevollmächtigung vorher in Kenntnis gesetzt hat. Die Zurückweisung wird in der Praxis nicht häufig angewendet. Macht der AN aber davon wirksam Gebrauch, kann es für den AG teuer werden. Der AG muss eine erneute Kündigung aussprechen, die in aller Regel nicht mehr zum gleichen Zeitpunkt wirkt. Bei Quartalskündigungen können dadurch 3 Monate verloren gehen, für die der AG Lohn/Gehalt zahlen muss.

Deshalb empfiehlt es sich für alle AG, wenn sie nicht selber oder durch ihre gesetzlichen Vertreter die Kündigung aussprechen können, Originalvollmachten blanko vorzuhalten, damit im entscheidenden Fall ein Dritter mit dieser Vollmacht auf Geheiß des AG die Kündigung ausfertigen kann. Dabei sollte der Bevollmächtigte nicht versäumen, die **Originalvollmacht** der Kündigung beizufügen. Das gilt auch für Rechtsanwälte, die im Auftrag eines AG eine Kündigung aussprechen.

Wird der AN seinerseits durch einen Dritten z. B. Rechtsanwalt vertreten, muss dieser ebenfalls eine Originalvollmacht seinem Schreiben an den AG beifügen, mit dem er die fehlende Vollmachtsvorlage rügt, andernfalls kann der AG wiederum die fehlende Vollmachtsvorlage beanstanden, so dass die erste Rüge wirkungslos bleibt.

Die Rüge muss **unverzüglich** erfolgen. Dem Betreffenden wird eine gewisse Zeit zur Überlegung und zur Einholung eines Rechtsrates eingeräumt. Es kommt immer auf den Einzelfall an. Eine Woche dürfte nach der Rechtsprechung ohne besondere Umstände (z. B. Kenntnis am 24.12., der auf einem Dienstag liegt) zu lang sein. Bei **3 Tagen** ist man auf der sicheren Seite.

Kündigt ein Dritter für den Kündigungsberechtigten, ohne dazu bevollmächtigt zu sein, ist die Kündigung zunächst unwirksam (§ 180 Satz 1 BGB). Ist der

Kündigungsempfänger mit der Vorgehensweise einverstanden oder hat er die behauptete Vertretungsmacht des Dritten nicht beanstandet, kann der Vertretene die Kündigung genehmigen (§§ 180 Satz 2, § 177 BGB).

3.11.3 Kündigungsempfänger/Zugang der Kündigung

3.11.3.1 Kündigungsempfänger

Die Ausführungen zu den Kündigungsberechtigten gelten sinngemäß auch für den Kündigungsempfänger. Will der AG seinem AN kündigen, muss er diesem gegenüber eine Kündigung aussprechen.

Ist der AN geschäftsunfähig, muss die Kündigung gegenüber dem gesetzlichen Vertreter erklärt werden.

Ist der Mitarbeiter beschränkt geschäftsfähig (= minderjährig), ist wieder zu unterscheiden, ob der Minderjährige von seinen Eltern (= gesetzliche Vertreter) ermächtigt war, das Arbeitsverhältnis einzugehen oder nicht. Im ersten Fall ist der Minderjährige teilgeschäftsfähig, so dass der AG ihm gegenüber kündigen kann. Im zweiten Fall ist die Kündigung gegenüber den Eltern auszusprechen (§ 131 Abs. 2 Satz 1 BGB). Die Kündigung muss nicht an die Eltern adressiert sein, sie muss ihnen lediglich auf eine Weise zugehen, dass sie davon Kenntnis erlangen (z. B. Kündigung auf den Minderjährigen ausstellen, aber an die Eltern adressieren).

Will der AN dem AG kündigen, muss er diesem gegenüber die Kündigung aussprechen. Handelt es sich bei dem AG um eine Personengesellschaft mit mehreren Gesellschaftern – z. B. einer OHG oder einer Gesellschaft des bürgerlichen Rechtes –, so reicht es aus, wenn die Kündigung an die Gesellschaft zu Händen eines Gesellschafters gerichtet ist (§ 164 Abs. 3 BGB). Bei einer GmbH & Co.KG bzw. bei einer GmbH ist die Kündigung an die Firma zu Händen der Geschäftsführer zu adressieren, bei einer Aktiengesellschaft an den Vorstand oder an die Personalabteilung.

3.11.3.2 Zugang der Kündigung

Ist die Kündigung an den richtigen Adressaten ausgestellt, muss sie ihm noch **zugehen**.

Diese Frage ist von großer praktischer Bedeutung, wenn es einerseits aufseiten des AG darum geht, Kündigungsfristen einzuhalten, und andererseits aufseiten des AN darum, sich rechtzeitig gegen eine unwirksame Kündigung gerichtlich zu wehren. In beiden Fällen kommt es ausschließlich für die Fristberechnung auf den **Zeitpunkt des Zugangs** der Kündigung an.

a) Zugang unter Anwesenden
Wird die Kündigung dem anwesenden AN übergeben, geht sie ihm sofort zu. Es kommt nicht darauf an, ob er den Inhalt des Kündigungsschreibens zur Kenntnis nimmt oder wegen fehlender Deutschkenntnisse ihn nicht versteht oder ob er das im geschlossenen Umschlag überreichte Kündigungsschreiben ungeöffnet liegen lässt oder ungeöffnet zurückgibt. In allen Fällen ist das Kündigungsschreiben dem AN zugegangen.

Wird der AN bei der Übergabe der Kündigung unter seiner Wohnanschrift nicht persönlich angetroffen, aber z. B. die Ehefrau/Lebensgefährtin, andere Familienangehörige, Hausangestellte oder Vermieter, gelten diese nach der Verkehrssitte als ermächtigt, das Kündigungsschreiben für den AN anzunehmen. Mit Übergabe an diese Person, die als **Empfangsboten** für den AN tätig werden, ist letzterem das Kündigungsschreiben noch nicht zugegangen. Es wird vielmehr ein späterer Zugangszeitpunkt fingiert, zu dem nach regelmäßigem Verlauf der Dinge mit einer Weitergabe an den AN zu rechnen ist, im Regelfall ist dies noch derselbe Tag.

Wird das Kündigungsschreiben z. B. beim Nachbarn des AN abgegeben, geht es erst mit der tatsächlichen Übergabe an den AN zu. Gibt der Nachbar das Schreiben nicht weiter, findet kein Zugang statt. Deshalb ist davon abzuraten, Kündigungsschreiben über den Nachbarn zuzustellen.

3 Inhalt des Arbeitsvertrages

b) Zugang unter Abwesenden
Ein Kündigungsschreiben geht unter Abwesenden zu, wenn es in den **Machtbereich** des Empfängers gelangt und bei **Annahme gewöhnlicher Verhältnisse** damit zu rechnen ist, dass der AN davon **Kenntnis** nehmen kann.

Für den Zugang ist ausreichend, wenn der Empfänger die bloße Möglichkeit hat, vom Inhalt des Schreibens Kenntnis zu nehmen. Dabei ist unbeachtlich, ob er wegen Krankheit oder Urlaub oder aus anderen Gründen gehindert war, tatsächlich davon Kenntnis zu nehmen, weil er z. B. im Krankenhaus lag oder sich urlaubsbedingt im Ausland aufgehalten hat.

Deshalb ist der Einwurf eines Kündigungsschreibens per Bote in den Hausbriefkasten des AN bzw. des AG die sicherste und kostengünstigste Form der Zustellung unter Abwesenden. Dabei empfiehlt es sich, dass der Bote als Zeuge nicht nur den konkreten Einwurf des Briefumschlags mit dem Kündigungsschreiben in den Briefkasten bestätigt, sondern auch die Tatsache, dass sich in dem Brief die konkrete Kündigung des AG an den AN befand. Ansonsten könnte sich der AN darauf berufen, er habe einen leeren Briefumschlag in seinem Briefkasten vorgefunden.

Lediglich der Zeitpunkt des Zugangs ist nicht unbedingt identisch mit dem Zeitpunkt des Einwurfes in den Briefkasten. Entscheidend ist, wann der AN unter gewöhnlichen Umständen von dem Schreiben Kenntnis nehmen kann. Dies hängt von den üblichen Zustellzeiten der Post ab und bestimmt sich danach, ob der AN am Zustellungstag erkrankt war oder gearbeitet hat. Im letzten Fall öffnet er seinen Briefkasten üblicherweise nach Rückkehr von der Arbeit.

Wird ein Kündigungsschreiben bis 10:00 Uhr/11:00 Uhr an einem Werktag eingeworfen, geht es in aller Regel am gleichen Tag dem Empfänger zu. Wird es erst nach 18:00 Uhr in den Briefkasten geworfen, geht es am nächsten Tag zu, es sei denn, der AN kehrt erst üblicherweise so spät von seiner Arbeit nach Hause zurück.

Da der Kündigende den Zugang der Kündigung beweisen muss, empfiehlt es sich, einen Dritten als Boten einzuschalten und ihm aufzutragen, einen kurzen Aktenvermerk über die vorgefundene Briefkastensituation zu fertigen.

Denn im Streitfall kann er selbst nicht Zeuge für die Zustellung sein, weil er Partei ist.

Wichtig ist, dass der Bote den Inhalt des Briefes kennt, also zuvor das Kündigungsschreiben gelesen hat, damit später der Empfänger nicht erfolgreich einwenden kann, er habe zwar einen Brief der Firma erhalten, dieser sei aber leer gewesen.

Manchmal wird von den AN bzw. deren Rechtsanwälten eingewendet, dass der Briefkasten mit Werbeprospekten und Werbezeitungen »zugemüllt« gewesen sei und der AN diese *en bloc* entsorgt habe. Es könne sein, dass sich dazwischen das Kündigungsschreiben befunden habe. Deshalb gilt der Hinweis an den Boten, im Protokoll zu vermerken, dass er eine derartige Situation nicht vorgefunden und wenn ja, dass er die Zeitungen, Werbesendungen etc. zuvor herausgenommen hat, um das Kündigungsschreiben einzuwerfen, und anschließend das Werbematerial wieder hereingesteckt hat.

Die sicherste Form, eine Kündigung zuzustellen, ist die Zustellung durch den **Gerichtsvollzieher** (§132 Abs. 1 BGB). Dabei erhält man zugleich eine öffentliche Zustellungsurkunde über die Zustellung des konkreten Schriftstücks, die entsprechende Beweiskraft entfaltet. Dabei ist der Zustellungsauftrag an den Gerichtsvollzieher rechtzeitig zu stellen, da der Weg bis zum Empfänger je nach Belastung des Gerichtsvollziehers 5 bis 10 Werktage dauern kann.

Da dieser Weg nicht preisgünstig ist (ca. 12 EUR) und der Kündigungsgegner nicht unbedingt am Firmensitz wohnt, erfolgt die Zustellung in der Regel per Post oder durch andere Zustellungsdienste. Verschickt man sie mit einfacher Briefpost, kann der Gegner behaupten, er habe das Kündigungsschreiben nicht erhalten. Der AG kann das Gegenteil nicht beweisen. Deshalb ist es dringend erforderlich, die Kündigung per **Einwurf-Einschreiben** zu versenden. Der Absender erhält eine Nachricht, die er über das Internet abrufen kann, ob und wann sein Kündigungsschreiben beim AN in den Briefkasten geworfen worden ist. Dieser Auslieferungsbeleg ist zwar keine öffentliche Urkunde, führt aber zu einer abgestuften Darlegungslast vor Gericht. Ein sicherer Nachweis ist die Vernehmung des Postzustellers, dessen Name die Post aber nicht unbedingt sofort herausgibt.

Wählt dagegen der Kündigende das **Übergabe-Einschreiben** oder **Einschreiben mit Rückschein** und ist der Kündigungsgegner bei der Postzustellung nicht zuhause, liegt es in seinem Ermessen, wann er das Kündigungsschreiben bei der Post abholt. Der Kündigungsempfänger ist nicht verpflichtet, nach Erhalt der Nachricht von einer Briefsendung diese zeitnah abzuholen. Nur wenn er das Einschreiben überhaupt nicht abholt und dieses demzufolge zurückgeht, muss er sich nach Treu und Glauben so behandeln lassen, als ob ihm das Kündigungsschreiben am letzten Tag der Abholfrist zugegangen sei, außer er war so krank oder im Urlaub, so dass er nicht zur Post gehen konnte (BAG-Urteil vom 07.11.2002 – 2 AZR 475/01: NZA 2003, 719 ff.).

Der AG kann die ihm zuletzt mitgeteilte Wohnungsanschrift als Zustellungsadresse benutzen, solange ihm nicht bekannt ist, dass der AN diese Wohnung aufgegeben hat.

Es empfiehlt sich nicht, das Kündigungsschreiben an den Zweitwohnsitz des AN am Arbeitsort zu schicken, da nicht sicher ist, dass der AN sich dort tatsächlich auch aufhält. Man kann aber diese Adresse nutzen, um die Kündigung dem AN dort persönlich zu übergeben oder ihm ein **zweites Original** des Kündigungsschreibens zuzustellen.

Wird die Zustellung durch den AN **vereitelt**, indem er sich weigert, die Kündigung entgegenzunehmen, wird der Zugang fingiert. Der AN wird so behandelt, als ob er im Zeitpunkt der Vereitelung die Kündigung erhalten hat. Um die Vereitelung zu beweisen, empfiehlt es sich, bei der Kündigungsübergabe eine dritte Person als potenziellen Zeugen beizuziehen.

Der Zugangszeitpunkt kann im Arbeitsvertrag nicht fingiert werden. Eine entsprechende Regelung wäre gem. § 308 Nr. 6 BGB unwirksam.

3.11.4 Form der Kündigung

Früher war eine Kündigung formlos möglich. Das führte zu zahlreichen Streitigkeiten über die Frage, ob überhaupt eine Kündigung erklärt worden war.

Seit dem 01.05.2000 gilt §623 BGB, der die **Schriftform** für Kündigung und Aufhebungsvertrag vorsieht. Diese hat gewisse Warnfunktionen. Der Kündigende muss sich einmal mehr überlegen, ob er tatsächlich das Arbeitsverhältnis beenden will oder nicht. Die Schriftform gilt für alle Kündigungsformen, die auf eine Beendigung des Arbeitsverhältnisses abzielen, auch für Änderungskündigungen.

Das Kündigungsschreiben ist vom Aussteller zu unterzeichnen und zwar so, dass die Unterschrift die eigentliche Kündigungserklärung deckt. Es reicht nicht aus, dass in einem Postskriptum die Kündigung erklärt wird, ohne diese erneut zu unterschreiben.

Die Unterschrift muss durch Nennung des ausgeschriebenen Namens erkenntlich sein. Aus dem Schriftzug muss man entnehmen können, wer die Urkunde ausgestellt hat. Ein Handzeichen oder eine Paraphe genügt nicht. Die Unterschrift muss nicht leserlich sein. Sie muss aber den Aussteller identifizieren können. Dies wird auch angenommen, wenn der Betreffende nur mit seinem Vornamen oder Pseudonym unterschreibt.

Hat ein Vertreter das Kündigungsschreiben verfasst und mit eigenem Namen unterschrieben, muss sich das Vertreterverhältnis aus der Urkunde ergeben. Häufig wird mit i. V. bzw. i.A. unterzeichnet. Von der Unterzeichnung mit i.A. ist abzuraten, da die Rechtsprechung an anderer Stelle zum Ausdruck gebracht hat, dass mit einem derartigem Zusatz der Unterzeichner zu erkennen gibt, dass er nicht für den Inhalt des Schreibens einstehen will, aber das Schreiben auch nicht im Namen und in Vollmacht eines anderen verfasst hat.

Bei Änderungskündigungen ist auch das Angebot des Kündigenden schriftlich zu erklären, nicht dagegen die Annahme bzw. Vorbehaltsannahme des Kündigungsgegners.

3.11.5 Kündigungsfristen

Der Gesetzgeber hat in §622 BGB **Mindestkündigungsfristen** geregelt, die nur in Tarifverträgen verkürzt, im Übrigen aber verlängert werden können.

Die Grundkündigungsfrist beträgt für AN und AG **4 Wochen** zum **15.** oder zum **Ende** eines Kalendermonats (§ 622 Abs. 1 BGB).

Sie kann in zwei Fällen durch Arbeitsvertrag verkürzt werden, bei **Aushilfen** oder in **kleineren Betrieben** mit bis zu **20 AN** ohne Auszubildende. Teilzeitbeschäftigte mit einer regelmäßigen wöchentlichen Arbeitszeit von nicht mehr als 20 Stunden zählen zu 0,5, mit nicht mehr als 30 Stunden zu 0,75.

In beiden Fällen darf die Kündigungsfrist **4 Wochen** nicht unterschreiten. Sie kann im Gegensatz zur Grundkündigungsfrist **zu jedem Tag** ausgesprochen werden.

3.11.5.1 Kündigung während der Probezeit

Während der Probezeit beträgt die gesetzliche Kündigungsfrist 2 Wochen. Dies muss nicht ausdrücklich vereinbart werden. Es genügt die Vereinbarung einer Probezeit.

Die verkürzte Kündigungsfrist in der Probezeit gilt bis zu ihrem letzten Tag, auch wenn das Ende der Kündigungsfrist außerhalb der Probezeit liegt, z. B.: Probezeit vom 01.01. bis 30.06., Kündigung am 29.06 zum 14.07. Entscheidend ist, dass die Kündigung noch innerhalb der Probezeit dem AN zugeht.

3.11.5.2 Verlängerte Kündigungsfristen des AG

Ausschließlich für den AG verlängern sich die gesetzlichen Kündigungsfristen je nach Dauer der Betriebszugehörigkeit des AN, nicht jedoch in Privathaushalten, da die verlängerten Kündigungsfristen nur für AN in einem **Betrieb** oder **Unternehmen** gelten. Ab 2 Jahren beträgt die Kündigungsfrist 1 Monat zum **Monatsende**, ab 5 Jahren 2 Monate. Im Übrigen siehe nachstehende Übersicht (§ 622 Abs. 2 BGB).

Betriebszugehörigkeit	Frist
5 Jahre	2 Monate
8 Jahre	3 Monate
10 Jahre	4 Monate
12 Jahre	5 Monate
15 Jahre	6 Monate
20 Jahre und mehr	7 Monate

Entgegen dem Gesetzeswortlaut zählt die Beschäftigungsdauer vom ersten Tag an ohne eine bestimmte **Altersgrenze**. Sie ist altersdiskriminierend (25 Jahre) und wird nicht mehr angewendet.

Unterbrechungen in der Beschäftigungszeit sind unbeachtlich, wenn zwischen Ende und Neubeginn ein enger sachlicher und zeitlicher Zusammenhang besteht.

Zeiten als Geschäftsführer, freier Mitarbeiter oder Auszubildender werden angerechnet, nicht Praktika, die außerhalb eines Arbeitsverhältnisses abgeleistet worden sind. Die verlängerten Kündigungsfristen gelten auch für AG in Kleinbetrieben bis 20 AN.

Für AN in Elternzeit gilt ein Sonderkündigungsrecht. Sie können zum **Ende der Elternzeit** unter Einhaltung einer Kündigungsfrist von **3 Monaten** kündigen (§ 19 BEEG).

Für Schwerbehinderte gilt eine **Mindestkündigungsfrist von 4 Wochen**, die auch tariflich nicht unterschritten werden kann. Sie greift erst nach einer Beschäftigung von 6 Monaten, so dass auch die kürzere Kündigungsfrist während der Probezeit für Schwerbehinderte gilt (§§ 169, 173 Abs. 1 Satz 1 Nr. 1 SGB IX).

3.11.5.3 Alterskündigungsschutz

In einigen Tarifverträgen z.B. der Metallindustrie oder des öffentlichen Dienstes ist die **ordentliche Kündigung** eines AN gänzlich **ausgeschlossen**, wenn dieser ein bestimmtes Alter, 53 bzw. 40 Jahre, und eine bestimmte Betriebszugehörigkeit, z.B. 3 Jahre bzw. 15 Jahre, erreicht hat. In diesen Fällen ist der AN ordentlich **unkündbar** und kann nur noch aus wichtigem Grund gekündigt werden. Dies könnte in Einzelfällen, wenn ihm fristlos gekündigt werden müsste, während einem nicht geschützten AN nur mit einer Kündigungsfrist gekündigt werden kann, zu einer Benachteiligung führen (z.B. der Betrieb wird stillgelegt). Damit diese AN nicht schlechter gestellt sind als AN ohne entsprechenden Kündigungsschutz, hat die Rechtsprechung die **außerordentliche Kündigung** mit **Auslauffrist** entwickelt, die der ordentlichen Kündigungsfrist entspricht, wenn der AN keinen Alterskündigungsschutz genießen würde.

3.11.5.4 Kündigungsfrist in der Insolvenz

In der Insolvenz des AG werden alle Kündigungsfristen auf ein Höchstmaß **von 3 Monaten** zum Monatsende reduziert. Das gilt auch für den Alterskündigungsschutz (§ 113 InsO).

3.11.5.5 Abweichende Regelung im Tarifvertrag oder Arbeitsvertrag

Die gesetzlichen Kündigungsfristen sind **Mindestfristen** und können nur durch Tarifvertrag, soweit es die Frist und den Kündigungstermin betrifft, unterschritten werden. Dabei muss die tarifliche Regelung eine **eigenständige** Regelung sein. Haben die Tarifvertragsparteien die damalige gesetzliche Regelung lediglich »abgeschrieben«, ohne eine eigenständige tarifrechtliche Regelung zu treffen, gelten die heutigen verlängerten gesetzlichen Grundkündigungsfristen. Früher betrug die Höchstkündigungsfrist für einen Angestellten 6 Monate zum Quartalsende, heute 7 Monate zum Monatsende. Handelt es sich im Tarifvertrag um eine eigenständige tarifrechtliche Regelung, gilt diese, auch wenn sie schlechter als die gesetzliche Regelung ist. Im Übrigen findet der **Günstigkeitsvergleich** bei unterschiedlichen Kündigungsregelungen im Arbeitsvertrag oder Tarifvertrag statt, dabei werden **Kündigungsfrist** und **Kündigungstermin** als Einheit betrachtet. Das BAG hält eine Kündigungsfrist von 2 Monaten zum Monatsende für günstiger als eine Kündigungsfrist von 6 Wochen zum Quartalsende, obwohl im letzteren Fall der AN nur viermal im Jahr gekündigt werden kann (BAG-Urteil vom 04.07.2001, 2 AZR 469/00: NZA 2002, 380).

3.11.6 Kündigungsgründe

3.11.6.1 Mitteilung von Kündigungsgründen

Die Kündigung bedarf grundsätzlich **keiner Begründung**. Bei außerordentlichen Kündigungen hat der Kündigende auf Wunsch des Gekündigten den Kündigungsgrund unverzüglich schriftlich mitzuteilen (§ 626 Abs. 2 Satz 3 BGB). Diese Mitteilungspflicht gilt auch bei den anderen Kündigungsformen als eine Nebenpflicht aus dem Arbeitsverhältnis. Kommt der Kündigende dieser Verpflichtung nicht nach, bleibt die Wirksamkeit der ausgesprochenen Kündigung davon unberührt. Der Gekündigte kann aber Schadensersatz verlangen, wenn er nachweist, dass er bei Kenntnis der Kündigungsgründe z. B. keine rechtlichen Schritte gegen die Kündigung eingeleitet und dadurch unnötig aufgewandte Kosten gespart hätte. Dies wird selten der Fall sein.

3.11.6.2 Kündigung des Arbeitnehmers

Der AN kann grundsätzlich ohne Begründung unter Einhaltung der für ihn maßgebenden gesetzlichen Kündigungsfrist, die 4 Wochen zum 15. oder Monatsende beträgt, wenn sich nichts anderes aus Tarifvertrag oder Arbeitsvertrag ergibt, das Arbeitsverhältnis beenden.

3.11.6.3 Kündigung des Arbeitgebers

Der AG kann auch dem AN ohne Grund kündigen, wenn das Arbeitsverhältnis noch keine 6 Monate besteht oder der Arbeitgeber unter die sog. Kleinbetriebsklausel des §23 KSchG fällt und 10 oder weniger Mitarbeiter beschäftigt (vgl. Kapitel 4.6.1).

Findet jedoch das KSchG Anwendung, bedarf es eines Kündigungsgrundes (vgl. Kapitel 4.6.2).

3.11.7 Kündigungseinschränkungen in Sonderfällen

Die ordentliche Kündigung ist in einer Reihe von Gesetzen für bestimmte Personenkreise ausgeschlossen. Dazu gehören, ohne dass die Aufzählung vollständig ist, folgende Personen.

3.11.7.1 Betriebsräte, Beteiligte an der BR-Wahl

- Betriebsräte, Personalräte, Mitglieder der Jugend- und Auszubildendenvertretung, jeweils während ihrer Amtszeit und ein Jahr danach (§15 Abs. 1 u. 2 KSchG)
- Mitglieder des Wahlvorstandes ab dem Zeitpunkt ihrer Bestellung bis 6 Monate nach Bekanntgabe des Wahlergebnisses (§15 Abs. 3 KSchG)
- Wahlbewerber vom Zeitpunkt der Aufstellung des Wahlvorschlages bis 6 Monate nach Bekanntgabe des Wahlergebnisses (§15 Abs. 3 KSchG)
- AN, die zu einer Betriebs- oder Wahlversammlung eingeladen oder die Bestellung eines Wahlvorstandes beantragt haben, vom Zeitpunkt der Einladung oder Antragstellung bis zur Bekanntgabe des Wahlergebnisses. Kommt es nicht zu der Wahl, endet der Kündigungsschutz nach 3 Monaten ab Einladung bzw. Antragstellung (§15 Abs. 3a KSchG)

3.11.7.2 Arbeitnehmer mit Zusatzaufgaben

In einigen Fällen dürfen AN wegen ihres zusätzlich ausgeübten Amtes nicht durch die beabsichtigte Kündigung benachteiligt werden. Dazu gehören:
- Datenschutzbeauftragte (§6 Abs. 4 Satz 2 BDSG bei öffentlichen Stellen, §38 Abs. 2 i.V.m. §6 Abs. 4 Satz 2 BDSG bei nichtöffentlichen Stellen, dort aber nur, soweit eine Pflicht zur Bestellung besteht)

- Helfer in Zivilschutz (§9 Abs. 2 ZiVSchG)
- ehrenamtliche Richter am Arbeits- und Sozialgericht (§26 Abs. 1 ArbGG und §20 SGG)
- Sicherheitsbeauftragte (§22 Abs. 3 SGB VII)
- Mitglieder des Sprecherausschusses (§2 Abs. 3 SprAuG)

3.11.8 Besondere Kündigungsverbote

3.11.8.1 Maßregelungsverbot

Auch AN, die kein zusätzliches Amt ausüben, dürfen aufgrund ihres Verhaltens nicht durch eine Kündigung benachteiligt werden. Dies gilt z.b. für AN, die sich wegen unzureichender Arbeitssicherheit oder fehlenden Gesundheitsschutzes an die zuständige Behörde gewandt, nachdem sie sich zuvor bei ihrem AG erfolglos beschwert haben (§17 Abs. 2 Satz 2 ArbSchG). Ähnliches gilt für Beschwerdeführer, wenn sie der Auffassung sind, dass die Vorschriften des Arbeitsschutzes nicht eingehalten werden (§17 Abs. 2 Satz 2 ArbSchG), darüber hinaus bei aktiver oder passiver Teilnahme an einer Betriebsratswahl (§20 Abs. 1 Satz 2 BetrVG) oder bei Ausübung des Beschwerderechtes des AN gem. §84 Abs. 3 BetrVG.

Die gesetzlichen Beispiele sind Ausfluss des generell geltenden **Maßregelungsverbotes** (§612a BGB). Danach darf ein AG seinen AN bei einer Vereinbarung oder einer Maßnahme (z.B. Kündigung) nicht benachteiligen, nur weil der AN in zulässigerweise seine Rechte geltend gemacht hat. Mahnt z.B. ein Arbeitnehmer seine ihm versprochene Gehaltserhöhung beim AG an und erhält der AN kurz darauf eine Kündigung, liegt der Verdacht nahe, dass der AG das Maßregelungsverbot verletzt hat. Kann der AN diesen Beweis führen, ist die Kündigung unwirksam.

3.11.8.2 Betriebsübergang

Die Kündigung ist auch unwirksam, wenn sie im Zusammenhang mit anderen Ereignissen ausgesprochen wird, z.B. wegen eines **Betriebsübergangs** (§613a Abs. 4 BGB) (vgl. Kapitel 4.1).

Das Kündigungsverbot kann nicht dadurch umgangen werden, dass der Veräußerer oder Erwerber mit allen betroffenen AN einen Aufhebungsvertrag schließt und der Erwerber anschließend einen Teil von ihnen wieder einstellt (sog. Lemgoer Modell). Dagegen ist natürlich ein Aufhebungsvertrag ohne Weiterarbeit beim Erwerber jederzeit möglich. Gleiches gilt auch für den Wechsel in eine Beschäftigungsgesellschaft, die die Aufgabe hat, den betroffenen AN für den ersten Arbeitsmarkt wieder fit zu machen oder weiter zu qualifizieren.

3.11.8.3 Erreichen der Altersgrenze

Eine Kündigung wegen Erreichens der **Altersrente** ist gegenüber dem AN ohne Kündigungsschutz zulässig, für AN mit Kündigungsschutz gilt §41 Satz 1 SGB VI. Danach ist das Erreichen der Altersgrenze kein Kündigungsgrund.

3.11.8.4 Massenentlassung

Will ein AG mehrere AN gleichzeitig entlassen (sog. **Massenentlassung**), sind die Kündigungen nur zulässig, wenn der AG sie rechtzeitig wirksam der Agentur für Arbeit angezeigt hat (§17 KSchG) (vgl. Kapitel 4.6.3.2).

3.11.8.5 Sittenwidrige Kündigung

Eine Kündigung ist **sittenwidrig**, wenn sie gegen das Anstandsgefühl aller billig und gerecht Denkenden verstößt (§§138 BGB, 13 Abs. 3 KSchG). Dieser Grund kommt in der Praxis kaum vor (z.B. eine Kündigung wegen gewerkschaftlicher Betätigung). Er wird nur dann bemüht, wenn es um eine Kündigung ohne Kündigungsschutz geht.

3.11.8.6 Verstoß gegen Treu und Glauben

Eine Kündigung kann auch **treuwidrig** und damit rechtsunwirksam sein. Früher hielt man Kündigungen für treuwidrig, die wegen ihres Zugangs anstößig waren z.B. am Heilig Abend oder Silvester. Heute reicht die Unzeit des Zugangs allein nicht mehr aus, um die Treuwidrigkeit zu belegen. Das BAG verweist auf gesetzliche Regelungen, in denen der unpassende Zugang allenfalls einen Schadensersatz nach sich zieht (§ 627 Abs. 2 Satz 2 BGB). Deshalb müssen weitere treuwidrige Umstände hinzukommen wie in dem vom BAG entschieden Fall, in dem der AN nach einem schweren Arbeitsunfall kurz vor einer wichtigen OP im Krankenhaus die Kündigung erhalten hat.

Eine Kündigung verstößt auch dann gegen Treu und Glauben, wenn der Kündigende sich damit zu seinem früheren Verhalten in Widerspruch setzt, z.B. der AG hat dem AN 2 Wochen vor der Kündigung gesagt, er habe bei ihm eine Lebensstelle.

3.11.8.7 Kündigung und Gleichbehandlung

Eine Kündigung kann auch wegen Verletzung des **Gleichbehandlungsgrundsatzes** unwirksam sein, z.B. die Firma kündigt allen AN aus betriebsbedingten Gründen bis auf 2 AN, für die es keinen sachlichen Grund gibt, sie von der Kündigung auszunehmen.

3.11.8.8 Verdachtskündigung

Kündigungen, die nur auf den **Verdacht** eines schweren Vertragsverstoßes oder einer schweren unerlaubten Handlung gestützt werden können, sind unwirksam, wenn der AN vorher nicht zu dem Vorwurf gehört worden ist (sog. Verdachtskündigung).

3.11.9 Kündigung in Betrieben/Verwaltungen mit Betriebs- bzw. Personalrat

In Betrieben mit **Betriebsrat** ist vor jeder Kündigung dieser zu hören. Das gleiche gilt für AN in der öffentlichen Verwaltung mit einem **Personalrat**.

Die Anhörung des Betriebsrates ist in §102 BetrVG, die Anhörung des Personalrates im Bundespersonal- bzw. in den einzelnen Landespersonalvertretungsgesetzen geregelt. Beide Anhörungsverfahren sind in der Form und in den Fristen unterschiedlich. Im Hinblick auf die größere Bedeutung wird die Anhörung des Betriebsrates dargestellt und für die Anhörung des Personalrates auf die Lektüre der einschlägigen Bundes- und Landesgesetze verwiesen.

3.11.9.1 Gegenstand der Anhörung

Der Betriebsrat ist **vor jeder** Kündigung zu hören, die auf eine Beendigung des Arbeitsverhältnisses abzielt, also nicht bei Teilkündigungen. Wird die Anhörung versäumt oder nicht ordnungsgemäß durchgeführt, ist die Kündigung unwirksam (§102 Abs. 1 BetrVG). Einer Anhörung bedarf es nicht, wenn dem AN vor Dienstantritt gekündigt werden soll.

3.11.9.2 Persönlicher Anwendungsbereich

Die Kündigung muss sich gegen einen **AN** richten. Darunter versteht das Gesetz alle Arbeiter und Angestellte einschließlich die zu ihrer Berufsausbildung Beschäftigten.

Das BetrVG findet keine Anwendung auf **leitende Angestellte** und damit ist der Betriebsrat bei ihnen nicht vor einer Kündigung anzuhören. Leitende Angestellte sind:
- gesetzliche Vertreter von juristischen Personen (z. B. Geschäftsführer einer GmbH, Vorstand einer AG oder eines Vereins)
- Ehegatten, Lebenspartner, Verwandte und Verschwägerte 1. Grades, die in häuslicher Gemeinschaft mit dem AG leben.

Dieser Personenkreis ist leicht ausgemacht.

Schwieriger wird es mit den AN, die nach dem Arbeitsvertrag und ihrer Stellung im Unternehmen bzw. im Betrieb
- zur selbstständigen Einstellung und Entlassung von im Betrieb oder der Betriebsabteilung beschäftigten AN berechtigt sind,
- Generalvollmacht oder Prokura haben und die Prokura auch im Verhältnis zum AG nicht unbedeutend ist,
- regelmäßig sonstige Aufgaben wahrnehmen, die für den Bestand und die Entwicklung des Unternehmens oder eines Betriebs von Bedeutung sind und deren Erfüllung besondere Erfahrungen und Kenntnisse voraussetzt und der Betreffende dabei entweder die Entscheidung frei von Weisungen trifft oder sie maßgeblich beeinflusst (vgl. Kapitel 5.1.1.3).

Das Gesetz kennt weitaus weniger leitende Angestellte, als AN in der Praxis sich als solche fühlen. Deshalb sei jedem AG geraten, nur in eindeutigen Fällen auf die Anhörung des Betriebsrates zu verzichten, um sich von vornherein im späteren Kündigungsschutzprozess der Frage zu entziehen, ob der Gekündigte leitender Angestellter war oder nicht. Im Zweifel wird er dies bestreiten, auch wenn er zuvor sehr großen Wert darauf gelegt hat, diesem Kreis anzugehören. Eine vorsorgliche Anhörung des Betriebsrates schadet nicht. Wichtig ist zu wissen, dass der AG keinen AN zum leitenden Angestellten ernennen kann. Entscheidend ist nicht, wie die Parteien den AN im Vertrag bezeichnet haben, sondern allein welche bedeutende Tätigkeit der AN für das Unternehmen ausgeübt hat.
Leitende Angestellte sollen durch die Herausnahme aus dem Gesetz nicht in eine schwierige Lage gebracht werden, weil sie aufgrund ihrer Tätigkeit eine größere Nähe zum AG haben und für diese z.B. Verhandlungen mit dem Betriebsrat führen (Betriebsleiter, Personalchef).

3.11.9.3 Existenz eines Betriebsrates

Der Betrieb, in dem der zu kündigende AN arbeitet, muss einen Betriebsrat haben. Es reicht nicht, wenn ein Unternehmen mit mehreren Betrieben A, B und C in den Betrieben B und C einen Betriebsrat hat, aber der AN im Betrieb A arbeitet.

Ist der Betriebsrat gerade erst gewählt worden, aber noch nicht zu seiner konstituierenden Sitzung zusammengetreten, besteht noch kein Betriebsrat, der angehört werden muss bzw. kann.

Auf der anderen Seite existiert ein Betriebsrat so lange noch, bis das letzte Ersatzbetriebsratsmitglied sein Amt niedergelegt hat oder aus dem Unternehmen ausgeschieden ist.

3.11.9.4 Zeitpunkt und Dauer der Anhörung

Der Betriebsrat ist **vor Ausspruch** der Kündigung anzuhören. Bevor das Anhörungsverfahren noch nicht abgeschlossen ist, darf der AG die Kündigung nicht aus seinem Machtbereich herausgeben.

Der Betriebsrat hat bei beabsichtigter ordentlicher Kündigung **eine Woche** Zeit, zu dieser Stellung zu nehmen, bei einer außerordentlichen Kündigung sind es 3 Tage. Bei beiden Fristen wird der Tag des Zugangs des Anhörungsschreibens beim Betriebsrat bzw. der mündlichen Information nicht mitgerechnet, so dass die Wochenfrist am gleichen Wochentag der nächsten Woche endet, an dem die Anhörung erfolgte (z.B. Anhörung am Montag, Fristablauf am Montag der nächsten Woche). Dies gilt entsprechend auch bei der Dreitagefrist (z.B. Anhörung am Dienstag, Ablauf der Frist am Freitag). Fällt das Fristende auf einen Sams-, Sonn- oder Feiertag, so endet die Frist am nächsten Werktag (z.B. Anhörung am Mittwoch, Ende der Frist zunächst am Samstag, in diesem Fall also am Montag der nächsten Woche [§ 193 BGB]).

In der Praxis sollte man nicht vergessen, dass der Tag erst um 24 Uhr endet und demzufolge die Kündigung vorher nicht an den AN abgeschickt werden darf.

3.11.9.5 Form und Inhalt der Anhörung

Der Betriebsrat kann formlos unterrichtet werden. Es empfiehlt sich jedoch, dies **schriftlich** zu tun, um später im Prozess den Zeitpunkt und Inhalt der

Anhörung belegen zu können. Dadurch erspart der AG sich eine zeitaufwendige Beweisaufnahme mit unsicherem Ausgang.

Die Anhörung muss gegenüber dem Betriebsrat als Gremium erfolgen. Dieser wird ausschließlich durch den Betriebsratsvorsitzenden und in dessen Abwesenheit durch dessen Stellvertreter vertreten (§ 26 Abs. 2 BetrVG).

Wird das Anhörungsschreiben einem anderen Mitglied des Betriebsrates übergeben, geht das Schreiben dem Betriebsrat erst zu, wenn das Schreiben dem Betriebsratsvorsitzendem oder dessen Stellvertreter übergeben worden ist. Deshalb ist es ratsam, das Anhörungsschreiben in den Briefkasten des Betriebsrates zu werfen oder dem Betriebsratsvorsitzenden direkt auszuhändigen, besonders wenn die Frist knapp bemessen ist, was regelmäßig bei Ausspruch von außerordentlichen Kündigungen zutrifft.

Der AG hat dem Betriebsrat die **Gründe für die Kündigung** mitzuteilen. Nach dem Sinn und Zweck des Anhörungsverfahrens soll der Betriebsrat sich ein Bild über die Person des AN und die vom AG genannten Gründe machen können, ohne dass der Betriebsrat für seine Entscheidung eigene Nachforschungen anstellen muss.

Dem AG ist es freigestellt, welche Kündigungsgründe er dem Betriebsrat mitteilt und welche nicht (**Grundsatz der subjektiven Determinierung**). Der AG muss aber wissen, dass er im nachfolgenden Kündigungsschutzprozess nur die Gründe anführen kann, die er zuvor dem Betriebsrat genannt hat.

Deshalb empfiehlt es sich, die Gründe so **detailliert** und **umfassend** darzustellen, dass der Betriebsrat seiner o. g. Aufgabe nachkommen kann. Dabei darf der AG sich nicht auf Schlagworte wie Auftragsrückgang, Arbeitsmangel, dauernd krank, schlechte Leistung u. Ä. beschränken. Er muss vielmehr die Tatsachen schildern, die zu derartigen pauschalen Urteilen geführt haben.

Daneben muss das Anhörungsschreiben des AG noch folgende Informationen enthalten:
- Personalien des AN
- Kündigungsabsicht

- Kündigungsform (ordentliche oder außerordentliche Kündigung, ordentliche oder außerordentliche Änderungskündigung, ordentliche oder außerordentliche Kündigung mit Auslauffrist).
- Kündigungstermin und Kündigungsfrist
- Sozialdaten (Alter, Familienstand, Betriebszugehörigkeit, Unterhaltsverpflichtungen, Schwerbehinderung und besondere soziale Umstände)

Einzelheiten können Sie den Online-Arbeitshilfen, dort dem Muster für ein BR-Anhörungsschreiben, entnehmen.

Innerhalb der o.g. Fristen hat der Betriebsrat über die beabsichtigte Kündigung zu beraten und durch Beschluss zu entscheiden. Es reicht nicht aus, wenn der AG nur den BR-Vorsitzenden über die beabsichtigte Kündigung informiert und dieser direkt seine Zustimmung dazu erteilt, ausgenommen, es handelt sich um den Betriebsratsobmann (= einziges Mitglied des Betriebsrates).

In allen anderen Fällen trägt der AG grundsätzlich nicht das Risiko, ob der Betriebsrat seinen Beschluss ordnungsgemäß herbeiführt.

Erklärt der Betriebsrat sich **nicht** innerhalb der Frist, **fingiert** das Gesetz seine **Zustimmung** (§ 102 Abs. 2 Satz 2 BGB).

3.11.9.6 Äußerungsmöglichkeiten des Betriebsrates

Hat der Betriebsrat Bedenken gegen die beabsichtigte Kündigung, sind diese dem AG innerhalb der 3 Tage- bzw. Wochenfrist schriftlich mitzuteilen. Der Betriebsrat **soll**, soweit erforderlich, vor seiner Stellungnahme den betroffenen AN hören, was in der Praxis eher die Ausnahme ist.

Der Betriebsrat kann einer ordentlichen Kündigung auch innerhalb der Wochenfrist widersprechen. Wegen der Widerspruchsgründe sei hier auf das Gesetz verwiesen (§ 102 Abs. 3 BetrVG).

Widerspricht der Betriebsrat, hat der AG das Widerspruchsschreiben in Abschrift dem AN zuzuleiten.

Ist der Widerspruch wirksam, kann der AN vom AG seine Weiterbeschäftigung bis zum rechtskräftigen Abschluss des Kündigungsschutzprozesses fordern.

Der AG ist grundsätzlich nicht gehindert, eine Kündigung auszusprechen, wie immer auch der Betriebsrat sich dazu stellt. Entscheidend ist, dass der AG ein ordnungsgemäßes Anhörungsverfahren durchgeführt und nicht vor Ablauf desselben eine Kündigung ausgesprochen hat. Dieser Pflicht genügt er nicht, wenn er schon am letzten Tag der Anhörungsfrist vor 24:00 Uhr die Kündigung zur Post gibt, weil sie sich dann nicht mehr in seinem Machtbereich befindet. Etwas anderes ist es, wenn er das Kündigungsschreiben in gleichem Fall einem Boten übergibt, auf den er noch einwirken kann, die Zustellung der Kündigung am nächsten Tag zu unterlassen.

AG und Betriebsrat können vereinbaren, dass Kündigungen der Zustimmung des Betriebsrates bedürfen und bei Meinungsverschiedenheiten die Einigungsstelle anzurufen ist. In der Praxis trifft man selten auf derartige Betriebsvereinbarungen, weil sie die unternehmerische Freiheit des AG stark einschränken.

3.11.10 Kündigung von schwerbehinderten Menschen

Kündigungen von AN, die als schwerbehinderter Mensch anerkannt und länger als 6 Monate im Betrieb beschäftigt sind, bedürfen der vorherigen Zustimmung des Integrationsamtes (§ 168 SBG IX).

3.11.10.1 Sachliche Voraussetzungen

Menschen, die körperliche, seelische, geistige oder Sinnesbeeinträchtigungen haben, die sie in Wechselwirkung mit einstellungs- und umweltbedingten Barrieren an der gleichberechtigten Teilhabe an der Gesellschaft mit hoher Wahrscheinlichkeit länger als sechs Monate hindern können, gelten nach dem Gesetz als Menschen mit Behinderungen. Dabei liegt eine solche Beeinträchtigung vor, wenn der Körper- und Gesundheitszustand von dem für das Lebensalter typischen Zustand abweicht (§ 2 Abs. 1 SGB IX).

Die Behinderung wird in Grad angegeben von 20 bis 100 Grad der Behinderung (= GdB).

Ab einer Behinderung von **50 GdB** erhalten sie den besonderen Kündigungsschutz. Ein Grad von **30 GdB** und mehr reicht aus, um einem Schwerbehinderten **gleichgestellt** zu werden. Der Antrag auf **Anerkennung** ist beim **Versorgungsamt** zu stellen. Für den Antrag auf **Gleichstellung** ist die **Agentur für Arbeit** zuständig (§ 151 Abs. 2 SGB IX).

Das Versorgungsamt erteilt auf Antrag dem AN einen Ausweis über die Schwerbehinderung, der unter anderem den Grad der Behinderung ausweist (sog. **Schwerbehindertenausweis**). Die Gültigkeit des Ausweises wird regelmäßig befristet (§ 152 Abs. 5 Satz 3 SGB IX). Die Schwerbehinderung erlischt, wenn die Voraussetzungen für ihre Anerkennung entfallen sind. Bessert sich der Gesundheitszustand in der Weise, dass der Grad der Behinderung unter 50 fällt, verliert der AN 3 Monate nach Rechtskraft des entsprechenden Verwaltungsbescheides seinen Schwerbehindertenstatus.

3.11.10.2 Kenntnis von der Schwerbehinderung

Die Eigenschaft als schwerbehinderter Mensch ist dem AG ohne Information durch den AN in der Regel nicht bekannt. Er kann auch nicht danach fragen. Nicht selten stellen AN erst einen Antrag an das Versorgungsamt, wenn sie z. B. im Rahmen der Betriebsratsanhörung von der Kündigungsabsicht des AG erfahren. Dies hat früher zu untragbaren Ergebnissen aufseiten des AG geführt, weil sich erst nach monatelanger Bearbeitung herausgestellt hat, ob der AN ein schwerbehinderter Mensch war oder nicht. Hier hat § 173 Abs. 3 SGB IX eine Verbesserung geschafften. Nun gilt der besondere Kündigungsschutz nur, wenn der AN bei Kündigungszugang seine Schwerbehinderung nachweisen kann oder das Versorgungsamt nach Fristablauf (ohne vorheriges Gutachten nach Ablauf von drei Wochen ab Antragstellung oder bei einem notwendigen Gutachten nach Ablauf von zwei Wochen nach Vorliegen des vom Versorgungsamt unverzüglich einzuholenden Gutachtens) eine Feststellung über seine Schwerbehinderung wegen fehlender Mitwirkung des AN nicht treffen konnte (§ 152 Abs. 1 Satz 3 i. V. m. § 14 Abs. 2 Satz 2 und 3 SGB IX).

Ist die Schwerbehinderung **offenkundig** und demzufolge dem AG bekannt, hat der AN auch ohne entsprechende Anerkennung des Versorgungsamtes Kündigungsschutz. Gleiches gilt erst recht, wenn der AN den AG über seine körperlichen Beeinträchtigungen informiert hat und der AG daher weiß, dass der AN einen entsprechenden Antrag stellen werde (BAG-Urteil vom 07.03.2002, 2 AZR 612/00 DB 2002, 2114).

Hat der AN seine Schwerbehinderung bzw. Gleichstellung als Schwerbehinderter dem AG bisher nicht mitgeteilt, muss er in entsprechender Anwendung von § 4 Satz 1 KSchG innerhalb von **3 Wochen** nach Erhalt der Kündigung dem AG davon Kenntnis geben. Gleiches gilt, wenn er rechtzeitig einen entsprechenden Antrag gestellt hat. Versäumt er diese Frist, ist die Kündigung auch ohne Zustimmung des Integrationsamtes wirksam.

3.11.10.3 Antrag auf Zustimmung des Integrationsamtes

Vor Ausspruch einer Beendigungskündigung hat der AG die Zustimmung des Integrationsamtes einzuholen. Die jeweiligen Adressen sind im Internet veröffentlicht. Die Zuständigkeit richtet sich nach dem Sitz des Betriebs bzw. der Dienststelle (§ 170 Abs. 1 Satz 1 SGB IX). Der Antrag ist schriftlich oder elektronisch zu stellen (siehe Online-Arbeitshilfen, dort Schreiben an das Integrationsamt).

Das Integrationsamt holt eine Stellungnahme des Betriebs- oder Personalrates und der Schwerbehindertenvertretung ein, sofern es diese Einrichtungen beim AG gibt, und hört den betroffenen AN an. In aller Regel findet eine Verhandlung mit dem Integrationsamt im Betrieb des AG statt, in der das Integrationsamt auf eine gütliche Einigung hinzuwirken hat.

Das Zustimmungsverfahren ist je nach Art der Kündigung – ordentliche oder außerordentliche – zu unterscheiden.

a) Ordentliche Kündigung/ordentliche Änderungskündigung
Bei ordentlichen Kündigungen entscheidet das Integrationsamt im pflichtgemäßen Ermessen. Im Fall einer Betriebsschließung ist das Ermessen so stark eingeschränkt, dass es die Zustimmung zu erteilen hat, wenn zwischen

der Kündigung und dem Ende des Arbeitsverhältnisses mindestens 3 Monate liegen (§ 172 Abs. 1 Satz 1 SGB IX).

Das Integrationsamt **soll** innerhalb **eines Monats** ab Antragseingang seine Entscheidung treffen. Benötigt das Amt länger, ist der Bescheid gleichwohl rechtswirksam.

Die Kündigung kann erst ausgesprochen werden, wenn der zustimmende Bescheid dem AG **förmlich zugestellt** worden ist. Es reicht nicht aus, dass der AG sich zuvor beim Sachbearbeiter des Integrationsamtes telefonisch erkundigt und von diesem erfährt, dass er die Zustimmung verfügt hat. Die Zustimmungserklärung ist ein Verwaltungsakt und bedarf der Zustellung, deren Zeitpunkt nach § 37 Abs. 2 SGB X erst am **dritten Tag nach Aufgabe zur Post fingiert wird**, unabhängig davon, wann der Zustimmungsbescheid tatsächlich zugestellt worden ist. **Daher Vorsicht beim Ausspruch einer Kündigung nach Erhalt des zustimmenden Bescheides.** Es empfiehlt sich, beim Sachbearbeiter kurz anzurufen und nachzufragen, wann er den Bescheid zur Post gegeben hat – Beispiel: Aufgabe zur Post am 22.03., tatsächlicher Erhalt 23.03., fingierte Zustellung aber erst am 25.03.2015. Demzufolge darf die Kündigung dem AN nicht vor dem 25.03. zugehen.

Der AG muss von einem Zustimmungsbeschluss innerhalb **eines Monats** ab Zustellung Gebrauch machen. Versäumt er die Frist, muss er ein neues Zustimmungsverfahren einleiten.

Legt der AN gegen die Zustimmung Widerspruch ein und erhebt er anschließend Klage beim Verwaltungsgericht, haben beide Rechtsbehelfe keine **aufschiebende** Wirkung. Der AG ist nicht gehindert, die Kündigung auszusprechen. Sie wird aber unwirksam, wenn der AN mit seinen Rechtsmitteln gegen den zustimmenden Bescheid nach Jahren Erfolg hat.

b) Außerordentliche Kündigung/außerordentliche Änderungskündigung mit und ohne Auslauffrist
Die Zustimmung zu außerordentlichen Kündigungen kann nur innerhalb von **2 Wochen** ab dem Zeitpunkt beantragt werden, zu dem der AG von den Kündigungsgründen Kenntnis erlangt hat (§ 174 Abs. 2 SGB IX).

Das Integrationsamt muss seinerseits innerhalb von **2 Wochen** über den Antrag entscheiden. Trifft es innerhalb der Frist keine Entscheidung, gilt die Zustimmung als erteilt (§ 174 Abs. 3 SGB IX).

Das Integrationsamt entscheidet auch hier nach pflichtgemäßem Ermessen. Es **soll** die Zustimmung erteilen, wenn die Kündigung aus einem Grund erfolgt, der in keinem Zusammenhang mit der Behinderung steht (§ 174 Abs. 4 SGB IX). Ein Zusammenhang wird bejaht, wenn die Gesundheitsschädigung gerade Ursache der Kündigung sein kann. In der Praxis ist dies eher die Ausnahme.

Der AG ist über die Entscheidung zu informieren. Einer **förmlichen Zustellung** des Zustimmungsbeschlusses **bedarf es hier nicht**. Es reicht aus, wenn das Integrationsamt den AG in irgendeiner Form – telefonisch oder per Fax – über die erteilte Zustimmung in Kenntnis setzt. Nach Erhalt dieser Information bzw. nach Ablauf der Zweiwochenfrist ab Antragstellung **muss** der AG **unverzüglich**, d.h. noch am gleichen Tag oder allenfalls einen Tag später, die Kündigung dem AN zustellen, wenn zu diesem Zeitpunkt – was regelmäßig der Fall ist – die Zweiwochenfrist des § 626 Abs. 2 BGB verstrichen ist. Der unverzügliche Kündigungsausspruch reicht nach der Rechtsprechung des BAG für die Einhaltung der eigentlich bereits abgelaufenen Zweiwochenfrist des § 626 Abs. 2 BGB aus.

> Bei allen Formen der außerordentlichen Kündigung benötigt der AG eine exakte zeitliche Planung, wenn die Zweiwochenfrist des § 626 Abs. 2 BGB durch die Anhörung des Integrationsamtes überschritten wird. Der AG muss sich den letzten Tag der zweiwöchigen Bearbeitungsfrist des Integrationsamtes vormerken, wobei es nicht auf die Absendung, sondern auf den Zugang des Antragsschreibens beim Integrationsamt ankommt, um dann bei Fristende beim Integrationsamt in Erfahrung zu bringen, ob dort eine zustimmende Erklärung ergangen ist oder durch untätiges Verstreichenlassen der Zweiwochenfrist die gesetzliche Fiktion eintritt. In **beiden** Fällen hat der AG **unverzüglich** die außerordentliche Kündigung auszusprechen.

3.11.11 Kündigung bei Schwangerschaft/Eltern-/Pflegezeit

3.11.11.1 Kündigung von Schwangeren

Während der Schwangerschaft besteht ein effektiver Kündigungsschutz. Vom ersten Tag, sogar noch vor Beginn des Arbeitsverhältnisses, genießt die Schwangere während der Schwangerschaft und grundsätzlich bis vier Monate nach der Entbindung Kündigungsschutz (§ 17 Abs. 1 Satz 1 Nr. 1 und 3 MuSchG).

Der Beginn der Schwangerschaft wird vom voraussichtlichen Tag der Niederkunft bestimmt, wobei der Entbindungstag nicht mitgerechnet wird (280 Tage). Bei künstlicher Befruchtung setzt die Schwangerschaft erst ein, wenn die befruchtete Eizelle in die Gebärmutter eingesetzt wird.

Die Schwangere ist nicht verpflichtet, den AG über die Schwangerschaft zu informieren. Wenn sie sich jedoch darauf berufen will, muss sie dem AG **2 Wochen** nach **Zugang der Kündigung** davon Kenntnis geben, in Ausnahmefällen auch länger, um nicht den Kündigungsschutz zu verlieren (§ 17 Abs. 1 Satz 1 MuSchG).

Durch die Neuregelung des Mutterschutzes zum 01.01.2018 gilt die Besonderheit für das Kündigungsverbot von Frauen, die nach der 12. Schwangerschaftswoche eine Fehlgeburt erleiden. Der Kündigungsschutz gilt hier bis zum Ablauf von vier Monaten nach einer solchen Fehlgeburt (§ 17 Abs 1 Satz 1 Nr. 2 MuSchG).

Vor Ausspruch jeder Beendigungskündigung ist die Zustimmung der nach Landesrecht für Arbeitsschutz zuständigen obersten Behörde einzuholen. In aller Regel sind dies die Regierungspräsidien (Baden-Württemberg, Hessen, Nordrhein-Westfalen) oder die Gewerbeaufsichtsämter (u.a. Bayern). Näheres siehe unter www.bmfsfj.de.

Erteilt die Behörde die Zustimmung, muss der AG die Kündigung alsbald aussprechen, ohne die Bestandskraft des Zustimmungsbeschlusses abwarten zu müssen. Im Kündigungsschreiben ist der Kündigungsgrund anzugeben, aufgrund dessen die Behörde der Kündigung zugestimmt hat (§ 17 Abs. 3 Satz 2 MuSchG).

Lehnt die Behörde eine Zustimmung ab, was in der Praxis die Regel ist, kann der AG dagegen Widerspruch und anschließend Klage zum Verwaltungsgericht erheben. Solange die Zustimmung nicht vorliegt, kann der AG der Schwangeren nicht kündigen und das kann Monate dauern.

3.11.11.2 Kündigung während der Elternzeit

Ähnliches gilt für AN, die Elternzeit beantragt haben oder sich in Elternzeit befinden. Hier setzt der Sonderkündigungsschutz mit der Antragsstellung, höchstens jedoch **8 Wochen** vor dem gewünschten Beginn der Elternzeit ein. Der Kündigungsschutz reicht bis zum Ende der beantragten Elternzeit, maximal bis zur Vollendung des dritten Lebensjahres des Kindes. Das ist der letzte Tag vor dessen dritten Geburtstag. Wird die Elternzeit nach Vollendung des dritten und vor dem achten Lebensjahr beantragt, beginnt der Schutz frühestens **13 Wochen** vor dem beabsichtigten Beginn der Elternzeit.

Will der AG trotz beantragter oder bestehender Elternzeit kündigen, muss er dieselbe Behörde wie bei Schwangeren um Zustimmung bitten.

AN in Elternzeit, die beim gleichen AG in Teilzeit weiterarbeiten, genießen den gleichen Schutz, auch wenn der AG nur die Teilzeitbeschäftigung kündigen möchte (§ 18 Abs. 2 Satz 1 BEEG).

Treffen Elternzeit und Schwangerschaft zusammen, was in der Praxis häufig vorkommt, muss der AG bei der Aufsichtsbehörde die Zustimmungserklärung sowohl gem. § 17 MuSchG als auch nach § 18 Abs. 1 Satz 3 BEEG beantragen.

3.11.11.3 Kündigung während der Pflegezeit

Das Pflegezeitgesetz (PflegeZG) kennt die **kurzzeitige Arbeitsverhinderung** (bis zu 10 Arbeitstage) und die **Pflegezeit** (bis 6 Monate), in der ein AN einen pflegebedürftigen nahen Angehörigen pflegen muss. In diesen Fällen darf der AG, wenn er mehr als **15 AN** beschäftigt, das Arbeitsverhältnis von der Ankündigung an, höchstens jedoch **12 Wochen** vor dem angekündigten Beginn, bis zum Ende der kurzzeitigen Arbeitsverhinderung bzw. der Freistellung zwecks Pflegezeit nicht kündigen (§ 5 Abs. 1 PflegeZG). Daneben kann sich ein AN bis zu **24** Monate von der Arbeitspflicht teilweise befreien lassen, um einen nahen Angehörigen in häuslicher Umgebung zu pflegen, wenn der AG mehr als **25 AN** beschäftigt (§ 2 Familienpflegezeitgesetz). Für den Kündigungsschutz gilt das Gleiche wie beim PflegeZG (§ 2 Abs. 3 FPfZG).

Will er dennoch kündigen, muss er vorher die Zustimmung der zuständigen obersten Landesbehörde einholen.

3.11.12 Andere Beendigungsformen

3.11.12.1 Befristung/Zweckerreichung

Das Arbeitsverhältnis kann auch ohne Kündigung enden. War es befristet, endet es mit Ablauf der vereinbarten Frist. War der Vertrag zweckbefristet, endet er mit Erreichen des Zweckes, frühestens jedoch **2 Wochen** nach Zugang der schriftlichen Unterrichtung durch den AG über den Zeitpunkt der Zweckerreichung (§ 15 Abs. 2 TzBfG).

Ähnliches gilt, wenn die Parteien einen auflösend bedingten Vertrag geschlossen haben und die Bedingung eingetreten ist (z.B. der Eintritt der Erwerbsunfähigkeit oder im Profifußball der fehlende Klassenerhalt).

3.11.12.2 Aufhebungsvertrag

Häufig endet das Arbeitsverhältnis durch einen **Aufhebungsvertrag**, dem keine Kündigung vorangegangen ist. Der Aufhebungsvertrag ist ein gegenseitiger Vertrag und bedarf der Schriftform (§ 623 BGB).

Er ist vom **Abwicklungsvertrag** zu unterscheiden. Beide Verträge klingen gleich und werden oftmals synonym verwendet, sind aber in ihren Wirkungen verschieden.

Der Abwicklungsvertrag setzt eine Kündigung voraus und regelt im Nachgang dazu, wie die Parteien sich die Abwicklung des Arbeitsvertrages bis zum Auslaufen der Kündigungsfrist vorstellen. Der Abwicklungsvertrag kann beim späteren Bezug von Arbeitslosengeld dort eine Sperrfrist auslösen, wenn er noch innerhalb der ersten 3 Wochen nach Ausspruch der Kündigung, ohne dass ein Kündigungsschutzprozess anhängig ist, vereinbart wird. Deshalb empfiehlt es sich, diesen erst im Rahmen eines Kündigungsschutzprozesses zu schließen.

Dagegen beendet der Aufhebungsvertrag das Arbeitsverhältnis. Beide Parteien wirken an der Beendigung des Vertrages mit. Diese Tatsache kann bei einer anschließenden Arbeitslosigkeit zu einer **Sperrfrist von bis zu 12 Wochen führen (§ 159 Abs. 1 Satz 1 und Satz 2 Nr. 1 SGB III)**, in der der AN kein Arbeitslosengeld bezieht und noch zu weiteren Nachteilen führen (Kürzung der Laufzeit). Dafür genügt die Bedingung, dass der spätere arbeitslose AN »das Beschäftigungsverhältnis gelöst« hat. Deshalb sollte ein AG allein aus Fürsorge gegenüber dem AN keinen Aufhebungsvertrag anbieten, um den AN vor Nachteilen beim späteren Arbeitslosengeldbezug zu schützen.

Ein Aufhebungsvertrag bzw. Abwicklungsvertrag schadet dann nicht, wenn der AN eine versicherungspflichtige Anschlusstätigkeit hat, sich selbstständig macht oder in den Ruhestand tritt und damit kein Arbeitslosengeld in Anspruch nimmt.

3.12 Schriftformklausel

Fast jeder Arbeitsvertrag enthält eine Schriftformklausel, mit der der AG erreichen möchte, dass nur das schriftlich Vereinbarte gilt. Das hat aber auch beweisrechtliche Vorteile für den AN. Demzufolge finden sich im Arbeitsvertrag folgende Formulierungen:

> **Textbaustein: Einfache Schriftformklausel**
> »Änderungen und Ergänzungen dieses Vertrages bedürfen zu ihrer Wirksamkeit der Schriftform.«

Diese Klausel wird als **einfache** Schriftformklausel bezeichnet. Sie wird manchmal durch einen Satz ergänzt und auf diese Weise zur **doppelten** Schriftformklausel:

> **Textbaustein: Doppelte Schriftformklausel**
> »Dies gilt auch für den Verzicht auf das Schriftformerfordernis.«

Beide Klauseln halten der AGB-Kontrolle nicht mehr stand. Diese Klauseln benachteiligen den AN unangemessen, weil sie über die wahre Rechtslage täuschen und ihn davon abhalten, sich auf seine Rechte zu berufen, die ihm aufgrund einer **mündlichen Vereinbarungen** zustehen. Schriftformklauseln können den gesetzlichen Vorrang einer mündlich erklärten Individualvereinbarung nicht ausschließen (§ 305b BGB). Deshalb ist zu empfehlen, den oben dargestellten Schriftformklauseln noch einen Zusatz anzufügen, der wie folgt lauten kann:

> **Textbaustein: Schriftformklausel mit Zusatz**
> »Mündliche Individualabreden bleiben davon unberührt (§ 305b BGB)«.

Diese umfassende Schriftformklausel dürfte einer AGB-Kontrolle standhalten und gleichzeitig verhindern, dass eine betriebliche Übung entsteht (vgl. Kapitel 2.4).

3.13 Ausschlussfristen

Ausschlussfristen dienen der Rechtssicherheit und Rechtsklarheit. Sie finden sich in Tarifverträgen, aber auch in Arbeitsverträgen. Sie sind von Verjährungsfristen zu unterscheiden (3 Jahre) und in der Regel kürzer (3 bis 6 Monate). Die Verjährung ist eine Einrede, auf die sich der Schuldner berufen muss. Die Ausschlussfrist ist eine Einwendung und vom Gericht von Amts wegen zu beachten.

Man unterscheidet **einfache** und **doppelte Ausschlussfristen**. Eine einfache Ausschlussfrist könnte für Arbeitsverträge, die ab dem 01.10.2016 geschlossen werden, wie folgt aussehen:

3.13 Ausschlussfristen

> **Textbaustein: Einfache Ausschlussfrist** !
>
> »Alle Ansprüche aus dem Arbeitsverhältnis und solche, die mit dem Arbeitsverhältnis in Verbindung stehen, verfallen, wenn sie nicht innerhalb von 3 Monaten nach Fälligkeit gegenüber der anderen Vertragspartei in Textform geltend gemacht worden sind.«

Wird noch folgender Zusatz angebracht, so wird aus einer einfachen eine doppelte Ausschlussfrist:

> **Textbaustein: Doppelte Ausschlussfrist** !
>
> »Lehnt die andere Vertragspartei den Anspruch ab oder äußert sie sich nicht innerhalb von 2 Wochen nach Geltendmachung in Textform, verfallen die Ansprüche, wenn sie nicht innerhalb von 3 Monaten nach der Ablehnung oder nach dem Ablauf der Äußerungsfrist gerichtlich geltend gemacht werden.«

Soweit in diesen Klauseln wie bisher üblich eine schriftliche Geltendmachung vorgeschrieben ist, ist diese Schriftformklausel für Arbeitsverträge, die ab dem 01.10.2016 abgeschlossen werden, unwirksam. §309 Nr. 13 BGB besagt, dass die zwingende Vorgabe der Schriftform (mit Papier und Unterschrift als strengere Formvorschrift im Vergleich zur Textform) in den AGB unwirksam ist. Im Arbeitsvertrag kann also nicht mehr zwingend die Schriftform als ausschließliche Form für die Geltendmachung der Ansprüche vorgeschrieben werden. Ansprüche in Textform können per Fax, E-Mail oder SMS geltend gemacht werden. Bei Unwirksamkeit gilt eine Frist von 3 Jahren (§195 BGB). In Arbeitsverträgen, die bis zum 30.09.2016 abgeschlossen werden, bleibt die Schriftformklausel gültig.

Es empfiehlt sich, Ausschlussfristen in Arbeitsverträgen vorzusehen, wenn diese nicht bereits schon tarifrechtlich geregelt sind. Sie dürfen im Arbeitsvertrag nicht versteckt unter »Sonstige Regelungen« oder »Schlussbestimmungen« erscheinen, sondern sollten am besten drucktechnisch hervorgehoben werden, damit sie jedem Leser sofort ins Auge springen.

Ausschlussfristen ersparen beiden Parteien viel Ärger bei der Aufarbeitung von Forderungen aus der Vergangenheit. Ausschlussfristen erfassen weitgehend alle Ansprüche aus dem Arbeitsverhältnis und – je nach Formulierung

– auch Ansprüche, die im Zusammenhang mit der Beendigung des Arbeitsverhältnisses stehen. Einige Ansprüche sind davon **ausgenommen**:
- das Stammrecht aus der betrieblichen Altersversorgung
- Urlaubsansprüche
- Abfindungsansprüche aus gerichtlichem Vergleich
- Entgeltansprüche bei Vereinbarung einer sittenwidrigen Vergütung
- Sterbegeld
- Mindestlohn

Deshalb ist es ratsam, Mindestlohnansprüche von der Ausschlussfrist ausdrücklich auszunehmen, damit die Regelung der AGB-Kontrolle standhält.

Ausschlussfristen müssen mindestens **3 Monate** und bei der doppelten Ausschlussfrist **je 3 Monate** betragen, andernfalls sind sie unwirksam. Die Unwirksamkeit gilt dann aber nur zugunsten des AN, nicht auch zugunsten des AG, der die Ausschlussfrist vorformuliert hat. Dieser kann sich nicht erfolgreich auf die Unwirksamkeit seiner eigenen Ausschlussfristenregelung berufen. Der AN dagegen kann seine Ansprüche bis zur zeitlichen Grenze der Verjährung fordern.

3.14 Vertragsstrafenabreden

AG und AN können für bestimmte Fälle eine Vertragsstrafe vereinbaren, die nicht dem allgemeinen Klauselverbot unterfällt (§ 309 Nr. 6 BGB), da der AN mit gerichtlichen Zwangsmitteln nicht zur Arbeit gezwungen werden kann (§ 888 Abs. 3 ZPO). Eine Vertragsstrafe wird häufig für den Fall vorgesehen, dass der AN seine Arbeit nicht oder verspätet aufnimmt oder das Arbeitsverhältnis ohne Einhaltung einer Kündigungsfrist grundlos beendet.

Die Vertragsstrafe, die in aller Regel pauschaliert wird, darf nicht höher liegen, als der AN in der für ihn maßgeblichen Kündigungsfrist an Gehalt beanspruchen kann.

Ein Muster einer Vertragsstrafenregelung entnehmen Sie bitte den Online-Arbeitshilfen, dort dem Musterarbeitsvertrag.

4 Arbeitsrechtliche Fragen

4.1 Betriebsübergang

In der Praxis kommt es nicht selten vor, dass ein AN bei der Firma A beginnt und, ohne den Arbeitsplatz zu wechseln, am Ende seines Arbeitslebens über die Firmen B, C, D zur Firma E kommt, um von dort dann in die Altersrente zu gehen, ohne jemals von den nachfolgenden Firmen B bis E einen Arbeitsvertrag erhalten zu haben. In diesen Fällen fragt sich der AN, ob sein ursprünglicher Arbeitsvertrag von der Firma A noch weiter gilt. Diese Frage beantwortet §613a BGB, der die Rechte und Pflichten bei einem Betriebsübergang regelt.

4.1.1 Was ist ein Betriebsübergang?

Vor Beantwortung dieser Frage zunächst einige Fälle:

> **Beispiele** !
> **Fall 1:** A betreibt eine Gaststätte mit 20 AN. A verpachtet sie aus Altersgründen an B.
> **Fall 2:** A betreibt ein Kaufhaus mit Cafeteria, in der 10 AN arbeiten. A verkauft die Cafeteria an B.
> **Fall 3:** A besitzt ein Gebäudereinigungsunternehmen und führt mit 50 Reinigungskräften die Arbeit im Krankenhaus X aus. Der Auftrag von X an A ist zum 31.12. ausgelaufen. X vergibt den Reinigungsauftrag mit Wirkung vom 01.01. an B.
> a) Die Firma B führt den Reinigungsauftrag in X mit eigenen Leuten aus.
> b) Die Reinigungsfirma B übernimmt die Hälfte der Reinigungskräfte der Firma A, jedoch nicht die Führungskräfte.

Liegt in allen Fällen ein Betriebsübergang vor? Und was geschieht mit den AN?

Geht ein **Betrieb** oder ein **Betriebsteil** durch **Rechtsgeschäft** auf einen anderen Inhaber über, so tritt dieser in die Rechte und Pflichten des im Zeitpunkt des Übergangs bestehenden Arbeitsverhältnisses ein.

In Fall **1** handelt es sich bei der Firma **A** um einen **Betrieb**. In Fall 2 geht es um einen **Betriebsteil** und in Fall 3 um **Teile** eines Betriebes.

Ein Betriebsteil ist eine selbstständig, abtrennbare, organisatorische Einheit, mit der innerhalb des betrieblichen Gesamtzweckes – hier Kaufhaus – ein **Teilzweck** – hier Cafeteria – verfolgt wird. Entscheidend ist, dass die Cafeteria im zweiten Schritt bei dem Erwerber ihre – nicht vollständige – **wirtschaftliche Einheit** behält. Es genügt, wenn die funktionelle Verknüpfung der übertragenen Produktionsfaktoren untereinander **beim Erwerber erhalten** bleiben und **nicht zerschlagen** werden. Dieser muss sie noch nutzen können, um derselben oder einer gleichartigen wirtschaftlichen Tätigkeit nachzugehen. Die bisherige wirtschaftliche Einheit bleibt aufrechterhalten, wenn **B** die Cafeteria im ähnlichen Stil wie **A** weiterführt. Dann spricht man von einem Betriebs**teil**übergang. Etwas anderes wäre es, wenn **B** aus der Cafeteria ein Feinschmeckerlokal macht und damit das Gaststättenkonzept völlig verändert.

In Fall **3a** geht keine **wirtschaftliche Einheit** oder **Teileinheit** auf den Erwerber **B** über. Man spricht in diesem Fall von einer sog. reinen **Funktionsnachfolge**.

Die AN, die bislang für die Firma **A** im Krankenhaus X gearbeitet haben, verlieren mit Ende des Auftrages der Firma **A** dort ihren Arbeitsplatz. **A** muss seine AN anderweitig einsetzen oder ihnen kündigen.

In Fall **3b** übernimmt der Erwerber **B** einen Teil (hier 50%) der bisherigen im Krankenhaus X tätigen AN von **A**. Dennoch handelt es sich nicht um einen Betriebsübergang mit der Folge, dass auch die anderen Mitarbeiter der Firma **A** aus dem Krankenhaus X auf **B** übergehen. Das Reinigungsunternehmen **A** ist ein sog. **betriebsmittelarmer Betrieb**, der außer über Putzzeug, Putzmittel und Autos über keine anderen Betriebsmittel verfügt. Bei diesen Betrieben kommt es für die Frage des Betriebsüberganges darauf an, ob der Erwerber einen nach **Zahl und Sachkunde** wesentlichen Teil der Belegschaft vom Veräußerer übernimmt. **B** hat nur die Hälfte der Reinigungskräfte übernommen, nicht die Führungsmannschaft von **A**. In diesen Fällen verlangt die Rechtsprechung, um einen Betriebsübergang zu bejahen, dass entweder mehr als 75 % der einfachen Belegschaft oder im Wesentlichen die Führungsmannschaft übernommen wird.

Es lässt sich oft nicht immer leicht beantworten, ob im Einzelfall ein gesamter Betrieb oder nur ein Betriebsteil übergegangen ist oder doch nur eine Funktionsnachfolge besteht. Die Rechtsprechung nimmt eine Gesamtwürdigung vor und stellt unter anderem auf folgende Teilaspekte ab:
- Art des Unternehmens oder des Betriebs
- Übergang der materiellen Betriebsmittel wie Gebäude, Fuhrpark etc.
- Wert der immateriellen Aktiva im Zeitpunkt des Übergangs
- Übernahme der Hauptbelegschaft
- Übergang der Kundschaft
- Grad der Ähnlichkeit der Tätigkeit, die vor und nach dem Betriebsübergang ausgeübt wird
- Dauer einer eventuellen Unterbrechung der Tätigkeit

Im Einzelfall ist die Frage des Betriebsübergangs nicht ohne Rechtsbeistand zu beantworten. Dies gilt sowohl für AN als auch erst recht für AG. Denn an einen Betriebsübergang sind weitreichende Folgen geknüpft.

Der Betriebsübergang muss **kraft eines Rechtsgeschäftes** erfolgen – z. B. durch Verkauf, Verpachtung u. a. Wird eine Behörde **kraft Gesetzes** aufgelöst und auf eine andere übertragen, liegt darin kein **rechtsgeschäftlicher** Betriebsübergang.

4.1.2 Folgen des Betriebsübergangs

Geht eine wirtschaftliche Einheit eines Betriebs oder eines Teilbetriebs bei Wahrung der eigenen Identität auf den Erwerber über, gehen alle davon betroffenen AN, die in jenem Betrieb oder Betriebsteil arbeiten, auf den Erwerber über. **Die AN gehen mit allen Rechten und Pflichten über.** Man muss sich dies bildlich so vorstellen, als ob die AN ihre Rechte und Pflichten im Rucksack vom Veräußerer zum Erwerber mitnehmen. Deshalb ist es unnötig, einen neuen Arbeitsvertrag mit dem Erwerber abzuschließen. Der Erwerber tritt in die Rechte und Pflichten des bestehenden Arbeitsvertrages seines Vorgängers ein. Beide AG haften dem AN für eine Übergangszeit von einem

Jahr als Gesamtschuldner für alle Ansprüche, die vor dem Betriebsübergang entstanden und vor Ablauf von einem Jahr nach diesem Zeitpunkt erst fällig werden. Im Einzelnen vergleiche dazu §613a Abs. 2 BGB.

Man kann sich den Übergang der arbeitsrechtlichen Rechte und Pflichten vom Veräußerer auf den Erwerber noch relativ einfach vorstellen. Schwieriger wird es, wenn es um die Fortgeltung von Tarifverträgen und Betriebsvereinbarungen geht – z. b. von einem tarifgebundenen Veräußerer auf einen nicht tarifgebundenen Erwerber.

Nach §613a Abs. 1 Satz 2 BGB werden zuvor geltende Tarifverträge zum Inhalt des Arbeitsverhältnisses und gehen mit diesem auf den Erwerber über. Sie dürfen innerhalb eines Jahres nach dem Betriebsübergang nicht zum Nachteil des AN geändert werden. Gilt dagegen beim Erwerber ein anderer Tarifvertrag, findet dieser sofort auf die übergegangenen AN Anwendung, auch wenn dieser ungünstiger ist. Gleiches gilt für Betriebsvereinbarungen.

Kompliziert wird es, wenn Tarifverträge auf entsprechende Regelungen in Betriebsvereinbarungen treffen (sog. Über-Kreuz-Ablösung), die das BAG bislang noch ablehnt.

4.1.3 Widerspruchsrecht des Arbeitnehmers

Beim Betriebsübergang findet ein Austausch der Vertragsparteien statt. Der AN, der bislang bei der Firma A beschäftigt war, geht zur Firma B über, zu der er möglicherweise freiwillig nie gewechselt wäre. Da im Vertragsrecht grundsätzlich keinem ein anderer Vertragspartner aufgezwungen werden kann, hat der AN das Recht, dem Betriebsübergang innerhalb **eines Monats** nach Zugang einer entsprechenden Unterrichtung durch den Erwerber oder Veräußerer **schriftlich** zu widersprechen.

Der Widerspruch kann gegenüber einer von beiden Parteien erklärt werden. Die Monatsfrist beginnt mit Zugang des **Unterrichtungsschreibens** beim AN. Fehlt ein solches oder ist es inhaltlich falsch oder im Sinne von §613a Abs. 5 BGB unvollständig, wird die Monatsfrist gar nicht erst in Gang gesetzt. Der AN kann von seinem Widerspruchsrecht nach Monaten noch Gebrauch machen, was z. B. die Mitarbeiter der Firma Siemens in der Mobilfunksparte nach dem Wechsel zur koreanischen Firma BenQ mit Erfolg getan haben, als Letztere in Insolvenz geriet. Für den Veräußerer war dies mit erheblichen Kosten verbunden. Deshalb empfiehlt es sich, beim Abfassen des Unterrichtungsschreibens rechtlichen Rat einzuholen. Allein die Unterrichtung über die rechtlichen, wirtschaftlichen und sozialen Folgen des Betriebsübergangs, die nicht schlagwortartig geschehen darf, überfordert einen Nichtjuristen. Deshalb ist, soweit es den Inhalt des Unterrichtungsschreibens betrifft, an dieser Stelle auf das Gesetz zu verweisen (§ 613a Abs. 5 BGB).

Widerspricht der AN, geht das Arbeitsverhältnis **nicht** auf den Erwerber über, sondern verbleibt bei dem Veräußerer, der in aller Regel keine Tätigkeit mehr für den betroffenen AN hat, so dass er diesem aus betriebsbedingten Gründen kündigen kann. Hat der AN eine lange Kündigungsfrist – z. B. 7 Monate –, stellt sich für den Veräußerer die Frage, wo und wie er den AN in der Kündigungsfrist beschäftigt. Für diese Fälle sollte im Vertrag zwischen Veräußerer und Erwerber eine Regelung getroffen werden, dass der Erwerber die widersprechenden AN für die Dauer deren Kündigungsfrist beschäftigt. Lehnt ein AN die Beschäftigung beim Erwerber ab, kann dies ein böswilliges Unterlassen im Sinne von § 615 BGB sein, so dass der AN vom Veräußerer kein Gehalt verlangen kann (vgl. Kapitel 3.6.4).

4.2 Abmahnung

Die Abmahnung im Arbeitsrecht ist die gelbe Karte des Fußballs. Sie ist in der Regel die notwendige Voraussetzung für eine verhaltensbedingte Kündigung. Deshalb wird sie in der Praxis auch als Vorstufe einer Kündigung verstanden. Sie ergibt sich aus dem allgemeinen Zivilrecht (§ 314 Abs. 2 BGB).

4.2.1 Inhalt der Abmahnung

Die Abmahnung hat 2 Funktionen:
- Rügefunktion
- Warnfunktion

Um ihre **Rügefunktion** erfüllen zu können, muss die Abmahnung den vorgeworfenen Sachverhalt so konkret wie möglich schildern, so dass sich der AN an den Vorfall erinnern kann. Danach sind dem AN die damit im Zusammenhang stehenden Pflichten mitzuteilen und dass er dagegen verstoßen hat. Dabei ist auf Schlagworte und Werturteile zu verzichten. Beispiel: »Sie sind am Donnerstag, den 14.03.2019, um 8.30 Uhr erschienen, obwohl Ihre Arbeitszeit um 8.00 Uhr beginnt« und nicht »Sie kommen ständig zu spät«.

Des Weiteren muss die Abmahnung einen Hinweis auf arbeitsrechtliche Konsequenzen enthalten, wenn der AN erneut gegen seine arbeitsrechtlichen Verpflichtungen verstoßen sollte (= **Warnfunktion**). Dabei muss die Drohung mit der Kündigung nicht ausdrücklich erfolgen. Es reicht, wenn mit »arbeitsrechtlichen Konsequenzen bis hin zur Beendigung« gedroht wird (siehe Online-Arbeitshilfen, dort Muster einer Abmahnung).

4.2.2 Grundsätze zur Abmahnung

Die Abmahnung ist grundsätzlich formfrei. Sie sollte jedoch aus Beweiszwecken schriftlich erfolgen. Abmahnungsberechtigt ist jeder, der dem betreffenden AN Weisungen erteilen kann.

Die Abmahnung muss wie die Kündigung verhältnismäßig sein. Der AG darf nicht wegen jeder Kleinigkeit eine Abmahnung aussprechen, was in der Praxis erfahrungsgemäß auch nicht geschieht. Die Abmahnung ist verhältnismäßig, wenn ein besonnener AG den Verstoß für kündigungsrechtlich relevant gehalten hätte.

Ist der Vertragsverstoß nicht so gravierend, gibt es andere Möglichkeiten, den AN an seine Vertragspflichten zu erinnern und zwar mit aufsteigender Intensität:
- (wiederholte) Arbeitsanweisung
- Belehrung
- Vorhaltung
- Verwarnung
- Verweis

Alle diese Möglichkeiten der Ermahnung enthalten **keine** Kündigungsandrohung und reichen deshalb auch nicht aus, darauf später eine verhaltensbedingte Kündigung zu stützen.

Entschließt sich der AG zur Abmahnung, **verzichtet** er gleichzeitig darauf, wegen des gleichen Vorfalls eine Kündigung auszusprechen. Häufig wird dies in der Praxis übersehen. Der AG spricht wegen des gleichen Vorfalls zunächst eine Abmahnung und drei Tage später eine Kündigung aus, obwohl sein **Kündigungsrecht** bereits durch die Abmahnung **verbraucht** ist.

Die Abmahnung wird üblicherweise im Duplikat zur Personalakte genommen. Bevor dies geschieht, ist der **AN anzuhören**. Im öffentlichen Dienst ergibt sich dies aus u. a. § 3 Abs. 6 Satz 4 TV-L und für die übrigen AN aus § 241 Abs. 2 BGB. Ist der AN vorher nicht angehört worden, ist die Abmahnung aus der Personalakte zu entfernen. Die Abmahnung kann für eine spätere Kündigung jedoch herangezogen werden, weil sie trotz der fehlenden Anhörung ihre Warnfunktion nicht verloren hat.

Die Erteilung der Abmahnung ist an keine strengen Fristen gebunden. Sie sollte jedoch zeitnah zum Vertragsverstoß ausgesprochen werden, damit die Erinnerung des AN an den Vertragsverstoß noch nicht verblasst ist. Wird eine Abmahnung auf mehrere Vertragsverstöße gestützt, von denen einige nicht zutreffen, muss die Abmahnung insgesamt aus der Personalakte entfernt werden. Der AG kann dann zwar noch eine erneute Abmahnung aussprechen, die sich auf die nachgewiesenen bzw. eingeräumten Pflichtverletzungen beschränkt. Es ist daher empfehlenswert, von vornherein jeden einzelnen Vertragsverstoß **gesondert** abzumahnen, auch wenn dadurch mehrere Abmahnungen gleichzeitig ausgesprochen werden.

Abmahnungen können ihre Warnfunktion auch verlieren, wenn der letzten Abmahnung noch eine allerletzte und nach dieser eine aller allerletzte Abmahnung folgt. Deshalb ist dem AG zu empfehlen, mit dem Wort »letzte Abmahnung« sparsam umzugehen.

Eine vorweggenommene Abmahnung ist in Einzelfällen möglich, wenn z. B. der AG auf eine angedrohte Arbeitsverweigerung des AN eine Abmahnung bereits für den Fall ausspricht, dass der AN seine Drohung wahrmacht (BAG-Urteil vom 05.04.2001 – 2 AZR 580/99: NZA 2001, 893, 898).

4.2.3 Abwehrmöglichkeiten

Die Abmahnung ist nicht nach Ablauf einer bestimmten Zeit aus der Personalakte zu entfernen, es sei denn, sie ist bedeutungslos geworden. Solange die Abmahnung für eine zukünftige Entscheidung über eine Versetzung oder Beförderung oder Beurteilung des AN benötigt wird, verbleibt sie zu Recht in der Personalakte. Das gilt auch nach Beendigung des Arbeitsverhältnisses.

Ist die Abmahnung zu Unrecht ergangen, hat der AN mehrere Möglichkeiten, sich zu wehren. Er kann:

- eine Gegendarstellung verfassen und den AG auffordern, diese zu seiner Personalakte zu nehmen
- von seinem Beschwerderecht gem. § 84 BetrVG Gebrauch machen
- die Rücknahme und Entfernung der Abmahnung aus der Personalakte analog § 1004 BGB verlangen, notfalls gerichtlich, wenn die Abmahnung
  - formell nicht ordnungsgemäß zustande gekommen ist,
  - unrichtige Tatsachen enthält,
  - unzutreffende Bewertung aufweist,
  - den Grundsatz der Verhältnismäßigkeit verletzt,
  - die Abmahnung kein konkret bezeichnetes Fehlverhalten, sondern nur pauschale Vorwürfe enthält,
  - wenn für den AG kein schutzwürdiges Interesse am weiteren Verbleib der Abmahnung in der Personalakte besteht.

Enthält die Abmahnung ehrverletzende Äußerungen, kann der AN vom AG noch zusätzlich den Widerruf dieser Äußerung verlangen.

Der AN muss sich gegen eine unberechtigte Abmahnung **nicht** im laufenden Arbeitsverhältnis **wehren**. Erfahrungsgemäß belastet dies das Arbeitsverhältnis und führt oft zu dessen vorzeitiger Beendigung. Der AN kann noch in einem späteren Kündigungsschutzprozess mit Erfolg vortragen, dass die vorangegangene Abmahnung unwirksam war.

Wer nicht das Arbeitsverhältnis vorzeitig aufs Spiel setzen will, kann die Angelegenheit mit einer Gegendarstellung auf sich beruhen lassen. Den AG sei geraten, sich für die Abmahnung genügend Zeit zu nehmen, um sie so konkret wie möglich abzufassen.

4.2.4 Abmahnung und Kündigung

Eine Abmahnung allein reicht in der Regel noch nicht aus, um bei einem anschließenden Fehlverhalten eine wirksame verhaltensbedingte Kündigung auszusprechen. Je nach Dauer des Arbeitsverhältnisses, Schwere des Verstoßes und Abstand zwischen den einzelnen Vertragsverstößen müssen zwei bis drei **gleichartige Vertragsverstöße** abgemahnt worden sein, bevor der AG eine Kündigung aussprechen kann. Die abgemahnten Verstöße müssen in einem inneren Zusammenhang stehen, wenn z. B. der AN einerseits häufig zu spät kommt, andererseits seiner Anzeigepflicht im Krankheitsfall nicht pünktlich nachkommt. Beide Fälle zeugen von einer Unzuverlässigkeit des AN, die Grund für eine Kündigung sein kann.

4.3 Personalakte

Bei jedem AG wird eine Personalakte für den einzelnen AN geführt, in der in Papierform oder elektronisch alle Unterlagen gesammelt werden, die in einem inneren Zusammenhang mit dem Arbeitsverhältnis stehen. Dazu gehören:

- Bewerbungsunterlagen
- Personalfragebogen
- Arbeitsvertrag
- Zeugnis über Fortbildungsmaßnahmen
- Urlaubsanträge
- AU-Bescheinigungen

Der AG ist verpflichtet, die Personalakten vertraulich aufzubewahren und vor dem Zugriff Dritter zu schützen.

Der AN kann jederzeit und ohne jeden besonderen Anlass seine Personalakte einsehen – auch während der Arbeitszeit auf Kosten des AG – und sich daraus Notizen und Abschriften wie auch Fotokopien fertigen. Aus dem Auskunftsrecht nach Art. 15 DS-GVO ergibt sich auch das Recht des AN, kostenfreie Erst-Kopien seiner personenbezogenen Daten zu verlangen (Art. 15 Abs. 3 DS-GVO). Der AN kann ein Mitglied des Betriebsrates seiner Wahl hinzuziehen, der Schwerbehinderte zusätzlich ein Mitglied der Schwerbehindertenvertretung (§ 83 Abs. 1 Satz 2 BetrVG, § 178 Abs. 3 SGB IX).

Der AG hat die sich in der Personalakte befindenden und im Eigentum des AN stehenden Arbeitspapiere an diesen am Ende eines Arbeitsverhältnisses herauszugeben (z. B. Originalzeugnisse der Vorarbeitgeber) (vgl. Kapitel 4.5).

4.4 Arbeitszeugnis

Jeder AN hat bei Beendigung des Arbeitsverhältnisses nach § 109 GewO einen Anspruch auf Erteilung eines schriftlichen Zeugnisses. Man unterscheidet ein **einfaches** und ein **qualifiziertes** Zeugnis.

Das einfache Zeugnis muss Angaben zur Art und Dauer der Tätigkeit enthalten, während das qualifizierte Zeugnis, dass die Regel ist, zusätzlich Angaben über die **Leistung** und das **Verhalten** des AN enthält.

Darüber hinaus unterscheidet man zwischen einem **End-** und **Zwischenzeugnis**.

4.4.1 Grundsätze

Das Zeugnis muss klar und verständlich formuliert sein. Es darf keine Merkmale oder Formulierungen enthalten, die den Zweck haben, eine andere als aus der äußeren Form oder aus dem Wortlaut ersichtlichen Aussage über den AN zu treffen (§ 109 Abs. 2 GewO). Das Zeugnis dient einerseits dem beruflichen Fortkommen des AN und soll deshalb auch **wohlwollend** formuliert werden. Andererseits soll es den potenziellen neuen AG in die Lage versetzen, sich ein Bild über den Bewerber und seine bisherigen Tätigkeiten zu verschaffen, so dass er annehmen darf, dass die Angaben im Zeugnis der **Wahrheit** entsprechen. Das Zeugnis ist eine Balance zwischen Wohlwollen und Wahrheit oder anders ausgedrückt, der Grundsatz des Wohlwollens wird durch die Wahrheitspflicht begrenzt. Zugleich ist das Zeugnis auch eine Visitenkarte des ausstellenden AG, was in der Praxis manchmal nicht beachtet wird.

Der AN kann während des Arbeitsverhältnisses ein **Zwischenzeugnis** verlangen. Es wird als Nebenpflicht aus dem Arbeitsvertrag oder aus Tarifverträgen (z.B. §35 Abs. 2 TVöD) hergeleitet und setzt einen triftigen Grund voraus, wenn z.B. sich die rechtlichen oder tatsächlichen Bedingungen wesentlich verändern, der Mitarbeiter versetzt, ihm eine neue Tätigkeit zugewiesen wird, das Arbeitsverhältnis längere Zeit ruht, der Vorgesetzte wechselt oder der AN die Stelle wechseln möchte. Steht die Beendigung des Arbeitsverhältnisses bevor, kann der AN ein **vorläufiges Zeugnis** verlangen (§§35 Abs. 3 TVöD, 35 Abs. 3 TV-L), das sich nur auf Art und Dauer beschränkt.

Das Zeugnis muss maschinenschriftlich auf dem Geschäftspapier (Präsentationsbriefpapier) des Unternehmens erstellt werden. Hinweise auf Sachbearbeiter oder telefonische Durchwahlnummern auf bestimmte Abteilungen sind ebenso unzulässig wie die Nennung von Aktenzeichen. Es darf keine Flecken, Durchstreichungen, Textverbesserungen, Unterstreichungen, Hervorhebungen durch Fettdruck, Ausrufungs- oder Fragezeichen oder Gänsefüßchen aufweisen. Es darf auch keine orthografischen Fehler enthalten, insbesondere weil es eine Visitenkarte des AG ist.

Es ist in deutscher Sprache abzufassen, wenn der AG eine Niederlassung in Deutschland hat. Das gilt auch dann, wenn die englische Sprache im Unternehmen üblich ist.

Der Zeugnisanspruch ist grundsätzlich eine Holschuld. Der AN muss sich das Zeugnis am Firmensitz abholen. Ist damit ein unverhältnismäßig großer Aufwand verbunden, hat der AG das Zeugnis zuzuschicken.

Alle Zeugnisse sind **unverzüglich** zu erteilen (§35 Abs. 4 TVöD bzw. TV-L). Der AG darf das Zeugnis **nicht zurückbehalten**, weil er dadurch das Fortkommen des AN erschwert. Dies wird in der Praxis oft übersehen, aber mit Erfolg praktiziert, wobei das Arbeitszeugnis keine Voraussetzung für eine Bewerbung für eine andere Arbeitsstelle ist.

Der Zeugnisanspruch unterliegt den allgemeinen Ausschlussfristen und auch der Verjährung. Er fällt aber nicht unter allgemein gehaltene Ausgleichsklauseln.

4.4.2 Inhalt des Zeugnisses

Das Zeugnis muss den AN mit Titel, Vor- und Nachnamen bezeichnen. Häufig werden noch das Geburtsdatum und die Adresse des AN angegeben. Diese sind entbehrlich, um den AN zu identifizieren. Auch sollte der vollständige Name nebst Anschrift nicht im Adressfeld erscheinen. Es entsteht sonst der Eindruck, die Parteien hätten über das Zeugnis gestritten und es sei deshalb dem AN später zugesandt worden.

Das Zeugnis muss zeitnah zum Ausscheiden des AN datiert sein. Deshalb ist eine Rückdatierung erforderlich, wenn der AG das Zeugnis verspätet ausstellt. Andernfalls würde durch ein späteres Datum ebenfalls der Eindruck erweckt, die Parteien hätten über das Zeugnis gestritten. Daher der Tipp, Zeugnisse immer auf das Beendigungsdatum ausstellen, auch wenn dies ein Sonntag ist, was später keiner mehr bemerkt.

Das Zeugnis muss ferner die Unterschrift des AG bzw. seines Vertreters mit einem entsprechenden Vertretungshinweis aufweisen. Hier gilt der Grundsatz, der Unterzeichnende muss in der Firmenhierarchie höher stehen als der Beurteilte.

Der Grund des Ausscheidens ist im Zeugnis nur auf ausdrücklichen Wunsch des AN aufzunehmen. Im anderen Fall muss darauf verzichtet werden.

Das qualifizierte Zeugnis enthält eine Aussage über die **Leistung** und das **Verhalten** des AN, die leistungsgerecht sein muss.

Die Leistung wird durch Fachkenntnisse, Arbeitsqualität, Arbeitsgüte, Leistungsvermögen und die Bereitschaft, Verantwortung zu übernehmen, beschrieben.

Das Verhalten umfasst das Sozialverhalten des AN gegenüber Vorgesetzten, Kollegen und Dritten. Der AG hat bei der Abfassung des qualifizierten Zeugnisses einen **Beurteilungsspielraum**.

In einigen Berufen werden Aussagen über bestimmte Eigenschaften erwartet wie z. B. die Ehrlichkeit bei Kassierern, Unfallhäufigkeit bei Lkw-Fahrern.

Nur auf Wunsch des AN darf der AG die Tätigkeit des AN im Betriebs- bzw. Personalrat aufnehmen und Angaben zu dessen Gesundheitszustand machen.

Immer wieder wird behauptet, dass es in der Zeugnissprache Formulierungen geben soll, die einem Geheimcodex entsprechen. Dies wird vielfach überbewertet. Richtig ist, dass das Wort »bemühen« im Zeugnis eine andere Wertung erfährt als in der Umgangssprache. Richtig ist auch, dass bei der Leistungsbeurteilung im Rahmen der zusammenfassenden Wertung gewisse Redewendungen üblich sind, die der Schulnotenskala entsprechen. Im Einzelnen dazu ist auf die Online-Arbeitshilfen, dort Arbeitszeugnis, zu verweisen.

Jedes Zeugnis enthält üblicherweise eine Schlussformel, in der der AG sich beim AN bedankt und ihm für die Zukunft alles Gute wünscht. Auf diese Schlussformel hat der AN keinen Rechtsanspruch, insbesondere kann er nicht verlangen, dass der AG sein Ausscheiden bedauert.

Wenn der AG seinem AN etwas Gutes möchte, kann er wie folgt enden:

> **Textbaustein: Schlussformel im Arbeitszeugnis**
>
> »Herr M. scheidet mit dem heutigen Tag auf eigenen Wunsch aus unserem Unternehmen aus. Wir bedauern diese Entscheidung sehr, da wir einen wertvollen Mitarbeiter verlieren. Wir danken Herrn M. für seine Mitwirkung und wünschen ihm auf seinem weiteren Berufs- und Lebensweg alles Gute und weiterhin viel Erfolg.«

4.4.3 Berichtigung des Zeugnisses

Entspricht das Zeugnis nicht den Tatsachen und den berechtigten Vorstellungen des AN, kann dieser die **Berichtigung** desselben verlangen. Mit einem fehlerhaften Zeugnis erfüllt der AG nicht seine gesetzliche Verpflichtung, dem AN ein ordnungsgemäßes und leistungsgerechtes Zeugnis zu erteilen. Der AN muss beweisen, dass das Zeugnis unzureichende oder falsche Tatsachendarstellungen enthält. Bei der Beurteilung der Leistung bzw. des Sozialverhaltens kommt es darauf an, ob der AN eine **über**durchschnittliche Bewertung wünscht. Dann ist er beweispflichtig für die gute und sehr gute Leistung. Enthält das Zeugnis eine unterdurchschnittliche Leistungsbeurteilung (ausreichend oder mangelhaft) so liegt die Beweislast für die Richtigkeit beim AG.

Die Berichtigung des Zeugnisses kann notfalls mit einer Klage eingefordert werden. Sie ist eine unvertretbare Handlung und wird nach §888 ZPO durch Androhung eines Zwangsgeldes bzw. einer Zwangshaft vollstreckt. Letztere Drohung verfehlt nicht ihre Wirkung.

In der Praxis wird die Beurteilung der Leistung und des Sozialverhaltens häufig überbewertet und zu wenig Wert auf die Darstellung der bisherigen Tätigkeit gelegt. Diese ist aber für den nachfolgenden AG von größter Bedeutung, da er wissen möchte, was der Bewerber bislang gemacht und in welchen Bereichen er Erfahrungen gesammelt hat, die er möglicherweise in seinem Betrieb nutzen kann. Deshalb sollte man diesen Ausführungen mehr Raum geben. Im Übrigen gilt, was die Zeugnislänge betrifft, der Grundsatz: »Weniger ist mehr«.

4.5 Arbeitspapiere

Der AG hat am Ende eines Arbeitsverhältnisses die Arbeitspapiere korrekt auszustellen und an den AN herauszugeben.

Zu den Arbeitspapieren zählen derzeit:
- Meldebescheinigung zur Sozialversicherung (§25 DEÜV)
- Lohnsteuerbescheinigung, die die Lohnsteuerkarte ersetzt hat
- Arbeitsbescheinigung für die Agentur für Arbeit nach §312 SGB III
- Gesundheitszeugnis in der Lebensmittelbranche (§43 IfSG)
- Gesundheitsbescheinigung für Jugendliche (§32 Abs. 1 Nr. 2 JArbSchG)
- Urlaubsbescheinigung nach §6 BUrlG

- tarifliche Lohn- und Urlaubskarten, z. B. für das Baugewerbe
- Arbeitserlaubnis und Aufenthaltstitel für nicht EU-Bürger nach den §§ 284 SGB III, 4 Abs. 3 AufenthaltsG
- Sozialversicherungsausweis, wenn der AN ihn dem AG überlassen hat (§ 18h Abs. 3 SGB IV)

Der AG darf an den Arbeitspapieren **kein** Zurückbehaltungsrecht ausüben. Er muss sie ohne Aufforderung am Ende des Arbeitsverhältnisses zur Abholung bereitlegen und in besonderen Fällen auch dem AN zuschicken (z. B. bei weiter Entfernung zwischen Wohn- und früherem Arbeitsort, Krankenhausaufenthalt des AN u. Ä.).

Kommt der AG seiner Rückgabepflicht nicht oder nicht rechtzeitig nach, macht er sich schadenersatzpflichtig. Der AN kann ihn auf Herausgabe verklagen. Je nach Art der vom AG verlangten Tätigkeit (z. B. Ausfüllen oder Herausgabe der Arbeitspapiere oder beides) erfolgt die gerichtliche Vollstreckung nach den §§ 888 bzw. 883 ZPO. (Androhung einer Geldbuße/Haft bzw. Vollstreckung durch Gerichtsvollzieher).

Der AN kann aber auch bei Gericht den Antrag stellen, dass der AG, wenn er binnen einer bestimmten Frist die Papiere nicht ausfüllt und herausgibt, eine vom Gericht festzusetzende Entschädigung an den AN zu zahlen hat (§ 61 Abs. 2 ArbGG). Diese Vorschrift wird in der Praxis selten angewendet. Sie würde aber säumigen AG mehr Druck machen.

4.6 Kündigungsschutz

Seit über 65 Jahren genießt ein Großteil der deutschen Arbeitnehmerschaft Kündigungsschutz. Denn seit dem 14.08.1951 gilt das Kündigungsschutzgesetz (KSchG), das im Jahre 1969 neu gefasst worden ist. Das Gesetz versucht, das Gleichgewicht zwischen den gegensätzlichen Interessen von AG und AN herzustellen. Der AN kann in aller Regel nur seine Arbeitskraft einsetzen, um seinen Lebensunterhalt zu bestreiten und sich durch ständige Arbeit ein Erfahrungswissen zu schaffen, das ihn für andere AG interessant macht. Der AG dagegen will möglichst flexibel bleiben, um sich personell den Marktverhältnissen ohne Schwierigkeiten anpassen zu können.

4.6.1 Voraussetzungen

Das KSchG findet nicht auf alle Arbeitsverhältnisse in Deutschland Anwendung. Es kennt sowohl aufseiten der AG als auch aufseiten des AN Ausnahmen.

4.6.1.1 Anwendungsbereich des Kündigungsschutzgesetzes

Das KSchG findet in **Kleinbetrieben** keine Anwendung. Dabei liegt die Betonung auf Betrieb. Was ist ein Betrieb? Man unterscheidet zwischen Betrieb und Unternehmen. Ein Unternehmen kann mehrere Betriebe im Sinne des KSchG haben (z. B. ein Lebensmittelhändler mit mehreren Filialen in verschiedenen Städten oder auch nur in einer Stadt). Andererseits können mehrere Unternehmen auch einen Betrieb haben (sog. **Gemeinschafts**betrieb). Es ist nicht immer einfach zu entscheiden, aber für den AG wie auch für den AN sehr bedeutsam, ob ein Unternehmen mehrere Betriebe im Sinne des KSchG unterhält oder ob es in mehrere unselbstständige Betriebsteile aufgegliedert ist.

> **Beispiel**
> Ein Unternehmen unterhält deutschlandweit in 50 Städten Schmuckläden mit durchschnittlich 3 bis 5 AN, insgesamt 220 AN mit Zentralverwaltung in Y. Wird nun ein AN im Schmuckgeschäft der Stadt X gekündigt, fragt es sich, ob dieser sich auf das KSchG berufen kann, weil das Unternehmen mehr als 10 Mitarbeiter, aber seine Filiale in X nur 5 Mitarbeiter beschäftigt.

Das KSchG definiert den **Betrieb** nicht. Die Rechtsprechung wendet den Betriebsbegriff des BetrVG an. Danach ist ein Betrieb eine organisatorische Einheit, in der ein AG allein oder mit seinen AN unter Einsatz von sächlichen und immateriellen Mitteln (Fabrikanlagen, Hoteleinrichtungen, Patente etc.) einen oder mehrere arbeitstechnische Zwecke (z. B. Herstellung von Kühlschränken, Beherbergung von Gästen) verfolgt, die sich nicht nur in der Befriedigung des Eigenbedarfs (z. B. Kantine für das eigene Personal) erschöpfen.

> Das BAG prüft, wo die Arbeitgeberfunktion im Bereich der personellen und sozialen Angelegenheiten im Betrieb ausgeübt wird. Nur dort, wo schwerpunktmäßig über Arbeitsbedingungen und Organisationsfragen entschieden wird und Einstellungen, Entlassungen oder Versetzungen vorgenommen werden, besteht ein selbstständiger Betrieb.

Da diese Fragen im Beispielsfall nicht in den einzelnen Läden vor Ort, sondern zentral entschieden werden, handelt es sich bei den einzelnen Geschäften nicht um eigenständige Betriebe im Sinne des KSchG, so dass es nicht auf deren AN-Zahl, sondern auf die Zahl der AN im gesamten Unternehmen ankommt.

Ähnliches gilt für die öffentliche Verwaltung. Hier ist die einzelne Behörde als Betrieb anzusehen, zu der der AN gehört, auch wenn er in einer Außenstelle arbeitet. Gleiches gilt für Außendienstmitarbeiter, die im Homeoffice arbeiten. Sie werden dem Betrieb zugeordnet, von dem sie persönlich geführt werden.

Diese Wertung erfüllt die Forderung des BVerfG, § 23 KSchG **verfassungskonform** anzuwenden und nur solche Kleinbetriebe aus dem Kündigungsschutz herauszunehmen, für die die nachstehenden Kriterien typisch sind:
- persönliche Zusammenarbeit zwischen Inhaber und AN
- geringe Finanzausstattung
- begrenzte Verwaltungskapazität

Der Kleinbetrieb bestimmt sich nach der AN-Zahl. Seit dem 01.01.2004 ist ein Kleinbetrieb ein Betrieb mit in der Regel maximal **10 AN**. Teilzeitbeschäftigte bis 20 Wochenstunden zählen zu **0,5**, von 21 bis 30 Stunden zu **0,75**, so dass ab einer Beschäftigung von **10,25 AN** das KSchG Anwendung findet. Liegt die Beschäftigungszahl darunter, entfällt der Kündigungsschutz.

Arbeitet der Betrieb mit wechselnder Belegschaftsstärke, kommt es auf die **regelmäßige** Belegschaftsgröße an, die durch einen Rück- wie auch durch einen Vorausblick zu ermitteln ist. Letztlich hängt es davon ab, ob der Betrieb gerade langsam schrumpft oder wächst. Es kommt nicht auf die zufällige Anzahl der Beschäftigten im Zeitpunkt des Kündigungszugangs an. Es reicht, wenn die Beschäftigtenzahl im Durchschnitt erzielt wird.

Zu den Beschäftigten zählen nicht:
- Inhaber des Betriebs
- Geschäftsführer
- zur Berufsbildung Beschäftigte (Auszubildende, Anlernlinge, Volontäre, Praktikanten, Umschüler)

Zu den Beschäftigten können zählen:
- Aushilfen, wenn sie regelmäßig beschäftigt werden und nicht nur Spitzen abdecken
- Leiharbeitnehmer (Zeitarbeit), wenn sie für einen dauernd bestehenden Personalbedarf eingesetzt werden. Im Übrigen gilt das Gleiche wie für Aushilfen.

Für AN, die am 31.12.2003 bereits im gleichen Betrieb beschäftigt waren und dort Kündigungsschutz genossen haben, weil der Betrieb damals mehr als 5 AN beschäftigt hatte, gilt ein **Bestandsschutz**. Sie haben ihren Kündigungsschutz auch nach der Heraufsetzung der Mindestarbeitnehmerzahl von 5 auf 10 AN behalten, solange von den am 31.12.2003 beschäftigten AN noch mindestens 5,25 AN im Betrieb nach wie vor tätig sind. Sinkt die Zahl der am 31.12.2003 konkret beschäftigten AN im Betrieb auf 5 und darunter, verlieren diese ihren Bestandsschutz und damit ihren bisherigen Kündigungsschutz (§ 23 Abs. 1 Satz 2 KSchG).

4.6.1.2 Wartezeit

Der persönliche Geltungsbereich des KSchG setzt voraus, dass der AN mindestens **6 Monate** (= Wartezeit) im gleichen Betrieb beschäftigt gewesen ist (§ 1 Abs. 1 KSchG). Dabei ist der rechtliche Beginn und nicht die tatsächliche Arbeitsaufnahme maßgebend (z.B. Vertragsbeginn 01.01., Arbeitsbeginn 07.01.). Der Zeitpunkt der Vertragsunterzeichnung ist nicht maßgebend.

Das Arbeitsverhältnis muss länger als 6 Monate ohne rechtliche Unterbrechung bestanden haben. Ausbildungszeiten sind anzurechnen.

Fällt das Ende der Wartezeit auf einen Sams-, Sonn- oder Feiertag, gilt § 193 BGB nicht. Die Wartezeit endet an jenem Tag. Will der AG vorher noch kündigen, muss die Kündigung spätestens am letzten Tag der Wartefrist beim AN eingehen.

4.6.2 Kündigungsgründe

Eine Kündigung ist mit Kündigungsschutz nur dann sozial gerechtfertigt, wenn sie durch Gründe, die in der Person oder im Verhalten des AN liegen oder durch dringende betriebliche Erfordernisse, die einer Weiterbeschäftigung des AN in diesem Betrieb entgegenstehen, bedingt ist (§1 Abs. 2 KSchG).

Man unterscheidet im KSchG also 3 Arten von Kündigungsgründen:
- personenbedingte
- verhaltensbedingte
- betriebsbedingte

Das KSchG verlangt, dass die Kündigung auf einen der 3 Gründe gestützt wird. Vermischen sich die Gründe, ist der Grund maßgebend, auf dem das Hauptgewicht liegt. Die Abgrenzung zwischen personen- und verhaltensbedingten Gründen ist nicht immer einfach, wenn es z.B. um Minder- oder Schlechtleistung geht.

Kann der AN die geforderte Leistung trotz Anstrengung nicht erbringen, liegt ein personenbedingter Grund vor. Erbringt er die gleiche Minderleistung, obwohl er es besser könnte, weil er z.B. keine Lust hat, handelt es sich um einen verhaltensbedingten Grund.

Für alle 3 Kündigungsgründe gilt, dass die Kündigung **nie Sanktion** für ein bestimmtes Verhalten oder für eine bestimmte Entwicklung ist, sondern die Kündigung auf eine Prognoseentscheidung gestützt wird.

4.6.2.1 Personenbedingte Gründe

Bei den personenbedingten Gründen unterscheidet man im Wesentlichen 3 Fallgruppen. Der AN ist aufgrund persönlicher Fähigkeiten, Eigenschaften

oder nicht vorwerfbarer Einstellungen nicht in der Lage, eine vertragsgerechte Leistung zu erbringen, weil er
- diese – aus nicht vorwerfbaren Gründen – nicht erbringen will (z.B. Ableistung eines ausländischen Wehrdienstes oder ein praktizierender Moslem in der Alkoholherstellung),
- aus Gründen dazu nicht mehr in der Lage ist, die er selbst zu vertreten hat (z.B. unterbliebene Fortbildung),
- aus Gründen, die nicht auf seinem Willen beruhen (z.B. Krankheit), die Arbeit nicht mehr verrichten kann.

Allen Fällen ist gemeinsam, dass dem AN für sein Nichtwollen und Nichtkönnen kein Schuldvorwurf gemacht werden kann.

Eine personenbedingte Kündigung wird in 3 Stufen geprüft:
1. Liegt eine unverschuldete Vertragsstörung vor, die die betrieblichen Interessen erheblich beeinträchtigt?
2. Muss in Zukunft mit weiteren Störungen gerechnet werden (negative Prognose)?
3. Besteht eine Weiterbeschäftigungsmöglichkeit auf einem anderen freien Arbeitsplatz?

Diese Möglichkeit fehlt, wenn der AN nicht auf einen gleichwertigen oder geringer qualifizierten Arbeitsplatz versetzt werden kann. Der AN hat keinen Anspruch auf eine Beförderungsstelle.

Wird ein gleichwertiger oder geringwertiger Arbeitsplatz bis Ablauf der Kündigungsfrist frei, besteht eine Weiterbeschäftigungsmöglichkeit. Der AG muss auch einen leidensgerechten Arbeitsplatz schaffen bzw. freimachen, wenn dies im Rahmen des Direktionsrechtes möglich ist. Er muss dazu die Zustimmung des Betriebsrats einholen, sie aber nicht mithilfe eines gerichtlichen Zustimmungsersetzungsverfahrens erzwingen (vgl. Kapitel 5.1.5.2).

Ist der AN nur vorübergehend verhindert (z.B. Entzug der Fahrerlaubnis), ist die Kündigung gerechtfertigt, wenn Überbrückungsmaßnahmen nicht möglich sind (Einstellung von Aushilfskräften, Mehrarbeit oder Vertretung).

Liegen diese 3 Voraussetzungen vor, sind noch das Bestandsschutzinteresse des AN und das Beendigungsinteresse des AG gegeneinander abzuwägen.

Dabei sind aufseiten des AN dessen Alter, Betriebszugehörigkeit, Unterhaltspflichten, Schwerbehinderteneigenschaft und die Ursache des personenbedingten Grundes zu berücksichtigen.

Beim AG fallen das Maß der betrieblichen Beeinträchtigung und die Dauer der bisher störungsfreien Zeit ins Gewicht.

a) Krankheit als personenbedingter Grund

Krankheit ist der häufigste Grund einer personenbedingten Kündigung. Man unterscheidet zwischen

- Dauererkrankung
- lang anhaltende Erkrankung
- häufige Kurzerkrankungen

Ist der AN auf Dauer nicht mehr in der Lage, seine vertraglich geschuldete Arbeitsleistung zu erbringen, ist er auf **Dauer erkrankt** und kann aus personenbedingten Gründen gekündigt werden (z.B. bei Erblindung, Amputation, psychischen Erkrankungen, Alkoholabhängigkeit, wenn Entzugskuren erfolglos waren).

Bei einer **lang anhaltenden Krankheit** kann der AN die Arbeitsleistung über einen längeren ununterbrochenen Zeitraum nicht erbringen, wobei die Genesung des AN nicht ausgeschlossen ist. Als längerer Zeitraum gelten 18 Monate, wobei das Ende der Arbeitsunfähigkeit noch nicht absehbar sein darf. Bei einer schwerwiegenden Erkrankung reicht es, wenn in den nächsten 24 Monaten nicht mit einer Prognose zu rechnen ist, dass der AN wieder arbeitsfähig wird.

Häufige **Kurzerkrankungen** sind kurze und sich häufig wiederholende Erkrankungen, deren Eintritt nicht im Voraus berechenbar ist, was z.B. für Dialysepatienten nicht zutrifft. Sie fallen nicht unter die Kurzerkrankten.

4 Arbeitsrechtliche Fragen

Alle 3 Krankheitsformen werden an einem dreistufigen Prüfungsmaßstab gemessen:
1. **Negative Prognose.** Es müssen objektive Tatsachen vorliegen, aus denen sich die ernsthafte Besorgnis weiterer Erkrankungen im bisherigen Umfang ergibt.
2. Prognostizierte Arbeitsunfähigkeiten müssen zu **erheblichen Beeinträchtigungen** der betrieblichen Interessen des AG führen, die in Betriebsablaufstörungen oder in zu erwartenden Entgeltfortzahlungen (= **erhebliche wirtschaftliche Beeinträchtigungen**) von mehr als 6 Wochen Entgeltfortzahlung in 2 Jahren liegen können.
3. Prüfung, ob der AG diese Beeinträchtigung gleichwohl hinnehmen muss unter **Abwägung** der beiderseitigen Interessen.

Stufe 1
Krankheit allein ist kein Kündigungsgrund, sondern erst die sich daraus ergebende negative Prognose, immer wieder zu erkranken oder weiterhin krank zu bleiben, die zum Zeitpunkt des Kündigungszuganges anzustellen ist. Spätere Änderungen – Besserung oder Verschlechterung – lassen die einmal getroffene Prognose unberührt.

Wichtig ist, dass Tatsachen vorliegen müssen, die die ernste Besorgnis weiterer erheblicher Erkrankungen rechtfertigen. Grundsätzlich indizieren Fehlzeiten in der Vergangenheit die Gefahr künftiger Erkrankungen. Dies gilt nicht für Erkrankung ohne Wiederholungsqualität (z.B. wegen Unfall, Blinddarmentzündung, Entfernung der Gallenblase o.a., nicht bei Sportfällen, wenn der AN z.B. das Fußballspielen nicht aufgibt und demzufolge mit weiteren Sportverletzungen zu rechnen ist). Es reicht bereits eine ungewöhnliche Krankheitsanfälligkeit, wenn der AN in der Vergangenheit häufig z.B. wegen Erkältungen oder wegen Beschwerden am Bewegungsapparat arbeitsunfähig erkrankt war. Ein Rückblick auf die bisherigen Erkrankungen kann auch deutlich machen, dass der AN alle Krankheiten quasi anzieht und keine auslässt.

Für den AG ist es nicht immer einfach, eine negative Prognose zuverlässig zu stellen. Er kennt häufig nicht die Gründe und Ursachen der Erkrankung, die er erst im Laufe des Prozesses erfährt. Hinzu kommt noch, dass die den AN behandelnden Ärzte im Prozess dazu neigen, eine gesundheitliche Besserung des AN in Aussicht zu stellen.

Stufe 2
Wird eine negative Prognose gestellt, ist im zweiten Schritt zu prüfen, ob aufgrund dieser Prognose der AG mit erheblichen betrieblichen oder bei Kurzerkrankungen auch mit wirtschaftlichen Beeinträchtigungen zu rechnen hat. Bei der lang andauernden Erkrankung werden die betrieblichen Beeinträchtigungen ohne weitere Prüfung bejaht. Die Ungewissheit der Wiederherstellung der Arbeitsfähigkeit steht einer krankheitsbedingten dauernden Leistungsunfähigkeit gleich, wenn mit der Rückkehr des AN aus dem Krankenstand in den nächsten 24 Monaten nicht gerechnet werden kann, ohne dass der AG hier erst 18 Monate abwarten muss.

Bei häufigen Kurzerkrankungen kommt neben der erheblichen betrieblichen Beeinträchtigung auch noch die wirtschaftliche Beeinträchtigung in Betracht. Sie wird bejaht, wenn der AN im Zeitraum von 2 Jahren jedes Jahr mehr als 6 Wochen Entgeltfortzahlung erhalten hat.

Die betriebliche Beeinträchtigung entfällt, wenn der AG den erkrankten AN auf einem leidensgerechten anderen Arbeitsplatz beschäftigen kann.

Die Möglichkeit der anderweitigen Verwendbarkeit hat der AG nicht nur im Kündigungsfall von erkrankten AN zu prüfen und mit diesen zu erörtern, sondern auch mit allen anderen AN, die im letzten Jahr (nicht Kalenderjahr) länger als 6 Wochen ununterbrochen oder wiederholt arbeitsunfähig erkrankt waren (sog. bEM = **betriebliches Eingliederungsmanagement**, § 167 Abs. 2 SGB IX). Vergisst der AG, das bEM vor Ausspruch der Kündigung durchzuführen, führt diese Tatsache nicht zwangsläufig zur Unwirksamkeit der nachfolgenden personenbedingten Kündigung. Der AG muss aber im Prozess darlegen, dass
- er in seinem Betrieb keinen freien Arbeitsplatz hat, den der AN ausfüllen kann,
- eine leidensgerechte Anpassung oder Veränderung des Arbeitsplatzes nicht möglich ist,
- der AN auch auf anderen Arbeitsplätzen nicht eingesetzt werden kann, wenn sich seine Tätigkeit ändern würde.

Um sich dieser verschärften Darlegungslast zu entziehen, sei jedem AG geraten, das betriebliche Eingliederungsmanagement **vor** einer beabsichtigten krankheitsbedingten Kündigung durchzuführen. Dazu bedarf es als ersten Schritt einer Einladung an den AN (siehe Online-Arbeitshilfen, dort Musterschreiben). Ziel dieses bEM ist es, gemeinsam nach Lösungen zu suchen, wie und wo der AN im Betrieb noch aufgrund seiner krankheitsbedingten Einschränkungen eingesetzt werden kann (§ 167 Abs. 1 SGB IX).

Stufe 3
Hier ist eine Interessenabwägung vorzunehmen, bei der der AG zum Ergebnis kommen muss, dass die betriebliche bzw. die wirtschaftliche Beeinträchtigung von ihm billigerweise nicht mehr hinzunehmen ist. In der folgenden Tabelle sind die unterschiedlichen Voraussetzungen einer krankheitsbedingten Kündigung zusammengefasst:

	Langanhaltende Erkrankung	Häufige Kurzerkrankung
Negative Gesundheitsprognose	Erkrankung besteht seit 18 Monaten und keine baldige Wiederherstellung ist in Sicht. oder Wiederherstellung der Gesundheit in den nächsten 24 Monaten nicht zu erwarten, wenn Krankheit schon 6 bis 8 Monate besteht.	Erkrankungen von mehr als 6 Wochen pro Jahr in den 2 letzten Jahren.
Folgen der Prognose	Erhebliche betriebliche Beeinträchtigung wird ohne nähere Prüfung bejaht.	Erhebliche betriebliche (z. B. Betriebsablaufstörungen) oder wirtschaftliche Beeinträchtigungen (mehr als 6 Wochen Entgeltfortzahlung pro Jahr in 2 Jahren) müssen nachgewiesen werden.
Interessenabwägung	Alter, Betriebszugehörigkeit, Unterhaltspflichten, Schwerbehinderung, Ursache der Krankheit (Arbeitsunfall), Umfang der störungsfreien Zeit, Schwere der betrieblichen Beeinträchtigung.	

b) Sonstige personenbedingte Gründe
In der Praxis kommen noch folgende personenbedingte Gründe in Betracht:
- fehlende Aufenthaltsgenehmigung
- erneute Eheschließung nach Ehescheidung im (katholisch) kirchlichen Arbeitsverhältnis. Hier hat sich in jüngster Vergangenheit die Einstellung der Kirche geändert.
- Eignungsmängel
- Führerscheinentzug bei Fahrern
- Gewissensentscheidungen
- Straf- und Untersuchungshaft

Auch die sog. **Druckkündigung** ist eine Form der personenbedingten Kündigung, bei der ein Dritter vom AG verlangt, dass er einen seiner AN kündigt und im Weigerungsfall mit erheblichen Konsequenzen droht. Der AG darf dem Druck nicht ohne Weiteres nachgeben. Er muss vorher versuchen, die Kündigung abzuwenden und mit dem Drohenden sprechen. Nur wenn die Kündigung der letzte Ausweg ist, um einen unzumutbaren Eigenschaden vom AG abzuwenden, ist die Druckkündigung wirksam (z.B. Eigenkündigung der Restbelegschaft, Verlust eines Großkunden oder Kündigung von wichtigen Bankkrediten).

4.6.2.2 Verhaltensbedingte Kündigung

Die verhaltensbedingte Kündigung sanktioniert nicht, wie oft fälschlich, aber nachvollziehbar angenommen, ein vorangegangenes Fehlverhalten des anderen Vertragspartners, sondern soll weitere Vertragspflichtverletzungen verhindern. Eine zuvor vergeblich ausgesprochene Abmahnung objektiviert die Prognose, dass der AN sich auch in Zukunft vertragswidrig verhalten wird und belegt zugleich damit die Wiederholungsgefahr. Damit stützt sich auch die verhaltensbedingte Kündigung auf eine **negative Prognose** über das zukünftige Verhalten des AN.

Man unterscheidet je nach Bereich, in dem das Fehlverhalten des AN liegt, zwischen
- **Leistungsstörungen** (z.B. unentschuldigtes Fehlen, Schlechtleistung, Verstöße gegen die Arbeitspflicht),

4 Arbeitsrechtliche Fragen

- Störung der **betrieblichen Ordnung** (z.B. Beleidigung von Kollegen, Vorgesetzten, Verstöße gegen Verhaltenspflichten),
- Störung im **Vertrauensbereich** (z.B. Straftaten, unerlaubte Handlungen).

Verstöße, die den Bereich der **Leistung** oder der **betrieblichen Ordnung** betreffen, bedürfen grundsätzlich der **vorherigen Abmahnung**.

In Einzelfällen ist sie entbehrlich, wenn beim AN eine Änderung seines Verhaltens in Zukunft trotz Abmahnung nicht zu erwarten ist (z.b. der AN weigert sich beharrlich, eine bestimmte Arbeit durchzuführen) oder es sich um einen so gravierenden Pflichtverstoß handelt, den der AG offensichtlich – auch für den AN erkennbar – nicht bereit ist hinzunehmen (z.b. Manipulation an der Zeiterfassung).

Pflichtverletzungen, die den **Vertrauensbereich** berühren, müssen nur dann vorab gemahnt werden, wenn nicht ausgeschlossen ist, dass verlorenes Vertrauen durch künftige Vertragstreue zurückgewonnen werden kann. Da dies letztlich ein Gericht nach jahrelangem Rechtsstreit beurteilt, ist es besser, auch in diesen Fällen vorher den AN abzumahnen.

a) Voraussetzungen der verhaltensbedingten Kündigung
Eine verhaltensbedingte Kündigung ist wirksam, wenn sie die nachstehenden Voraussetzungen erfüllt:
1. **vorwerfbares, d.h. steuerbares Verhalten des AN**
   Dieser muss schuldhaft, also vorsätzlich oder fahrlässig, gehandelt haben, z.B. der AN kommt ständig zu spät oder meldet sich nicht arbeitsunfähig. Auf das schuldhafte Verhalten kann verzichtet werden, wenn das nichtsteuerbare Verhalten des AN die betriebliche Ordnung so nachhaltig stört, dass dem AG die Aufrechterhaltung dieses Zustandes nicht mehr zugemutet werden kann.
2. **erhebliche Vertragspflichtverletzung**
   Dazu zählen alle Haupt- und Nebenpflichten aus dem Arbeitsvertrag. In Ausnahmefällen reicht auch ein außerdienstliches Verhalten. Tarifverträge im öffentlichen Dienst (z.B. der damalige §8 BAT) sahen schon früher vor, dass AN ihr außerdienstliches Verhalten so einzurichten haben, dass das Ansehen ihres öffentlichen AG nicht beeinträchtigt wird. Diese oder ähnliche Vorschriften gelten heute nicht mehr. Gleichwohl kann

ein AN durch sein außerdienstliches Verhalten seine arbeitsvertragliche Pflicht zur Rücksichtnahme (§ 241 BGB) verletzen und damit die Interessen seines AG oder anderer AN beeinträchtigen, z. B. wenn das außerdienstliche Verhalten negative Auswirkungen auf den Betrieb oder einen Bezug zum Arbeitsverhältnis hat. Fehlt es daran, liegt keine vertragliche Pflichtverletzung vor, wie z. B. bei einem städtischen Bauhofmitarbeiter, der wegen Verstoßes gegen das Betäubungsmittelgesetz verurteilt worden war, aber während der Arbeitszeit weder Betäubungsmittel konsumiert noch verkauft hat.

3. **konkrete Beeinträchtigung des Arbeitsverhältnisses**
   Der AG erhält in diesen Fällen keine vertragsgemäße Leistung. Darin besteht die konkrete Beeinträchtigung. Diese muss die Prognose rechtfertigen, dass vergleichbares Verhalten, also weitere Beeinträchtigungen, sich wiederholen werden.
4. Fehlen einer anderen **zumutbaren Beschäftigungsmöglichkeit**
   Da die Kündigung das letzte Mittel ist (ultima ratio), muss der AG vorher prüfen, ob der AN nicht versetzt werden kann, um auf diese Weise das Problem zu lösen (z. B. bei ständigen Streitereien zwischen A und B, wenn man A versetzen kann). Es kommt darauf an, wie im konkreten Fall ein ruhig und verständig urteilender AG sich entscheiden würde.
5. **Interessenabwägung**
   Hier sind wieder die Gesamtumstände des Einzelfalles zu berücksichtigen. Zugunsten des AN sprechen seine Sozialdaten wie bei der betriebsbedingten Kündigung. Aufseiten des AG ist zu prüfen, ob und wie stark durch das Verhalten des AN der Betriebsablauf oder der Betriebsfrieden gestört wird. Am Ende muss die Interessenabwägung ergeben, dass die Kündigung billigenswert und angemessen ist.

Das Gesetz kennt selbst bei Straftaten gegen den AG keinen **absoluten** Kündigungsgrund. Eine Interessenabwägung hat immer stattzufinden. Andererseits gilt der ungeschriebene Grundsatz: »Wer stiehlt oder betrügt, der fliegt.« Letztlich setzt jeder Fall eine Einzelprüfung und Interessenabwägung voraus. Das BAG prüft zunächst, ob der **Grund an sich** losgelöst vom speziellen Fall geeignet ist, eine Kündigung zu rechtfertigen. Dies wird in aller Regel bejaht, wenn der AN rechtswidrig gegen seine Haupt- oder Nebenpflichten aus dem Arbeitsverhältnis verstoßen hat, selbst wenn dies nur zu einem geringfügigen oder sogar zu keinem Schaden geführt hat.

Das BAG hat dies in dem aufsehenerregenden Fall »Emmely« noch einmal betont, in dem es bei einer Beschäftigung der Arbeitnehmerin von über 31 Jahren um die vertragswidrige Einlösung von zwei Pfandbons in Höhe von 0,48 EUR und 0,82 EUR ging. Das Gericht hat die Einlösung der Pfandbons als vorwerfbare Vertragspflichtverletzung angesehen, wodurch auch das Arbeitsverhältnis konkret beeinträchtigt worden sei.

Es sah lediglich – im Gegensatz zu den Vorinstanzen, deren Auffassung in der Bevölkerung auf Unverständnis stieß – eine andere Möglichkeit, der drohenden Wiederholungsgefahr zu begegnen, nämliche eine Abmahnung auszusprechen. Damit hat das BAG der Klage der Verkäuferin gegen die Kündigung stattgegeben.

Der AG muss zwar nicht in allen Fällen der verhaltensbedingten Kündigung **zuvor** eine Abmahnung aussprechen. Die Gerichte fordern dies aber zunehmend.

b) Verhaltensbedingte Gründe
Für eine verhaltensbedingte Kündigung können insbesondere folgende Gründe in Betracht kommen:
- Alkohol am Arbeitsplatz
- Erstattung einer Anzeige gegen den AG, wenn nicht vorher eine innerbetriebliche Lösung versucht worden ist
- beharrliche Arbeitsverweigerung
- verschuldete Minderleistung (»Low Performer«)
- wiederholte Verstöße gegen die Anzeige- und Nachweispflicht nach EntgeltFG
- häufiges Zuspätkommen
- Beleidigungen von Kollegen, Vorgesetzten oder des Firmeninhabers
- Körperverletzungen (z. B. Schlägereien im Betrieb)
- strafbare Handlungen wie Sachbeschädigungen, Diebstahl, Betrug, Urkundenfälschung u. a.
- Verstoß gegen das Verbot der privaten Internetnutzung, auch ohne ein ausdrückliches Verbot, wenn der AN
    - das Internet während der Arbeitszeit in einem erheblichen zeitlichen Umfang nutzt und damit seine Hauptleistungspflicht zu arbeiten verletzt,

- pornografische oder rechtsextreme Seiten aufsucht. Damit setzt er die gesamte Firmen-EDV möglichen Virenschäden aus und gefährdet gleichzeitig den Ruf seines AG, wenn Dritte davon Kenntnis bekommen,
- auf Filesharing-Netzwerke zugreift, um Urheberrechtsverletzungen zu begehen, für die u. U. auch der AG zivilrechtlich haftet.

c) Verdachtskündigung
Die Verdachtskündigung ist eine Sonderform der verhaltensbedingten Kündigung und setzt den **Verdacht** einer **strafbaren Handlung** oder einer **schwerwiegenden Pflichtverletzung** voraus (z. B. Veruntreuung von Firmengeldern, Betrug bei Spesenabrechnung, Manipulation der Stempelkarte, sexuelle Belästigung von Arbeitskollegen u. a.). Der AN muss nicht überführt werden. Es reicht allein der Verdacht. Dieser muss aber **dringend** sein. Es muss eine große Wahrscheinlichkeit bestehen, dass sich der Fall entsprechend dem Verdacht zugetragen hat. Dazu gehört, dass der AG – soweit möglich – in alle Richtungen ermittelt und auch den AN entlastende Umstände berücksichtigt hat.

Vor Ausspruch der Verdachtskündigung ist der AN **zwingend** zu dem Verdacht anzuhören und seine Stellungnahme zu würdigen. Die Anhörung kann unterbleiben, wenn der AN unmissverständlich zum Ausdruck bringt, dass er dazu keine Erklärung abgeben werde. Die Anhörung kann mündlich oder schriftlich erfolgen, wobei aus Beweiszwecken der schriftlichen Anhörung der Vorzug zu geben ist. Entscheidend ist, dass der AN Gelegenheit erhält, sich zu dem Verdacht zu äußern. In der Regel ist ihm eine Frist von einer Woche zur Abgabe einer Stellungnahme einzuräumen. In Einzelfällen kann diese auch kürzer sein.

4.6.2.3 Betriebsbedingte Kündigung

Eine Kündigung kann auch auf **dringende betriebliche Gründe**, die einer Weiterbeschäftigung des AN im Betrieb entgegenstehen, gestützt werden. Dazu ein Fall:

4 Arbeitsrechtliche Fragen

> **Beispiel**
> Die Firma Fix & Wendig beschäftigt 20 Mitarbeiter, davon 3 Mitarbeiter als Fahrer in der Warenauslieferung, die Herren A, B und C. Herr A ist 35 Jahre alt, 10 Jahre bei der Firma, verheiratet und hat 3 Kinder im Alter von 3 bis 10 Jahren. Herr B ist 45 Jahre alt, 15 Jahre bei der Firma beschäftigt, ledig und hat keine Kinder. Herr C ist 27 Jahre als, unverheiratet und seit zwei Jahren im Betrieb, zweisprachig aufgewachsen. Er beherrscht neben Deutsch noch Französisch und übersetzt die gesamte Firmenkorrespondenz mit Frankreich.
> Die Firma hat sich entschlossen, zukünftig die Warenauslieferung durch eine Fremdfirma durchführen zu lassen und nur noch für Eilfälle einen Fahrer zu beschäftigen. Im Urlaubs- und Krankheitsfall soll ein Kurierdienst beauftragt werden.
> Kann die Firma kündigen? Wenn ja, wem? Herrn A, B oder C?

a) Wegfall der Beschäftigungsmöglichkeit
Die betriebsbedingte Kündigung setzt den künftigen Wegfall der Beschäftigungsmöglichkeit voraus, der auf **innerbetriebliche** oder **außerbetriebliche** Gründe zurückgehen kann.

Zu den innerbetrieblichen Gründen gehören Entscheidungen des AG, z. B. die Einstellung der Produktion, Fremdvergabe der Arbeiten, Anschaffung einer neuen Maschine u. a.

Zu den außerbetrieblichen Gründen gehören Auftragsrückgang und Rohstoffverknappung u. a., also Umstände, auf die der AG keinen Einfluss hat.

Im Fallbeispiel handelt es sich um einen innerbetrieblichen Grund. Die Firma Fix & Wendig hat sich entschlossen, die Warenlieferung weitgehend durch eine Drittfirma ausführen zu lassen.

Entscheidend ist, dass der innerbetriebliche oder außerbetriebliche Grund sich **arbeitsplatzbezogen** auswirkt und dadurch ein **Überhang an Arbeitskräften** entsteht. Dies ist bei Umsatzrückgang nicht unbedingt der Fall, wenn z. B. die Kundenzahl gleich bleibt und jeder Kunde nur weniger bestellt. Ein solcher Umsatzrückgang wirkt sich in der Produktion personell aus, nicht aber in der Buchhaltung, weil die Zahl der Buchungsaufträge nicht geringer wird, sondern nur die jeweiligen Auftragswerte.

4.6 Kündigungsschutz

b) Unternehmerische Entscheidung
Die inner- oder außerbetrieblichen Gründe allein führen nicht zum Wegfall eines oder mehrerer Arbeitsplätze, sondern sie sind Anlass für den AG, eine **unternehmerische Entscheidung** zu treffen, die in einer technischen oder organisatorischen Maßnahme bestehen kann. Der AG muss entscheiden, wie er auf den Auftragsrückgang, die fehlenden Rohstoffe oder die Fremdvergabe von bisher selbst ausgeführten Arbeiten reagieren will. Dabei ist er völlig frei. Seine Entscheidung wird auch später nicht durch ein Gericht überprüft, es sei denn, sie wäre **offensichtlich unsachlich, unvernünftig** oder **willkürlich**.

Bei einer getroffenen und auch durchgeführten Entscheidung spricht die Vermutung dafür, dass sie aus sachlichen Gründen getroffen wurde und nicht auf Rechtsmissbrauch beruht.

Sie unterliegt keinem Formzwang und bedarf keines förmlichen Beschlusses, sollte aber schriftlich dokumentiert werden. Im obigen Fall hat sich die Firma entschlossen, die Warenauslieferung nicht mehr ausschließlich mit eigenen Mitarbeitern auszuführen, diese aber auch nicht gänzlich einzustellen. Damit fallen nicht alle Arbeitsplätze in der Warenauslieferung weg, sondern nur zwei.

c) Dringende betriebliche Erfordernisse
Die betrieblichen Gründe müssen **dringend** sein. Die Umsetzung der unternehmerischen, organisatorischen oder technischen Entscheidung auf der betrieblichen Ebene muss spätestens mit Ablauf der Kündigungsfrist zu einem voraussichtlich **dauerhaften Wegfall des Beschäftigungsbedarfs** eines oder mehrerer AN führen.

Im Beispielsfall muss die Firma beschließen, zum Zeitpunkt X – am besten zu dem sie beiden Mitarbeitern unter Einhaltung der Kündigungsfrist kündigen kann – die Arbeiten auf eine Fremdfirma zu übertragen. Dann steht fest, dass zu diesem Zeitpunkt zwei Arbeitsplätze bei der Firma entfallen. Die unternehmerische Entscheidung – hier die Fremdvergabe der Warenauslieferung – muss nicht dringend, sondern die Kündigung als notwendige Folge der unternehmerischen Entscheidung muss dringend sein und der AG muss sich quasi in einer Zwangslage befinden, aus der er sich nur noch durch die

Kündigung befreien kann. Die Rechtsordnung fordert von ihm nicht, dass er einen AN weiterbeschäftigt, für den er keine Arbeit mehr hat.

Der AG muss vor Ausspruch der Kündigung alle anderen personalorganisatorischen Maßnahmen prüfen, um eventuell die Kündigung als letztes Mittel (ultima ratio) zu vermeiden. Dazu gehören Abbau von Über- und Mehrarbeit bzw. Guthabenstunden bei der Jahresarbeitszeit oder vorübergehende Kurzarbeit. Diese Maßnahmen sind nur bei einem vorübergehenden Umsatzrückgang zielführend und angezeigt.

Im Beispielsfall hat die Firma eine auf Dauer ausgerichtete unternehmerische Entscheidung getroffen. Es gibt keine andere Möglichkeit, die zwei Arbeitsplätze zu erhalten.

Ein dringendes betriebliches Erfordernis besteht nicht, wenn bei Kündigungszugang noch nicht feststeht, ob der Arbeitsplatz zum Ende der Kündigungsfrist tatsächlich und dauerhaft wegfällt. Dazu ein Beispiel:

> **Beispiel**
> Ein Reinigungsunternehmen, dessen Auftrag bei der Firma X zum 31.03. ausläuft, bemüht sich, einen Anschlussauftrag zu bekommen, kündigt aber vorsichtshalber für den Fall, dass es den Auftrag nicht bekommt, allen AN, die in diesem Objekt arbeiten.

Alle Kündigungen sind in diesem Fall unwirksam, auch wenn sich später herausstellt, dass das Reinigungsunternehmen den Auftrag nicht bekommt und damit die Beschäftigungsmöglichkeit entfällt. Denn bei Zugang der Kündigung war die Entscheidung noch offen. Ein Betrieb darf nicht kündigen, solange nicht feststeht, dass der Beschäftigungsbedarf dauerhaft entfällt.

d) Anderweitige Beschäftigungsmöglichkeiten (freier Arbeitsplatz)

Wenn der AN, dessen Arbeitsplatz wegfällt, auf einem anderen Arbeitsplatz beschäftigt werden kann, darf er nicht gekündigt werden.

Bei der Suche nach einem freien Arbeitsplatz kommen **alle** freien Arbeitsplätze mit Ausnahme von Beförderungsstellen in Betracht. Dies gilt auch für minderwertige Arbeitsplätze, auf die der AG den AN nicht versetzen kann (z. B. Buchhalter als Pförtner). Der AG ist verpflichtet, dem AN per Änderungskündigung den freien Arbeitsplatz anzubieten. Sie ist gegenüber der Beendigungskündigung das weniger einschneidende und belastende Mittel (vgl. Kapitel 4.6.3.3).

Ein Arbeitsplatz ist **frei**, wenn zum Zeitpunkt des Kündigungszuganges absehbar ist, dass der Arbeitsplatz zum Ende der Kündigungsfrist frei wird. Wird ein freier Arbeitsplatz vor der beabsichtigten Kündigung oder kurz danach mit einem anderen AN besetzt, kann der AG später nicht einwenden, alle Stellen seien besetzt. Entsprechend dem Rechtsgedanken des § 162 BGB muss er sich so behandeln lassen, als sei die Stelle noch frei. **Kündigt er dennoch, ist die Kündigung unwirksam.**

Ein Arbeitsplatz ist auch dann frei, wenn er von einem Leiharbeitnehmer besetzt ist, der nicht nur als Aushilfe, sondern als Stammmitarbeiter oder als Personalreserve tätig ist.

Weiterbeschäftigung in anderen Betrieben
Obwohl das KSchG betriebsbezogen ist, wird aus § 1 Abs. 2 Satz 2 Nr. 1b KSchG gefolgert, dass eine Weiterbeschäftigung auf einem anderen Arbeitsplatz nicht nur im gleichen Betrieb, sondern auch in anderen Betrieben des Unternehmens zu prüfen ist.

Eine Weiterbeschäftigungsmöglichkeit in einem anderen Konzernunternehmen ist nur dann beachtlich, wenn der Arbeitsvertrag eine Konzernversetzungsklausel enthält oder in der Vergangenheit eine entsprechende Versetzung praktiziert worden ist und das kündigende Unternehmen Einfluss auf die potenzielle Übernahme des Mitarbeiters im anderen Unternehmen hat.

Weiterbeschäftigung nach Fortbildung oder Umschulung
Der AG muss auch eine Weiterbeschäftigung auf einem anderen Arbeitsplatz prüfen, auf den der AN nach einer zumutbaren Fortbildung oder Umschulung arbeiten kann (§ 1 Abs. 2 Satz 3 KSchG), wenn dieser spätestens bis zum Ende der Kündigungsfrist frei wird. Die Umschulung bzw. Fortbildung muss in einer vertretbaren Zeit möglich sein. Dabei sind die technischen und wirtschaftlichen Möglichkeiten des AG einerseits und der Qualifikationsbedarf des AN andererseits gegeneinander abzuwägen. Ferner sind die wirtschaftliche Leistungsfähigkeit des AG und die Betriebszugehörigkeit des AN zu berücksichtigen.

Weiterbeschäftigung zu geänderten Arbeitsbedingungen
Eine betriebsbedingte Kündigung hat zu unterbleiben, wenn eine Weiterbeschäftigung unter geänderten Arbeitsbedingungen möglich ist und der AN sein Einverständnis dazu erklärt.

e) Interessenabwägung
Auch bei der betriebsbedingten Kündigung ist eine Interessenabwägung vorzunehmen. Sie wirkt sich nur in seltenen Fällen zugunsten des AN aus, z.B. in Form einer vorübergehenden Weiterbeschäftigung des AN, die dem AG noch zuzumuten ist, wenn der AN aufgrund schwerwiegender persönlicher Umstände besonders schutzbedürftig ist. Daran dürfte es in den meisten Fällen fehlen.

f) Sozialauswahl
Entfällt ein Arbeitsplatz, ist nicht zwingend, dass dem Inhaber dieses Arbeitsplatzes zu kündigen ist. Der AG hat vielmehr unter mehreren vergleichbaren AN eine Sozialauswahl zu treffen und dabei folgende 4 Kriterien **ausreichend** zu berücksichtigen:
- Dauer der Betriebszugehörigkeit
- Lebensalter
- Unterhaltspflichten
- Schwerbehinderung

Sie sind gleichrangig. Für die Bewertung hat der AG einen **Beurteilungsspielraum**. Seine Wahl muss nicht richtig, sondern vertretbar sein. Nur ein deutlich schutzwürdigerer AN kann die getroffene Sozialauswahl erfolgreich angreifen.

Die Betriebszugehörigkeit richtet sich nach der Beschäftigungszeit, die der AN im gleichen Unternehmen zurückgelegt hat. Kleine Unterbrechungen sind unbeachtlich. Vertragliche Vordienstzeiten sind anzurechnen, es sei denn, sie wurden erst im Hinblick auf die beabsichtigte Kündigung vereinbart. Vordienstzeiten aus Betriebsübergängen zählen ebenfalls.

Alter, Dauer der Betriebszugehörigkeit und Unterhaltspflichten berechnen sich nach dem Zeitpunkt des Kündigungszuganges. Unterhaltspflichten bestehen nicht nur gegenüber Kindern (ehelichen und nichtehelichen), sondern auch gegenüber Ehegatten, geschiedenen Ehegatten, Eltern oder Lebenspartnern einer eingetragenen Lebenspartnerschaft. Ob der AG sich hinsichtlich der familienrechtlichen Unterhaltspflichten auf die Lohnsteuerkarte verlassen kann, ist streitig. Das BAG hat dies bisher bejaht und seine Auffassung noch einmal im Urteil vom 28.06.2012 (6 AZR 682/10, NZA 2012, 1090) bekräftigt, als es um eine Namensliste im Zusammenhang mit einem Interessenausgleich nach § 125 InsO ging.

Die Sozialauswahl vollzieht sich in 3 Schritten:

Schritt 1
Es ist zunächst der ausschließliche Kreis der **vergleichbaren AN** im gleichen Betrieb zu bilden. AN aus anderen Betrieben desselben Unternehmens oder aus anderen Unternehmen eines Konzerns sind nicht einzubeziehen, auch wenn der AG sich ein betriebsübergreifendes Versetzungsrecht im Arbeitsvertrag vorbehalten hat. Dagegen kommen alle vergleichbaren AN in einem Gemeinschaftsbetrieb in die Sozialauswahl unabhängig davon, ob sie beim Unternehmen A oder B angestellt sind, die das Gemeinschaftsunternehmen bilden.

Die Vergleichbarkeit der AN richtet sich nach deren ausgeübten Tätigkeit, wobei eine Einarbeitungszeit bis zu 3 Monaten auf dem neuen Arbeitsplatz der Vergleichbarkeit nicht im Wege steht.

Entscheidend ist, dass der von der Kündigung eventuell Betroffene die Tätigkeit des anderen AN ohne längere Einarbeitungszeit ausführen und der AG ihm diese Stelle kraft Direktionsrechtes zuweisen kann. Der betroffene und der vergleichbare AN müssen also austauschbar sein.

Damit scheiden alle AN aus, die gegenüber dem betroffenen AN eine gering- bzw. höherwertige Tätigkeit ausüben. Man spricht von einer **horizontalen Vergleichbarkeit**, die auch Voll- und Teilzeitmitarbeiter einschließt.

Aus dem Kreis der vergleichbaren AN scheiden aber alle AN aus, denen der AG nicht kündigen darf wie z. B. Schwangeren, Schwerbehinderten, Betriebsräten/Personalräten und AN mit Alterskündigungsschutz u. a. AN, die noch keinen Kündigungsschutz genießen, sind vorab zu kündigen.

Schritt 2

Aus dem Kreis der verbliebenen vergleichbaren AN ist mithilfe der vier Kriterien die Sozialauswahl zu treffen. Die Firma Fix & Wendig muss sich zwischen den AN A, B und C entscheiden. Danach ist auf den ersten Blick Herr C der sozial Stärkste. Er ist jung an Alter und an Betriebszugehörigkeit, unverheiratet und ohne Kinder. Demgegenüber sind die Herren A und B etwa gleichwertig. A ist zwar jünger (10 Jahre) als B und auch kürzer im Unternehmen (5 Jahre), hat aber 3 minderjährige unterhaltsberechtigte Kinder. Wie sich die Firma auch entscheidet, in jedem Fall hat sie die Sozialkriterien ausreichend berücksichtigt, wenn sie sich zur Kündigung von A oder B und C entschließt.

Schritt 3

Nun sind alle AN aus der Sozialauswahl herauszunehmen, auf die die Firma besonders angewiesen ist, weil sie wegen ihrer Kenntnisse, Fähigkeiten und Leistungen unverzichtbar sind oder ihre Weiterbeschäftigung für eine ausgewogene Personalstruktur des Betriebs nötig ist. Dazu gehören auch Mitarbeiter mit Zusatzqualifikationen oder Fähigkeiten, die im Betrieb ab und an benötigt werden (z. B. Sprachkenntnisse, besonders gute Kontakte zu Großkunden u. a.).

Die Aufzählung von Kenntnissen, Fähigkeiten und Leistungen ist im Gesetz nicht abschließend. Es können auch andere Aspekte in Frage kommen. Entscheidend ist, ob der »Leistungsträger« dem Betrieb erhebliche Vorteile vermittelt und seine Weiterbeschäftigung für den Betrieb von besonderer Bedeutung ist. Der AG muss einen nicht unerheblichen Vorteil haben, wenn er einen AN gegenüber den anderen, die zum Kreis der vergleichbaren AN gehören, weiterbeschäftigt. Deshalb kann ein AG nicht einen AN deswegen herausnehmen, weil dieser weniger krankheitsanfällig ist als die anderen, was aber in der Praxis häufig versucht wird. Der Hinweis auf eine geringere Fehlzeitquote kann dann reichen, wenn der AN zugleich eine Schlüsselposition mit Schlüsselqualifikation besitzt, für die ein Ersatz kurzfristig nicht oder nur mit großen Schwierigkeiten organisiert werden kann. Das BAG hat dies für folgende Fälle bejaht:

- Die vertretene Tätigkeit ist äußerst komplex.
- Sie erfordert hohe Einarbeitungsintensität.
- Der häufige Einsatz von Vertretungskräften kann aufgrund der Bedeutung des Arbeitsplatzes zur konkreten Gefahr eines Auftragsverlustes führen.

- Am Ende einer getroffenen Sozialauswahl verbleiben ohne Herausnahme im Wesentlichen nur noch AN mit hohen Fehlzeiten (BAG-Urteil vom 31.05.2007 – 2 AZR 306/06, NZA 2007, 1362).

Im vorliegenden Fall kann Herr C aus der Sozialauswahl herausgenommen werden. Die Firma ist auf seine Französischkenntnisse angewiesen, um die Korrespondenz mit Frankreich zu pflegen. Die Firma muss den Herren A und B kündigen. Die Kündigungen sind wirksam.

g) Sonderfall der Betriebsänderung
Im Rahmen einer Betriebsänderung nach §111 BetrVG können AG und Betriebsrat die zu kündigenden AN namentlich in einem Interessenausgleich aufführen. Liegt eine solche **Namensliste** vor, kann die Sozialauswahl nur noch auf **grobe Fehlerhaftigkeit** überprüft werden, es sei denn, die Sachlage hat sich nach Zustandekommen des Interessenausgleiches wesentlich geändert (§1 Abs. 5 KSchG).

Die Sozialauswahl ist nur dann **grob fehlerhaft**, wenn sie evident unzulänglich ist und jede Ausgewogenheit vermissen lässt. Gibt es dafür keine Anhaltspunkte, wird die Sozialauswahl in jeder Hinsicht als richtig unterstellt, und zwar auf allen drei Prüfungsebenen (Vergleichbarkeit der AN, richtige Sozialauswahl und zutreffende Herausnahme bestimmter AN).

4.6.3 Kündigungsschutz in Sonderfällen

4.6.3.1 Erweiterter Kündigungsschutz

Beim erweiterten Kündigungsschutz wird der individuelle Kündigungsschutz (§1 Abs. 2 Satz 2 KSchG) mit dem Widerspruchsrecht des Betriebsrates (§102 Abs. 3 Nr. 2 bis 5 BetrVG) verbunden und dem AN eine zusätzliche Möglichkeit gegeben, sich im Prozess gegen die Kündigung zu wehren, wenn sich der AG über die berechtigten Einwendungen des Betriebsrates hinwegsetzt.

Dieser **erweiterte** Kündigungsschutz gilt nicht nur für betriebsbedingte, sondern auch für personen- und verhaltensbedingte Kündigungen. Er setzt einen frist- und ordnungsgemäß erhobenen Widerspruch des Betriebsrates voraus (vgl. Kapitel 3.11.9.6).

Dieser Widerspruch wirkt in zweifacher Hinsicht. Er zwingt den AG, den AN vorläufig weiter zu beschäftigen, und zwar für die Dauer des Rechtsstreites, und erleichtert die Arbeit des Gerichtes, die Sozialwidrigkeit der Kündigung zu prüfen. Kommt das Gericht zu dem Ergebnis, dass die Kündigung gegen eine Forderung der §1 Abs. 2 Satz 2 Nr. 1 und Satz 3 KSchG verstoßen hat, ist die Kündigung unwirksam, wenn zugleich der Betriebsrat aus diesem Grund fristgerecht der Kündigung widersprochen hat (z. B. Verstoß gegen eine Auswahlrichtlinie, Weiterbeschäftigung auf einem anderen Arbeitsplatz im gleichen Betrieb oder in einem anderen Betrieb des Unternehmens oder nach einvernehmlicher Umschulung/Fortbildung oder zu geänderten Arbeitsbedingungen). Gleichzeitig kann eine Interessenabwägung unterbleiben.

Besteht kein Betriebsrat oder ist dieser untätig geblieben und fehlt es deshalb am Widerspruch, steht dem betroffenen AN der erweiterte Kündigungsschutz nicht zu, er kann sich aber auf die oben genannten Gründe berufen und muss sie beweisen.

4.6.3.2 Massenentlassung

Will ein AG den gesamten Betrieb oder auch nur einen Betriebsteil schließen, stehen in der Regel zahlreiche Entlassungen an, die gegenüber der Agentur für Arbeit anzeigepflichtig sind (**sog. Massenentlassungsanzeige**) (§17 KSchG). Unterbleibt eine solche Anzeige oder wird sie nicht wirksam erstattet, ist die Kündigung nichtig (§134 BGB).

Die Vorschrift dient dem Schutz der von der Massenentlassung betroffenen AN. AG und Betriebsrat sollen beraten, ob und ggf. wie Entlassungen vermieden werden können. Aber auch die Agentur für Arbeit soll rechtzeitig die Möglichkeit bekommen, Maßnahmen zur Vermeidung oder zum Aufschub von Belastungen des Arbeitsmarktes einzuleiten und für anderweitige Beschäftigung der Betroffenen zu sorgen.

a) Anzeigepflichtiger Betrieb
Die Anzeige ist nur in Betrieben mit **mehr als 20 AN** notwendig, nicht in Saison- und Kampagnebetrieben, bei denen die Entlassungen sich aus der Eigenart des Betriebs ergeben (§ 22 KSchG).

Die Anzeigepflicht ist nach der Größe des Betriebs und der Zahl der zur Entlassung anstehenden AN gestaffelt, wobei es auf die **regelmäßige** Beschäftigung ankommt:

Betriebsgröße	Anzahl der Entlassungen
21 bis 59 AN	mehr als 5 AN
60 bis 499 AN	10% oder mehr als 25 AN
500 und mehr AN	30 AN und mehr

Die jeweilige Anzahl an AN muss innerhalb von **30 Kalendertagen** (= Rahmenfrist) entlassen werden, wobei seit der Entscheidung des EuGH aus dem Jahre 2005 nicht mehr auf die tatsächliche Entlassung, also nicht auf die Beendigung des Anstellungsvertrags, sondern auf den Ausspruch der Kündigung abgestellt wird (z.B. Kündigungen von 10 AN am 02.03. und 16 AN am 10.03.). Den Kündigungen stehen andere Beendigungsformen gleich, wenn sie vom AG **veranlasst** worden sind (z.B. Aufhebungsverträge, Eigenkündigungen des AN, die der AG veranlasst hat). Fristlose Kündigungen zählen bei der Berechnung der Mindestzahl der Entlassungen nicht mit (§ 17 Abs. 4 Satz 2 KSchG). Den Zeitraum von 30 Kalendertagen kann der AG frei wählen.

Werden stufenweise Entlassungen vorgenommen, stellt die Belegschaftsstärke im Zeitpunkt der unternehmerischen Entscheidung und nicht der später sukzessiv verringerte Personalbestand die für die Anzeigepflicht maßgebliche regelmäßige AN-Zahl dar.

b) Begriff des Arbeitnehmers
Bei der Massenentlassung sind sowohl bei der Berechnung der Belegschaftsgröße als auch bei der Zahl der zu Kündigenden alle AN des Betriebs zu berücksichtigen.

Ausgenommen sind:
- Organe juristischer Personen (z. B. Geschäftsführer einer GmbH, Vorstand einer Aktiengesellschaft u. a.)
- bei Personengesellschaften deren Vertreter (z. B. bei der OHG die Gesellschafter, bei der KG der Komplementär)
- Geschäftsführer, Betriebsleiter und ähnliche leitende Personen, soweit diese zur selbstständigen Einstellung oder Entlassung von AN berechtigt sind

c) Beteiligung des Betriebsrates

Der AG hat dem Betriebsrat, sofern einer besteht, vorher zweckdienliche Auskünfte über Einzelheiten und Gründe der Entlassung zu erteilen, ihn entsprechend schriftlich zu unterrichten und mit ihm über Möglichkeiten zu beraten, die Entlassungen vermeiden, einschränken oder ihre Folgen mildern können.

Die Beteiligung des Betriebsrates sollte mehr als 2 Wochen vor dem Tag des ersten Kündigungsausspruches durch ein Unterrichtungsschreiben eingeleitet werden.

Die Stellungnahme des Betriebsrates hat der AG der Agentur für Arbeit zu übersenden. Fehlt eine solche, ist die Massenentlassungsanzeige nur wirksam, wenn der AG glaubhaft macht, dass er den Betriebsrat mindestens 2 Wochen vor Erstattung der Anzeige gesetzeskonform unterrichtet hat, und den Stand der Beratungen darlegt (§§ 17 Abs. 3 Satz 2 und 3 KSchG, 134 BGB).

Die weiteren Voraussetzungen für eine ordnungsgemäße Massenentlassungsanzeige sind § 17 Abs. 3 KSchG zu entnehmen wie auch der Formularanzeige der Agentur für Arbeit).

Kündigungen, die anzeigepflichtig sind, können vor Ablauf eines Monats – sog. **Sperrfrist** – nach Eingang der Anzeige bei der Agentur für Arbeit nur mit deren Zustimmung wirksam werden (§ 18 Abs. 1 KSchG), danach ohne Zustimmung. Das heißt, dass in dieser Monatsfrist die anzeigepflichtigen Kündigungen noch nicht zu einer Entlassung des betroffenen AN führen dürfen. Diese Vorschrift hat in der Praxis wegen der längeren Kündigungsfristen kaum noch Bedeutung. Die angezeigten Massenentlassungen sind innerhalb von 90 Tagen (sog. **Freifrist**) nach Ablauf der obigen Sperrfrist durchzuführen, im andern Falle bedarf es einer erneuten Anzeige (§ 18 Abs. 4 KSchG).

4.6.3.3 Änderungskündigung

Die Änderungskündigung ist in §2 KSchG geregelt. Sie wird in erster Linie zur Umgestaltung von Arbeitsverträgen und deren Anpassung an geänderte Umstände eingesetzt, wenn eine einvernehmliche Änderung zuvor gescheitert ist. Deshalb ist die betriebsbedingte Änderungskündigung der Hauptanwendungsfall.

Die Änderungskündigung kann aber auch aus anderen Gründen ausgesprochen werden. Wichtig ist – und das wird in der Praxis häufig übersehen –, dass der Arbeitsvertrag nur insoweit geändert wird, wie dies zur Herbeiführung des Zweckes nötig ist.

Die Änderungskündigung unterscheidet sich von der Beendigungskündigung dadurch, dass sie aus zwei Elementen besteht:
- Beendigungskündigung
- neues Angebot auf Abschluss eines neuen Arbeitsvertrages zu geänderten Bedingungen

Zur Verdeutlichung wird folgender Fall vorangestellt:

> **Beispiel** !
> Firma Fix & Wendig kündigt dem Kassierer A fristgerecht zum 31.03. und bietet ihm gleichzeitig ab 01.04.
> 1. die gleiche Stelle als Kassierer, der nur an die Stadt als Arbeitsort und nicht an eine bestimmte Filiale arbeitsvertraglich gebunden ist, in einer anderen Filiale in derselben Stadt zu den bisher gleichen Vertragsbedingungen an.
> 2. die gleiche Stelle in einer anderen Filiale, die 60 Kilometer vom bisherigen Einsatzort liegt, zu den gleichen Vertragsbedingungen wie bisher an.
> 3. wie Fall 2, gleichzeitig wird im Arbeitsvertrag eine doppelte Schriftformklausel eingefügt, die bisher nicht vereinbart war.
> 4. eine völlig andere Tätigkeit als Bote zu einem entsprechenden Gehalt von 2.000 EUR, das 600 EUR niedriger liegt als das bisherige. Im Übrigen ändern sich die Vertragsbedingungen nicht.
> 5. die bisherige Stelle zu einem Gehalt, das 500 EUR niedriger liegt. Im Übrigen bleibt der bisherige Arbeitsvertrag unverändert.

In allen 5 Fällen wird das bisherige Arbeitsverhältnis gekündigt und gleichzeitig dem AN ein neues Arbeitsverhältnis zu geänderten Bedingungen, meist schlechteren, angeboten.

Eine Änderungskündigung ist nur dann zulässig, wenn der AG nicht anderweitig einseitig die Arbeitsbedingungen ändern kann. Kann er den AN versetzen, bedarf es keiner Änderungskündigung. Wird sie gleichwohl ausgesprochen, ist sie unwirksam, weil das mildere Mittel der Versetzung zum gleichen Ergebnis führt. Das trifft auf den **Fall 1** zu. Die Firma kann A innerhalb derselben Stadt von einer Filiale zur anderen versetzen.

Die Änderungskündigung setzt weiter voraus, dass dem AN ein **anderer Arbeitsvertrag** angeboten wird, nicht ein Dienstvertrag – z. B. als freier Mitarbeiter – oder ein Werkvertrag.

Das neue Angebot muss zeitlich im Zusammenhang mit der Kündigung unterbreitet werden, nicht notwendigerweise bereits im Kündigungsschreiben. Es reicht aus, wenn der AG zunächst das Änderungsangebot unterbreitet hat und anschließend unter Verweis auf dieses Angebot die Kündigung ausspricht. Dagegen reicht es nicht aus, wenn erst die Kündigung ausgesprochen wird und zum späteren Zeitpunkt das neue Vertragsangebot nachgeschoben wird.

Das Angebot muss bestimmt bzw. bestimmbar sein, so dass der AN mit einem »Ja« oder »Nein« darauf antworten kann. Alternativangebote oder unvollständige Angebote scheiden als wirksame Angebote aus – z. B. die Zusage einer Leistungszulage ohne Angabe der weiteren Voraussetzungen.

Der AN hat **drei Möglichkeiten**, auf das Angebot zu reagieren:

1. Der AN nimmt das Angebot vorbehaltlos an.
Der Vertrag wird zu den neuen Bedingungen nach Ablauf der Kündigungsfrist fortgesetzt. Hierfür gibt es keine feste Frist. Sie bestimmt sich letztlich aus § 147 Abs. 2 BGB. Der AN kann das geänderte Vertragsangebot bis zu dem Zeitpunkt annehmen, zu dem der AG unter regelmäßigen Umständen eine Antwort des AN erwarten durfte. Wie lange dies sein kann, kommt auf den Einzelfall an. Bei der Verlegung des Bundeshauptstadtsitzes von Bonn nach Berlin z. B. waren es mehrere Monate.

Der AG hat es aber selber in der Hand, das Angebot zu befristen.

Erklärt der AN erst nach Fristablauf die vorbehaltslose Annahme, liegt darin ein neues Vertragsangebot des AN, dass der AG annehmen kann, aber nicht muss, so dass im letzteren Fall aus der Änderungskündigung ebenfalls eine Beendigungskündigung wird.

2. Der AN nimmt das Angebot nicht an.
Er lehnt es ab oder er bleibt untätig. Aus der Änderungskündigung wird eine Beendigungskündigung. Das bisherige Arbeitsverhältnis endet mit Ablauf der Kündigungsfrist.

3. Der AN nimmt das Angebot unter einem Vorbehalt an.
Der AN nimmt das Angebot **unter dem Vorbehalt an**, dass die Änderung der Arbeitsbedingungen **nicht sozial ungerechtfertigt** ist. Es kommt der geänderte Arbeitsvertrag zustande, der nach Ablauf der Kündigungsfrist des ersten Vertrages vom AN erst einmal zu erfüllen ist. Der geänderte Vertrag steht unter der auflösenden Bedingung, dass ein Gericht später rechtskräftig die Sozialwidrigkeit der geänderten Arbeitsbedingungen feststellt, so dass der alte Arbeitsvertrag dann von Anfang an weiter gilt (§ 8 KSchG).

Die Annahme unter Vorbehalt ist **fristgebunden**. Sie muss innerhalb der Kündigungsfrist, spätestens jedoch innerhalb von **drei Wochen** nach Zugang der Kündigung, dem AG gegenüber erklärt werden und diesem auch zugehen. Es reicht nach der Rechtsprechung aus, wenn der AN in der fristgerecht erhobenen Klage die Annahme unter Vorbehalt erklärt und die Klageschrift erst nach Ablauf der Dreiwochenfrist bzw. der Kündigungsfrist zugestellt wird (§ 167 ZPO und BAG-Urteil vom 22.05.2014 – 8 AZR 662/13, NZA 2014, 924).

Die Änderungskündigung und das Änderungsangebot bedürfen der **Schriftform** (§ 623 BGB), nicht dagegen die Erklärung des AN, das Angebot vorbehaltlos oder unter Vorbehalt anzunehmen.

Bei der Änderungskündigung wendet die Rechtsprechung einen anderen Prüfungsmaßstab an als bei einer Beendigungskündigung. Sie prüft nicht, ob die Kündigung, sondern ob die **Änderung** der Arbeitsbedingungen sozial gerechtfertigt ist. Die Prüfung erfolgt in 2 Schritten:

Schritt 1
Gibt es für jede einzelne Vertragsänderung einen Grund in der Person, in dem Verhalten des AN oder liegen dringende betriebliche Gründe vor? Fehlt es daran, ist die Änderungskündigung bereits unwirksam – z.B. bei mehreren gewünschten Vertragsänderungen gibt es für eine Änderung keinen Grund oder die Änderung soll schon vor Ablauf der Kündigungsfrist wirksam werden.

Schritt 2
Hat der AG sich darauf beschränkt, nur solche Änderungen vorzuschlagen, die der AN billigerweise hinnehmen muss? Das Gericht prüft, ob die gewünschte Vertragsänderung bezogen auf den Kündigungsgrund geeignet und erforderlich war und ob der AG sich vom bisherigen Arbeitsvertrag nicht weiter entfernt hat, als dies zur Erreichung des angestrebten Zieles notwendig gewesen wäre. Dies trifft z.B. auf den **Ausgangsfall 3** zu. Hier hat der AG anlässlich der Versetzung in eine andere Stadt in den neuen Arbeitsvertrag eine doppelte Schriftformklausel eingefügt. Für diese Änderung gibt es keinen anerkennungswerten Grund.

Im Übrigen gilt für die Änderungskündigung das Gleiche wie für eine Beendigungskündigung. Der AG muss darlegen, dass das Beschäftigungsbedürfnis zu den bisherigen Arbeitsbedingungen entfallen ist, und eine Interessenabwägung vornehmen. Sind mehrere AN betroffen, hat der AG eine Sozialauswahl vorzunehmen.

Hier ein paar Beispiele für eine Änderungskündigung aus betriebsbedingten Gründen:
- Änderung des Tätigkeitsbereichs
- örtliche Versetzung
- Änderung der Arbeitszeit
- Korrektur einer irrtümlichen Eingruppierung
- Änderung des Arbeitsentgeltes ohne Änderung der Tätigkeit. Dies ist in der Regel ausgeschlossen, da für den AG der Grundsatz gilt, **Geld hat man zu haben**. Nur wenn ein entsprechendes Sanierungskonzept vorliegt und die Senkung der Personalkosten die einzige Möglichkeit ist, den Betrieb zu retten, kann dieser Grund berücksichtigt werden. Deshalb ist die Änderungskündigung in **Fall 5** von vornherein unwirksam.

Änderungskündigungen sind auch aus personen- und verhaltensbedingten Gründen möglich, z. B. ein AN kann alters- oder krankheitsbedingt nicht mehr seine volle Leistung erbringen und soll auf einen anderen Arbeitsplatz zu schlechteren Konditionen beschäftigt werden, der seiner verminderten Leistungsfähigkeit Rechnung trägt, oder der AG möchte einen von 2 streitenden Kollegen in eine andere Betriebsstätte versetzen.

4.6.3.4 Außerordentliche Kündigung

Jede Partei kann ein Arbeitsverhältnis aus **wichtigem Grund** ohne Einhaltung einer Kündigungsfrist kündigen. Dazu müssen besondere Tatsachen vorliegen, die dem Kündigenden unter Berücksichtigung aller Umstände des Einzelfalls und unter Abwägung beider Interessen eine Fortsetzung des Arbeitsverhältnisses bis zum Ablauf der Kündigungsfrist oder bis zu der vereinbarten Beendigung des Arbeitsverhältnisses unzumutbar machen. Die Kündigung muss innerhalb von **2 Wochen** ab dem Zeitpunkt ausgesprochen werden, in dem der Kündigungsberechtigte von den für die Kündigung maßgebenden Tatsachen Kenntnis erlangt hat (§ 626 BGB).

Kündigungsberechtigt sind Firmeninhaber, Geschäftsführer oder Personen, die eine ähnlich leitende Stellung innehaben, z. B. ein Prokurist oder ein Personalchef, nicht aber Personalsachbearbeiter. In Einzelfällen muss sich der Kündigungsberechtigte die Kenntnis eines Mitarbeiters anrechnen lassen, wenn von diesem aufgrund dessen Stellung im Betrieb erwartet werden kann, dass er den Kündigungsberechtigten über den Kündigungssachverhalt unterrichten werde.

Dabei geht es ausschließlich um die positive Kenntnis, die zuverlässig und vollständig sein muss, damit der Kündigungsberechtigte entscheiden kann, ob ihm die Fortsetzung des Arbeitsverhältnisses für die Dauer der Kündigungsfrist noch zumutbar ist oder nicht.

Die Zweiwochenfrist ist gehemmt, wenn der AG den Sachverhalt noch durch Befragung von Zeugen bzw. Anhörung des Betroffenen aufklären muss.

Bei Dauertatbeständen wie z. B. der Selbstbeurlaubung beginnt die Zweiwochenfrist erst mit deren Beendigung, d. h. mit der Rückkehr aus dem Urlaub.

Bei sich ständig wiederholenden Kündigungsgründen (häufiges Zuspätkommen) muss der letzte Vorgang noch in der Zweiwochenfrist liegen.

Die Frist endet nach Ablauf von 2 Wochen mit dem Wochentag, an dem der AG Kenntnis erlangt hat. Hat der AG am Mittwoch, den 12.08., Kenntnis erhalten, endet die Zweiwochenfrist am Mittwoch, den 26.08.

Das Recht zur außerordentlichen fristlosen Kündigung kann vertraglich nicht ausgeschlossen, eingeschränkt oder erweitert werden.

Entscheidend ist, ob **objektiv ein wichtiger** Grund vorliegt. Das prüft die Rechtsprechung in 2 Schritten wie folgt:
1. Ist der bestimmte Sachverhalt grundsätzlich geeignet, einen wichtigen Grund abzugeben?
2. Ist die außerordentliche Kündigung auch unter Berücksichtigung der besonderen Umstände des Einzelfalles und bei einer Interessenabwägung gerechtfertigt?

Dabei kann die Kündigung nur auf Gründe gestützt werden, die sich zukünftig auch noch konkret nachteilig auf das Arbeitsverhältnis auswirken (Prinzip der Prognose). Die konkrete Beeinträchtigung des Arbeitsverhältnisses kann sich aus vier Bereichen ergeben:
- Leistungsbereich
- Bereich der betrieblichen Verbundenheit
- Vertrauensbereich
- Unternehmensbereich

Die Kündigung muss geeignet sein, die in einem der vier Bereiche aufgetretenen Störung des Arbeitsverhältnisses zu beseitigen. Sie muss erforderlich und verhältnismäßig sein (Mittel-Zweck-Relation).

Dem Ausspruch einer außerordentlichen Kündigung muss eine Abwägung der Interessen beider Vertragsparteien vorangehen. Dabei sind unter anderem folgende Punkte zu berücksichtigen:
- Art und Schwere der Pflichtverletzung (Arbeitnehmer trug besondere Verantwortung)
- Zahl der Pflichtverstöße
- betriebliche und wirtschaftliche Auswirkungen (hoher Schaden, das Gesetz kennt keine Bagatellgrenzen)
- Maß des geschädigten Vertrauens. Verschulden nicht erforderlich
- Beschäftigungsdauer
- Unterhaltspflichten des Arbeitnehmers
- Dauer des reibungslos verlaufenden Arbeitsverhältnisses

Der wichtige Grund muss im Zeitpunkt des Kündigungszugangs objektiv vorliegen. Ist der Grund erst später entstanden, kann dieser Grund nicht nachgeschoben werden, sondern allenfalls eine neue Kündigung stützen. Nachfolgende Gründe können aber die Gründe der vorangegangenen Kündigung erläutern, wenn ein innerer Zusammenhang zwischen den Gründen besteht.

Gründe, die vor Ausspruch der Kündigung entstanden sind, können unabhängig davon, ob sie dem AG bekannt oder unbekannt waren, jederzeit im Kündigungsrechtsstreit zur Begründung der außerordentlichen Kündigung nachgeschoben werden. Das BAG lässt das Nachschieben von Kündigungsgründen zu, wenn die Gründe bei Ausspruch der Kündigung bereits entstanden, aber dem Kündigenden noch nicht bekannt waren und das Nachschieben den »Charakter« der Kündigung nicht völlig verändert.

Schwierig wird es, wenn ein Betriebsrat anzuhören ist. In diesem Fall unterscheiden wir:
- Handelt es sich um neue Tatsachen, die den bisherigen Kündigungsgrund nur erläutern oder konkretisieren, bedarf es keiner erneuten Anhörung des Betriebsrates.
- Will der AG Tatsachen, die vor Ausspruch der Kündigung entstanden sind, aber dem Arbeitgeber erst später bekannt geworden sind, nachschieben, muss er vorher den Betriebsrat gem. §102 BetrVG anhören.

- Möchte dagegen der AG Tatsachen nachschieben, die ihm bei Ausspruch der Kündigung bekannt gewesen sind, auf deren Erwähnung er bewusst verzichtet hat, kann er diese nicht mehr nachschieben, auch nicht nach erneuter Anhörung des Betriebsrates. Es empfiehlt sich daher nicht, Tatsachen bei der Anhörung des Betriebsrates zurückzuhalten.

Folgende Gründe sind grundsätzlich geeignet, einem AN aus wichtigem Grund zu kündigen:
- Abwerben von Arbeitnehmern
- Verstoß gegen Alkoholverbot
- Verstoß gegen Arbeitsschutz/Sicherheitsvorschriften
- beharrliche Arbeitsverweigerung
- Beleidigungen/Verleumdungen, wenn es sich um eine erhebliche Ehrverletzung handelt
- Eigentumsdelikte, auch wenn es sich nur um die Entwendung geringwertiger Güter handelt, erst recht, wenn der AN die Gegenstände in seiner Obhut hatte
- Forderung oder Annahme von Schmiergeldern
- Geschäfts- und Rufschädigung
- Konkurrenztätigkeit
- Manipulation der Arbeitszeiterfassung als Arbeitszeitbetrug
- Mobbing
- Nötigung, Erpressung
- Verstoß gegen das Rauchverbot, wenn Feuer- oder Explosionsgefahr besteht
- Schwarzarbeit, wenn es sich gleichzeitig um Konkurrenztätigkeit handelt
- sexuelle Belästigung am Arbeitsplatz
- Tätlichkeiten unter Kollegen und gegenüber dem AG
- unentschuldigtes Fehlen
- unerlaubte Nutzung von Betriebsmitteln zu privaten Zwecken
- Unpünktlichkeit, wenn diese an eine beharrliche Arbeitsverweigerung grenzt
- Selbstbeurlaubung
- Verrat von Geschäfts- und Betriebsgeheimnissen

Die nachstehend genannten Gründe reichen für eine außerordentliche Kündigung nicht aus:
- außerdienstliches Verhalten
- Betriebseinstellung, Betriebseinschränkung
- Schlecht- und Minderleistung des AN

Aufseiten des AN kommen folgende Gründe in Betracht:
- Beleidigungen durch den AG, wenn es sich um eine erhebliche Ehrverletzung handelt
- falsche Verdächtigungen des AN durch den AG
- Lohnrückstände nach erfolgloser Abmahnung, wenn AG über einen längeren Zeitraum (3 Monate) oder mit einem erheblichen Betrag im Verzug ist.

Das Arbeitsverhältnis endet grundsätzlich mit Zugang der außerordentlichen Kündigung, es sei denn, der AG wählt einen späteren Beendigungszeitpunkt im Kündigungsschreiben, um z. B. dem AN noch dessen Urlaub in dieser Zeit zu gewähren oder die außerordentliche Kündigung wird mit einer Auslauffrist ausgesprochen, die der gesetzlichen/tariflichen/vertraglichen Kündigungsfrist entspricht.

Ist eine außerordentliche Kündigung unwirksam, kann sie in eine ordentliche Kündigung umgedeutet werden, wenn aus dem Kündigungsschreiben deutlich hervorgeht, dass in jedem Fall eine Beendigung gewünscht wird.

Besteht ein Betriebsrat, scheitert die Umdeutung häufig an der unterbliebenen Anhörung des Betriebsrates, für die unterschiedliche Fristen je nach Art der Kündigung gelten (vgl. Kapitel 3.11.9.4).

> Will ein AG eine außerordentliche Kündigung aus wichtigem Grund aussprechen, empfiehlt es sich, gleichzeitig dazu eine vorsorgliche ordentliche Kündigung zum nächst zulässigen Termin auszusprechen. Die Hürden für eine wirksame außerordentliche Kündigung sind in den letzten Jahren höher geworden. Das hängt nicht zuletzt damit zusammen, dass der AN nicht nur von einem Tag auf den anderen seinen Arbeitsplatz verliert, sondern auch gleichzeitig von der Agentur für Arbeit eine Sperrfrist bis zu 12 Wochen beim Bezug des Arbeitslosengeldes bekommen kann, so dass der AN in dieser Zeit zunächst ohne Einkünfte sein kann.

4.6.4 Anspruch auf Abfindung

Das KSchG ist kein **Abfindungsgesetz**. Es will Arbeitsplätze erhalten und lässt nur unter engen Bedingungen eine Auflösung des Arbeitsverhältnisses gegen Zahlung einer Abfindung zu (§ 9 KSchG). Erst seit dem 01.01.2004 hat der Gesetzgeber für betriebsbedingte Kündigungen eine spezielle Abfindungsregelung geschaffen (§ 1a KSchG).

4.6.4.1 Abfindung bei betriebsbedingten Kündigungen

Kündigt ein AG aus betriebsbedingten Gründen und erhebt der AN innerhalb der Dreiwochenfrist nach Zugang der Kündigung **keine Klage** auf Feststellung, dass das Arbeitsverhältnis durch die Kündigung nicht aufgelöst ist, steht dem AN ein **Anspruch auf Abfindung** zu, wenn ein entsprechender Hinweis des AG im Kündigungsschreiben enthalten ist (siehe Online-Arbeitshilfen, dort Musterkündigungsschreiben). Ohne eine Abfindungszusage im Kündigungsschreiben gibt es keinen Abfindungsautomatismus. Der AN muss das Angebot des AG nicht ausdrücklich annehmen. Es reicht aus, wenn er die Klagefrist verstreichen lässt.

Der Abfindungsanspruch setzt voraus, dass das KSchG überhaupt Anwendung findet. Demnach scheiden Kleinbetriebe und AN mit einer Betriebszugehörigkeit bis 6 Monate aus, gleiches gilt für verhaltens- und personenbedingte Kündigungen.

Die Abfindung wird fällig mit Ende der Kündigungsfrist, also am Ende des Arbeitsverhältnisses. Sie berechnet sich nach der **Betriebszugehörigkeit** und dem **letzten Gehalt** des AN. Angefangene Jahre werden aufgerundet, wenn sie mehr als 6 Monate ausmachen – z. B. Firmeneintritt 15.03.2000, Austritt 30.09.2015 = 15 Jahre und 6,5 Monate = 16 Jahre).

Der AN erhält pro Beschäftigungsjahr ein halbes Bruttomonatsgehalt einschließlich Sachbezüge, die der AN bei der für ihn maßgebenden regelmäßigen Arbeitszeit in dem Monat, in dem das Arbeitsverhältnis endet, zu beanspruchen hat. Zu diesem Monatsverdienst gehören neben dem laufenden Gehalt alle Zulagen, Sachleistungen – z. B. private Pkw-Nutzung – oder anteilige Leistungen, die nur einmal im Jahr gezahlt werden, auf die aber der AN einen Rechtsanspruch hat – z.B. Tantieme, Gratifikation, Urlaubsgeld, 13. Gehalt. Diese Einmalleistungen sind auf einen Monat herunterzurechnen.

Nennt der AG im Kündigungsschreiben einen geringeren Betrag, als das Gesetz vorsieht, ist der Wortlaut des Kündigungsschreibens auszulegen. Wollte der AG eine Abfindung nach §1a Abs. 2 KSchG zahlen und hat er sich dabei aber verrechnet, steht dem AN die gesetzliche Abfindung zu, im anderen Fall nur die genannte Summe. Hat der AG bewusst und in Abweichung des Gesetzes eine niedrigere oder höhere Abfindung genannt, steht dem AN diese zu, wenn er das Angebot des AG angenommen hat.

Die Hinnahme der Kündigung und der Abfindung löst für den AN keine Sperrzeit beim späteren Bezug von Arbeitslosengeld aus.

4.6.4.2 Abfindung bei gerichtlicher Auflösung (§9 KSchG)

Das Gericht kann auf Antrag einer Partei das Arbeitsverhältnis gegen Zahlung einer Abfindung auflösen, wenn die Kündigung ausschließlich sozial ungerechtfertigt und nicht noch aus anderen Gründen unwirksam ist (§9 KSchG). Je nachdem, wer den Auflösungsantrag stellt, müssen unterschiedliche Voraussetzungen erfüllt werden.

Der AN, der eine Auflösung gegen Abfindung erreichen will, hat vorzutragen, dass für ihn die Fortsetzung des Arbeitsverhältnisses **unzumutbar** ist.

Der AG muss darlegen, dass eine den **Betriebszwecken dienliche weitere Zusammenarbeit** nicht mehr erwartet werden kann. Das gelingt nicht oft.

Stellen beide Parteien einen Auflösungsantrag, verzichtet das Gericht auf eine weitergehende Prüfung und löst das Arbeitsverhältnis auf. Gleiches gilt, wenn es um die Kündigung eines leitenden Angestellten im Sinne von §14 Abs. 2 KSchG geht und der AG den Auflösungsantrag stellt (§§14 Abs. 2 Satz 2, 9 Abs. 1 Satz 2 KSchG). Vergleiche dazu auch Kapitel 4.6.4.5.

Im Einzelnen siehe Abb. 7.

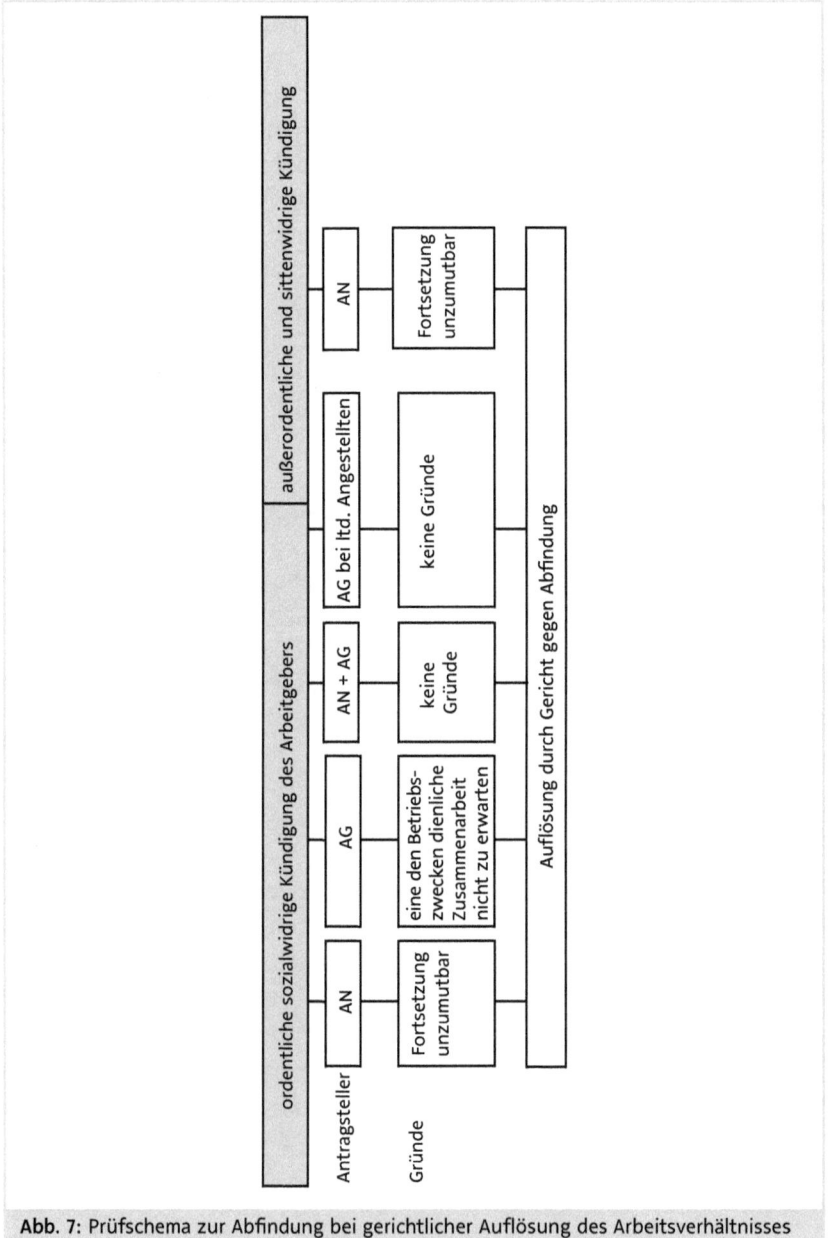

Abb. 7: Prüfschema zur Abfindung bei gerichtlicher Auflösung des Arbeitsverhältnisses

Handelt es sich um eine außerordentliche oder sittenwidrige Kündigung des AG, kann **nur** der AN, nicht auch der AG den Auflösungsantrag stellen (§ 13 Abs. 1 Satz 3 KSchG).

Ist die Kündigung nicht nur sozialwidrig, sondern auch aus anderen Gründen unwirksam – z. B. wegen unzureichender Anhörung des Betriebsrates oder fehlender Zustimmung des Integrationsamtes bei einem Schwerbehinderten –, kann das Arbeitsverhältnis nicht aufgelöst werden (§ 13 Abs. 3 KSchG).

Beim Auflösungsantrag des AN muss die Fortsetzung des Arbeitsverhältnisses für den AN unzumutbar sein. Für die Beurteilung kommt es auf den Zeitpunkt der letzten mündlichen Verhandlung vor dem Arbeits- bzw. dem Landesarbeitsgericht an.

Es müssen Umstände hinzukommen, die über die bloße Rechtsunwirksamkeit der Kündigung hinausgehen. Es muss kein wichtiger Grund im Sinne von § 626 Abs. 1 BGB vorliegen, sondern es reicht aus, dass dem AN die Fortsetzung auf unbestimmte Dauer unzumutbar ist. Die Gründe müssen mit der Kündigung oder mit dem Kündigungsschutzprozess im Zusammenhang stehen. Das kann eine völlig ungerechtfertigte Suspendierung oder eine Kündigung mit beleidigenden, ehrverletzenden oder diskriminierenden Äußerungen oder eine leichtfertige Verdächtigung wegen einer Straftat sein. In aller Regel handelt es sich um Umstände, die erst im Laufe des Prozesses entstanden sind, meistens im schriftsätzlichen Vortrag oder durch Äußerungen in der mündlichen Verhandlung.

Wenn der AG den Auflösungsantrag stellt, muss er Tatsachen vortragen, die die Besorgnis belegen, dass eine den Betriebszwecken dienliche Zusammenarbeit mit dem AN nicht mehr zu erwarten ist. Die Besorgnis kann im Laufe des Prozesses aufkommen, aber sich auch wieder verflüchtigen, wenn die Gründe ihr besonderes Gewicht verlieren, weil z. B. ein Vorgesetztenwechsel stattgefunden hat und dadurch die Konfliktsituation für eine mögliche Rückkehr des AN an seinen alten Arbeitsplatz entschärft ist. Ein Auflösungsantrag ist vom AG schwerer zu begründen als es auf den ersten Blick aussieht.

Als Tatsachen für einen Auflösungsantrag des AG können in Betracht kommen:
- bewusst wahrheitswidrige Tatsachenbehauptungen
- Beleidigungen, üble Nachrede
- Drohungen gegenüber dem AG, Vorgesetzten oder Kollegen

Ist der Antrag des AN oder des AG oder beider begründet, ist das Arbeitsverhältnis mit dem Zeitpunkt aufzulösen, an dem es bei der sozial gerechtfertigten Kündigung geendet hätte. Wird das Arbeitsverhältnis aufgrund außerordentlicher Kündigung des AG auf Antrag des AN aufgelöst, endet das Arbeitsverhältnis zu dem Zeitpunkt, zu dem die außerordentliche Kündigung wirksam geworden wäre.

4.6.4.3 Höhe der Abfindung

Mit der Auflösung des Arbeitsverhältnisses setzt das Gericht gleichzeitig eine Abfindung fest, die sich nach §10 KSchG berechnet. Danach kann die Abfindung bis zu 12 Monatsverdienste betragen, die sich ab dem 50. **Lebensjahr** und einer Beschäftigungszeit von **15 Jahren** auf 15 Gehälter bzw. ab Vollendung des 55. **Lebensjahr** und einer Beschäftigungszeit von **20 Jahren** auf **18 Gehälter** erhöht. Die Erhöhung unterbleibt, wenn der AN bei Beendigung des Arbeitsverhältnisses seine Regelaltersrente beziehen kann (§10 Abs. 2 Satz 2 KSchG). Maßgebend für die Höhe der Abfindung ist der Verdienst des letzten Monats. Insoweit kann auf die obigen Ausführungen in Kapitel 4.6.4.1 verwiesen werden.

4.6.4.4 Abfindung aufgrund Vereinbarung

Die gesetzlichen Abfindungsregelungen kommen in der Praxis nicht häufig zur Anwendung. Die Hürden sind zu hoch und die Abfindung nach §1a KSchG gilt nur für betriebsbedingte Kündigungen, wenn der AG sie im Kündigungsschreiben zusagt und der AN nicht Klage erhebt.

Deshalb werden die Abfindungen seit eh und je außergerichtlich oder gerichtlich, oftmals in der Güteverhandlung, frei verhandelt, wobei es dabei manchmal wie auf einem Basar zugeht.

Je besser die rechtliche Position des AN ist und je höher das Interesse des AG, sich vom AN zu trennen, umso höher fällt die Abfindung aus. In der Praxis hat sich eine sog. **Faustformel** gebildet. Danach wird pro Beschäftigungsjahr ein halbes Gehalt zugrunde gelegt, solange der Prozessausgang noch ungewiss ist. Ist der Betrieb wirtschaftlich schwach, liegt der Faktor darunter (z. B. 0,33). Ist deutlich zu erkennen, dass die Kündigungsgründe nicht tragfähig sind, erhöht sich der Faktor auf 0,75, 1 oder sogar 1,25. Bedeutung hat dabei auch der konkrete Zahlungsvorschlag des Arbeitsgerichts in der Güteverhandlung oder späteren mündlichen Verhandlung. Je nachdem ob das Gericht arbeitgeber- oder arbeitnehmerfreundlich eingestellt ist, können erhebliche Unterschiede in der Abfindungshöhe entstehen, die an die Parteien des Rechtsstreits manchmal kaum vermittelt werden können.

Abfindungen, die im Zusammenhang mit der Beendigung eines Arbeitsverhältnisses gezahlt werden, sind sozialversicherungsfrei (§14 Abs. 1 Satz 1 SGB IV). Sie unterliegen aber der Einkommensteuer (§§2 Abs. 1, 19, 24 Nr. 1a EStG). Bis 2005 gab es noch Freibeträge. Jetzt gilt die sog. **Fünftelregelung** des §34 Abs. 1, Abs. 2 EStG. Es wird nicht, wie manchmal vermutet, nur 1/5 der Abfindung versteuert, sondern der gesamte Betrag. Zur Kappung der Progression wird 1/5 der Abfindung auf das zu versteuernde Jahreseinkommen des AN gerechnet, um dann aus der Steuertabelle den dazugehörenden Steuerbetrag zu ermitteln.

Im zweiten Schritt wird nun das übrige zu versteuernde Einkommen ohne die Abfindung der Tabelle unterworfen.

Im dritten Schritt wird aus den beiden Steuerbeträgen eine Differenz gebildet, die mit 5 multipliziert wird. Daraus gibt sich die ermäßigte Steuer für die Abfindung. Bei hohen Einkommen und einer hohen Abfindung führt die Fünftelregelung zu keinen nennenswerten Steuererleichterungen.

4.6.4.5 Begriff des leitenden Angestellten im Sinne des §14 Abs. 2 KSchG

Neben dem Betriebsverfassungsgesetz kennt das KSchG einen eigenen Begriff des leitenden Angestellten, der im Rahmen der Abfindungsregelung von großer Bedeutung ist. Denn bei leitenden Angestellten kann der AG ohne nähere Gründe einen Auflösungsantrag stellen, wenn die Kündigung ausschließlich sozialwidrig ist.

Zu den leitenden Angestellten gehören Geschäftsführer, Betriebsleiter und ähnliche leitende Angestellte, soweit diese zur selbstständigen Einstellung **oder** Entlassung von AN berechtigt sind.

Unter **Geschäftsführern** versteht man nicht das Organ einer GmbH. Auf dieses findet das KSchG bereits schon gem. § 14 Abs. 1 Nr. 1 KSchG keine Anwendung. Es handelt sich vielmehr um AN, die unternehmerische Teilaufgaben wahrnehmen und auf diese Weise maßgeblichen Einfluss auf die wirtschaftliche, technische, kaufmännische, organisatorische oder personelle Führung des Unternehmens oder Betriebs ausüben. Sie müssen nicht gleichzeitig alle Aufgaben erfüllen. Wichtig ist, dass sie im Wesentlichen eigenverantwortlich tätig sind und deshalb dem AG näher stehen als alle anderen AN des Unternehmens.

Betriebsleiter sind AN, die einen Betrieb oder einen großen Betriebsteil eigenverantwortlich führen und dabei eine Vorgesetztenstellung einnehmen – z. B. Werksleiter oder Leiter einer großen Filiale, die dezentral geführt wird.

Daneben zählt das Gesetz noch die **leitenden Angestellten** dazu, die wie ein Geschäftsführer oder ein Betriebsleiter vergleichbare Schlüsselfunktionen innehaben und als Vorgesetzte eine bedeutsame Zahl von Personen unter sich haben. Auch sie müssen in ihrem Bereich eine Arbeitgeberfunktion ausüben. Sie stehen organisatorisch häufig direkt unterhalb der Geschäftsführung.

Alle 3 genannten Personenkreise (Geschäftsführer, Betriebsleiter und ähnliche leitende Angestellte) müssen im Innen- wie auch im Außenverhältnis befugt sein, **Personal einzustellen oder zu entlassen**. Können sie dies nicht allein entscheiden und müssen sie vorher noch den Leiter der Personalabteilung, einen Geschäftsführer oder einen anderen AN im Unternehmen fragen, fehlt es an der **selbstständigen Befugnis**. Benötigt der AN nur aus Kontrollzwecken eine Zweitunterschrift z. B. für eine rechtswirksame Einstellung, schadet diese nicht und ändert nichts an der selbstständigen Einstellungsbefugnis.

Die Befugnis muss sich auf eine **bedeutende Zahl** von AN beziehen oder eine gewisse Anzahl von AN betreffen, die **für das Unternehmen von wesentlicher Bedeutung** sind – z. B. Leiter einer Entwicklungsabteilung mit 8 AN. Die Einstellungs- oder Entlassungsbefugnis muss **dauerhaft** ausgeübt werden und nicht nur vertretungsweise. Etwas anderes gilt, wenn der Betreffende **ständiger Vertreter** ist und sich damit die Vertretung nicht auf Krankheits- und Urlaubszeiten beschränkt.

4.6.5 Erhebung der Kündigungsschutzklage

4.6.5.1 Klagefrist

Hat ein AG seinem AN schriftlich gekündigt, muss der AN gegen die Kündigung klagen, wenn er die Kündigung nicht akzeptieren will (§§ 4, 13 Abs. 1 Satz 1, Abs. 3 KSchG). Versäumt der AN die **dreiwöchige Klagefrist**, wird die Wirksamkeit der Kündigung fingiert (§ 7 KSchG). Dies gilt für sämtliche Arten von Kündigungen, auch für die, die dem KSchG nicht unterliegen mit Ausnahme einer **mündlich erklärten** Kündigung.

4.6.5.2 Inhalt der Klage

Die Klage ist schriftlich oder zu Protokoll der Geschäftsstelle des Arbeitsgerichtes zu erheben. Sie muss erkennen lassen, wer die Klage erhebt und gegen wen sie sich richtet. Demzufolge muss sie den vollständigen Namen und die Anschrift des Klägers enthalten. Eine Postfachadresse reicht nicht aus.

Das Gleiche gilt für den Namen und die Anschrift des AG. Hier ist besondere Vorsicht geboten. Es empfiehlt sich nicht, den Namen und die Anschrift dem Arbeitsvertrag zu entnehmen. Je nach Dauer des Arbeitsverhältnisses können sich zahlreiche Änderungen ergeben haben. Deshalb ist es sinnvoll, die Daten aus dem Kündigungsschreiben zu entnehmen.

Um ganz sicher zu gehen, ist zu empfehlen, der Klageschrift eine Kopie der Kündigung und des Arbeitsvertrages, sofern vorhanden, beizufügen, damit das Gericht ggf. selbst auslegen kann, wenn Zweifel aufkommen, gegen wen sich die Klage richtet.

Das Schreiben an das Gericht muss den Hinweis, dass Klage erhoben werden soll, und einen Antrag enthalten. Will der AN feststellen lassen, dass die gegen ihn ergangene Kündigung sozial ungerechtfertigt oder aus anderen Gründen rechtsunwirksam ist, ist folgender Antrag üblich:

> **Textbaustein: Antrag des AN auf Feststellung der Unwirksamkeit der Kündigung**
> »Es wird festgestellt, dass das Arbeitsverhältnis durch die Kündigung vom … nicht aufgelöst ist.«

Will der AN sich gegen eine Änderungskündigung wehren, lautet der Antrag:

> **Textbaustein: Antrag des AN auf Feststellung der Unwirksamkeit der Änderungskündigung**
> »Es wird festgestellt, dass die Änderung der Arbeitsbedingungen im Schreiben der Beklagten vom … sozial ungerechtfertigt oder aus anderen Gründen rechtsunwirksam ist.«

Die Begründung kann kurz ausfallen. Der AN kann sich darauf beschränken vorzutragen, dass

- er bei dem angegebenen AG beschäftigt ist (Eintritt in die Firma, Art der zuletzt ausgeübten Tätigkeit, Arbeitsverdienst),
- ihm unter Angabe des Datums eine Kündigung zugegangen ist,
- wie viele AN im Zeitpunkt des Kündigungszugangs bei dem AG beschäftigt werden. Hier reicht der Hinweis, dass der AG nur 10 oder weniger AN bzw. mehr als 10 AN beschäftigt, ohne genau die Belegschaftsstärke beziffern zu müssen.

Ferner sollte er darauf hinweisen, ob ein Betriebsrat besteht oder nicht. Im ersten Fall sollte man bestreiten, dass dieser ordnungsgemäß vor Ausspruch der Kündigung angehört worden ist, denn das kann der AN zu diesem Zeitpunkt nicht sicher wissen. Zum Schluss ist es notwendig, dass der AN die Klage **eigenhändig unterschreibt** und das Original und zwei Kopien nebst Anlagen an das Gericht schickt, das die Durchschriften an die andere Partei weitergeleitet. Wird die Klage zu Protokoll der Geschäftsstelle des Arbeitsgerichtes erhoben, übernimmt die Geschäftsstelle die Abfassung der Klage.

Die Klage kann per Post, Bote oder Telefax dem Gericht übermittelt werden, nicht jedoch per SMS oder als E-Mail.

Die Klagefrist beträgt 3 Wochen nach Zugang der Kündigung. Die Frist endet nach 3 Wochen am gleichen Wochentag, zu dem die Kündigung zugestellt worden ist – z. B. Kündigungszugang am Donnerstag, den 07.02.2019, Ende der Klagefrist, Donnerstag, den 28.02.2019). Fällt die Frist auf einen Sams-, Sonn- oder Feiertag, endet sie am folgenden Werktag. Bei gesetzlichen Feiertagen kommt es auf die Feiertage an, die am Gerichtsort gelten.

Die Dreiwochenfrist ist gewahrt, wenn die Klage bis 24:00 Uhr am letzten Tag der Frist eingeht. Hier ist aber darauf zu achten, dass die Klage entweder bis 24:00 Uhr per Fax übermittelt – wobei die letzte Seite mit der Unterschrift noch vor 24:00 Uhr bei Gericht eingehen muss – oder die Klagschrift in den **Nachtbriefkasten** des Gerichtes, der als solcher gekennzeichnet ist, eingeworfen wird, um später den Nachweis zu führen, dass die Kündigung rechtzeitig erhoben worden ist.

Hat der AG mehrere Kündigungen in einem oder in mehreren Schreiben ausgesprochen, muss die Klage deutlich machen, dass der AN sich gegen alle Kündigungen wehren will. Werden die Kündigungen zeitlich versetzt ausgesprochen, muss gegen **jede Kündigung** eine **neue Klage** erhoben bzw. eine bereits anhängige Klage durch einen entsprechenden Schriftsatz an das Gericht **erweitert** werden, ebenfalls jeweils innerhalb der Dreiwochenfrist nach Zustellung der erneuten Kündigung.

Hat der AN die Dreiwochenfrist aus Gründen, die er nicht zu vertreten hat – z. B. Auslands- oder Krankenhausaufenthalt – versäumt, muss er gem. § 5 KSchG einen Antrag auf **nachträgliche Zulassung** der Klage stellen und ihn gleichzeitig mit einer Klagerhebung verbinden. In dem Antrag muss der AN die Tatsachen, die die nachträgliche Zulassung begründen, **glaubhaft machen** z. B. durch eine **eidesstattliche Versicherung** oder Vorlage entsprechender Urkunden wie Reisebuchungen, Flugtickets, aus denen sich ergibt, dass der AN von ... bis ... verreist war, sich in Kur befunden oder Ähnliches sich ereignet hat. Der Antrag ist innerhalb von **2 Wochen** nach Behebung des Hindernisses – z. B. Rückkehr aus dem Urlaub –, **spätestens** innerhalb von **6 Monaten** ab Ende der versäumten Frist an gerechnet zu stellen, also spätestens 6 Monate und 3 Wochen nach Zugang der Kündigung (§ 5 KSchG).

Hat der AN fristgerecht Klage erhoben, kann er noch bis zum Schluss der mündlichen Verhandlung vor dem Arbeitsgericht, also in der ersten Instanz, **andere Gründe** der Unwirksamkeit der Kündigung **nachschieben**, die er innerhalb der Dreiwochenfrist noch nicht vorgetragen hat (§ 6 KSchG).

Die Dreiwochenfrist des § 4 Satz 1 KSchG gilt nicht, wenn die Wirksamkeit einer Kündigung von einer vorhergehenden Zustimmung einer Behörde abhängt – z. B. Kündigung eines schwerbehinderten Menschen oder einer Schwangeren. Sie beginnt erst mit Bekanntgabe der Entscheidung der Behörde an den AN. Das setzt aber voraus, dass der AG von dem besonderen Kündigungsschutz des AN Kenntnis hat. Fehlt diese, ist der schwerbehinderte Mensch verpflichtet, dem AG innerhalb von 3 Wochen nach Erhalt der Kündigung auf seine Schwerbehinderung bzw. Gleichstellung hinzuweisen (vgl. Kapitel 3.11.10.2). Ähnliches gilt für den Hinweis auf eine bestehende Schwangerschaft.

4.7 Arbeitnehmerhaftung

4.7.1 Grundsätze

Im Arbeitsrecht gilt auch der allgemeine Grundsatz der Schadenersatzpflicht gem. § 280 Abs. 1 BGB. Verletzt eine Partei **schuldhaft** ihre Pflicht aus einem Vertragsverhältnis, kann die andere Partei Ersatz des ihr hierdurch entstandenen Schadens verlangen. Während nach allgemeinem Schuldrecht der Schädiger sich entlasten und beweisen muss, dass ihn keine Schuld trifft, wird im Arbeitsrecht die Beweislast umgedreht und auf den AG verlagert (§ 619a BGB). Er muss beweisen, dass der AN die Pflichtverletzung zu vertreten hat.

Schon früh hat die Rechtsprechung erkannt, dass die Risiken im Arbeitsverhältnis zwischen AG und AN ungleich verteilt sind und der AG einseitig auf die Arbeitsabläufe und Schadensrisiken einwirken kann. Deshalb hat sie die Lehre von der **gefahr- bzw. schadensgeneigten Tätigkeit** der AN entwickelt, um deren Haftung einzugrenzen.

4.7.2 Haftung nach Verschuldensgrad

Früher galt, dass bei gefahrgeneigter Tätigkeit der AN je nach Grad seines Verschuldens für den Schaden haftete. Mit Beschluss vom 27.09.1994 hat das BAG mit Zustimmung des Bundesgerichtshofes seine Rechtsprechung geändert und die Grundsätze des **innerbetrieblichen Schadensausgleichs** entwickelt, der sich an die frühere Rechtsprechung anlehnt mit der entscheidenden Ausnahme, dass der Schadensausgleich jetzt für **jegliche Art von Tätigkeiten** gilt und nicht nur auf gefahr- bzw. schadensgeneigte Tätigkeit beschränkt ist. Die Grundsätze des innerbetrieblichen Schadensausgleichs gelten nicht für **außerdienstliche** Schadensfälle (z. B. Privatfahrt mit Firmenwagen).

Eine betriebliche Tätigkeit liegt vor, wenn
- sie ausdrücklich vom oder für den Betrieb übertragen worden ist,
- im Interesse des Betriebs ausgeführt wurde oder
- mit dem Betrieb oder seinem Wirkungskreis in nahem Zusammenhang steht.

Handelt der AN **vorsätzlich**, haftet er für den **gesamten Schaden**. Der Vorsatz muss auch den Eintritt des Schadens umfassen. Der AN muss ihn wenigstens billigend in Kauf genommen haben.

Handelt der AN **grob fahrlässig**, haftet er in der Regel ebenfalls für den **gesamten Schaden**.

Grob fahrlässig verhält sich derjenige, der die im Verkehr erforderliche Sorgfalt in einem ungewöhnlich hohen Grad verletzt und das unbeachtet lässt, was jedem hätte einleuchten müssen – z. B. ein Kellner lässt seine Geldtasche offen liegen oder ein Kfz-Fahrer sucht während der Fahrt im Auto nach einer runter gefallenen Zigarette oder CD oder er übersieht das Rotlicht.

Handelt der AN mit einer **mittleren Fahrlässigkeit**, so teilen AG und AN sich regelmäßig den Schaden. Dabei sind der bisherige Verlauf des Arbeitsverhältnisses, die persönlichen Verhältnisse des AN (Alter, Betriebszugehörigkeit, Vergütungshöhe, Unterhaltspflichten) sowie die Frage der Gefahrengeneigtheit der Arbeit gegeneinander abzuwägen.

Mittlere Fahrlässigkeit wird angenommen, wenn der AN die im Verkehr erforderliche Sorgfalt außer Acht lässt und der dadurch eingetretene Schaden bei Anwendung der gebotenen Sorgfalt voraussehbar und vermeidbar war.

Handelt der AN mit **leichtester Fahrlässigkeit**, haftet er nicht. Sie liegt z.B. vor, wenn der AN sich verspricht, sich vertan oder vergriffen hat.

4.7.3 Haftungsbegrenzung

Der vom AN zu übernehmende Schaden kann in Einzelfällen dessen Gehalt ein Vielfaches übersteigen, ohne dass das Gehalt dem Risiko entspricht, das der AN trägt. Deshalb haben die Instanzgerichte eine **Schadensbegrenzung** eingeführt, und zwar bei grober Fahrlässigkeit auf maximal **3 Gehälter**, bei mittlerer Fahrlässigkeit auf **ein Gehalt**.

Hat der AG keine Haftpflicht- oder Vollkaskoversicherung abgeschlossen, die ein verständiger AG abgeschlossen hätte (z.B. beim Firmenwagen), wird der AN so behandelt, als ob eine Versicherung besteht. In diesen Fällen sind nur die Selbstbeteiligung und die Kosten durch Höherstufung in der Schadensfreiheitsrabattklasse als Schaden unter den Parteien zu verteilen.

Verursacht ein AN im Rahmen seiner betrieblichen Tätigkeit bei einem **Dritten** einen Schaden, haftet er diesem gegenüber in voller Höhe. Er kann aber von seinem AG verlangen, dass dieser ihn von jenem Schaden freistellt und er nur insoweit haftet, als wenn er den Schaden dem AG zugefügt hätte, z.B. ein Geselle beschädigt Wasserleitung bei einem Kunden. Gleiches gilt für Sachschäden, die der AN seinen Kollegen zufügt, z.B. bei einem Unfall auf einer gemeinsamen Dienstfahrt mit dem Pkw seines Kollegen.

4.7.4 Haftungsausschluss

Hat sich der oben erwähnte Kollege auf der Dienstfahrt auch noch verletzt, kann er von dem AN **keinen Ersatz des Personenschadens** (z.B. Arztkosten, Schmerzensgeld) verlangen, es sei denn, der AN hat den Personenschaden vorsätzlich oder auf dem Wege vom oder zur Arbeit verursacht. Die Haftungsbeschränkung für Personenschäden unter Kollegen folgt aus §105 Abs. 1 SGB VII. Der verunfallte Kollege muss sich an die für das Unternehmen zuständige Berufsgenossenschaft wenden (= gesetzliche Unfallversicherung) und nicht an seinen Kollegen, auch nicht an seinen AG, um den Betriebsfrieden nicht zu stören.

4.8 Arbeitnehmerüberlassung

Der Anteil der Zeitarbeiter (= Leiharbeitnehmer) beträgt nur 2% aller Erwerbstätigen in Deutschland. Dennoch nimmt die Zeitarbeit in der Praxis einen breiten Raum ein. Sie ist seit 1972 legalisiert und erfreut sich zunehmenden Wachstums, wenngleich sie in der Gesellschaft unter dem Namen »Leiharbeit« keinen guten Ruf genießt.

Zeitarbeit bietet dem AG einen flexiblen Einsatz von Arbeitskräften, senkt die Personalkosten und dient oft auch der Erprobung von zukünftigen AN ohne die rechtliche Bindung eines Arbeitsverhältnisses.

Für den Arbeitssuchenden bietet sie eine Chance, später vom Entleiher unbefristet beschäftigt zu werden. Zwei Drittel der Zeitarbeiter (= ca. 600.000) kommen aus der Arbeitslosigkeit. Es sind mehr Männer (70%) als Frauen (30%), die in Zeitarbeit tätig sind (siehe www.personaldienstleister.de).

4.8.1 Vertragsbeziehungen in der Zeitarbeit

Die Zeitarbeit ist im Arbeitnehmerüberlassungsgesetz (AÜG) geregelt. Man unterscheidet dabei drei Parteien, die in einem Dreieck zueinander stehen:

4 Arbeitsrechtliche Fragen

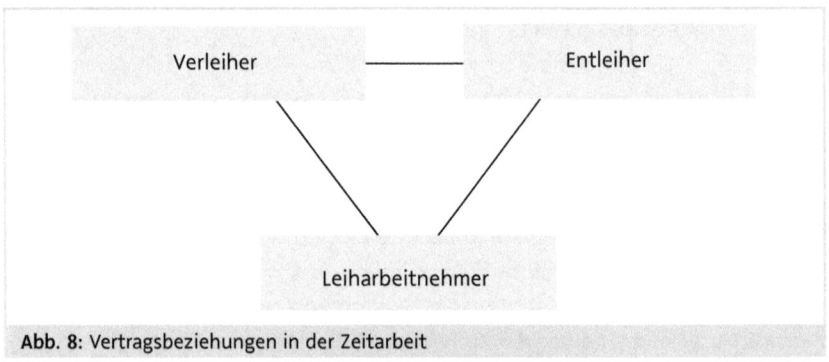

Abb. 8: Vertragsbeziehungen in der Zeitarbeit

Zwischen Verleiher und Entleiher besteht ein **Dienstverschaffungsverhältnis**, ein schuldrechtliches Verhältnis besonderer Art. Der Verleiher schuldet dem Entleiher die Überlassung von Arbeitskräften. Er hat einen oder mehrere AN auszuwählen und dem Entleiher zu überlassen. Der Entleiher seinerseits muss dem Verleiher eine Vergütung bezahlen.

Verleiher und Leiharbeitnehmer stehen in einem Arbeitsverhältnis mit allen Rechten und Pflichten, jedoch mit der Besonderheit, dass der Leiharbeitnehmer nicht für den Verleiher, sondern für den Entleiher arbeitet. Dazu bedarf es der Zustimmung des Leiharbeitnehmers nach §613 Satz 2 BGB, die in der Regel im Anstellungsvertrag erteilt wird.

Entleiher und Leiharbeitnehmer unterhalten keinerlei direkte Vertragsbeziehungen, obwohl der Leiharbeitnehmer im Betrieb des Entleihers eingegliedert ist und dort dessen Weisungen unterliegt. Die beiderseitigen Rechte und Pflichten ergeben sich aus dem Vertrag zwischen dem Verleiher und dem Leiharbeitnehmer als ein **Vertrag zugunsten Dritter**.

4.8.2 Abgrenzung zum Werkvertrag

Die Leiharbeit unterscheidet sich vom Werkvertrag dadurch, dass der Werkunternehmer gegenüber seinem Auftraggeber ein Werk und damit einen Erfolg schuldet. Bei der Zeitarbeit schuldet der Verleiher nur die Überlassung einer Arbeitskraft. In der Vergangenheit gab es häufig Versuche, mithilfe von (Schein-)Werkverträgen eine tatsächlich bestehende Leiharbeit zu verdecken. Das hat die Politik auf den Plan gerufen, diesem Trend einen Riegel vorzuschieben. Deshalb sind Änderungen am AÜG geplant, ohne dass diese heute schon im Einzelnen feststehen.

4.8.3 Erlaubnispflicht

Die wirksame Arbeitnehmerüberlassung setzt aufseiten des Verleihers eine Erlaubnis voraus, die er bei der Bundesanstalt für Arbeit zu beantragen hat. (§§ 2, 17 AÜG). Einer Erlaubnis bedarf es nicht, wenn
- der AN einem anderen AG desselben Wirtschaftszweiges zur Vermeidung von Kurzarbeit oder Entlassungen überlassen wird und ein Tarifvertrag diese Möglichkeit vorsieht,
- der AN innerhalb eines Konzerns einem anderen Konzernunternehmen überlassen wird und der AN nicht zum Zwecke der Überlassung eingestellt und beschäftigt worden ist,
- die Überlassung von AN nur gelegentlich, nicht planmäßig erfolgt,
- ein AG mit weniger als 50 Beschäftigten seine AN einem anderem AG überlässt, um bei sich Kurzarbeit oder Entlassungen zu vermeiden und die Überlassung nicht 12 Monate übersteigt. In diesem Fall ist die Überlassung vorher schriftlich der Bundesagentur für Arbeit anzuzeigen (§ 1a AÜG).

Fehlt die Erlaubnis z.B. beim (Schein-)Werkvertrag, kommt zwischen dem Entleiher und dem Leiharbeitnehmer ein Arbeitsverhältnis kraft **gesetzlicher Fiktion** zustande, was der Entleiher gerade vermeiden will (§ 10 Abs. 1 Satz 1 AÜG).

Die fehlende Erlaubnis macht sowohl das Arbeitsverhältnis zwischen Verleiher und AN wie auch das Schuldverhältnis zwischen Verleiher und Entleiher unwirksam.

Durch die Reform des AÜG zum 01.04.2017 ist eine grundsätzliche **Höchstüberlassungsdauer** des AN an den gleichen Entleihbetrieb (unternehmensweit) von 18 Monaten vorgesehen (§ 1 Abs. 1b AÜG). Dabei können Tarifverträge der Einsatzbranche diese Höchstdauer verkürzen oder verlängern. Bei einem Einsatz mit Unterbrechung im gleichen Entleihbetrieb muss diese mindestens

3 Monate (genau 3 Monate + 1 Tag) betragen. Bei einem Verstoß gegen die Höchstüberlassungsdauer entsteht ein Arbeitsverhältnis kraft **gesetzlicher Fiktion** zwischen dem AN und dem Entleihbetrieb (§ 9 Abs. 1 Nr. 1b i. V. m. § 10 Abs. 1 AÜG).

AN dürfen im Rahmen der Arbeitnehmerüberlassung nicht als »Streikbrecher« eingesetzt werden (§ 11 Abs. 5 AÜG). Anderenfalls droht wegen dieser Ordnungswidrigkeit eine Geldbuße von bis zu 500.000 EUR (§ 16 Abs. 1 Nr. 8a, Abs. 2, § 11 Abs. 5 AÜG).

4.8.4 Gleichwertige Vertragsbedingungen (§ 8 AÜG)

Der Verleiher ist grundsätzlich verpflichtet, dem AN für die Zeit der Überlassung an den Entleiher die in dessen Betrieb wesentlichen Arbeitsbedingungen einschließlich des Arbeitsentgelts eines dort vergleichbaren AN zu gewähren. Dies wurde seit Langem unter dem Stichwort *equal pay* diskutiert und macht die Zeitarbeit nicht mehr so attraktiv wie früher. Der Grundsatz der Gleichstellung ist durch die Reform des AÜG zum 01.04.2017 in § 8 aufgenommen worden.

Dieser Grundsatz gilt aber nicht, wenn ein für die Zeitarbeitsbranche gültiger Tarifvertrag andere Arbeitsbedingungen vorsieht und deren Anwendbarkeit zwischen Verleiher und Leiharbeitnehmer vereinbart ist, was in der Regel im Arbeitsvertrag geschieht. Dabei darf jedoch der gesetzliche Mindestlohn der Branche nicht unterschritten werden. Der Tarifvertrag darf hinsichtlich des Arbeitsentgelts vom Gleichstellungsgrundsatz abweichen: Nach einer Beschäftigungsdauer von 9 Monaten im gleichen Entleihbetrieb hat der AN einen grundsätzlichen Anspruch auf gleichwertiges Arbeitsentgelt. Durch einen Tarifvertrag ist jedoch eine Verlängerung dieser Frist der Ungleichbehandlung bis 15 Monate zulässig (§ 8 Abs. 4 AÜG). Nach den Angaben des Instituts für Arbeitsmarkt- und Berufsforschung (IAB) sind nur 28 % der Leiharbeiter länger als 9 Monate im gleichen Entleihbetrieb tätig. Dabei beginnt die Beschäftigungsfrist erst mit dem Inkrafttreten dieser Regelungen am 01.04.2017, so dass erst Entleihzeiten ab diesem Termin berücksichtigt werden (§ 19 Abs. 2 AÜG). Danach besteht der Anspruch auf Bezahlung wie bei vergleichbaren Stammarbeitnehmern erstmals ab dem 01.01.2018 bzw.

01.07.2018, wenn der AN durchgehend seit dem 01.04.2017 bei dem gleichen Entleihbetrieb tätig war.

Früher haben die schwarzen Schafe der Branche ihre AN nach Tarifverträgen mit dem Christlichen Gewerkschaftsbund vergütet. Das BAG hat jedoch diese Tarifverträge für nichtig erklärt. Der Bundesarbeitgeberverband der Personaldienstleister (BAP) hatte in der Folgezeit Tarifverträge mit dem DGB unter Beteiligung von 8 Einzelgewerkschaften geschlossen, in denen die Arbeitsbedingungen für Leiharbeitnehmer im Einzelnen geregelt waren. Seit 2012 waren Branchenzuschlags-Tarifverträge unter Beteiligung der jeweiligen Einzel-Gewerkschaft (z. B. IG Metall, Verdi etc.) hinzugekommen, die Zuschläge auf den Zeitarbeitstariflohn vorsahen und damit die Zeitarbeit für Verleiher und Entleiher nicht mehr so attraktiv machten.

4.8.5 Lohnuntergrenzen

Neben dem Anspruch auf *equal pay* sieht das Gesetz noch **Lohnuntergrenzen** vor, die nicht nur während der Arbeit im Entleihbetrieb, sondern auch sonst in der einsatzlosen Zeit an den Leiharbeitnehmer zu zahlen sind (§ 8 Abs. 5 AÜG). Die 2. Verordnung über eine Lohnuntergrenze in der Arbeitnehmerüberlassung (LohnAUGÜV) vom 21.03.2014 lief am 31.12.2016 aus. Damit gilt ab dem 01.01.2017 der allgemeine Mindestlohn vollumfänglich auch für die Zeitarbeit. Der allgemeine Mindestlohn beträgt vom 01.01.2017 bis 31.12.2018 8,84 EUR, vom 01.01.2019 bis 31.12.2019 9,19 EUR und vom 01.01.2020 bis 31.12.2020 9,35 EUR.

AN, die im Entleihbetrieb **überwiegend** – mehr als die Hälfte gerechnet nach der Stundezahl im Monat – Tätigkeiten verrichten, die unter einen allgemeinverbindlichen Tarifvertrag oder unter einer Rechtsverordnung nach den §§ 7, 7a AEntG (Mindestlohn nach AN-Entsendegesetz) fallen, haben Anspruch auf die dortigen tariflichen Entgelte. (Vom Baugewerbe bis zur Fleischverarbeitung sowie jegliche Branchen, in denen ein allgemeinverbindlicher Tarifvertrag besteht [§ 8 Abs. 3 AEntG]).

Ist z. B. ein Leiharbeitnehmer bei einem Entleiher tätig, der dem allgemeinverbindlichen Tarifvertrag des Maler- und Lackiergewerbes unterliegt, steht diesem AN die Vergütung nach diesem Tarifvertrag zu. Der Leiharbeitnehmer kann nicht während dieser Zeit auf den Tarifvertrag verwiesen werden, der für die Zeitarbeitnehmerfirma (= Verleiher) gilt.

Mindestlohn und Lohnuntergrenzen in verschiedenen Branchen machen es dem Verleiher schwer, mit dem Gesetz nicht in Konflikt zu kommen. Deshalb besteht auf allen Seiten in der Zeitarbeit ein erheblicher Beratungsbedarf, um die richtigen Mindestentgelte zu ermitteln. Der Verleiher unterliegt der ständigen Überprüfung durch die Bundesagentur für Arbeit und seine Arbeitsbedingungen werden durch die Zollverwaltung überprüft (§§ 8 Abs. 5 AÜG, 17, 17a AÜG). Aber auch den Entleiher treffen gewisse Dokumentationspflichten bei der Anwendung von Lohnuntergrenzen nach § 3a AÜG. Hier ist der Entleiher verpflichtet, Beginn, Ende und Dauer der täglichen Arbeitszeit des Leiharbeitnehmers spätestens bis zum Ablauf des 7. auf den Tag der Arbeitsleistung folgenden Kalendertages aufzuzeichnen und diese mindestens 2 Jahre aufzubewahren (§ 17c Abs. 1 AÜG).

4.9 Berufsbildungsverhältnis

Die Berufsbildung ist im Berufsbildungsgesetz (BBiG) geregelt. Sie gliedert sich wie folgt:

Berufsbildung			
Berufsausbildungsvorbereitung	Berufsausbildung	Berufliche Fortbildung	Berufliche Umschulung
Vermittlung von Grundlagen zur Heranführung an einen anerkannten Ausbildungsberuf	Kernstück der Berufsbildung mit dem Ziel, berufliche Handlungsfähigkeit des Auszubildenden zu vermitteln	Dient der Erhaltung, Anpassung, Erweiterung der beruflichen Handlungsfähigkeit und dem beruflichen Aufstieg	Dient der Befähigung zu anderen beruflichen Tätigkeiten

Die Berufsbildung teilt sich in **betriebliche** und **schulische** Berufsbildung. Letztere ist in den Schulgesetzen der Bundesländer geregelt und nicht Gegenstand dieser Ausführungen.

4.9 Berufsbildungsverhältnis

Die betriebliche Berufsbildung findet in den Betrieben der Wirtschaft, im öffentlichen Dienst, bei den Angehörigen der Freien Berufe und in den Privathaushalten statt. Sie kann auch außerhalb in Berufsbildungseinrichtungen erfolgen und bis zu einem Viertel der Ausbildungszeit auch im Ausland, wovon trotz Globalisierung nicht so häufig Gebrauch gemacht wird (§ 2 Abs. 3 BBiG).

Das BBiG findet auf fast **alle** Ausbildungsverhältnisse Anwendung. Ausgenommen sind:
- Berufsbildungen in einem öffentlich-rechtlichen Dienstverhältnis (Beamten- oder Soldatenverhältnis)
- Berufsbildungen, die in berufsqualifizierenden oder vergleichbaren Studiengängen an Hochschulen auf der Grundlage des Hochschulrahmengesetzes oder der Hochschulgesetze der Länder durchgeführt werden (z. B. duales Studium)

In einigen Ausbildungsbereichen findet das Gesetz nur teilweise Anwendung – z. B. in den Handwerksausbildungsberufen, die der Handwerksordnung unterliegen, oder in Heil- oder Heilhilfsberufen, die im Krankenpflegegesetz geregelt sind.

4.9.1 Abschluss und Inhalt des Ausbildungsverhältnisses

Der Ausbildungsvertrag kommt grundsätzlich zwischen der Firma als **Ausbildende** und dem **Auszubildenden** zustande. Ist Letzterer minderjährig, müssen seine Eltern als gesetzliche Vertreter oder der Vormund mit Genehmigung des Familiengerichtes den Vertrag mit einer Laufzeit von mehr als einem Jahr schließen (§ 1822 Nr. 6 BGB). Der Minderjährige kann nicht von seinen gesetzlichen Vertretern ermächtigt werden, den Ausbildungsvertrag alleine abzuschließen, anders als bei Arbeitsverträgen (vgl. Kapitel 2.3.2.2).

Der Ausbildungsvertrag kann formfrei abgeschlossen werden, aber über ihn ist unverzüglich eine Niederschrift spätestens vor Beginn des Ausbildungsverhältnisses mit dem wesentlichen Inhalt des Vertrages anzufertigen und vom Ausbilder, dem Auszubildenden und bei Minderjährigen von ihren gesetzlichen Vertretern zu unterzeichnen (§ 11 Abs. 2 BBiG).

4 Arbeitsrechtliche Fragen

Die Handwerkskammern bzw. die Industrie- und Handelskammern halten entsprechende **Musterausbildungsverträge** bereit, die Sie leicht aus dem Internet herunterladen können.

Es ist üblich und sinnvoll, ein solches Muster zu verwenden, da der Ausbildungsvertrag nicht nur der Eintragung in das **Berufsausbildungsverzeichnis** bedarf, sondern die jeweilige Registerstelle (Handwerks-, Industrie- und Handelskammer, Anwalts-, Steuerberaterkammer u.a.) auch darauf zu achten hat, dass der Vertrag dem Gesetz und der Ausbildungsordnung entspricht (§ 36 Abs. 1 BBiG).

Bei minderjährigen Auszubildenden ist eine ärztliche Bescheinigung über die Erstuntersuchung beizufügen (§ 32 Abs. 1 JArbSchG).

Die Parteien müssen eine Probezeit vereinbaren, die mindestens einen Monat, höchstens vier Monate beträgt, in der der Vertrag von beiden Parteien fristlos gekündigt werden kann (§ 20 Abs. 1 BBiG).

Nach Ablauf der Probezeit können beide Parteien das Ausbildungsverhältnis nur aus wichtigem Grund kündigen, was für den AG eine sehr hohe Hürde bedeuten kann.

Gibt es ein außergerichtliches Güteverfahren, wozu nicht die Anrufung eines Schlichtungsausschusses gehört, ist die Zweiwochenfrist, in der die außerordentliche Kündigung ausgesprochen werden muss, für die Dauer des Güteverfahrens gehemmt (§ 22 Abs. 4 Satz 1 BBiG).

Der Auszubildende kann das Ausbildungsverhältnis außerdem mit einer Frist von 4 Wochen beenden, wenn er die Ausbildung aufgeben oder sich für eine andere Berufstätigkeit ausbilden lassen will (§ 22 Abs. 2 Nr. 2 BBiG).

Kündigungen beider Parteien außerhalb der Probezeit sind schriftlich zu begründen (§ 22 Abs. 3 BBiG).

Beendet eine Partei nach der Probezeit vorzeitig das Ausbildungsverhältnis, kann die andere Partei Schadensersatz von ihr verlangen, wenn diese den Grund für die Auflösung zu vertreten hat, ausgenommen der Auszubildende gibt seine Ausbildung auf oder lässt sich für eine andere Berufstätigkeit ausbilden. Der Schadensersatzanspruch ist innerhalb von **3 Monaten** nach Beendigung des Ausbildungsverhältnisses geltend zu machen (§ 23 BBiG).

Das Ausbildungsverhältnis endet mit Ablauf der Ausbildungszeit bzw. vorher mit Bekanntgabe des Prüfungsergebnisses (§ 21 Abs. 2 BBiG). Besteht der Auszubildende die Abschlussprüfung nicht, verlängert sich das Ausbildungsverhältnis auf sein Verlangen bis zur nächstmöglichen Wiederholungsprüfung, höchstens um ein Jahr (§ 21 Abs. 3 BBiG).

Der Auszubildende hat am Ende der Berufsausbildung einen Anspruch auf ein **Ausbildungszeugnis**, das über Art, Dauer und Ziel der Berufsausbildung und auf sein Verlangen auch über sein Verhalten und seine Leistung Auskunft geben muss (§ 16 BBiG) (siehe Online-Arbeitshilfen, dort Ausbildungszeugnis).

4.9.2 Pflichten des Ausbilders

Ausbilder ist derjenige, der die Ausbildung verantwortlich durchführt. In Kleinbetrieben ist es in aller Regel der Firmeninhaber, mit dem der Auszubildende den Ausbildungsvertrag abgeschlossen hat. Es kann aber auch ein anderer AN des Unternehmens sein, der die **Eignung zum Ausbilder** nach der Ausbildungseignungsverordnung (AEVO) besitzt. In Betrieben mit Betriebsrat kann dieser der Bestellung eines Ausbilders widersprechen oder dessen Abberufung verlangen, notfalls mithilfe des Arbeitsgerichts (§ 98 Abs. 2 und 5 BetrVG).

Der Ausbilder kann sich auch eines Helfers bedienen, des sog. **Ausbilderhelfers**. Dieser muss nicht die Eignungsprüfung bestanden haben. Er wirkt unter der Verantwortung des Ausbilders an der Berufsausbildung mit und muss die persönliche Eignung und die erforderlichen beruflichen Fertigkeiten, Kenntnisse und Fähigkeiten besitzen (§ 28 Abs. 3 BBiG).

Zu den Aufgaben eines Ausbilders gehören:
- Vermittlung der beruflichen Handlungsfähigkeiten
- Durchführung einer planmäßigen, zeitlich und sachlich gegliederten Berufsausbildung

- kostenlose Zurverfügungstellung von Ausbildungsmitteln, insbesondere von Werkzeugen und Werkstoffen für die Ausbildung und für das Ablegen der Prüfungen
- Anhalten zum Besuch der Berufsschule und zum Führen der schriftlichen Ausbildungsnachweise
- charakterliche Förderung des Auszubildenden
- Schutz des Auszubildenden vor sittlichen oder körperlichen Gefahren
- Übertragung von Aufgaben, die **ausschließlich dem Ausbildungszweck dienen und körperlich angemessen sind**

Verletzt der Ausbilder diese Pflichten, so drohen ihm:
- Bußgeld bis zu 5.000 EUR (§ 102 Abs. 1 Nr. 3, Abs. 2 BBiG)
- Untersagung der Einstellung und des Ausbildens von weiteren Auszubildenden (§ 33 BBiG)
- außerordentliche Kündigung durch den Auszubildenden
- Schadensersatzansprüche, wenn der Auszubildende nachweisen kann, dass er durch den vorzeitigen Abbruch der Ausbildung oder durch die schlechte Ausbildung die Prüfung nicht bestanden hat und deshalb die Prüfung später erneut machen musste. In diesem Fall besteht der Schaden in der Differenz zwischen dem Gehalt, das er bei rechtzeitig bestandener Prüfung bezogen hätte, und der Ausbildungsvergütung.

4.9.3 Pflichten des Auszubildenden

Der Auszubildende hat sich anzustrengen, die berufliche Handlungsfähigkeit zu erwerben, um sein Ausbildungsziel zu erreichen. Daraus ergeben sich folgende Pflichten:
- sorgfältige Ausführung der ihm im Rahmen seiner Berufsausbildung übertragenen Aufgaben
- Teilnahme an Ausbildungsmaßnahmen, für die er freigestellt worden ist, insbesondere für Besuche der Berufsschule
- Befolgung von Weisungen, die ihm im Rahmen der Berufsausbildung vom Ausbildenden (= AG), vom Ausbilder oder von anderen weisungsberechtigten Personen erteilt worden sind
- Einhaltung der für die Ausbildungsstätte geltenden Ordnung

- pflegliche Behandlung von Werkzeug, Maschinen und sonstigen Einrichtungen
- Wahrung von Betrieb- und Geschäftsgeheimnissen (§13 Satz 2 Nr. 1 bis 6 BBiG)

Verstößt der Auszubildende gegen seine Verpflichtungen, kann der Ausbildende im Wiederholungsfall und nach erfolgter Abmahnung unter Umständen außerordentlich kündigen. Verursacht der Auszubildende schuldhaft einen Schaden, steht dem AG Schadensersatz nach den Grundsätzen des innerbetrieblichen Schadensausgleiches zu (vgl. Kapitel 4.7). Insoweit finden die Grundsätze für den Arbeitsvertrag auch auf das Ausbildungsverhältnis Anwendung (§10 Abs. 2 BBiG).

4.9.4 Besonderheiten zum Arbeitsvertrag

Auf die Besonderheiten des Ausbildungsvertrages zum Arbeitsvertrag wurde bereits an verschiedenen Stellen des Buches hingewiesen. Hier nun eine zusammenfassende Übersicht:

Ausbildungsverträge dürfen bestimmte Regelungen **nicht** enthalten (§12 BBiG):
- Probezeit bis 6 Monate, da nur 4 Monate längstens möglich sind (§20 BBiG)
- nachvertragliches Wettbewerbsverbot, es sei denn, es wird in den letzten 6 Monaten der Berufsausbildung vereinbart
- Vertragsbindungsklauseln, die den Auszubildenden nach Abschluss seiner Ausbildung einschränken z.B. Rückzahlung des Weihnachtsgeldes oder Übernahme von Kosten, nur wenn sich ein Arbeitsverhältnis an die Ausbildung anschließt
- Verpflichtung des Auszubildenden, eine Entschädigung für die Berufsausbildung an den Ausbilder zu zahlen
- Vertragsstrafenabreden
- Ausschluss oder Beschränkung von Schadensersatzansprüchen des Auszubildenden
- Festsetzung der Höhe eines Schadensersatzes in Pauschbeträgen

4.9.5 Ausbildungsvergütung

Der Auszubildende hat Anspruch auf eine angemessene Vergütung, die sich nach seinem Lebensalter bestimmt und sich mindestens in jährlichen Schritten erhöht. Hier sind die Empfehlungen der jeweiligen Kammern **Mindestsätze**. Die branchenübliche Vergütung darf nicht um mehr als 20 % unterschritten werden, da sie sonst sittenwidrig ist. Der Mindestlohn gilt nicht (§ 22 Abs. 3 MiLoG).

Die Ausbildungsvergütung ist am letzten Arbeitstag des laufenden Monats fällig (§ 18 Abs. 1 BBiG). Sie ist unpfändbar (§ 850a Nr. 6 ZPO) und auch nicht abtretbar. Sachleistungen wie z. B. Kost und Logis können bis zu 75 % der Bruttovergütung auf diese angerechnet werden (§ 17 Abs. 2 BBiG). Mehrarbeit ist zu vergüten oder in Freizeit abzugelten (§ 17 Abs. 3 BBiG).

4.10 Mutterschutz

Mit Wirkung zum 01.01.2018 wurde das Mutterschutzgesetz umfassend reformiert. Es heißt nun **Gesetz zum Schutz von Müttern bei der Arbeit, in der Ausbildung und im Studium**. Wesentlicher Regelungsinhalt sind:
- Regelung von Beschäftigungsverboten vor und nach der Geburt (§§ 3 bis 8 MuSchG)
- Gestaltung des Arbeitsplatzes unter Gefährdungsgesichtspunkten (§§ 9 f. MuSchG)
- besonderer Kündigungsschutz (§ 17 MuSchG)
- Entgeltersatzleistungen (§§ 18 bis 25 MuSchG)

Grundsätzlich gilt, dass eine Frau während der Schutzfristen vor und nach der Geburt nicht beschäftigt werden darf (§ 3 MuSchG). Neu ist ab 01.01.2018, dass dieses **Beschäftigungsverbot** auch für Schülerinnen, Auszubildende, Praktikantinnen und Studentinnen gilt. Dabei wurde das strikte Beschäftigungsverbot gelockert, wenn die Schwangere damit einverstanden ist. Vor der Geburt gilt eine Schutzfrist von sechs Wochen bis zum voraussichtlichen Tag der Entbindung (Feststellung durch ein ärztliches Zeugnis). Die Schwangere kann sich aber während dieser Zeit zur Arbeitsleistung ausdrücklich bereit erklären (§ 3 Abs. 1 MuSchG).

Die Schutzfrist nach der Entbindung beträgt grundsätzlich acht Wochen, verlängert sich aber auf zwölf Wochen bei Früh- und Mehrlingsgeburten sowie bei Kindern mit einer Behinderung i.S.d. §2 Abs. 1 Satz 1 SGB IX, soweit diese Behinderung innerhalb von acht Wochen nach der Geburt ärztlich festgestellt wird (§3 Abs. 2 MuSchG). Bei vorzeitiger Entbindung verlängern sich diese Fristen entsprechend um diesen Zeitraum.

Für Auszubildende gilt die Besonderheit, dass diese Frauen während der Schutzfrist nach der Entbindung im Rahmen der schulischen oder hochschulischen Ausbildung tätig sein dürfen, wenn sie das ausdrücklich gegenüber der Ausbildungsstelle verlangen (§3 Abs. 3 MuSchG). Damit sollen den Frauen z. B. geplante Prüfungen während dieses Zeitraums ermöglicht werden.

Schließlich kann die Schutzfrist auch auf zwei Wochen nach einer Fehlgeburt auf ausdrückliches Verlangen der Frau nach ärztlicher Zustimmung verkürzt werden (§3 Abs. 4 MuSchG).

Für Schwangere gilt ein besonderer **Kündigungsschutz** (§17 MuSchG, Kapitel 3.11.11).

Bei einem ärztlichen Beschäftigungsverbot außerhalb der Schutzfristen erhält die Schwangere ihren Arbeitslohn weiter (Mutterschutzlohn, §18 MuSchG). Für die Zeit der Schutzfristen erhält die Frau als Mitglied einer gesetzlichen Krankenkassen **Mutterschaftsgeld** (§19 MuSchG) sowie für die verbleibende Differenz zu ihrem bisherigen Arbeitslohn einen **Zuschuss vom AG** gezahlt (§20 MuSchG).

Für Freistellungen der Frau für Untersuchungen und zum Stillen (§7 MuSchG) darf ihr kein Entgeltausfall entstehen, diese Zeiten sind weder vor- noch nachzuarbeiten und dürfen nicht auf Ruhepausen angerechnet werden (§23 MuSchG).

4.11 Datenschutz

Dem Schutz der Arbeitnehmerdaten kommt eine immer größere Bedeutung zu. Er ist im allgemeinen Persönlichkeitsrecht des Art. 2 Abs. 1 GG begründet.

Umfassende Neuerungen dazu gab es durch die Datenschutz-Grundverordnung der EU (DSGVO) und der in diesem Zusammenhang erfolgten Neufassung des BDSG mit Wirkung zum 25.05.2018.

4.11.1 Nationales Recht

Es gibt bundes- und landesrechtliche Datenschutzvorschriften. Nach Art. 6 DS-GVO ist die Verarbeitung von personenbezogenen Daten des AN nur dann rechtmäßig, wenn u. a. die Einwilligung der betroffenen Person vorliegt, die Verarbeitung für die Erfüllung eines Vertrages erforderlich ist oder eine rechtliche Verpflichtung dazu besteht. Die Einwilligung muss freiwillig und schriftlich erfolgen (Art. 7 DS-GVO). Für das Arbeitsverhältnis enthält die DS-GVO keine speziellen Regelungen. Umgekehrt gelten aber die allgemeinen Regelungen wie für jedes Rechtsverhältnis auch für das Arbeitsverhältnis.

Grundsätzliche Vorschrift für Arbeitsverhältnisse im nichtöffentlichen Bereich ist seit dem 25.05.2018 der §26 BDSG. Für Beschäftigte bei öffentlichen Stellen findet die Vorschrift keine Anwendung, es gelten hier u. a. beamtenrechtliche Regelungen. §26 BDSG regelt die **Datenverarbeitung zum Zweck des Beschäftigungsverhältnisses.** Danach dürfen personenbezogene Daten eines AN für Zwecke des Arbeitsverhältnisses wie bisher nur verarbeitet werden, wenn dies für die Bewerberauswahl bzw. nach Begründung des Arbeitsverhältnisses für dessen Durchführung oder Beendigung erforderlich ist. Eine Besonderheit gilt im Zusammenhang mit Straftaten: Zur Aufdeckung von Straftaten dürfen personenbezogene Daten eines AN nur dann verarbeitet werden, wenn tatsächliche Anhaltspunkte (die zu dokumentieren sind) den Verdacht begründen, dass der betroffene AN im Beschäftigungsverhältnis eine Straftat begangen hat, die Verarbeitung der Daten zur Aufdeckung erforderlich ist und das schutzwürdige Interesse des AN an dem Ausschluss der Verarbeitung nicht überwiegt, insbesondere Art und Ausmaß im Hinblick auf den Anlass nicht unverhältnismäßig sind, z.B. in Kassenräumen von Supermärkten oder in Schalterräumen von Banken. Die Verarbeitung darf erst dann erfolgen, wenn die tatsächlichen Anhaltspunkte bei einem bestimmten AN vorliegen, eine vorsorgliche Verarbeitung oder »auf Vorrat« für eine spätere Straftat ist damit unzulässig.

Nicht erforderlich und damit unzulässig ist z.B. die Videoüberwachung von Produktionsräumen zur Kontrolle der Leistungen der AN. Dabei wiegt der Schutz des allgemeinen Persönlichkeitsrechts des AN höher als das Interesse an der Kontrolle durch den AG.

Seit dem 25.05.2018 ist nunmehr in § 26 Abs. 1 Satz 1 und Abs. 4 BDSG ausdrücklich geregelt, dass die Verarbeitung von Daten der AN auf der Rechtsgrundlage von **Kollektivvereinbarungen** zulässig ist. Dazu gehören Betriebs- und Dienstvereinbarungen sowie Tarifverträge. In einer solchen Vereinbarung müssen aber angemessene und besondere Maßnahmen zur Wahrung der menschlichen Würde, der berechtigten Interessen und der Grundrechte der betroffenen Personen berücksichtigt werden (Art. 88 Abs. 2 DS-GVO). Eine Datenverarbeitung ist dann zulässig, soweit dies zur Ausübung oder Erfüllung der sich aus einem Gesetz oder einer Kollektivvereinbarung ergebenden Rechte und Pflichten der Interessenvertretung der Beschäftigten erforderlich ist (§ 26 Abs. 1 Satz 1 Halbsatz 2 BDSG).

Bestimmte datenschutzrelevante Maßnahmen des AG unterliegen der betrieblichen Mitbestimmung und sind nach wie vor zulässig (§ 26 Abs. 6 BDSG).

Eine freiwillige **Einwilligung** des AN zur Datenverarbeitung ist zwar möglich, kommt aber im Arbeitsverhältnis aufgrund des bestehenden Über-Unterordnungsverhältnisses eher nicht in Betracht. Erfolgt im Einzelfall eine Einwilligung (z.B. bei Aufnahme in Geburtstagslisten, im Rahmen einer betrieblichen Gesundheitsförderung, Gestattung der privaten Nutzung von Laptop, Telefon und Kfz), sind nach § 26 Abs. 2 BDSG besondere Anforderungen an die Freiwilligkeit zu stellen: Für die Beurteilung der Freiwilligkeit der Einwilligung sind u.a. die im Arbeitsverhältnis bestehende Abhängigkeit des AN sowie die Umstände, unter denen die Einwilligung erteilt worden ist, zu berücksichtigen. Nach dem Gesetz kann Freiwilligkeit insbesondere vorliegen, wenn für den AN ein rechtlicher oder wirtschaftlicher Vorteil erreicht wird oder AN und AG gleichgelagerte Interessen verfolgen. Die Einwilligung bedarf grundsätzlich der Schriftform, der AN ist vom AG über den Zweck der Datenverarbeitung und über das Widerrufsrecht nach Art. 7 Abs. 3 DS-GVO in Textform aufzuklären.

Bei der Datenverarbeitung muss der AG geeignete Maßnahmen ergreifen, um sicherzustellen, dass die Grundsätze der Datenverarbeitung eingehalten werden (§ 26 Abs. 5 BDSG). Gemeint sind damit insbesondere die Grundsätze in Art. 5 DS-GVO (rechtmäßige Verarbeitung, festgelegte legitime Zwecke, sachliche Richtigkeit, Form der Speicherung).

Ein **Verstoß gegen Vorschriften des Datenschutzes** ist für den AG zunächst nach § 83 Abs. 5 Buchst. d DS-GVO bußgeldbewehrt (bis zu 4 % des weltweiten Jahresumsatzes bzw. 20 Mio. EUR). Nach § 42 BDSG kommen auch Sanktionen des Strafrechts in Betracht. Für den AN kann ein Anspruch auf Ersatz materieller Schäden (§ 83 Abs. 1 BDSG) und immaterieller Schäden (§ 83 Abs. 2 BDSG) in Betracht kommen. Schadensersatzansprüche des AN können sich darüber hinaus der Verletzung arbeitsvertraglicher Pflichten des AG (§ 280 BGB) oder wegen Verletzung des allgemeinen Persönlichkeitsrechts nach §§ 823 ff. BGB ergeben. Der Anspruch des AN kann auch auf Beseitigung, Unterlassung oder Gegendarstellung gerichtet sein.

Bei der rechtmäßigen Datenverarbeitung stehen dem betroffenen AN die gesetzlich geregelten **Rechte gegen den AG** zu:
- Informationspflicht des AN bei Datenerhebung, Art. 12 bis 14 DS-GVO, §§ 32, 33 BDSG
- Auskunftsrecht, Art. 15 DS-GVO, 34 BDSG
- Recht auf Berichtigung, Art. 16 DS-GVO bzw. Widerspruchsrecht nach § 36 BDSG
- Recht auf Datenlöschung, Art. 17 DS-GVO, § 35 BDSG
- Recht auf Einschränkung der Verarbeitung, Art. 18 DS-GVO
- Recht auf Datenübertragbarkeit, Art. 20 DS-GVO.

Unter bestimmten Voraussetzungen muss der AG einen **Datenschutzbeauftragten** bestellen, wenn personenbezogene Daten (z. B. Arbeitnehmerdaten in der Personalabteilung, Kunden- und Interessentendaten) automatisiert verarbeitet werden. Dabei gilt in Unternehmen eine entsprechende Verpflichtung, wenn in der Regel mindestens 10 Personen (§ 38 Abs. 1 BDSG) ständig mit der Verarbeitung dieser Daten beschäftigt sind oder Zugriff auf diese Daten haben. Hierbei werden Teilzeitkräfte voll berücksichtigt sowie auch Selbstständige und freiberufliche Mitarbeiter.

Der Datenschutzbeauftragte hat kein eigenes Weisungsrecht. Seine Aufgabe ist es, u. a. den AG und die AN, die Datenverarbeitungen durchführen, hinsichtlich ihrer datenschutzrechtlichen Pflichten zu beraten, er überwacht die Einhaltung der nationalen und europäischen Datenschutzvorschriften (Art. 39 DS-GVO). Er ist in Ausübung seiner Fachkunde auf dem Gebiet des Datenschutzes weisungsfrei und ist direkt der Geschäftsführung auf höchster Managementebene unterstellt (Art. 38 Abs. 3 DS-GVO).

Der Datenschutzbeauftragte in einem Unternehmen genießt Kündigungsschutz, aber nur dann, wenn die Einrichtung einer solchen Stelle für den AG verpflichtend ist (§38 Abs. 2 i.V.m. §6 Abs. 4 BDSG). Der Kündigungsschutz für eine ordentliche Kündigung gilt zunächst für die Dauer seiner Tätigkeit. Nach dem Ende seiner Tätigkeit als Datenschutzbeauftragter ist die Kündigung des Arbeitsverhältnisses innerhalb eines Jahres unzulässig, es sei denn, dass eine fristlose (außerordentliche) Kündigung berechtigt ist.

Der Datenschutzbeauftragte ist zur Verschwiegenheit über die Identität der betroffenen AN sowie über Umstände, die Rückschlüsse auf die betroffene Person zulassen, verpflichtet. Er kann aber von dem betroffenen AN davon befreit werden (§38 Abs. 2 i.V.m. §6 Abs. 5 Satz 2 BDSG).

4.11.2 Europarecht

Mit Inkrafttreten zum 24.05.2016 wurde der Datenschutz europaweit vereinheitlicht. Die Datenschutz-Grundverordnung 2016/679 (Verordnung des Europäischen Parlaments und des Rates zum Schutz natürlicher Personen bei der Verarbeitung personenbezogener Daten, zum freien Datenverkehr und zur Aufhebung der Richtlinie 95/46/EG) vom 04.05.2016 ist ab 25.05.2018 anzuwenden und regelt einheitlich die Verarbeitung von personenbezogenen Daten durch öffentliche Stellen und private Unternehmen. Die Verordnung gilt grundsätzlich unmittelbar in allen Mitgliedstaaten, enthält jedoch auch verschiedene Öffnungsklauseln, die es den einzelnen Mitgliedstaaten ermöglichen, bestimmte Aspekte des Datenschutzes auch ausschließlich in eigenen nationalen Rechtsvorschriften zu regeln. Der in der Verordnung festgeschriebene Datenschutz darf aber dadurch weder abgeschwächt noch verstärkt werden. In Deutschland wurde dafür das Datenschutz-Anpassungs- und -Umsetzungsgesetz EU vom 30.06.2017 geschaffen, das am 25.05.2018 in Kraft getreten ist. In diesem Gesetz findet sich u.a. die Neufassung des BDSG in Anpassung der europarechtlichen Vorgaben.

Die Verordnung regelt allgemein die Rechte der Betroffenen im Datenschutz, die um neue Rechte erweitert wurden, und die Pflichten der Verantwortlichen. Sie enthält u.a. die Rechtsgrundlagen der Datenverarbeitung und ergänzt in Deutschland die Vorschriften des BDSG.

Es gelten folgende Grundsätze für die Verarbeitung personenbezogener Daten (Art. 5 DS-GVO):
- Rechtmäßigkeit und Transparenz der Verarbeitung
- Zweckbindung
- Datenminimierung
- Richtigkeit der Daten
- Speicherbegrenzung für die Dauer des Zwecks
- Integrität und Vertraulichkeit
- Rechenschaftspflicht des Verantwortlichen

Die Rechte der betroffenen Personen wurden wesentlich erweitert. So gibt es dann z.B. das Recht des Betroffenen auf Datenportabilität. Das Recht auf Datenlöschung wird durch die Verordnung als »Recht auf Vergessenwerden« (Art. 17 DS-GVO) erweitert. Darüber hinaus gibt es europaweit u.a. folgende Rechte der betroffenen Personen (Art. 12 ff. DS-GVO):
- Informationspflicht und Recht auf Auskunft über die personenbezogenen Daten (Art. 13 ff. DS-GVO)
- Berichtigung und Löschung (Art. 16 ff. DS-GVO)
- Übertragbarkeit der Daten auf einen anderen Verantwortlichen (Art. 20 DS-GVO)
- Widerspruchsrecht (Art. 21 ff. DS-GVO).

5 Kollektives Arbeitsrecht

Bislang wurde das Individualarbeitsrecht und besondere Fragen daraus vorgestellt, also die Rechtsbeziehung zwischen dem einzelnen AG und dem einzelnen AN.

Das kollektive Arbeitsrecht bezeichnet das Arbeitsrecht, bei dem nicht die AN als Einzelpersonen, sondern als Gruppe betroffen sind. Es unterteilt sich in:
- Mitbestimmungsrecht in Betrieben und Unternehmen
- Recht der arbeitsrechtlichen Koalitionen (Gewerkschaft/Arbeitgeberverband)

Zum Mitbestimmungsrecht zählen:
- Betriebsverfassungsgesetz
- Sprecherausschussgesetz
- Personalvertretungsgesetze des Bundes und der Länder
- Montan-Mitbestimmungsgesetz
- Mitbestimmungsgesetz
- Drittelbeteiligungsgesetz

Zum Recht der arbeitsrechtlichen Koalition gehören:
- Tarifvertragsgesetz
- Arbeitskampfrecht (Streik, Aussperrung)

5.1 Betriebsverfassungsrecht

Das heutige Betriebsverfassungsrecht datiert aus dem Jahre 1972. Ihm gingen das Betriebsrätegesetz vom 04.02.1920 und das Betriebsverfassungsgesetz vom 14.10.1952 voraus. Damit hat die Betriebsverfassung eine hundertjährige Tradition.

5.1.1 Geltungsbereich des BetrVG

Man unterscheidet zwischen räumlichem, sachlichem und personellem Geltungsbereich.

5.1.1.1 Räumlicher Geltungsbereich

Das BetrVG gilt räumlich für alle Betriebe, die in der Bundesrepublik Deutschland liegen, unabhängig von der Staatsangehörigkeit der dort arbeitenden AN. Es findet keine Anwendung auf Betriebe deutscher Unternehmen im Ausland.

5.1.1.2 Sachlicher Geltungsbereich

Das BetrVG findet sachlich nur auf Betriebe der **Privatwirtschaft** Anwendung, also nicht auf Verwaltungen und Betriebe des Bundes, der Länder, der Gemeinden und sonstiger Körperschaften, Anstalten und Stiftungen des öffentlichen Rechts (§ 130 BetrVG). Dort gelten das Bundespersonalvertretungsgesetz bzw. die einzelnen Landespersonalvertretungsgesetze.

Das BetrVG gilt auch nicht für
- Religionsgemeinschaften und deren karitativen und erzieherischen Einrichtungen (z.B. Caritas, Diakonie, dort gelten ähnliche Regelungen [AVR]) (§ 118 Abs. 2 BetrVG),
- das fliegende Personal von Luftfahrtunternehmen, es sei denn, ein Tarifvertrag sieht Gegenteiliges vor; aber für das Bodenpersonal (§ 117 Abs. 2 BetrVG).

Für Seeschifffahrtsunternehmen und ihre Betriebe gelten die Sonderregelungen der §§ 114 bis 116 BetrVG, auf die verwiesen wird.

In sog. **Tendenzbetrieben** findet das Gesetz eingeschränkt Anwendung. Tendenzbetriebe sind Betriebe und Unternehmen, die unmittelbar und überwiegend politischen, koalitionspolitischen, konfessionellen, karitativen, erzieherischen, wissenschaftlichen oder künstlerischen Bestimmungen oder Zwecken der Berichterstattung oder Meinungsäußerung, auf die Art. 5 Abs. 1 Satz 2 GG Anwendung findet, dienen.

Dazu gehören Arbeiterwohlfahrt, Deutsches Rotes Kreuz, Müttergenesungswerk, Deutsche Krebshilfe, Bergwacht, Werkstätten für Behinderte – sie alle dienen einem karitativen Zweck – und Theater, Kleinkunstbühnen und Symphonieorchester.

Zu den Tendenzbetrieben der Berichterstattung und Meinungsäußerung zählen Rundfunk, Film, Fernsehen, Zeitungen und Zeitschriften.

Auf diese Unternehmen finden die Vorschriften über den Wirtschaftsausschuss keine und die über Betriebsänderungen nur eingeschränkte Anwendung. Das bedeutet, dass der AG bei Betriebsänderungen zwar eine Abfindung zahlen, aber nicht über einen Interessenausgleich mit dem Betriebsrat verhandeln muss. Dazu später mehr in Kapitel 5.1.5.3.

5.1.1.3 Personeller Geltungsbereich

Das BetrVG gilt zunächst persönlich für alle AN und die zu ihrer Berufsausbildung Beschäftigten, sogar für Beamte und Soldaten und AN des öffentlichen Dienstes, wenn diese in Betrieben privatrechtlich organisierter Unternehmen tätig sind (§5 Abs. 1 BetrVG) (z.B. bei der Bahn, Post, Telekom). Davon werden einige Personen ausgenommen, die entweder nicht als AN gelten oder auf die das BetrVG keine Anwendung finden soll.

a) Ausgenommene Personen
Als AN gelten nicht:
- gesetzliche Vertreter von juristischen Personen (Vorstandsmitglieder einer AG, Geschäftsführer einer GmbH, Vorstandsmitglieder eines Vereins oder einer Stiftung)
- Gesellschafter einer OHG, Mitglieder einer Personengesamtheit, die kraft Gesetz, Satzung oder Gesellschaftsvertrag zur Vertretung oder Geschäftsführung der Personengesamtheit berufen sind (eheliche Gütergemeinschaft, Erbengemeinschaft, BGB-Gesellschaft, Kommanditgesellschaft)
- Personen, deren Beschäftigung vorwiegend aus karitativen oder religiösen Gründen bestimmt ist (Ordensschwestern, Mönche, Diakonissen)
- Personen, deren Beschäftigung vorwiegend ihrer Heilung, Wiedereingewöhnung, sittlichen Besserung oder Erziehung dient (Kranke, Süchtige, Wiedereingliederung nach §74 SGB V)
- Ehegatten, Lebenspartner, Verwandte und Verschwägerte ersten Grades, die in häuslicher Gemeinschaft mit dem AG leben. Das gilt nicht nur für den Inhaber eines Einzelunternehmens, sondern auch entsprechend für Geschäftsführer, Vorstände etc., also auch für die Ehefrau des Geschäftsführers u.a.

b) Leitende Angestellte

Das BetrVG findet ferner keine Anwendung auf **leitende Angestellte**. Diesen Begriff kennen Sie bereits aus dem KSchG (dort § 14 Abs. 2). Er ist jedoch nicht identisch mit dem Begriff des BetrVG. Deshalb kann man nicht auf ihn zurückgreifen. § 5 Abs. 3 versucht, den leitenden Angestellten zu definieren (siehe Abb. 9).

Leitender Angestellter ist, wer nach **Arbeitsvertrag** oder **Stellung** im Unternehmen oder Betrieb nachstehende Kriterien alternativ erfüllt:

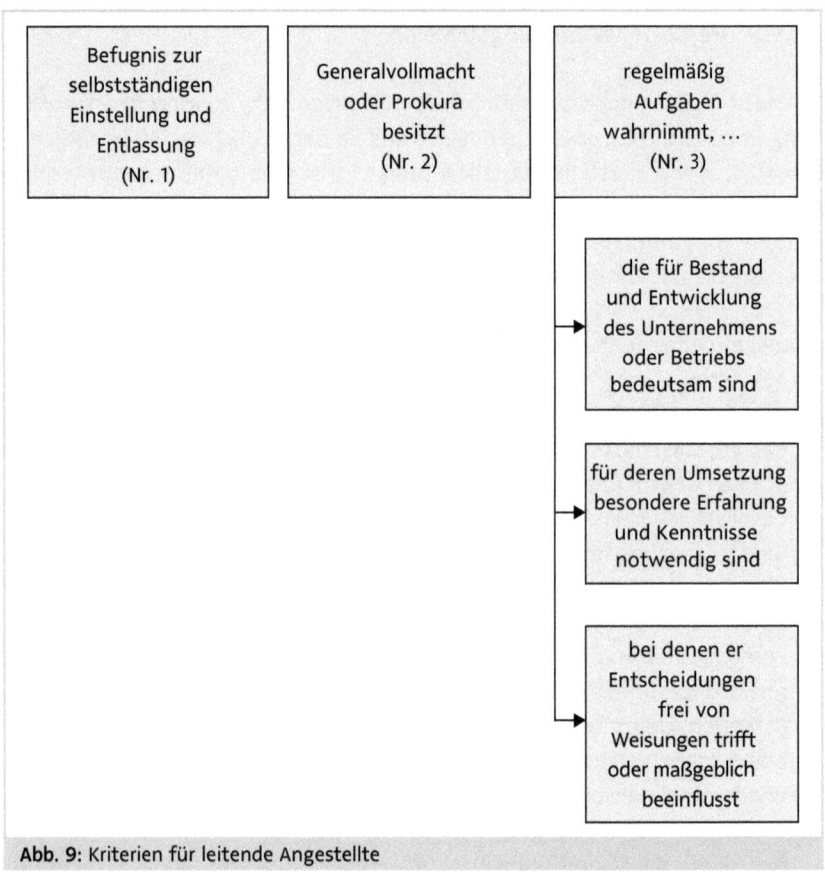

Abb. 9: Kriterien für leitende Angestellte

Zu Nr. 1: Der Angestellte muss sowohl im Innen- als auch im Außenverhältnis für den AG bindend die **Einstellung und Entlassung selbstständig** vornehmen dürfen. Die Befugnis darf sich nicht nur auf eine geringe Zahl von AN beschränken, wie dies z.b. für einen Filialleiter angenommen wurde, der Vorgesetzter von 5 AN war. In einem anderen Fall hat das BAG den Leiter einer Abteilung mit einer verhältnismäßig kleinen Mitarbeiterzahl (= 8) als leitenden Angestellten angesehen, weil dessen Gruppe auf einem für das Unternehmen bedeutsamen Gebiet tätig war.

Die leitenden Angestellten stehen wegen ihrer Einstellungs- und Entlassungsbefugnis als Vertreter und Repräsentant des AG dem Betriebsrat gegenüber. Sie sollen nicht in einen Interessenkonflikt geraten, wenn der Betriebsrat auch ihre Interessen vertritt.

Zu Nr. 2: Die Prokura darf im Verhältnis zum AG **nicht unbedeutend** sein. Dieser Personenkreis muss neben der formellen Bestellung als Prokurist oder Generalbevollmächtigter auch **unternehmerische Aufgaben** wahrnehmen. Deshalb fällt ein sog. Titularprokurist, der ausschließlich Stabsfunktionen hat, nicht unter den Begriff der leitenden Angestellten gem. §5 Abs. 3 Nr. 2 BetrVG.

Zu Nr. 3: Die Hauptgruppe der leitenden Angestellten wird durch §5 Abs. 3 Nr. 3 BetrVG beschrieben.

Die Arbeitswelt wird immer kleinteiliger und viele AN wirken an den unternehmerischen Entscheidungen mit. Demzufolge wird es immer schwerer festzustellen, welche Aufgaben für den Bestand und die Entwicklung des Unternehmens von Bedeutung sind. Der Gesetzgeber hat eine Auslegungsregelung geschaffen, die rechtstechnisch missglückt ist. Sie hat sich aber in der Praxis zur Beilegung von Streitigkeiten zwischen AG und Betriebsrat bewährt. Danach ist im Zweifel leitender Angestellter, wer
- aus Anlass der letzten Wahl des Betriebsrates, des Sprecherausschusses oder von Aufsichtsratsmitgliedern der AN oder durch rechtskräftige gerichtliche Entscheidung den leitenden Angestellten zugeordnet war,
- einer Leitungsebene angehört, auf der in dem Unternehmen überwiegend leitende Angestellte vertreten sind,

- ein regelmäßiges Arbeitsentgelt erhält, das für leitende Angestellte üblich ist,
- ein regelmäßiges Arbeitsentgelt erhält, dass das Dreifache der Bezugsgröße nach §18 SGB IV überschreitet (für 2019 = 112.140 EUR [West] bzw. 103.320 EUR [Ost]).

5.1.2 Allgemeine Grundsätze des BetrVG

Nach §1 Abs. 1 BetrVG arbeiten **AG und Betriebsrat** unter Beachtung der geltenden Tarifverträge **vertrauensvoll** und im Zusammenwirken mit den im Betrieb vertretenen Gewerkschaften und dem Arbeitgeberverband zum **Wohle der AN und des Betriebs** zusammen.

Danach darf keine Partei ausschließlich ihre eigenen Interessen verfolgen. Sie ist verpflichtet, auch die Interessen der anderen zu berücksichtigen, Streitigkeiten zu vermeiden und bestehende Differenzen gemeinsam zu lösen. Jede Partei hat die andere ernst zu nehmen und dabei das Wohl des einzelnen AN wie auch des Betriebs nicht aus den Augen zu verlieren. Andererseits verbietet das Gesetz dem Betriebsrat, seine Beteiligungsrechte mit unzulässigen Kopplungsgeschäften zu verbinden wie z.B. »Ich stimme der Mehrarbeit in der 5. KW nur zu, wenn die Kündigung gegen Herrn X fallengelassen wird.«

Die im Betrieb vertretenen Gewerkschaften haben bei der Wahl des Betriebsrates und deren Durchführung eine Reihe von Initiativrechten (§§14 Abs. 3, Abs. 5, 16 Abs. 2, 17 Abs. 2 und 3, 18, 19 Abs. 2 BetrVG). Sie sind berechtigt, an Betriebsratssitzungen und Betriebsversammlungen teilzunehmen (§46 BetrVG). Letzteres verläuft nicht immer konfliktfrei.

In unternehmerischen und wirtschaftlichen Fragen ist der AG frei von jeglicher Mitbestimmung. Hier bestehen lediglich Beratungs- und Informationspflichten (§§90, 92, 106, 111 BetrVG).

AG und Betriebsrat unterliegen der Friedenspflicht. Der Betriebsrat darf nicht zum Streik aufrufen, um seine Rechte durchzusetzen. Andererseits kann der AG auch nicht mit einer Aussperrung reagieren (§74 Abs. 2 BetrVG).

Ferner besteht im Betrieb ein Verbot der **politischen** Betätigung, das nicht jede Äußerung mit allgemeinpolitischem Inhalt umfasst. Nur Äußerungen, die eine politische Partei, Gruppierung oder Richtung unterstützen oder die sich gegen sie wenden, fallen unter das Verbot. Dagegen dürfen **tarif**politische, **sozial**politische oder **wirtschaftliche** Fragen, die den Betrieb oder dessen AN unmittelbar betreffen, Gegenstand der Auseinandersetzung sein. In der Praxis ist es nicht immer einfach, zwischen der zulässigen politischen und der unzulässigen **partei**politischen Betätigung zu unterscheiden (BAG-Beschluss vom 17.03.2010 – 7 ABR 95/08, NZA 2010, 1133).

5.1.3 Organe der Betriebsverfassung

Das Betriebsverfassungsgesetz kennt vornehmlich 4 Organe, und zwar:
- Betriebsrat
- Gesamtbetriebsrat
- Konzernbetriebsrat
- Betriebsversammlung

Wie diese Organe zueinander stehen, zeigt Abb. 10.

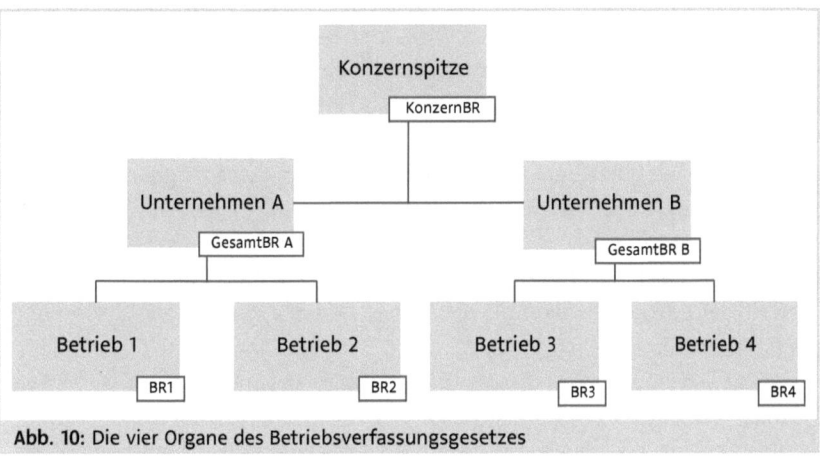

Abb. 10: Die vier Organe des Betriebsverfassungsgesetzes

Zwischen den verschiedenen Arten der Betriebsräte innerhalb eines Unternehmens oder Konzerns gibt es keine Hierarchie. Jeder Betriebsrat (BR) ist für seinen Betrieb zuständig.

Der **Konzernbetriebsrat** (Konzern-BR) regelt alle Angelegenheiten, die den Konzern oder mehrere Konzernunternehmen betreffen und nicht durch einzelne Gesamtbetriebsräte (Gesamt-BR) innerhalb ihrer Unternehmen geregelt werden können. In Einzelfällen kann ein Gesamt-BR den Konzern-BR beauftragen, eine Angelegenheit für ihn zu erledigen (§ 58 Abs. 2 BetrVG).

Der **Gesamt-BR** ist für Angelegenheiten, die das Gesamtunternehmen oder mehrere Betriebe betreffen und nicht durch die einzelnen Betriebsräte innerhalb ihrer Betriebe geregelt werden können. Der Gesamt-BR ist den einzelnen Betriebsräten nicht übergeordnet (§ 50 Abs. 1 Satz 2 BetrVG). Ein einzelner BR kann aber den Gesamt-BR beauftragen, eine Angelegenheit für ihn zu behandeln (§ 50 BetrVG).

5.1.3.1 Betriebsrat

Der BR ist für den Betrieb zuständig, für den er gewählt worden ist. Die Errichtung eines BR setzt voraus, dass der Betrieb mindestens 5 ständige wahlberechtigte AN hat, von denen 3 wählbar sein müssen.

Aktiv wahlberechtigt sind alle AN des Betriebs, die das 18. Lebensjahr vollendet haben inklusive der Leiharbeitnehmer, wenn diese länger als 3 Monate im Betrieb eingesetzt werden (§ 7 BetrVG).

Wählbar sind alle Wahlberechtigten, die **6 Monate** dem Betrieb angehören. Besteht der Betrieb weniger als 6 Monate, sind alle Wahlberechtigten wählbar (§ 8 BetrVG).

Die Mitglieder des BR werden in **direkter** Wahl gewählt, während die Mitglieder des Gesamt- und des Konzern-BR **indirekt** gewählt werden. Jeder BR entsendet je nach seiner Größe **ein bis zwei Mitglieder** in den Gesamt-BR (§ 47 Abs. 2 BetrVG). Ähnlich verfährt der Gesamt-BR, der **zwei** seiner Mitglieder in den Konzern-BR entsendet (§ 55 Abs. 1 BetrVG).

5.1.3.2 Jugend- und Auszubildendenvertretung

AN, die das 18. Lebensjahr noch nicht vollendet haben oder sich bis zur Vollendung des 25. Lebensjahres noch in einer Ausbildung befinden, wählen die Jugend- und Auszubildendenvertretung (JAV), die im Unternehmen und im Konzern ähnlich organisiert ist wie der BR. Im Unternehmen wird eine Gesamt-Jugend- und Auszubildendenvertretung und im Konzern eine Konzern-Jugend- und Auszubildendenvertretung gebildet (§§ 72 Abs. 2, 73a Abs. 2 BetrVG).

5.1.3.3 Betriebsversammlung

Die AN eines Betriebs kommen in der Betriebsversammlung zusammen. Sie wird vom Vorsitzenden des BR geleitet und ist nicht öffentlich. Können aufgrund der Eigenart des Betriebs nicht alle AN zum gleichen Zeitpunkt an der Versammlung teilnehmen (z. B. im Krankenhaus), kann die Betriebsversammlung in mehreren Teilversammlungen durchgeführt werden. Daneben gibt es noch die Abteilungsversammlung für AN, die in organisatorisch oder räumlich abgegrenzten Betriebsteilen arbeiten (§ 42 Abs. 2 BetrVG).

Der BR hat mindestens einmal im Kalendervierteljahr eine Betriebsversammlung einzuberufen, zu der der AG unter Mitteilung der Tagesordnung einzuladen ist und in der der AG berechtigt ist zu sprechen (§ 43 BetrVG). Der BR hat in der Betriebsversammlung einen Tätigkeitsbericht zu erstatten und tarif-, sozial-, umweltpolitische und wirtschaftliche Angelegenheiten sowie Fragen der Förderung der Gleichstellung von Frauen und Männern und der Vereinbarkeit von Familie und Erwerbstätigkeit sowie der Integration der im Betrieb beschäftigten ausländischen AN zu behandeln (§ 45 BetrVG).

Der AG, ein Viertel der wahlberechtigten AN oder die im Betrieb vertretene Gewerkschaft können den BR zwingen, eine Betriebsversammlung einzuberufen (§ 43 Abs. 3 u. 4 BetrVG).

5.1.3.4 Einigungsstelle

Die Einigungsstelle ist kein Organ der Betriebsverfassung, sondern eine Institution eigener Art. Sie ist eine selbstständige Schlichtungsstelle zur Beilegung von Meinungsverschiedenheiten zwischen AG einerseits und BR, Gesamt-BR oder Konzern-BR andererseits.

Sie kann als ständige Einigungsstelle oder nur für den Einzelfall errichtet werden. AG und BR bestellen die gleiche Anzahl von Beisitzern und einen unparteiischen Vorsitzenden, auf den sie sich einigen müssen und den notfalls das Arbeitsgericht ernennt. Die Einigungsstelle entscheidet nach mündlicher Beratung mit der Mehrheit der Stimmen. Die Einzelheiten entnehmen Sie bitte § 76 BetrVG. Die Einigungsstelle ersetzt in einigen Fällen mit ihrem Spruch die Einigung von AG und BR. Die Kosten für die Mitglieder der Einigungsstelle, die nicht ganz unbeträchtlich sind, hat der AG zu tragen. (z. B. §§ 87 Abs. 2, 112 Abs. 4 BetrVG).

5.1.4 Wahl des Betriebsrates

Alle 4 Jahre finden in Deutschland zur gleichen Zeit (01.03. bis 31.05.) Betriebsratswahlen statt. Die letzte war im Jahr 2018, die nächste wird 2022 sein. In der Zwischenzeit findet eine BR-Wahl nur in den nachstehenden Fällen statt (§ 13 BetrVG):
- Veränderung der Beschäftigtenzahl um die Hälfte, mindestens um 50 AN – z. B. Firma hatte bislang 25 AN, jetzt wurde das Personal auf 80 AN aufgestockt
- Anzahl der BR-Mitglieder sinkt unter die Sollstärke des BR, z. B. der BR besteht nur aus 5 Mitgliedern statt 9 trotz Nachrücken von Ersatz-BR-Mitgliedern

- erfolgreiche Anfechtung der Betriebsratswahl
- gerichtliche Auflösung des Betriebsrates
- erstmalige Wahl eines Betriebsrates mit Übergangsregelung in den 4-Jahres-Rhythmus

Die BR-Größe richtet sich nach der Anzahl der wahlberechtigten AN und zwar wie folgt (siehe §9 BetrVG mit weiterer Staffel):

Anzahl der wählbaren AN	Anzahl der Betriebsräte
5–20	1 = BR Obmann
21–50	3
51–100	5
101–200	7
usw.	usw.

Die BR-Wahl ist **geheim** und **unmittelbar** und erfolgt nach den Grundsätzen der **Verhältniswahl**. Ausnahmsweise wird nach den **Grundsätzen der Mehrheitswahl** gewählt, wenn nur ein Wahlvorschlag vorliegt oder die Wahl im vereinfachten Wahlverfahren in der Wahlversammlung stattfindet (§14 Abs. 2, 14a BetrVG).

Die BR-Wahl gliedert sich in zwei Abschnitte:
- Einleitung der Wahl (= Bestellung des Wahlvorstandes)
- Durchführung der Wahl

5.1.4.1 Einleitung der Wahl

Bei der Einleitung der Wahl unterscheiden wir, ob ein BR schon besteht oder nicht bzw. der Betriebsrat untätig bleibt. Wie Abb. 11 zeigt, können verschiedene Gruppierungen die BR-Wahl einleiten und den Wahlvorstand bestellen (§16 BetrVG):

5 Kollektives Arbeitsrecht

BR besteht	BR besteht nicht
Bestellung durch BR bis 10 Wochen vor Ablauf der Amtszeit	Bestellung durch Gesamt-BR
BR bleibt bis 8 Wochen vorher untätig, Bestellung durch Gesamt-BR	Bestellung durch Konzern-BR, wenn kein Gesamt-BR besteht
Bestellung durch Konzern-BR, wenn kein Gesamt-BR besteht	Bestellung durch Mehrheit der Betriebsversammlung, wenn Gesamt- und Konzern-BR nicht bestehen oder untätig bleiben. Betriebsversammlung erfolgt aufgrund Einladung von 3 Wahlberechtigten
Bestellung durch Arbeitsgericht auf Antrag von 3 Wahlberechtigten oder der Gewerkschaft	Bestellung durch Arbeitsgericht auf Antrag von 3 Wahlberechtigten oder Gewerkschaft, wenn keine Betriebsversammlung stattfindet oder in der Betriebsversammlung kein Wahlvorstand gewählt wird.

Abb. 11: Einleitung der Betriebsratswahl

Der BR wird in Betrieben mit in der Regel 5 bis 50 wahlberechtigten AN und nach Vereinbarung zwischen Wahlvorstand und AG auch in Betrieben bis 100 Wahlberechtigten nach dem **vereinfachten Wahlverfahren** in zwei Stufen gewählt (§ 14a BetrVG).

In der ersten Wahlversammlung wird der Wahlvorstand, in einer weiteren Wahlversammlung, die eine Woche später stattzufinden hat, der BR gewählt. Wie die Wahl zustande kommt, zeigt Abb. 12 für den Fall, dass noch kein Betriebsrat besteht:

Vereinfachtes Wahlverfahren

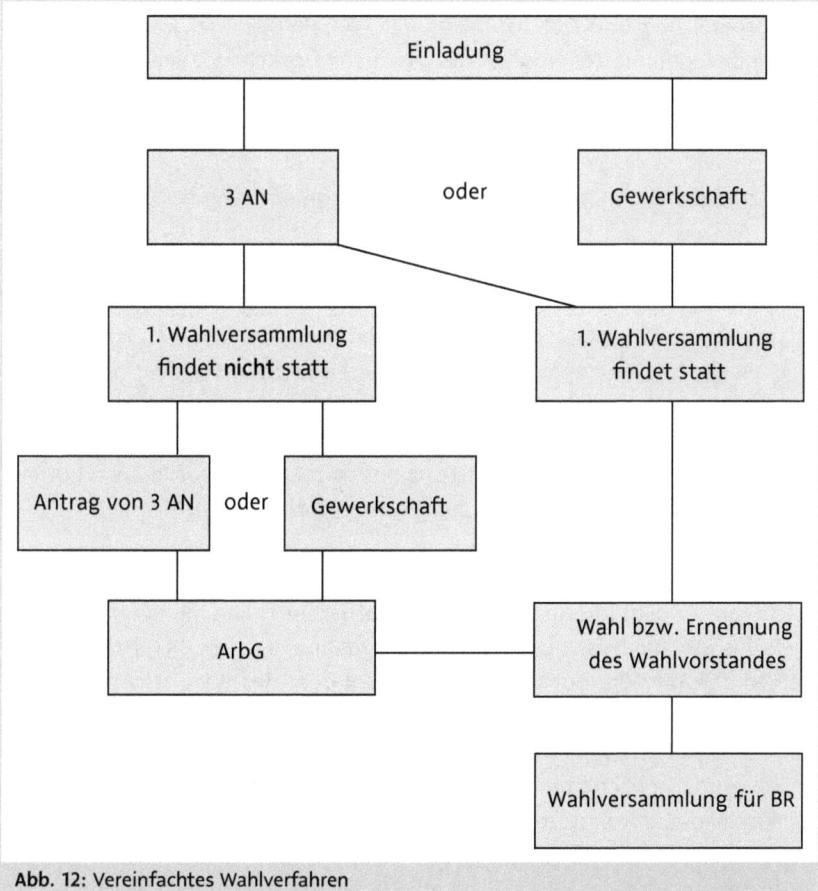

Abb. 12: Vereinfachtes Wahlverfahren

Besteht ein BR, Gesamt-BR oder Konzern-BR, bestellt dieser den Wahlvorstand, der dann die Wahlversammlung einberuft, in der der BR gewählt wird. Dabei sind lediglich einige Besonderheiten bei den Fristen und bei der Zahl des Wahlvorstandes gegenüber einer üblichen BR-Wahl zu berücksichtigen. Diese Wahl läuft schneller als die reguläre BR-Wahl ab.

5.1.4.2 Durchführung der Wahl

Die Vorbereitung und Durchführung der Wahl liegt in der Hand des Wahlvorstandes. Kommt der Wahlvorstand seiner Verpflichtung nicht nach, kann ihn das Arbeitsgericht auf Antrag des BR, 3 wahlberechtigter AN oder der im Betrieb vertretenen Gewerkschaft ablösen (§ 18 Abs. 1 BetrVG).

Die Betriebsratswahl ist im Einzelnen in der Wahlordnung (WO) geregelt.

Der AG erteilt dem Wahlvorstand alle für die Anfertigung der Wählerliste erforderlichen Auskünfte (§ 2 Abs. 2 WO) und stellt ihm die notwendigen Unterlagen zur Verfügung. Er unterstützt den Wahlvorstand bei der Feststellung, wer leitender Angestellter ist. Im vereinfachten Wahlverfahren händigt der AG unverzüglich nach Aushang der Einladung zur Wahlversammlung denjenigen, die zur Wahlversammlung eingeladen haben (= 3 AN oder die Gewerkschaft), die für die Anfertigung der Wählerliste erforderlichen Unterlagen in einem **versiegelten** Umschlag aus (§ 28 Abs. 2 WO).

Die Wahl des BR darf nicht behindert werden (§ 20 Abs. 1 BetrVG). Kommt es gleichwohl zu Behinderungen, ist dies strafbar und kann mit einer Freiheitsstrafe bis zu einem Jahr oder Geldstrafe geahndet werde (§ 119 Abs. 1 Nr. 1 BetrVG). Die Tat wird nur auf Antrag des BR oder des Wahlvorstandes oder der im Betrieb vertretenen Gewerkschaft verfolgt (§ 119 BetrVG).

Die nicht unerheblichen Kosten der Wahl einschließlich der für die am Wahltag ausfallenden Arbeitszeit trägt der AG (§ 20 Abs. 3 BetrVG).

Die wahlberechtigten AN und die im Betrieb vertretenen Gewerkschaften können Wahlvorschläge machen. Jeder Wahlvorschlag aus der Belegschaft muss von 1/20 der Wahlberechtigten, mindestens jedoch von 3 **AN**, in Betrieben bis zu 20 Wahlberechtigten von mindestens 2 **AN**, unterzeichnet werden (§ 14 Abs. 4 BetrVG). Nach den Grundsätzen der Mehrheitswahl, die im vereinfachten Wahlverfahren nach § 14a BetrVG oder wenn nur ein Wahlvorschlag eingereicht wurde, stattfindet, ist derjenige gewählt, der die meisten Stimmen auf sich vereinigt.

Liegen mehrere Wahlvorschläge vor, ist nach den Grundsätzen der Verhältniswahl zu verfahren und darauf zu achten, dass das Geschlecht, das in der Belegschaft in der Minderheit ist, mindestens spiegelbildlich im gleichen Verhältnis im BR (ab 3 Mitgliedern) vertreten ist (§ 15 Abs. 2 BetrVG). Dieses Ziel wird durch das sog. **d'Hondtsche Höchstzahlverfahren** gem. § 15 WO erreicht. Wie dies geschieht, soll an dem nachstehenden Beispiel erläutert werden, was dem Gemeinschaftskommentar zum Betriebsverfassungsgesetz (10. Auflage, Seite 1765) entnommen wurde.

> **Beispiel** !
>
> In einem Betrieb mit 518 wahlberechtigten AN (davon 397 männlich, 121 weiblich) ist ein Betriebsrat mit 11 Mitgliedern zu wählen. Vier Vorschlagslisten haben an der Wahl teilgenommen, auf die 498 gültige Stimmen entfallen. Davon haben erhalten:
> Liste A: 98 Stimmen
> Liste B: 147 Stimmen
> Liste C: 205 Stimmen
> Liste D: 48 Stimmen
> Auf jeder Liste waren 7 Kandidaten unterschiedlichen Geschlechts.

Nach § 15 Abs. 2 Satz 1 WO sind so viele Höchstzahlen zu bilden, wie BR-Mitglieder zu wählen sind, und zwar in der Weise, dass jede Stimmenzahl der einzelnen Listen durch 1, 2, 3 usw. geteilt wird. Gewählt sind diejenigen, die in den 4 Listen im Fallbeispiel die 11 höchsten Punktzahlen auf sich vereinigen. Siehe nachstehende Tabelle, in der die Gewählten durch Fettdruck hervorgehoben sind (m steht für männlich und w für weiblich).

Listen	A	B	C	D
Zahl der Stimmen	98	147	205	48
/ 1.	**98 (m) (6.)**	**147 (m) (2.)**	**205 (m) (1.)**	48 (m) [10.]
/ 2.	**49 (m) (8.)**	**73,5 (m) (5.)**	**102,5 (m) (3.)**	**24 (w) (10.)**
/ 3.	32,66 (w)	**49 (m) (9.)**	**68,3 (m) (6.)**	16 (w)
/ 4.	24,5 (w)	36,75 (w)	**51,25 (m) (7.)**	12 (m)
/ 5.	19,6 (w)	29,4 (w)	**41 (w) (11.)**	9,6 (m)
/ 6.	16,33 (m)	24,5 (m)	34,16 (w)	8 (w)
/ 7.	14 (w)	21 (w)	29,28 (m)	6,8 (m)

Danach entfallen auf die Liste **A** 2 Sitze (= 2 Männer), auf Liste **B** 3 Sitze (= 3 Männer) auf Liste **C** 5 Sitze (= 4 Männer, 1 Frau) und auf Liste **D** 1 Sitz (zunächst 1 Mann).

Da das weibliche Geschlecht in der Minderzahl ist, muss es im BR entsprechend dem Verhältnis zur Gesamtbelegschaft (= 23,36 %) vertreten sein, was 2 Sitze bedeutet. Im Augenblick ist aber erst eine Frau auf der Liste C gewählt, so dass das **Ausgleichsverfahren** anzuwenden ist. Der letzte Sitz, der an einen Mann vergeben wurde, war der 1. Kandidat der Liste D mit 48 Stimmen. An seine Stelle tritt die nächste weibliche Kandidatin auf derselben Liste, das heißt diejenige, die 24 Stimmen erreicht hat (§ 15 Abs. 5 Nr. 1 WO).

Nach Abschluss der Wahl findet die Auszählung der Stimmen **öffentlich** statt. Über das Ergebnis ist eine Niederschrift zu fertigen und in Abschrift dem AG zuzusenden (§ 18 Abs. 3 BetrVG).

Die **Wahl zur Jugend- und Auszubildendenvertretung** verläuft ähnlich wie die BR-Wahl. Sie findet regelmäßig alle **2 Jahre** in der Zeit vom **01.10. bis 30.11.** statt, und zwar in den Jahren mit einer geraden Endzahl, so dass die nächste Wahl 2020 sein wird (§§ 62 bis 64 BetrVG).

Die Amtszeit des BR beginnt mit der Bekanntgabe des Wahlergebnisses.

Besteht noch ein BR, beginnt die Amtszeit des neuen BR mit Ablauf der Amtszeit des alten. Die Amtszeit endet spätestens am 31.05. des Jahres, in dem die regelmäßigen Betriebsratswahlen stattfinden. Ist der BR wegen veränderter Beschäftigungszahl bzw. wegen fehlender ausreichender Mitglieder (§ 13 Abs. 2 Nr. 1 und 2 BetrVG) neu gewählt, endet die Amtszeit des alten mit der Bekanntgabe des Wahlergebnisses des neuen BR.

Geht ein Betrieb durch Stilllegung, Spaltung oder Zusammenlegung unter, bleibt dieser BR solange noch im Amt, wie dies zur Wahrnehmung der damit im Zusammenhang stehenden Mitwirkungs- und Mitbestimmungsrechte erforderlich ist (§ 21 b BetrVG).

5.1.4.3 Wahlanfechtung/Nichtigkeit von Wahlen

a) Wahlanfechtung
Eine Wahl kann angefochten werden, wenn sie unter Verstoß gegen wesentliche Vorschriften des Wahlrechtes, der Wählbarkeit oder des Wahlverfahrens zustande gekommen ist und der Verstoß das Wahlergebnis verändert oder beeinflusst hat (§ 19 Abs. 1 BetrVG). Die Anfechtung können mindestens drei Wahlberechtigte, die im Betrieb vertretene Gewerkschaft oder der AG erklären.

Die **Anfechtung** ist binnen **2 Wochen** ab Bekanntgabe des Wahlergebnisses zulässig (§ 19 Abs. 2 BetrVG). Die Anfechtung ist gegenüber dem Arbeitsgericht zu erklären. Bis zur rechtskräftigen Entscheidung über die Anfechtung bleibt der BR im Amt. Eine BR-Wahl ist fehleranfällig und wird häufig angefochten.

b) Nichtigkeit von Wahlen
Von der Anfechtbarkeit einer BR-Wahl ist deren **Nichtigkeit** zu unterscheiden, die jederzeit geltend gemacht werden kann. Sie ist nicht im Gesetz geregelt. Das BAG geht von einer nichtigen BR-Wahl aus, wenn ein besonders grober und offensichtlicher Verstoß gegen wesentliche Grundsätze des gesetzlichen Wahlrechts vorliegt, so dass nicht einmal der Anschein einer dem Gesetz entsprechenden Wahl besteht. Das ist eher selten der Fall und wird nur bejaht, wenn:
- der Betrieb nach § 1 BetrVG nicht betriebsratsfähig ist
- ein Betrieb nicht dem Betriebsverfassungsgesetz unterliegt (z.B. kirchlicher Betrieb)
- der Betriebsrat durch Akklamation (Beifall) in der Betriebsversammlung gewählt wird
- der AG den bisherigen Betriebsrat eines aufgelösten Betriebs im neugegründeten Betrieb anerkennt, obwohl zuvor ein Betriebsübergang nicht stattgefunden hat.

Nach Absicht des Gesetzgebers hat ein gewählter BR zunächst im Amt zu bleiben, so dass die Nichtigkeit von BR-Wahlen auf besonders krasse Wahlverstöße beschränkt bleibt. Ein nichtiger BR entfaltet **keine** rechtlichen Wirkungen.

5.1.5 Aufgaben des Betriebsrates

Der AG hat den BR in einer Vielzahl von Fällen mit in den Entscheidungsprozess einzubeziehen. Dabei unterscheidet man folgende Formen der Beteiligung:
- Unterrichtung
- Anhörung
- Mitwirkung (Beratung und Mitsprache)
- notwendige und freiwillige Mitbestimmung

5.1.5.1 Mitbestimmung in sozialen Angelegenheiten

Kernstück des Betriebsverfassungsgesetzes ist die Mitbestimmung in sozialen Angelegenheiten gem. §87 BetrVG. Können AG und Betriebsrat sich hier nicht einigen, entscheidet eine Einigungsstelle (§§87 Abs. 2, 76 BetrVG) (vgl. Kapitel 5.1.3.4).

Hier einige für die Praxis wichtige Fragen, die der Mitbestimmung unterliegen:
- Fragen der **Ordnung des Betriebs** und des **Verhaltens der AN** im Betrieb. Dazu gehören Rauch-, Alkoholverbot, Zuweisung von Betriebsparkplätzen, private Nutzung der Firmentelefonanlage, des Firmeninternets, elektronische Zugangskontrollen, Kleiderordnung.
- **Beginn** und **Ende** der **täglichen Arbeitszeit** einschließlich der Pausen sowie Verteilung der Arbeitszeit auf die einzelnen Wochentage.
- **Vorübergehende Verkürzung** oder Verlängerung der **betriebsüblichen Arbeitszeit**, worunter die Anordnung von Überstunden fällt.
- Aufstellung allgemeiner **Urlaubsgrundsätze** und des **Urlaubsplanes** sowie die Festsetzung der zeitlichen Lage des Urlaubs von einzelnen AN, wenn AG und AN sich nicht einigen können.
- Einführung und Anwendung von **technischen Einrichtungen**, die dazu **geeignet** sind, dass **Verhalten** oder die **Leistung** der AN zu **überwachen**. Dazu gehören Zeiterfassungsgeräte, Installation von Videoüberwachung, aber auch EDV-Arbeitsplätze.

- Fragen der **betrieblichen Lohngestaltung**, insbesondere die Aufstellung von Entlohnungsgrundsätzen und die Einführung und Anwendung von neuen Entlohnungsmethoden sowie deren Änderungen. Darunter fallen allgemeine Vergütungsregelungen, nach denen das Entgelt für den Betrieb ermittelt wird, nicht der Finanzrahmen.
- Festsetzung der **Akkord- und Prämiensätze** und vergleichbarer leistungsbezogener Entgelte, einschließlich der Geldfaktoren. Hier hat der Betriebsrat ein Mitbestimmungsrecht über den Finanzrahmen, weil er über alle Bezugsgrößen des Lohns einschließlich des Geldfaktors mitbestimmt.

5.1.5.2 Beteiligung in personellen Angelegenheiten

Der BR wirkt bei allen personellen Einzelmaßnahmen mit, wenn der AG mehr als **20** wahlberechtigte AN beschäftigt (§ 99 BetrVG). Der AG muss **vor** jeder
- Einstellung,
- Eingruppierung,
- Umgruppierung,
- Versetzung (auch vorläufige), worunter auch die Änderung der Tätigkeit fallen kann, ohne dass der AN seinen Arbeitsplatz verändert,

den BR unterrichten, ihm die erforderlichen Bewerbungsunterlagen vorlegen, Auskunft über die Person der Beteiligten geben und die Auswirkungen der geplanten Maßnahme erläutern und dazu die Zustimmung des BR einholen.

Der AG kann die Maßnahme vorläufig durchführen, bevor der BR sich überhaupt geäußert hat, oder wenn er die Zustimmung verweigert hat. Die **vorläufige Maßnahme** muss aus sachlichen Gründen **dringend erforderlich** sein (§ 100 Abs. 1 BetrVG). Der BR ist unverzüglich von der vorläufigen personellen Maßnahme zu informieren. Siehe im Einzelnen Abb. 13.

5 Kollektives Arbeitsrecht

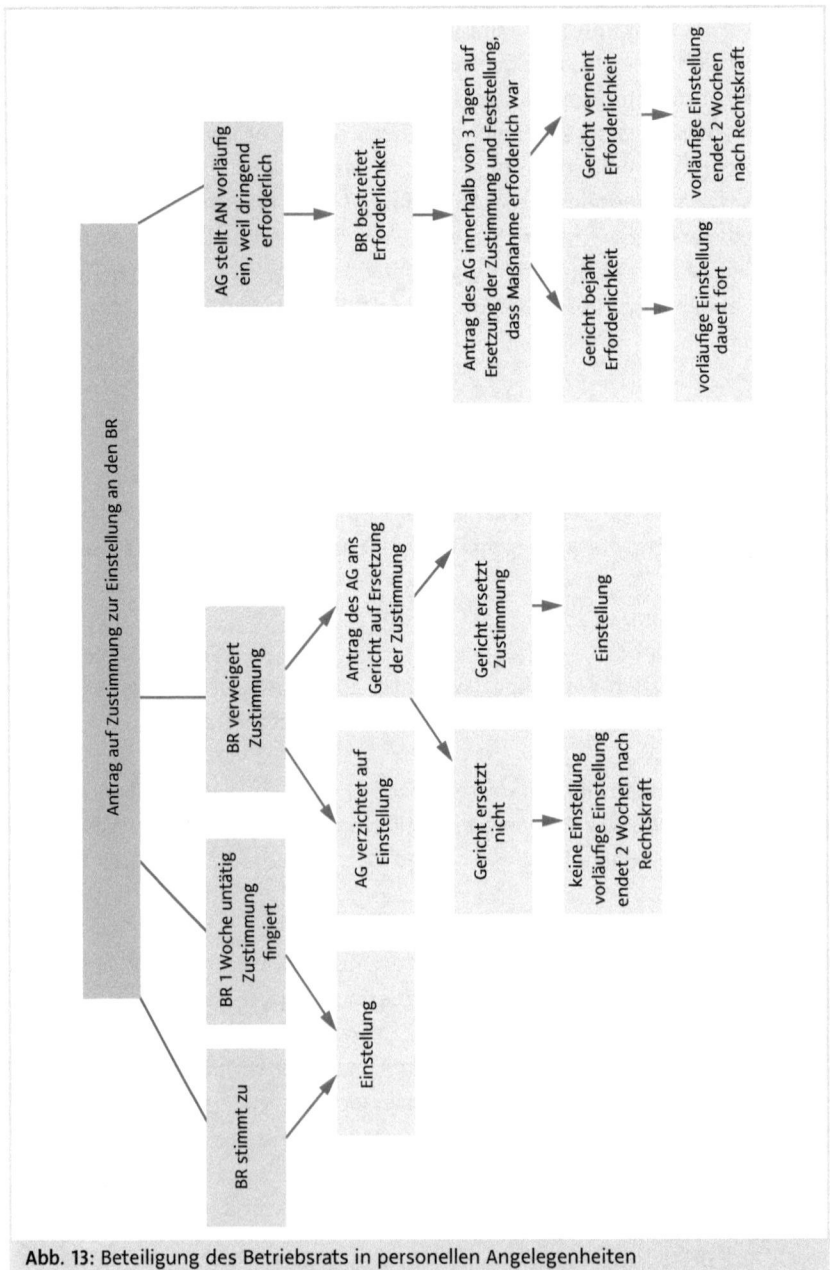

Abb. 13: Beteiligung des Betriebsrats in personellen Angelegenheiten

Führt der AG eine personelle Maßnahme ohne Zustimmung des BR durch oder hält er eine vorläufige personelle Maßnahme aufrecht, ohne beim Arbeitsgericht die gesetzlich vorgeschriebene Ersetzung der Zustimmung zu beantragen, kann der BR mithilfe des Gerichtes dem AG auferlegen, die personelle Maßnahme aufzuheben. Bleibt der AG untätig, verhängt das Gericht auf Antrag des BR gegen den AG ein Zwangsgeld, das für jeden Tag der Zuwiderhandlung maximal 250 EUR beträgt (§ 101 BetrVG).

Darüber hinaus wirkt der BR bei allen Beendigungskündigungen (§ 102 BetrVG), Kündigungen und Versetzungen in besonderen Fällen (Mitglieder des BR etc.) sowie bei der Entfernung eines betriebsstörenden AN (§ 104 BetrVG) mit. Dazu kann auf die Ausführung in Kapitel 3.11.9 verwiesen werden.

5.1.5.3 Beteiligung in wirtschaftlichen Angelegenheiten

a) Interessenausgleich/Sozialplan bei Betriebsänderungen

Der BR ist bei geplanten Betriebsänderungen, die wesentliche Nachteile für die Belegschaft oder erhebliche Teile der Belegschaft zur Folge haben können, rechtzeitig und umfassend zu unterrichten. Der AG hat die geplanten Betriebsänderungen mit dem BR zu beraten.

Betriebsänderungen können sein:
- Einschränkung und Stilllegung des ganzen Betriebs oder von wesentlichen Betriebsteilen
- Verlegung des ganzen Betriebs oder von wesentlichen Betriebsteilen
- Zusammenschluss mit anderen Betrieben oder die Spaltung von Betrieben
- grundlegende Änderung der Betriebsorganisation, des Betriebszwecks oder der Betriebsanlagen
- Einführung grundlegend neuer Arbeitsmethoden und Fertigungsverfahren

Das Ergebnis der Beratung mündet regelmäßig in einen Interessenausgleich und einen Sozialplan. Der Interessenausgleich ist eine schriftliche Vereinbarung zwischen AG und BR über das **Ob** und **Wie** einer Betriebsänderung, d. h. über die Frage, ob überhaupt die Betriebsänderung durchgeführt werden soll, und wenn ja, in welcher Form. Sie ist keine Betriebsvereinbarung, aus der der AN eigene Rechte gegen den AG herleiten kann. Anders der Sozialplan, in dem AG und BR sich über den Ausgleich oder die Milderung der wirtschaftlichen Nachteile der geplanten Betriebsänderung einigen (in der Regel bei Beendigungen des Arbeitsverhältnisses über eine Abfindung) (§ 112 Abs. 1 BetrVG).

Kommt ein Interessenausgleich oder eine Einigung über den Sozialplan nicht zustande, kann jede Partei den Vorstand der Bundesagentur für Arbeit um Vermittlung ersuchen. Bleibt dieser Versuch ergebnislos oder wird er erst gar nicht unternommen, können beide Parteien die Einigungsstelle anrufen.

Dabei ist zwischen **Interessenausgleich** und **Sozialplan** zu unterscheiden.

Interessenausgleich

Beim Interessenausgleich **muss** der AG die Einigungsstelle anrufen, um sich später nicht **Nachteilsausgleichsansprüchen** der AN auszusetzen, die in Folge der Betriebsänderung wirtschaftliche Nachteile erleiden (§ 113 BetrVG). Einigen sich AG und BR in der Einigungsstelle nicht über den Interessenausgleich, **stellt** die Einigungsstelle **das Scheitern der Verhandlungen fest**, ohne selbst eine Entscheidung zu treffen.

Sozialplan

Kommt eine Einigung zwischen AG und BR über einen Sozialplan nicht zustande, entscheidet die Einigungsstelle. Dabei hat sie bestimmte Grundsätze zu beachten (§ 112 Abs. 5 BetrVG).

Besteht die Betriebsänderung allein im Personalabbau, kann der BR den Sozialplan nur in engen Grenzen erzwingen. In jungen Unternehmen – bis vier Jahre nach Gründung – muss ein Sozialplan nicht aufgestellt werden (§ 112a BetrVG).

Nachteilsausgleich

Weicht der AG ohne zwingenden Grund vom Interessenausgleich ab oder versucht er ihn erst gar nicht, steht den betroffenen AN ein Nachteilsausgleich zu, der mindestens der Abfindungshöhe des § 10 KSchG entspricht, regelmäßig jedoch höher liegt. Denn der Nachteilsausgleich sanktioniert das vom Gesetzgeber missbilligte Verhalten des AG.

b) Bildung von Wirtschaftsausschüssen
In Unternehmen mit **in der Regel mehr als 100 AN** ist ein Wirtschaftsausschuss zu bilden. Dieser Ausschuss hat die Aufgabe, wirtschaftliche Angelegenheiten mit dem Unternehmer zu beraten und den BR zu unterrichten.

Zu den wirtschaftlichen Angelegenheiten gehören u. a.:
- wirtschaftliche und finanzielle Lage des Unternehmens
- Produktions- und Absatzlage
- Produktions- und Investitionsprogramm
- Fabrikations- und Arbeitsmethoden
- Frage des betrieblichen Umweltschutzes
- Einschränkung oder Stilllegung von Betrieben oder von Betriebsteilen
- Verlegung von Betrieben oder Betriebsteilen
- Änderung der Betriebsorganisation oder des Betriebszwecks
- sonstige Vorgänge und Vorhaben, welche die Interessen der AN wesentlich berühren können (§ 106 BetrVG)

Der Wirtschaftsausschuss besteht aus mindestens **3**, höchstens **7** Mitgliedern, die dem Unternehmen angehören müssen, davon mindestens ein BR-Mitglied. Die Mitglieder des Wirtschaftsausschusses werden vom BR für die Dauer seiner Amtszeit bestimmt. Besteht ein Gesamt-BR, bestimmt dieser die Mitglieder (§ 107 BetrVG).

In Unternehmen mit mehr als **1.000** Beschäftigten hat der AG mindestens einmal im Kalenderjahr nach vorheriger Abstimmung mit dem Wirtschaftsausschusses und dem BR die AN schriftlich über die wirtschaftliche Lage und Entwicklung des Unternehmens zu unterrichten. In Betrieben mit geringerer Belegschaft (21 bis 999 AN) kann die Unterrichtung mündlich erfolgen (§ 110 BetrVG).

5.1.6 Arbeitsweise des Betriebsrates

5.1.6.1 Konstituierung des Betriebsrates

Der BR tritt vor Ablauf einer Woche nach dem Wahltag auf Einladung des Wahlvorstandes zu seiner ersten konstituierenden Sitzung zusammen, um aus seiner Mitte den Vorsitzenden und dessen Stellvertreter zu wählen (§ 26 Abs. 1 BetrVG). Betriebsräte mit 9 oder mehr Mitgliedern bilden einen Betriebsausschuss, dem der Vorsitzende, sein Stellvertreter und je nach Größe des BR weitere, mindestens 3 Mitglieder angehören, die aus seiner Mitte in geheimer Wahl und nach den Grundsätzen der Verhältniswahl gewählt werden. Der Betriebsausschuss führt die laufenden Geschäfte des BR (§ 27 Abs. 1 und 2 BetrVG). In Betrieben mit mehr als **100 AN** kann der BR weitere Ausschüsse bilden und diesen bestimmte Aufgaben übertragen (§ 28 BetrVG).

5.1.6.2 Betriebsratssitzungen

Der Vorsitzende ruft die BR-Sitzungen ein, legt die Tagesordnung fest und leitet die Verhandlung. Ist er verhindert, übernimmt diese Aufgaben der Stellvertreter. Der BR entscheidet durch Beschluss.

Zu den Sitzungen ist rechtzeitig unter Mitteilung der Tagesordnung zu laden. Ist ein BR-Mitglied zeitweilig verhindert (Urlaub, Krankheit), ist ein Ersatzmitglied zu laden. Für eine Wirksamkeit der Beschlüsse ist besondere Sorgfalt darauf zu legen, ob und vor allem welches Ersatzmitglied einzuladen ist. Die Sitzungen des BR sind **nicht öffentlich**. Deshalb nimmt der AG grundsätzlich auch nicht an ihnen teil, anders wenn die BR-Sitzung auf sein Verlangen anberaumt oder er dazu ausdrücklich eingeladen worden ist (§§ 29 Abs. 4, § 30 Satz 4 BetrVG). Die Teilnahme des AG kann sich auch auf bestimmte Tagesordnungspunkte beschränken. Dem BR ist es unbenommen, den AG als Berater zu einer Sitzung oder einzelnen Tagesordnungspunkten einzuladen.

Der AG ist vorher über den Zeitpunkt jeder Sitzung zu informieren, damit er sich auf die Abwesenheit der BR-Mitglieder organisatorisch einstellen kann.

An den BR-Sitzungen können unter bestimmten Umständen Vertreter der im Betrieb vertretenen Gewerkschaften, ein Mitglied der Schwerbehindertenvertretung sowie der Jugend- und Auszubildendenvertretung teilnehmen (§§ 31, 32, 29 Abs. 2 BetrVG).

Der BR ist bei Anwesenheit von mindestens der Hälfte seiner Mitglieder beschlussfähig. Der Beschluss bedarf der Mehrheit der anwesenden Mitglieder, wenn im Gesetz nichts anderes bestimmt ist. Bei Stimmengleichheit ist ein Antrag abgelehnt (§ 33 Abs. 1 und 2 BetrVG).

Der BR fertigt über jede Verhandlung eine Niederschrift, die mindestens den Wortlaut der Beschlüsse und die Stimmenmehrheit, mit der sie gefasst sind, enthalten muss. Der Niederschrift ist eine Anwesenheitsliste beizufügen, in die sich jedes anwesende BR-Mitglied eigenhändig einzutragen hat. Hat der AG oder ein Beauftragter der Gewerkschaft an der BR-Sitzung teilgenommen, ist ihm der entsprechende Teil der Niederschrift in Abschrift auszuhändigen. Einwendungen gegen die Niederschrift sind unverzüglich schriftlich zu erheben und der Niederschrift beizufügen (§ 34 BetrVG).

Der BR kann sich eine Geschäftsordnung geben (§ 36 BetrVG).

5.1.6.3 Sprechstunden des Betriebsrates

Der BR kann während der Arbeitszeit Sprechstunden einrichten. Zeit und Ort sind mit dem AG zu vereinbaren. Können BR und AG sich nicht einigen, entscheidet die Einigungsstelle. Jeder AN kann während der Arbeitszeit ohne Lohnverlust die Sprechstunden des BR wie auch dessen sonstige Leistungen in Anspruch nehmen (§ 39 BetrVG).

5.1.6.4 Betriebsratstätigkeit als Ehrenamt

Die Mitglieder des BR führen ihr Amt **unentgeltlich** als Ehrenamt. Sie sind von ihrer beruflichen Tätigkeit ohne Minderung des Arbeitsentgeltes befreit, wenn und soweit die ordnungsgemäße Durchführung ihrer Aufgaben nach Art und Umfang des Betriebs dies erfordert. Grundsätzlich finden die BR-Arbeit und auch ihre Sitzungen während der Arbeitszeit statt (§30 Satz 1 BetrVG).

Das jeweilige BR-Mitglied muss sich bei seinen Vorgesetzten ab- und wieder zurückmelden mit dem Hinweis auf seine BR-Tätigkeit, ohne diese konkret nennen zu müssen. Findet die BR-Tätigkeit aus betriebsbedingten Gründen ausnahmsweise außerhalb der Arbeitszeit statt, hat das einzelne BR-Mitglied Anspruch auf Arbeitsbefreiung unter Fortzahlung seines Arbeitsentgeltes. Die Arbeitsbefreiung ist vor Ablauf eines Monats zu gewähren. Ist dies aus betriebsbedingten Gründen nicht möglich, wird die aufgewendete Zeit wie Mehrarbeit zusätzlich vergütet (§37 Abs. 2 und 3 BetrVG).

Die BR-Mitglieder können ferner an Schulungs- und Bildungsveranstaltungen teilnehmen, die die erforderlichen Kenntnisse für die BR-Arbeit vermitteln. Daneben haben sie Anspruch auf bezahlte Freistellung für insgesamt drei Wochen während der regelmäßigen Amtszeit (= 4 Jahre), um Schulungs- und Bildungsveranstaltungen der obersten Arbeitsbehörde des Landes zu besuchen (§37 Abs. 7 BetrVG).

Das Arbeitsentgelt der BR-Mitglieder darf während ihrer Amtszeit und ein Jahr danach nicht geringer sein als das vergleichbarer AN mit betriebsüblicher beruflicher Entwicklung (§37 Abs. 4 BetrVG). BR-Mitglieder dürfen wegen ihrer BR-Tätigkeit weder in ihrer beruflichen Entwicklung noch sonst wie **benachteiligt** oder **begünstigt** werden (§78 Satz 2 BetrVG).

5.1.6.5 Freistellung von Betriebsratsmitgliedern

In Betrieben ab **200 AN** ist ein BR-Mitglied von seiner beruflichen Tätigkeit freizustellen. Die Anzahl der freizustellenden BR Mitglieder steigt je nach Belegschaftsstärke ab 9.001 AN auf 12 BR-Mitglieder (siehe im Einzelnen die Staffel des §38 Abs. 1 BetrVG). Der BR wählt die freizustellenden BR-Mitglieder aus seiner Mitte in geheimer Wahl und nach den Grundsätzen der Verhältniswahl nach Beratung mit dem AG. Liegt nur ein Wahlvorschlag vor, erfolgt die Wahl nach den Grundsätzen der Mehrheitswahl. Der BR hat den

Namen seiner freizustellenden Mitglieder dem AG mitzuteilen. Hält der AG eine Freistellung für sachlich nicht vertretbar, kann er innerhalb einer Frist von 2 **Wochen** nach der Mitteilung die Einigungsstelle anrufen. Unterlässt er dies, wird sein Einverständnis nach Ablauf der Frist fingiert (§ 38 Abs. 2 Satz 7 BetrVG).

5.1.6.6 Ausstattung und Kosten des Betriebsrates

Der AG stattet den BR mit Räumen, sachlichen Mitteln, Informations- und Kommunikationstechnik sowie Büropersonal im **erforderlichen Umfang** aus, um BR-Sitzungen, Sprechstunden sowie die laufenden Geschäfte durchführen zu können. Die hierdurch entstehenden Kosten wie auch die Kosten für die Tätigkeit des BR trägt der AG (§ 40 BetrVG). Er kann diese Kosten nicht durch Umlage bei seinen AN erheben (§ 41 BetrVG).

5.2 Europäische Betriebsverfassung

Das Gesetz über Europäische Betriebsräte (EBRG) geht auf die Richtlinie 94/45 EG des Rates über die Einsetzung eines Europäischen Betriebsrates oder die Schaffung eines Verfahrens zur Unterrichtung und Anhörung der AN in gemeinschaftsweit operierenden Unternehmen und Unternehmensgruppen vom 22.09.1994 zurück und wurde durch die Richtlinie 2009/38 EG vom 05.06.2009 neu gefasst (Bekanntmachung vom 07.12.2011, BGBl. I 2011, 2650). Der Begriff »Europäischer Betriebsrat« wurde im Zusammenhang mit der Europäischen (Aktien-)Gesellschaft S.E. (= *Societas Europaea* oder auch *Europa-AG* genannt) gebildet, auf die jedoch das EBRG keine Anwendung findet. Für die Europa-AG gilt das Gesetz über die Beteiligung der AN in einer Europäischen Gesellschaft (SEBG).

Das ERBG findet in folgenden Unternehmen und Unternehmensgruppen Anwendung (siehe Abb. 14).

5 Kollektives Arbeitsrecht

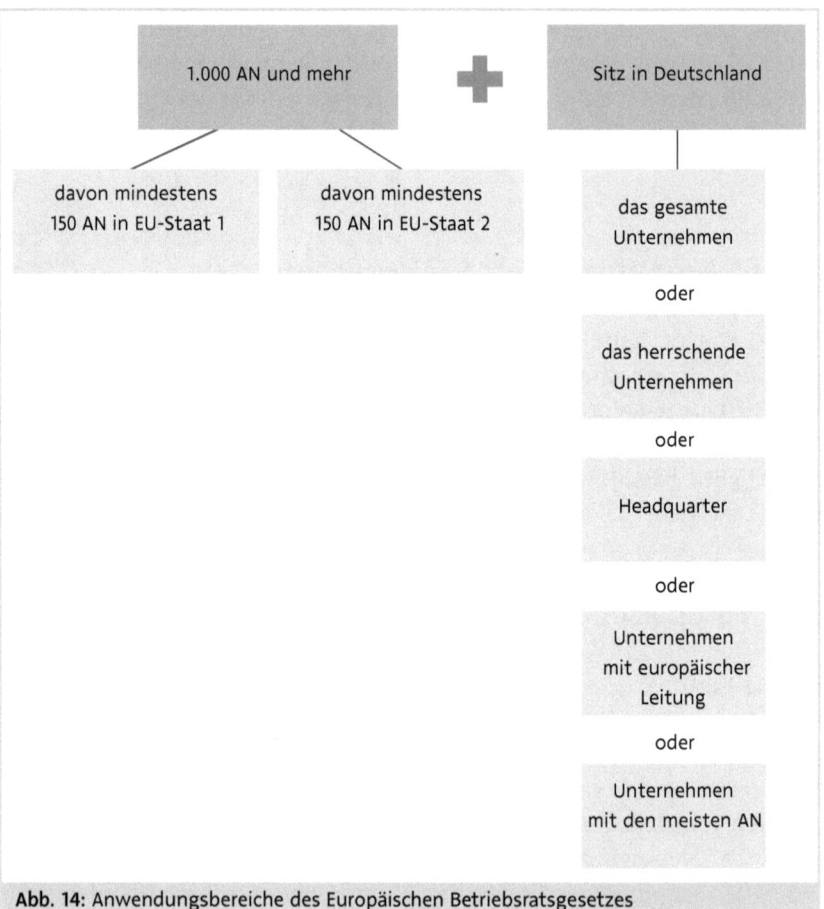

Abb. 14: Anwendungsbereiche des Europäischen Betriebsratsgesetzes

Aufgabe des EBR ist die grenzübergreifende Unterrichtung und Anhörung der AN in gemeinschaftsweit tätigen Unternehmen und Unternehmensgruppen. Im Gesetz ist nicht geregelt, wie im Einzelnen die Unterrichtung und Anhörung stattzufinden hat. Dies ist der Verhandlung von AG und AN überlassen (sog. **Verhandlungslösung**) (§ 8 EBRG). Aufseiten der Arbeitnehmerschaft ist zu diesem Zweck ein **besonderes Verhandlungsgremium** zu schaffen, das auf Antrag der AN oder auf Initiative der **zentralen Leitung** des Unternehmens gebildet wird. Der Antrag muss von mindestens 100 AN oder deren Vertretern aus mindestens zwei Betrieben/Unternehmen mit Sitz in verschiedenen Mitgliedstaaten gestellt werden. Für jede angefangenen **10%**

der Gesamtbelegschaft wird ein Vertreter für das Verhandlungsgremium gestellt. Arbeiten in einem Betrieb 47 % der Gesamtbelegschaft des Unternehmens, stellt dieser Betrieb 5 Vertreter. Die Auswahl der deutschen Vertreter erfolgt durch den Gesamtbetriebsrat oder, wenn dieser fehlt, durch den Betriebsrat.

Die zentrale Leitung des Unternehmens und das Verhandlungsgremium haben die Aufgabe, eine Vereinbarung zu treffen, wie die grenzübergreifende Unterrichtung und Anhörung der AN erfolgen soll (§ 17 EBRG). Das Gesetz enthält einen entsprechenden Fragenkatalog (§ 18 ERBG), den die Parteien in der Vereinbarung berücksichtigen sollen.

Weigert sich die zentrale Leitung, Verhandlungen innerhalb von **6 Monaten** ab Antragstellung aufzunehmen oder führen die Verhandlungen innerhalb von **3 Jahren** zu keinem Ergebnis bzw. erklärt vorher eine Partei das Scheitern der Verhandlungen, wird der Europäische Betriebsrat errichtet. Er setzt sich aus Vertretern der einzelnen Betriebe in den Mitgliedstaaten zusammen, wobei das gleiche Quorum wie bei der Zusammensetzung des Verhandlungsgremiums gilt (§ 22 Abs. 2 EBRG).

Die weiteren Einzelheiten sind dem Gesetz zu entnehmen. Der Europäische Betriebsrat konstituiert sich ähnlich wie der Betriebsrat (§ 25 EBRG).

Die zentrale Leitung hat den Europäischen Betriebsrat einmal im Kalenderjahr über die Entwicklung der Geschäftslage und die Perspektiven des gemeinschaftsweit tätigen Unternehmens bzw. der Unternehmensgruppe unter rechtzeitiger Vorlage der erforderlichen Unterlagen zu unterrichten, ihn anzuhören und dabei über verschiedene Themen zu informieren, die Sie im Einzelnen § 29 EBRG entnehmen können.

Außerhalb der jährlichen Unterrichtung hat die zentrale Leitung den Europäischen Betriebsrat über außergewöhnliche Umstände und Entscheidungen, die erhebliche Auswirkungen auf die Interessen der AN haben, zu unterrichten und auf Verlangen anzuhören. Dazu gehören in erster Linie:
- Stilllegung oder Verlegung von Unternehmen, Betrieben oder wesentlichen Betriebsteilen
- Massenentlassungen (§ 30 EBRG)

Für Tendenzunternehmen (vgl. Kapitel 5.1.1.2) gilt dies nur eingeschränkt ähnlich wie im Betriebsverfassungsgesetz (§ 31 EBRG).

Der Europäische Betriebsrat ist ein Gremium, das sich für die grenzüberschreitenden Interessen der Arbeitnehmerschaft einsetzt und verhindert, dass Einzelinteressen der Betriebe und Unternehmen in den verschiedenen Mitgliedstaaten gegeneinander ausgespielt werden, wie dies bei den Schließungsabsichten der Firma Opel immer wieder behauptet wurde, soweit es deren Werke in Belgien und Bochum betraf.

5.3 Mitbestimmung in größeren Unternehmen

Die Diskussion über die Mitbestimmung in Unternehmen setzte schon relativ früh in den 60er-Jahren ein, nachdem die Arbeit gegenüber dem Kapital (Anteilseignern) an Bedeutung gewann. Die sog. Biedenkopf-Kommission hat dazu einen Bericht vorgelegt, der in der damaligen Bundesrepublik heftig diskutiert wurde und schlussendlich in das Gesetz über die Mitbestimmung der Arbeitnehmer (MitbestG) mündete. Das Gesetz war für die Unternehmen nicht völlig neu. Es gab bereits für den Bergbau und die Eisen und Stahl erzeugende Industrie ein entsprechendes Mitbestimmungsgesetz (sog. Montan-Mitbestimmungsgesetz vom 21.05.1951) und das Montan-Mitbestimmungsergänzungsgesetz vom 07.07.1956. Im Jahre 2004 kam das Gesetz über die Drittelbeteiligung der Arbeitnehmer im Aufsichtsrat (Drittelbeteiligungsgesetz) hinzu.

Allen Gesetzen ist zu eigen, dass je nach Größe des Unternehmens die Arbeitnehmerschaft in unterschiedlicher Stärke in den Führungsgremien vertreten ist. Die Befürchtung, die Mitbestimmung durch die AN könne die Grundrechte der AG (Eigentumsgarantie, Gewerbe- und Unternehmensfreiheit sowie Koalitionsfreiheit) verletzen, hat sich nicht bestätigt. Das Bundesverfassungsgericht hat 1979 die Verfassungsmäßigkeit der Mitbestimmung bestätigt. Seitdem ist Ruhe eingetreten.

5.3.1 Mitbestimmungsgesetz

Die Mitbestimmung findet nicht in jedem Unternehmen statt. Es muss sich vielmehr um ein Unternehmen mit mehr als **2.000 AN** handeln, das in Form einer **Aktiengesellschaft**, einer **Kommanditgesellschaft auf Aktien**, einer **GmbH** oder als **Genossenschaft** betrieben wird. Die Mitbestimmung findet nicht in sog. Tendenzbetrieben sowie in Religionsgemeinschaften, karitativen und erzieherischen Einrichtungen statt.

Gehören mehrere Unternehmen zu einem Konzern (vgl. §18 Abs. 1 Aktiengesetz), findet die Mitbestimmung im herrschenden Unternehmen statt, wenn in diesem und in allen nachgeordneten Unternehmen zusammen mehr als 2.000 AN beschäftigt sind (§5 MitbestG).

In diesen Betrieben ist ein **Aufsichtsrat** zu bilden (§6 MitbestG), wenn dieser nicht bereits aufgrund anderer Gesetze schon vorhanden ist, wie z.B. bei einer Aktiengesellschaft nach dem Aktiengesetz.

Das Gesetz gibt die Größe des Aufsichtsrates vor. In Unternehmen bis **10.000 AN** setzt sich der Aufsichtsrat aus je **6** Mitgliedern der Anteilseigner und der AN zusammen, bei **10.001 bis 20.000 AN** aus je **8** Aufsichtsratsmitgliedern, bei mehr als **20.000 AN** je **10** Mitgliedern (§7 Abs. 1 MitbestG). Zwei AN-Vertreter müssen Vertreter der im Unternehmen vertretenen Gewerkschaft sein, bei einem 20-köpfigen Aufsichtsrat drei Vertreter. Unter den Aufsichtsratsmitgliedern der AN eines börsennotierten Unternehmens müssen Frauen und Männer jeweils mit einem Anteil von 30% vertreten sein (§7 Abs. 3 MitbestG). AN, die das **18. Lebensjahr** vollendet haben und dem Unternehmen bereits **ein Jahr** angehören, sind passiv wählbar (§8 Abs. 3 MitbestG).

In Betrieben bis zu 8.000 AN werden die Aufsichtsratsmitglieder der AN unmittelbar gewählt, wenn sie sich nicht für eine Delegiertenwahl entscheiden.

In Betrieben mit mehr als 8.000 AN findet die Delegiertenwahl Anwendung, es sei denn, dass die wahlberechtigten AN die unmittelbare Wahl beschließen. Die Entscheidung über die abweichende Abstimmung erfolgt auf Antrag eines Zwanzigstels der wahlberechtigten AN des Unternehmens und bedarf der Mehrheit der abgegebenen Stimmen (§9 MitbestG) bei einer Wahlbeteiligung von 50%.

Die Wahl der Delegierten ist in den §§10 bis 17 MitbestG geregelt.

Die Wahl der Aufsichtsratsmitglieder erfolgt aufgrund von Wahlvorschlägen. Jeder Wahlvorschlag muss von einem **Fünftel** oder 100 der wahlberechtigten AN des Unternehmens unterzeichnet sein. Für das Aufsichtsratsmitglied der leitenden Angestellten reichen ein **Zwanzigstel** oder 50 der wahlberechtigten leitenden Angestellten (§§15, 18 MitbestG). Kann durch die Wahl bei den Aufsichtsratsmitgliedern der AN eines börsennotierten Unternehmens die Vorgabe nicht erreicht werden, dass Frauen und Männer jeweils mit einem Anteil von 30% vertreten sind (§7 Abs. 3 MitbestG), erfolgt in §18a MitbestG die Vorgabe, bei wie vielen Aufsichtsratsmitgliedern der AN wie viele Männer und Frauen vertreten sein müssen. Das gilt jedenfalls für Wahlen ab dem 01.01.2016.

Die Mitglieder des Aufsichtsrates wählen aus ihrer Mitte einen **Aufsichtsratsvorsitzenden** und einen Stellvertreter mit der Mehrheit von zwei Dritteln. Wird diese im ersten Wahlgang nicht erreicht, findet ein zweiter Wahlgang statt, in dem nur die AR-Mitglieder der Anteilseigner mit der Mehrheit ihrer abgegebenen Stimmen den Aufsichtsratsvorsitzenden und die der AN entsprechend den Stellvertreter wählen. Der Aufsichtsrat ist beschlussfähig, wenn mindestens die Hälfte seiner Mitglieder an der Beschlussfassung teilnimmt. Beschlüsse des Aufsichtsrates bedürfen grundsätzlich der Mehrheit der abgegebenen Stimmen. Bei Stimmengleichheit findet eine erneute Abstimmung über denselben Gegenstand statt, bei der dann der Aufsichtsratsvorsitzende **2 Stimmen** hat (§§28, 29 MitbestG).

Der Aufsichtsrat bestellt die Mitglieder der gesetzlichen Vertretung des Unternehmens wie z.B. Vorstandsmitglieder oder Geschäftsführer mit einer Mehrheit, die mindestens zwei Drittel der Stimmen umfasst. Kommt eine Bestellung nicht zustande, wird ein ständiger Ausschuss (**Vermittlungsausschuss**), der nach §27 Abs. 3 MitbestG gebildet worden ist, innerhalb eines Monats tätig. Der Aufsichtsrat kann über dessen Wahlvorschlag oder andere Wahlvorschläge im zweiten Wahlgang abstimmen, in dem derjenige gewählt ist, der die Mehrheit der Stimmen auf sich vereinigt. Wird diese absolute Mehrheit im zweiten Wahlgang nicht erreicht, stehen dem AR-Vorsitzenden im dritten Wahlgang zwei Stimmen zur Verfügung, mit denen er den Ausschlag gibt (§31 Abs. 3 und 4 MitbestG).

5.3 Mitbestimmung in größeren Unternehmen

Neben der paritätischen Besetzung des Aufsichtsrates durch Anteilseigner und AN gehört noch die Bestellung eines **Arbeitsdirektors** als gleichberechtigtes Mitglied innerhalb des gesetzlichen Vertretungsorgans zur Mitbestimmung. Dieser ist im Wesentlichen für Sozial- und Personalfragen zuständig. Die Bestellung des Arbeitsdirektors erfolgt in ähnlicher Weise wie die der übrigen Vorstandsmitglieder. Im Gegensatz zum Montan-Mitbestimmungsgesetz kann der Arbeitsdirektor auch gegen die Stimmen der AN-Vertreter im Aufsichtsrat bestellt werden.

5.3.2 Drittelbeteiligungsgesetz

Die Beteiligung von AN in Führungsgremien von Unternehmen mit weniger als 2.000 AN war schon im Betriebsverfassungsgesetz vom 11.10.1952 geregelt. Das Gesetz über die Drittelbeteiligung der AN im Aufsichtsrat (DrittelbG) hat das alte BetrVG ab 1952 abgelöst, das bis dorthin neben dem neuen BetrVG aus dem Jahre 1972 fort galt. Trotz der langen Geschichte hat sich die Drittelparität in den Unternehmen noch nicht durchgesetzt.

Das Gesetz findet nur auf inländische Unternehmen mit mehr als **500 AN** Anwendung, und zwar in den in §1 genannten Rechtsformen, die da sind
- Aktiengesellschaft (AG)
- Kommanditgesellschaft auf Aktien (KGaA)
- Gesellschaft mit beschränkter Haftung (GmbH)
- Versicherungsverein auf Gegenseitigkeit (VVaG)
- Genossenschaft

Für Aktiengesellschaften und Kommanditgesellschaften auf Aktien reichen auch weniger als 500 Arbeitnehmer, wenn diese vor dem 10.08.1994 eingetragen worden sind und es sich dabei nicht um Familiengesellschaften handelt. Bei Konzernen werden die Arbeitnehmer des herrschenden Unternehmens und die der übrigen Konzernunternehmen addiert (§§ 1, 2 DrittelbG)

Das Gesetz findet keine Anwendung, wenn andere Mitbestimmungsgesetze gelten oder es sich um Tendenzunternehmen, Religionsgemeinschaften oder karitative und erzieherische Einrichtungen handelt (§ 1 Abs. 2 DrittelbG).

Die genannten Gesellschaften haben, soweit nicht ein anderes Gesetz von ihnen einen Aufsichtsrat verlangt wie z.B. das Aktienrecht, einen Aufsichtsrat einzurichten, der zu einem **Drittel** aus AN-Vertretern besteht.

Entfallen auf die Arbeitnehmer bis zu 2 Aufsichtsratsmitglieder, müssen diese aus dem Unternehmen stammen. Sind mehr als 2 Aufsichtsratsmitglieder zu wählen, müssen die weiteren Mitglieder nicht aus dem Unternehmen kommen.

Für das passive Wahlrecht gilt das Gleiche wie im Mitbestimmungsgesetz (vgl. Kapitel 5.3.1).

AN einschließlich Leiharbeitnehmer, wenn diese länger als 3 Monate im Betrieb arbeiten (§5 Abs. 2 DrittelbG), sind aktiv wahlberechtigt, wenn sie das 18. Lebensjahr vollendet haben.

Die Wahl erfolgt aufgrund von Wahlvorschlägen der Betriebsräte und der AN. Ein Wahlvorschlag der AN muss von mindestens einem **Zehntel** der Wahlberechtigten oder mindestens von **100** Wahlberechtigten unterzeichnet sein (§6 DrittelbG). Die AN-Vertreter aus dem Unternehmen dürfen keine leitenden Angestellten sein. Dies gilt nicht für unternehmensfremde AN-Vertreter. (§§3 Abs. 1, 4 Abs. 3 DrittelbG). Frauen und Männer sollen im Aufsichtsrat entsprechend ihrem zahlenmäßigen Verhältnis im Unternehmen vertreten sein (§4 Abs. 4 DrittelbG).

Einzelheiten über das Wahlverfahren und die Abberufung von Aufsichtsratsmitglieder der Arbeitnehmer ergeben sich aus der Verordnung zum Zweiten Gesetz zur Vereinfachung der Wahl der Arbeitnehmervertreter im Aufsichtsrat vom 23.06.2004 (BGBl. I 2004, 1393).

5.4 Tarifrecht

Das Grundgesetz sichert den AG und den Gewerkschaften in Deutschland Koalitionsfreiheit zu (Art. 9 Abs. 3 GG). Teil der Koalitionsfreiheit ist die Tarifautonomie, die den Tarifvertragsparteien die Möglichkeit bietet, Arbeits- und Wirtschaftsbedingungen ihrer Mitglieder in Tarifverträgen selbstständig zu regeln. Diese erfüllen verschiedene Aufgaben. Nach dem BVerfG sollen sie die strukturelle Unterlegenheit der einzelnen AN ausgleichen und ein gleichgewichtiges Aushandeln der Arbeitsbedingungen ermöglichen. Die Tarifverträge garantieren in erster Linie Mindestarbeitsbedingungen und erfüllen Ordnungsaufgaben.

5.4.1 Begriff des Tarifvertrages

Tarifverträge bestehen aus zwei Teilen, dem **schuldrechtlichen Teil**, in dem die Rechte und Pflichten der tarifvertragschließenden Parteien geregelt werden, und dem **Teil der Rechtsnormen**, die sich ausschließlich an die Mitglieder der vertragsschließenden Arbeitgeberverbände und Gewerkschaften richten.

Sie bedürfen der Schriftform (§ 1 TVG).

5.4.1.1 Schuldrechtlicher Teil des Tarifvertrages

Der schuldrechtliche Teil eines Tarifvertrages enthält ausdrücklich und stillschweigend vereinbarte Pflichten. Zu den ersteren gehören Absprachen über die Allgemeinverbindlichkeitserklärung, Vereinbarungen zu Schieds- und Schlichtungsverfahren, Regelungen im Arbeitskampf (Notdienst, Erweiterung der Friedenspflicht u. a.).

Daneben sind jedem Tarifvertrag auch die Friedenspflicht und die Pflicht zur Durchführung des Tarifvertrages immanent, ohne dass diese ausdrücklich geregelt sein müssen.

Während der Laufzeit eines Tarifvertrages ist es den Tarifvertragsparteien (im Folgenden TV-Parteien) verboten, zu Arbeitskampfmaßnahmen wie z. B. Streik aufzurufen oder seitens des AG eine Aussperrung vorzunehmen. Die TV-Parteien können den zeitlichen und inhaltlichen Umfang der Friedenspflicht regeln.

Des Weiteren ergibt sich aus jedem Tarifvertrag dessen Durchführungspflicht. Sie trifft Arbeitgeberverbände und Gewerkschaften gleichermaßen, sich bei ihren Mitgliedern einzusetzen, dass der vereinbarte Tarifvertrag auch in der Praxis umgesetzt wird.

Der **Streik** in seinen vielfältigen Formen (Warnstreik, Flashmob) ist das zentrale Arbeitskampfmittel der Arbeitnehmerschaft. Beim Streik legt eine größere Anzahl von AN vorübergehend ihre Arbeit nieder, um ein gemeinschaftliches Ziel zu erreichen. Er muss von einer Gewerkschaft organisiert und geführt werden, was bei sog. wilden Streiks im Fall einer spontanen Arbeitsniederlegung nicht der Fall ist. Ein Streik muss nach dem Ultima-ratio-Prinzip immer verhältnismäßig sein. Wie 2015 beim Bahnstreik und dem Streik der Piloten festzustellen war, treffen sie nicht nur die am Streik beteiligten Parteien, sondern auch die Kunden empfindlich. Im Rahmen der Verhältnismäßigkeit sind die wirtschaftlichen Gegebenheiten und das Gemeinwohl zu berücksichtigen.

Die AG haben die Möglichkeit, die AN von der Arbeit auszuschließen und die Lohnfortzahlung zu verweigern. Das BAG hat die **Aussperrung** in engen Grenzen als Kampfmittel der AG akzeptiert.

5.4.1.2 Tarifvertrag als Rechtsnorm und dessen Formen

Der normative Teil des Tarifvertrages zählt im materiellen Sinne wie ein Gesetz und ist damit Bestandteil der Rechtsordnung. Deshalb gehören z. B. die tariflichen Kündigungsfristen in der Insolvenz zu den gesetzlichen Fristen (§ 113 InsO).

Man unterscheidet Verbands- und Firmen- bzw. Haustarife je nachdem, wer aufseiten des AG den Tarifvertrag geschlossen hat. Schließen Gewerkschaft und Arbeitgeberverband einen Tarifvertrag, spricht man vom **Verbands-** oder **Flächentarifvertrag**, weil dieser bundesweit oder regional gilt. Schließt auf Arbeitgeberseite nur ein Unternehmen oder eine Unternehmensgruppe mit einer Gewerkschaft den Tarifvertrag, handelt es sich um einen **Firmen-** bzw. **Haustarifvertrag**.

Tarifverträge werden auch nach deren Inhalt unterschieden, und zwar:
- Manteltarifverträge
- Lohn- und Gehaltstarifverträge

- Tarifverträge über Einzelfragen wie betriebliche Altersvorsorge, vermögenswirksame Leistungen, Altersteilzeit, Rationalisierungsschutzabkommen u. a.

Manteltarifverträge enthalten im Gegensatz zu Lohn- und Gehaltstarifverträgen längerfristige Regelungen zu allgemeinen Arbeitsbedingungen. Sie sind quasi der »Mantel« im Verhältnis zu den speziellen Tarifverträgen. Teilweise werden sie auch Rahmentarifvertrag genannt wie z. B. im Baugewerbe.

5.4.2 Inhalt von Tarifverträgen

Der Inhalt von Tarifverträgen ist im TVG festgelegt. Sie dürfen Rechtsnormen enthalten, die den Inhalt, Abschluss, die Beendigung von Arbeitsverhältnissen und betriebliche sowie betriebsverfassungsrechtliche Fragen ordnen (§ 1 Abs. 1 TVG). Danach sind nur arbeitsrechtliche Fragen im weitesten Sinne angesprochen.

Ein Tarifvertrag kann aber auch nicht arbeitsrechtliche Rechtsbeziehungen regeln, wenn dessen Grundlage der Arbeitsvertrag ist – z. B. Regelungen über Jahreswagen, Mitarbeiterdarlehen, Werkswohnungen u. a.

5.4.2.1 Arbeitsrechtliche Fragen

In erster Linie geht es in Tarifverträgen um arbeitsrechtliche Fragen, die alle AN betreffen:
- Einstellungsbedingungen
- Arbeitszeit
- Lohn/Gehalt zzgl. Zuschlägen
- Lohn- und Gehaltsgruppen
- Urlaub
- Beendigung von Arbeitsverhältnissen
- Ausschlussfristen

5.4.2.2 Differenzierungsklausel

In neuerer Zeit versuchen Gewerkschaften, zusätzliche Leistungen für ihre Mitglieder in Tarifverträgen zu vereinbaren (sog. **Differenzierungsklausel**), die nicht organisierten AN vorenthalten bleiben sollen, wenn z.B. der Tarifvertrag für allgemeinverbindlich erklärt oder arbeitsvertraglich in Bezug genommen wird – z.b. Zusatzurlaub für Gewerkschaftsangehörige. Mit derartigen Klauseln versuchen die Gewerkschaften, ihren Organisationsgrad zu erhöhen. Eine sog. **einfache Differenzierungsklausel**, die die Mitgliedschaft in der Gewerkschaft voraussetzt, ist zulässig, wenn sie nicht an das Austauschverhältnis von Leistung und Gegenleistung anknüpft und keinen unzulässigen Druck auf die negative Koalitionsfreiheit der Nichtorganisierten ausübt, allein wegen der zusätzlichen tariflichen Leistung der Gewerkschaft beizutreten (BAG-Urteil vom 18.03.2009 – 4 AZR 64/08, NZA 2009, 1028).

Das BAG hat eine Besserstellung der Gewerkschaftsmitglieder in Höhe von 25% eines durchschnittlichen Monatsgehaltes und nicht mehr als der Mitgliedsbeitrag in der Gewerkschaft für 2 Jahre akzeptiert und darin keinen unzulässigen Druck gesehen.

5.4.3 Wirkung von Tarifverträgen

5.4.3.1 Allgemeines

Tarifverträge wirken **unmittelbar** und **zwingend** zwischen den beiderseits Tarifgebundenen, die unter den persönlichen und sachlichen Geltungsbereich des Tarifvertrages fallen. Damit gelten diese Regelungen zunächst nur für die **Mitglieder** der Gewerkschaft und des Arbeitgeberverbandes, die den Tarifvertrag geschlossen haben.

Ist der AN nicht oder in einer anderen Gewerkschaft organisiert, findet der Tarifvertrag auf sein Arbeitsverhältnis keine direkte Anwendung. Gleiches gilt für den AG, wenn er dem vertragsabschließenden Arbeitgeberverband nicht angehört oder dort nur eine sog. OT-Mitgliedschaft unterhält (OT = ohne Tarifbindung).

Erst wenn auf Antrag der TV-Parteien das Bundesministerium für Arbeit und Soziales den Tarifvertrag für **allgemeinverbindlich** erklärt (§ 5 TVG) oder der AG im Arbeitsvertrag den Tarifvertrag **in Bezug nimmt**, findet dieser auch auf AN Anwendung, die nicht in der tarifvertragschließenden Gewerkschaft organisiert sind.

Die Mitglieder der Tarifvertragsparteien sind an die Tarifverträge gebunden. Sie können davon nur abweichen, wenn der Tarifvertrag dies gestattet oder die Abweichung sich zugunsten des AN auswirkt (§ 4 Abs. 3 TVG). Der Verzicht auf tarifliche Rechte ist ohne Zustimmung der TV-Parteien unwirksam. Tarifliche Ansprüche können auch nicht verwirken, nur durch tarifliche Ausschlussfristen abgeschnitten werden.

5.4.3.2 Verweisung auf Tarifverträge

Der Organisierungsgrad der AN ist in den verschiedenen Branchen unterschiedlich hoch. Deshalb finden die meisten Tarifverträge nur kraft vertraglicher **Inbezugnahme** Anwendung. Dies bedeutet, dass der AG einen bestimmten Tarifvertrag oder mehrere Tarifverträge oder sogar das ganze Tarifwerk einer Branche durch eine von ihm vorformulierte Bezugnahmeklausel im Arbeitsvertrag zur Anwendung bringt, um sicherzustellen, dass alle AN – ob organisiert oder nicht – die gleichen Arbeitsbedingungen erhalten. Bekanntlich darf der AG weder bei der Einstellung noch später im Laufe des Arbeitsverhältnisses den AN nach dessen Zugehörigkeit zu einer Gewerkschaft befragen.

Bei der Bezugnahme unterscheidet man zwischen der **statischen** und der **dynamischen** Verweisung.

Bei der statischen Verweisung wird ein ganz bestimmter Tarifvertrag oder auch mehrere in ihrer derzeitigen Fassung in Bezug genommen, ohne dass nachfolgende Änderungen des Tarifvertrages gelten sollen.

Bei der dynamischen Verweisung wird die jeweilige Fassung eines bestimmten Tarifvertrages (**kleine** dynamische Verweisung) oder sämtlicher Tarifverträge der Branche (**große** dynamische Verweisung) vereinbart.

Bis 2005 hat das BAG die dynamische Verweisung eines tarifgebundenen AG als sog. **Gleichstellungsabrede** für die nichtorganisierten AN angesehen. Dies galt natürlich nicht für einen tarifungebundenen AG oder bei der Inbezugnahme eines branchen- oder ortsfremden Tarifvertrages.

Die Gleichstellungsabrede führte dazu, dass alle AN dem Tarifvertrag unterfielen, der für den AG bindend war.

Das BAG hat seine bisherige Rechtsprechung für Arbeitsverträge ab 01.01.2002 aufgegeben und hält an der Gleichstellungsabrede nicht mehr fest. AG und AN werden jetzt so behandelt, als seien sie beide tarifgebunden. Dies hat folgende Auswirkungen: Tritt der AG während des Arbeitsverhältnisses aus dem AG-Verband aus, wirken die bisherigen Tarifverträge nach ihrem Ablauf noch nach. Die Bezugnahmeklausel verweist dann nur noch auf einen nachwirkenden Tarifvertrag bis das Arbeitsverhältnis nicht mehr dem Geltungsbereich des ursprünglichen Tarifvertrages unterliegt.

Es empfiehlt sich, die Inbezugnahme von Tarifverträgen eindeutig zu formulieren, und zwar wie folgt:

> **Textbaustein: Inbezugnahme von Tarifverträgen**
> »Die für das Unternehmen fachlich und betrieblich einschlägigen Tarifverträge, an die der Arbeitgeber gebunden ist, gelten in ihrer jeweiligen Fassung, auch wenn der Arbeitnehmer keiner Gewerkschaft angehört.«

5.4.3.3 Nachbindung von Tarifverträgen

Die Mitglieder der tarifschließenden Parteien sind an den jeweiligen Tarifvertrag gebunden, bis dieser endet, also ausläuft oder durch einen neuen Tarifvertrag ersetzt wird. Dabei kommt es nicht darauf an, ob sie den tarifschließenden Parteien angehören oder aus der Gewerkschaft bzw. aus dem AG-Verband vorher ausgetreten sind. Demzufolge können AG und AN sich nicht durch **Austritt** der Tarifbindung entziehen, was wiederholt in der Praxis versucht wird.

Ein AG kann sich der Nachbindung nur durch einen Branchenwechsel entziehen, mit dem die sachliche Zuständigkeit des Tarifvertrages in aller Regel entfällt. Die Nachbindung ist Ausfluss des Grundsatzes, dass Verträge einzuhalten sind (*pacta sunt servanda*).

5.4.3.4 Nachwirkung von Tarifverträgen

Die Nachwirkung schließt sich an die Nachbindung an. Sie gilt nicht für den schuldrechtlichen Teil, sondern ausschließlich für den Teil, der die Normen regelt. Die Nachwirkung dient der Überbrückung und dem Schutz des Inhalts der Tarifverträge. Denn diese gelten nach Ablauf weiter, bis sie durch eine andere Abmachung ersetzt werden (§ 4 Abs. 5 TVG). Damit soll verhindert werden, dass der Inhalt eines Tarifvertrages ausläuft, ohne dass an seine Stelle eine andere Regelung trifft, die ein neuer Tarifvertrag oder eine vertragliche Abmachung sein kann. Die Nachwirkung setzt voraus, dass vor Ablauf des Tarifvertrages das Arbeitsverhältnis bereits bestanden hat und im Nachwirkungszeitraum noch weiter besteht. Tritt ein AN z. B. erst in der Nachwirkungszeit in das Arbeitsverhältnis ein, gilt der Tarifvertrag nicht und kann demzufolge auch nicht nachwirken.

5.4.4 Tarifeinheitsgesetz

Das Tarifeinheitsgesetz, das am 10.07.2015 in Kraft getreten ist, hat die Aufgabe, die Funktionsfähigkeit der Tarifautonomie durch die Auflösung von Tarifkollisionen zu sichern. Tarifkollisionen treten in verschiedenen Formen auf. Gelten mehrere Tarifverträge normativ mit überschneidendem Inhalt gleichzeitig im Unternehmen, weil AG und AN durch ihre Mitgliedschaft in den verschiedenen Arbeitgeberverbänden bzw. Gewerkschaften daran gebunden sind (§ 3 Abs. 1 TVG), spricht man von **Tarifkonkurrenz**.

Ist nur eine Partei an die Tarifverträge gebunden, handelt es sich um **Tarifpluralität**.

Die hierdurch entstehenden Kollisionen will das Tarifeinheitsgesetz lösen und im Konflikt nur **ein** Tarifwerk auf ein Unternehmen anwenden.

Das Tarifeinheitsgesetz geht von der Tarifpluralität aus und sieht in §4a TVG eine **Kollisionsregelung** vor, wenn die Tarifvertragsparteien sich nicht anderweitig einigen, um die Kollision zu vermeiden. Zukünftig kann nur der Tarifvertrag der Gewerkschaft im Betrieb zur Anwendung kommen, die bei Abschluss des letzten kollidierenden Tarifvertrages die meisten Mitglieder im Betrieb hatte (§4a Abs. 2 Satz 2 TVG). Da der AG nicht weiß, wer gewerkschaftlich organisiert ist, können die Tarifvertragsparteien die Entscheidung beim Arbeitsgericht beantragen, welcher Tarifvertrag im Betrieb zur Anwendung kommt. In diesem Verfahren müssen die Gewerkschaften gegenüber einem Notar Auskunft über die Zahl ihrer Mitglieder im betreffenden Betrieb geben, ohne dass im gerichtlichen Verfahren bekannt wird, wer namentlich der Gewerkschaft angehört.

In der Begründung zum Tarifeinheitsgesetz führt die Bundesregierung aus, dass die Tarifvertragsparteien vielfältige andere Möglichkeiten haben, Tarifkollisionen zu vermeiden, wie z. B.:
- Die Gewerkschaften stimmen ihre jeweilige Zuständigkeit ab, so dass ihre Tarifverträge für verschiedene Arbeitnehmergruppen gelten.
- Die Gewerkschaften bilden eine Tarifgemeinschaft und verhandeln gemeinsam ihre Tarifverträge.
- Die Gewerkschaften verhandeln, ohne eine Tarifgemeinschaft zu bilden, inhaltsgleiche Tarifverträge aus.
- Die Gewerkschaft zeichnet den Tarifvertrag einer anderen Gewerkschaft nach (sog. Anschlusstarifvertrag).
- Die Gewerkschaft gestattet die Ergänzung ihres Tarifwerkes durch tarifvertragliche Regelungen einer anderen Gewerkschaft.

Es bleibt abzuwarten, ob das Tarifeinheitsgesetz vor dem BVerfG Stand hält und wie es sich zukünftig bei Arbeitskämpfen bewährt.

5.5 Rechtsschutz in arbeitsrechtlichen Streitigkeiten

5.5.1 Aufbau der Arbeitsgerichtsbarkeit

Die Arbeitsgerichtsbarkeit ist eine eigenständige und gegenüber den anderen Fachgerichten gleichwertige Gerichtsbarkeit (Art. 95 GG). Sie greift auf den Sachverstand von AG und AN zurück, die sie als ehrenamtliche Richter beteiligt.

In den drei nachstehenden Instanzen wirken je ein Vertreter der Arbeitgeber- und Arbeitnehmerschaft als **ehrenamtliche Richter** mit. Das Arbeits- und das Landesarbeitsgericht bestehen je aus **einem Berufsrichter** und 2 **ehrenamtlichen Richtern**, das Bundesarbeitsgericht aus 3 Berufsrichtern und 2 ehrenamtlichen Richtern.

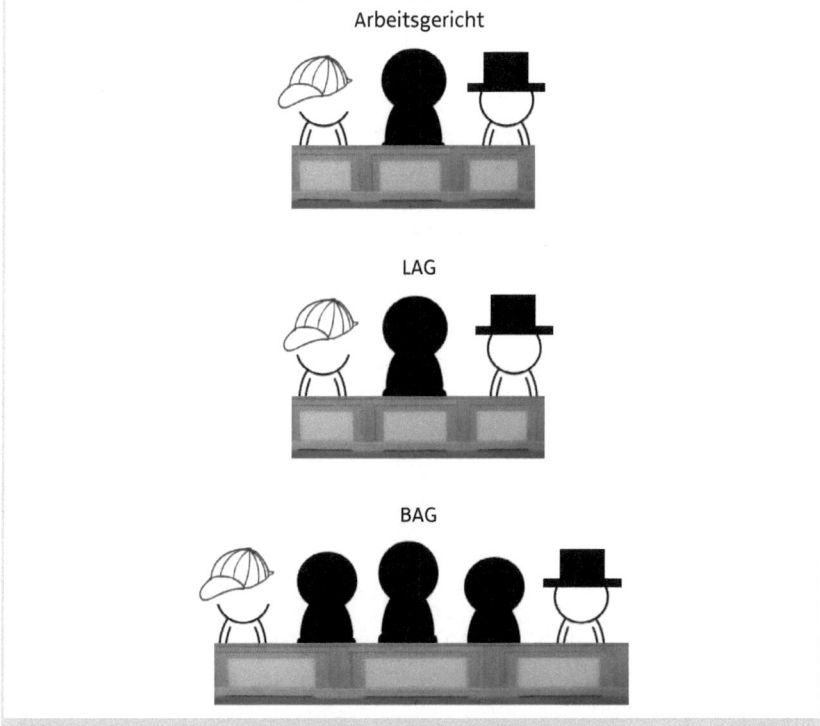

Abb. 15: Mitwirkung von ehrenamtlichen Richtern durch Arbeitnehmer- und Arbeitgebervertretern

Ehrenamtlicher Richter beim Arbeits- und beim Landesarbeitsgericht kann werden, wer das **25. Lebensjahr** vollendet hat und im Gerichtsbezirk wohnt oder tätig ist. Der ehrenamtliche Richter beim BAG muss das **35. Lebensjahr** vollendet und besondere Kenntnisse und Erfahrungen auf dem Gebiet des

Arbeitsrechtes haben und bereits vorher schon 5 Jahre ehrenamtlicher Richter bei einem Gericht für Arbeitssachen gewesen sein (§ 44 Abs. 2 ArbGG).

Aufseiten der AG können Geschäftsführer, Betriebsleiter oder Personalleiter, soweit sie zur Einstellung von AN berechtigt sind, zu ehrenamtlichen Richtern berufen werden (§ 22 Abs. 2. ArbGG). Für die AN kommen u. a. Mitglieder und Angestellte von Gewerkschaften in Betracht (§ 23 ArbGG).

Beim Arbeitsgericht und LAG heißen die Entscheidungsgremien **Kammer**, beim BAG **Senat**. Dort ist zur Vereinheitlichung und Fortentwicklung der Rechtsprechung ein **Großer Senat** zu bilden, der aus dem Präsidenten des BAG und je einem Berufsrichter aus den übrigen Senaten und je drei ehrenamtlichen Richtern aus dem Kreis der AN und AG besteht, insgesamt derzeit 16 Personen (§ 45 Abs. 5 ArbGG).

Arbeitsgerichte finden Sie in Ihrer Nähe. Die Landesarbeitsgerichte sitzen vornehmlich in den jeweiligen Landeshauptstädten, von Ausnahmen abgesehen. In Nordrhein-Westfalen gibt es drei Landesarbeitsgerichte (Düsseldorf, Köln und Hamm). In Baden-Württemberg hat das Landesarbeitsgericht zwei Außenstellen in Mannheim und Freiburg. Der Sitz des Bundesarbeitsgerichtes ist Erfurt, früher Kassel.

5.5.2 Sachliche und örtliche Zuständigkeit

5.5.2.1 Sachliche Zuständigkeit

Die sachliche Zuständigkeit ist in § 2 ArbGG ausführlich geregelt. Danach sind die Arbeitsgerichte u. a. für alle bürgerlichen Rechtsstreitigkeiten zwischen AN und AG zuständig:
- aus dem Arbeitsverhältnis
- über das Bestehen oder Nichtbestehen eines Arbeitsverhältnisses
- aus Verhandlungen über die Eingehung eines Arbeitsverhältnisses und aus dessen Nachwirkungen
- aus unerlaubten Handlungen, soweit diese mit dem Arbeitsverhältnis in Zusammenhang stehen
- über Arbeitspapiere

Dazu gehören auch andere zivilrechtliche Streitigkeiten, die mit einem bereits beim Arbeitsgericht anhängigen oder gleichzeitig anhängig gemacht werdenden Rechtsstreit in einem rechtlichen oder unmittelbaren wirtschaftlichen Zusammenhang stehen und für deren Geltendmachung nicht die ausschließliche Zuständigkeit eines anderen Gerichts gegeben ist (z.B. Rückzahlung eines vom AG oder vom AN gewährten Darlehens, Ansprüche auf Versicherungsleistung aus einer vom AG abgeschlossenen Versicherung).

Die Arbeitsgerichte sind auch für alle Streitigkeiten zwischen AG und den Vertretungsorganen wie Betriebsrat, Sprecherausschuss u.a. zuständig (§ 2a ArbGG). Das Gleiche gilt für Streitigkeiten zwischen Tarifvertragsparteien und neuerdings auch für die Feststellung, welcher Tarifvertrag nach dem Tarifeinheitsgesetz im Betrieb gilt (§ 2a Abs. 1 Nr. 6 ArbGG).

5.5.2.2 Örtliche Zuständigkeit

Die örtliche Zuständigkeit war lange Zeit nicht ausdrücklich im ArbGG geregelt. Über § 46 Abs. 2 ArbGG fanden die Vorschriften der Zivilprozessordnung (ZPO) Anwendung. Nunmehr enthält seit dem 01.04.2008 das ArbGG neben der ZPO, die fortgilt, eine eigene örtliche Zuständigkeitsregelung in § 48 Abs. 1a ArbGG. Danach ist auch das Arbeitsgericht zuständig, in dessen bzw. von dessen Bezirk der AN gewöhnlich seine Arbeit verrichtet oder zuletzt gewöhnlich verrichtet hat.

Die Adressen des örtlich zuständigen Arbeitsgerichtes sind im Internet veröffentlicht.

5.5.3 Urteils- und Beschlussverfahren

5.5.3.1 Urteilsverfahren

Streitigkeiten zwischen AG und AN finden im **Urteilsverfahren** statt. Zahlungsansprüche aus dem Arbeitsverhältnis können auch im Wege des Mahnverfahrens gerichtlich geltend gemacht werden.

Im Gegensatz zum zivilrechtlichen Mahnverfahren beträgt die Widerspruchsfrist gegen den Mahnbescheid des Arbeitsgerichts nur **eine Woche** (keine 2 Wochen, §46a Abs. 3 ArbGG). Ist nach Ablauf der Wochenfrist der Vollstreckungsbescheid noch nicht erteilt, kann gleichwohl Widerspruch erhoben werden (§694 Abs. 1 ZPO).

Für das Urteilsverfahren gelten im Wesentlichen die Vorschriften der ZPO (§46 Abs. 2 ArbGG).

Jedes Urteilsverfahren beginnt mit einer **Güteverhandlung** vor dem Berufsrichter. In besonderen Fällen kann das Gericht die Parteien an einen **Güterichter** verweisen, der alle Methoden der Konfliktbeilegung einschließlich der Mediation einsetzen kann. In diesem Fall ordnet das Gericht im Einverständnis der Parteien das Ruhen des Verfahrens an, das jederzeit auf Antrag der Parteien wieder aufgenommen werden kann. Spätestens nach 3 Monaten nimmt das Gericht von sich aus das Verfahren wieder auf, es sei denn, die außergerichtliche Konfliktbeilegung ist noch nicht beendet (§§54 Abs. 6, 54a ArbGG).

Kommt es vor dem Richter in der Güteverhandlung oder vor dem Güterichter in der außergerichtlichen Konfliktbeilegung nicht zu einer Einigung, wird das Verfahren mit einem **Kammertermin** fortgesetzt, an dem nun neben dem Berufsrichter zwei ehrenamtliche Richter teilnehmen. Kommt auch hier ein Vergleich nicht zustande, entscheidet das Gericht durch **Urteil**, das in aller Regel noch am gleichen Tag verkündet wird.

Das Urteilsverfahren steht unter der Parteimaxime. Das bedeutet, dass das Gericht nur über den Sachverhalt entscheidet, den ihm die Parteien unterbreitet haben.

5.5.3.2 Beschlussverfahren

Anders ist es im Beschlussverfahren, das in Rechtsstreitigkeiten zwischen AG und Betriebsrat u.a. Anwendung findet (§2a ArbGG). In diesen Verfahren hat das Arbeitsgericht den Sachverhalt im Rahmen der gestellten Anträge von Amtswegen zu erforschen und die am Verfahren Beteiligten müssen an der Aufklärung des Sachverhaltens mitwirken. Im Beschlussverfahren gibt es auch keinen Kläger und Beklagten. Hier heißen die Parteien **Beteiligte**. Das Gericht kann eine Güteverhandlung vorschalten, muss es aber nicht (§ 80 Abs. 2 Satz 2 ArbGG). Findet eine Güteverhandlung nicht statt, wird das Verfahren in der Kammerverhandlung entschieden. Einigen sich die Parteien nicht, entscheidet das Gericht nicht durch Urteil, sondern durch **Beschluss** (§ 84 ArbGG). Für diesen gilt das Gleiche wie für das Urteil.

In beiden Verfahrensarten können die Parteien sich selbst vertreten. Sie benötigen keinen Anwalt in der ersten Instanz vor dem Arbeitsgericht (§ 11 Abs. 1 Satz 1 ArbGG), anders beim LAG und BAG, wo Rechtsanwaltszwang besteht. Dort können die Parteien sich auch durch ihre Gewerkschaft bzw. ihren AG-Verband vertreten lassen (§ 11 Abs. 4, Abs. 2 Satz 2 ArbGG)

5.5.4 Gang des Verfahrens

5.5.4.1 Einleitung des Verfahrens

Urteils- und Beschlussverfahren werden durch einen Antrag des Klägers bzw. des Beteiligten (Antragsteller) eingeleitet. Mit Eingang dieses Antrages bei Gericht ist das Verfahren **anhängig** und mit Zustellung der Klage bzw. der Antragsschrift **rechtshängig**.

Da in der ersten Instanz keine Anwaltspflicht besteht, müssen zwischen Zustellung der Klageschrift und Anberaumung des Termins zur Güteverhandlung mindestens eine Woche liegen (§ 47 ArbGG). Fällt der letzte Tag der Wochenfrist auf einen Sams-, Sonn- oder Feiertag, endet die Frist am nächsten Werktag. Bei späteren Terminladungen reicht eine Frist von 3 Tagen, vor dem LAG und dem BAG eine Frist von einer Woche, weil hier Anwaltspflicht besteht (§ 217 ZPO).

Das Gericht fordert den Gegner üblicherweise nicht mit der Übersendung der Klage zu einer Gegenäußerung auf (§ 42 Abs. 2 ArbGG). Gleichwohl kann und sollte er auf die Klage vor der Güteverhandlung erwidern. Das ist letztlich eine taktische Frage.

5.5.4.2 Güteverhandlung

Je nach Geschäftslage des angerufenen Gerichtes findet die Güteverhandlung ca. 2 bis 3 Wochen nach Erhebung der Klage statt. Besonders in Kündigungsschutzsachen gilt der Beschleunigungsgrundsatz. In manchen Bundesländern kann dies aber auch länger dauern. Die Güteverhandlung findet vor dem Vorsitzenden Richter der betreffenden Kammer des Arbeitsgerichts statt. Dem Aktenzeichen kann man entnehmen, um welche Kammer es sich handelt (3 Ca …/19 = 3. Kammer eines Arbeitsgerichtes, 8 Sa …/18 = 8. Kammer eines LAG und 10 AZR …/16 = 10. Senat des BAG). Das Gericht plant in aller Regel für jeden Streitfall eine Zeitspanne von 15 bis 20 Minuten, in manchen Gerichten auch deutlich weniger. Deshalb bleibt den Parteien nicht sehr viel Zeit, den gesamten Rechtsstreit dem Gericht zu unterbreiten. Die Zeit reicht aber aus, um auszuloten, ob eine einvernehmliche Regelung möglich ist. Notfalls kann die Verhandlung unterbrochen und zwischen den Parteien auf dem Gerichtsflur oder im Anwaltszimmer fortgesetzt werden, um dann später in den Verhandlungssaal zurückzukehren und den ausgehandelten Vergleich gerichtlich protokollieren zu lassen.

Die Gerichte ordnen häufig das **persönliche Erscheinen** der Parteien an. Wenn sie verhindert sind, müssen sie dies dem Gericht rechtzeitig mitteilen oder einen Vertreter schicken, der zur Aufklärung des Sachverhalts in der Lage und zur Abgabe der gebotenen Erklärung, insbesondere zu einem Vergleichsabschluss, ermächtigt ist (§ 141 Abs. 3 ZPO). Im anderen Fall besteht die Gefahr, dass gegen die säumige Partei entweder ein Ordnungsgeld wegen Nichterscheinens verhängt wird oder sogar ein Versäumnisurteil ergeht, selbst wenn eine Vertretung durch einen Rechtsanwalt im Termin erfolgt. Das kommt aber selten bis gar nicht vor.

Erscheinen oder verhandeln beide Parteien in der Güteverhandlung nicht, ordnet das Gericht das Ruhen des Verfahrens an. Auf Antrag einer Partei bestimmt das Gericht einen Termin zur streitigen Verhandlung. Dieser kann aber nur **innerhalb von 6 Monaten** nach der Güteverhandlung gestellt werden. Wichtig: Nach Ablauf dieser Frist gilt die Klage als zurückgenommen. Das führt im Fall einer Kündigungsschutzklage zu einem unwiederbringlichen Nachteil, da damit gleichzeitig die Wirksamkeit der Kündigung fingiert wird und der AN keine Möglichkeit mehr hat, die Kündigung anzugreifen.

In der Güteverhandlung gibt es keine Kleiderordnung. AN und AG können auch in Arbeitskleidung erscheinen, wenn diese nicht völlig verschmutzt ist. Es ist üblich aufzustehen, wenn das Gericht den Sitzungssaal betritt oder verlässt. Das Gleiche gilt, wenn das Gericht ein Urteil oder einen Beschluss verkündet.

5.5.4.3 Kammerverhandlung

Kommt eine Einigung in der Güteverhandlung nicht zustande und beraumt das Gericht nicht auf Antrag einer Partei eine zweite Güteverhandlung an, bestimmt es einen **Kammertermin**, der nach dem Gesetz in unmittelbarem Anschluss an die Güteverhandlung liegen soll, aber in der Praxis einige Wochen, meistens aber mehrere Monate später stattfindet. Gleichzeitig erteilt das Gericht den Parteien verschiedene Auflagen unter Fristsetzung, die auch befolgt werden müssen. Im anderen Fall kann die jeweilige Partei mit ihrem Vortrag, wenn er verspätet kommt, ausgeschlossen werden.

In der Kammerverhandlung wirken Berufsrichter und ehrenamtliche Richter gemeinsam an der Rechtsfindung mit. Die Verhandlung beginnt mit der Antragstellung. Daran schließt sich, sofern erforderlich, eine Beweisaufnahme an. Zum Schluss erhalten die Parteien Gelegenheit, zum gesamten Streitstoff und dem Ergebnis einer eventuellen Beweisaufnahme Stellung zu nehmen. Dabei wird heute seitens der Parteien bzw. deren Rechtsanwälte nicht mehr plädiert, sondern oft nur noch auf den bereits vorliegenden schriftlichen Vortrag verwiesen. Im Anschluss daran beendet das Gericht die mündliche Verhandlung und zieht sich zur Beratung zurück. War das Verfahren noch nicht entscheidungsreif, beraumt die Kammer einen Fortsetzungstermin an. Im anderen Fall verkündet sie ein Urteil oder einen Beschluss und begründet es bzw. ihn mündlich.

Das schriftliche Urteil nebst Gründen erhalten die Parteien in angemessener Zeit nach dem Kammertermin förmlich zugestellt.

Erscheint eine Partei in der Güteverhandlung oder im Kammertermin nicht, kann die andere gegen sie Versäumnisurteil beantragen. Gegen das Versäumnisurteil muss die säumige Partei innerhalb **einer Woche** nach Zustellung

Einspruch einlegen (§ 59 ArbGG). Im Fall des Einspruchs wird das Verfahren fortgesetzt, im anderen Falle wird das Versäumnisurteil rechtskräftig.

Im Verfahren vor dem Arbeitsgericht und dem LAG steht der gesamte Rechtsstreit auf dem Prüfstand. Bei beiden Instanzen handelt es sich um eine **Tatsacheninstanz**, in denen sowohl über die einzelnen Tatsachen als auch über die Rechtsanwendung gestritten werden kann.

Dagegen beschränkt sich das BAG lediglich auf die **Rechtsanwendung**. Für das BAG ist der vom LAG festgestellte Sachverhalt bindend. Enthält der Tatbestand des Urteils des LAG eine sachlich falsche Darstellung, auf die es im Verfahren ankommt, muss vorher ein Antrag auf Berichtigung gestellt werden.

Hat das LAG versäumt, den Prozess in der einen oder anderen Richtung aufzuklären, kann das BAG das Verfahren an das LAG zurückverweisen, wo dann die Berufungsverhandlung fortgesetzt wird.

5.5.5 Rechtsmittel

Im Wesentlichen gibt es drei Rechtsmittel:
- Berufung
- Revision
- Beschwerde

Urteile des Arbeitsgerichts werden mit der Berufung zum LAG angegriffen. Gegen Urteile des LAG ist eine Revision nur möglich, wenn sie vom LAG zugelassen worden ist oder das BAG sie auf eine Nichtzulassungsbeschwerde hin zulässt. In bestimmten Fällen kann gegen ein Urteil des Arbeitsgerichts sofort Revision eingelegt werden (sog. **Sprungrevision**).

Beschlüsse des Arbeitsgerichts sind mit der Beschwerde zum LAG anzugreifen. Beschlüsse des LAG sind nicht anfechtbar, ausgenommen das LAG lässt die Rechtsbeschwerde nicht zu oder setzt den Beschluss im Beschlussverfahren nicht innerhalb von 5 Monaten rechtzeitig ab.

5.5 Rechtsschutz in arbeitsrechtlichen Streitigkeiten

Im Einzelnen siehe Abb. 16.

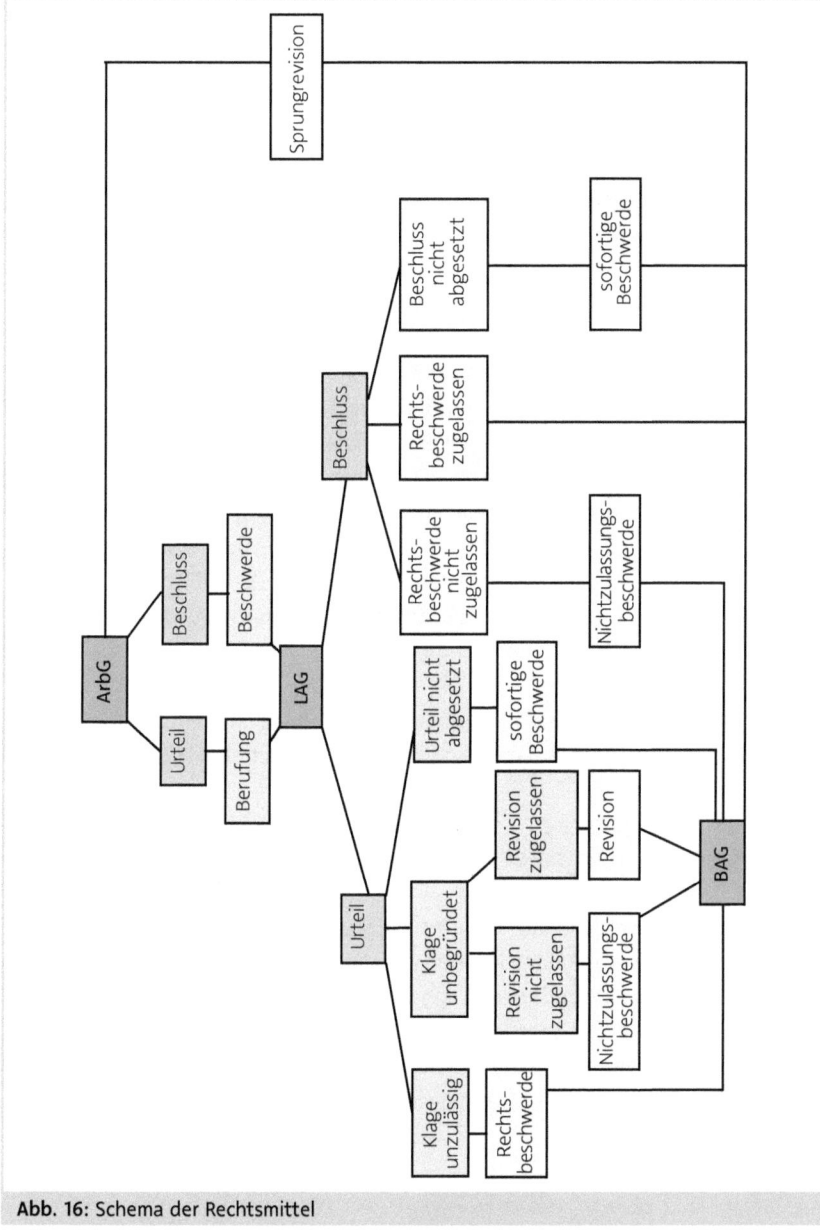

Abb. 16: Schema der Rechtsmittel

5.5.6 Kosten

Das arbeitsgerichtliche Verfahren unterscheidet sich von anderen Prozessverfahren, insbesondere vom Zivilprozessverfahren (z.B. Mietprozess, Forderungsklage), dadurch, dass es in der ersten Instanz vor dem Arbeitsgericht (aber nur dort) **keine** Kostenerstattung für den gibt, der den Prozess gewinnt. Jede Partei trägt ihre außergerichtlichen Kosten (= Anwaltskosten) selbst, während die Gerichtskosten je nach Ausgang des Prozesses zwischen den Parteien verteilt werden.

5.5.6.1 Gerichtskosten

Die Gerichtsgebühren sind sehr moderat und richten sich nach dem Streitwert des Verfahrens. Bei einem Streitwert bis 500 EUR beträgt eine Gebühr 35 EUR. Je 500 EUR Streitwerterhöhung nimmt die Gerichtsgebühr um 18 EUR zu und beträgt bei einem Wert von 10.000 EUR 241 EUR, anschließend erhöht sich die Gebühr um je 1.000 EUR um 19 EUR (siehe Anlage 2 zu §34 Abs. 1 Satz 3 GKG). Beim Arbeitsgericht fallen, wenn es zum Urteil kommt, 2 Gebühren an, in der Berufungsinstanz 3,2 und in der Revision 4 Gebühren.

Arbeitsgerichtliche Streitigkeiten werden zu 80% verglichen. In diesem Fall entstehen keine Gerichtsgebühren. Damit ist das arbeitsgerichtliche Verfahren nicht mit unvorhersehbaren finanziellen Risiken behaftet.

5.5.6.2 Rechtsanwaltskosten

Die Parteien müssen lediglich, wenn sie sich vor dem Arbeitsgericht nicht selbst vertreten wollen oder können, die Kosten ihrer Rechtsanwälte übernehmen, die nicht unbedeutend sind. Der Streitwert z.B. für einen Kündigungsschutzprozess berechnet sich nur aus dem Vierteljahreseinkommen des AN (nicht 3 Monatsgehälter), für die Entfernung der Abmahnung aus der Personalakte und die Berichtigung eines Zeugnisses je nach einem Bruttomonatsgehalt.

5.5 Rechtsschutz in arbeitsrechtlichen Streitigkeiten

Verdient ein AN 2.700 EUR brutto und erhält er ein gleich hohes Weihnachtsgeld, so beträgt der Streitwert 8.775 EUR (2.700 EUR × 13 : 12 × 3). Hieraus errechnen sich folgende Gebühren, wenn die Parteien beim Arbeitsgericht einen Vergleich schließen und der Rechtsanwalt vor Erhebung der Klage nicht außergerichtlich tätig gewesen ist, was üblicherweise bei Kündigungsschutzklagen auch zutrifft:

Gegenstandswert: 8.775 EUR

Verfahrensgebühr § 13 RVG, Nr. 3100 VV RVG	1,3	659,10 EUR
Terminsgebühr § 13 RVG, Nr. 3104 VV RVG	1,2	608,40 EUR
Einigungsgebühr, Nrn. 1003, 1000 VV RVG	1,0	507,00 EUR
Pauschale für Post und Telekommunikation Nr. 7002 VV RVG		20,00 EUR
Zwischensumme netto		1.794,50 EUR
19% Umsatzsteuer Nr. 7008 VV RVG		340,96 EUR
Gesamtbetrag		2.135,46 EUR

Nach § 12a ArbGG sind im Verfahren der ersten Instanz (Urteilsverfahren) vor dem Arbeitsgericht die Rechtsanwaltskosten immer von der jeweiligen Partei selbst zu tragen, unabhängig davon, wie der Rechtsstreit ausgeht. Das ist insbesondere dann von wirtschaftlicher Bedeutung, wenn z. B. von dem AN durch einen Rechtsanwalt offener Arbeitslohn gegen den AG geltend gemacht wird. Erhält der AN kein Geld von AG und muss deswegen arbeitsgerichtliche Hilfe in Anspruch nehmen, muss er davon auch im Fall des Gewinnens seinen Rechtsanwalt bezahlen. Je nach Höhe des Arbeitslohns können die Rechtsanwaltskosten einen Großteil der Streitsumme umfassen.

In den Verfahren vor dem LAG und dem BAG besteht Anwaltspflicht. Damit kann ein Arbeitsrechtsstreit, wenn er durch die Instanzen geführt wird, noch sehr teuer werden. Deshalb empfiehlt es sich für beide Parteien, rechtzeitig eine **Rechtsschutzversicherung** abzuschließen, um nach einer Wartezeit von (ausnahmsweise) 6 Monaten deren Leistungen in Anspruch nehmen zu können.

5.5.6.3 Prozesskostenhilfe

Eine Partei kann **Prozesskostenhilfe** beantragen, wenn sie nicht rechtsschutzversichert und nicht wirtschaftlich in der Lage ist, aus eigenen Mitteln die Anwaltskosten zu bezahlen. Weitere Voraussetzung ist, dass die beabsichtigte Rechtsverfolgung oder Rechtsverteidigung hinreichend Aussicht auf Erfolg bietet und nicht mutwillig erscheint (§ 114 ZPO). Die Einzelheiten sind in § 115 ZPO geregelt. Der Anwalt, der im Wege der Prozesskostenhilfe beigeordnet wird, erhält ab einem Gegenstandswert von 4.000,01 EUR geringere Gebühren als sonst. Dennoch sollte sich ein »armer« AN oder AG nicht scheuen, selbst oder durch seinen Anwalt Prozesskostenhilfe bei dem zuständigen Arbeitsgericht zu beantragen. Die Auskunft über die persönlichen und wirtschaftlichen Verhältnisse ist nur dem Gericht gegenüber zu erteilen.

Daneben gibt es noch die Möglichkeit, die Klage oder das Beschlussverfahren beim Urkundsbeamten der Geschäftsstelle im Arbeitsgericht zu erheben bzw. einzuleiten.

Der sicherste und kostengünstigste Weg, berechtigte Ansprüche und Interessen durchzusetzen, ist die vorbeugende Rechtsberatung. Man kann AG wie AN nur ermutigen, sich rechtzeitig rechtlichen Rat einzuholen und es nicht zunächst einmal allein zu versuchen. Denn vielfach kommt der Rechtsrat zu spät und kann dem Prozess keine andere Wendung mehr geben. Noch besser ist es, sich bereits bei Abschluss des Arbeitsvertrages rechtlich beraten zu lassen, um damit anschließende Streitigkeiten zu vermeiden oder für diese besser gewappnet zu sein.

Nachwort

Diese Ausführungen geben einen Überblick über das Arbeitsrecht in seiner Fülle. Leider war hier kein Raum, einzelne Probleme genauer zu beleuchten und zu diskutieren.

Sie werden nach der Lektüre einen Einblick in das Arbeitsrecht bekommen haben, den Sie sowohl für Ihre zukünftige Arbeit als auch für sich persönlich nutzen können.

Die Ausführungen sind auch als ein Handbuch zu verstehen, in das Sie immer wieder mal Einblick nehmen können, wenn die ein oder andere arbeitsrechtliche Frage auftaucht. Dies gilt erst recht für die Online-Arbeitshilfen, die Sie auf http://mybook.haufe.de finden. Die Arbeitshilfen sind für eine Vielzahl von Fällen gedacht und müssen noch an den individuellen Sachverhalt angepasst werden. Deshalb nehmen Sie aus dem Musterschreiben nur die Regelungen heraus, die Sie für Ihre Problemlösung benötigen.

Uwe Ringel

Verzeichnis der Arbeitshilfen online

Auf der Internetseite zum Buch finden Sie zahlreiche praktische Arbeitshilfen. Gehen Sie einfach auf http://mybook.haufe.de und geben Sie dort den Buchcode ein, der am Ende dieses Buches abgedruckt ist. Im Einzelnen finden Sie dort die folgenden Arbeitshilfen:

- Musterarbeitsvertrag
- Mustervereinbarung für ein nachvertragliches Wettbewerbsverbot
- Musterschreiben für Verlängerung des sachgrundlos befristeten Arbeitsvertrages
- Musterschreiben für Änderung eines sachgrundlos befristeten Arbeitsvertrages
- Musterschreiben für eine Abmahnung
- Musterschreiben für Anhörung des Betriebsrates zur außerordentlichen und hilfsweise ordentlichen Kündigung
- Antrag auf Zustimmung zu einer außerordentlichen und hilfsweise ordentlichen Kündigung an das Integrationsamt
- Musterschreiben für eine ordentliche Kündigung des Arbeitgebers
- Musterschreiben für eine außerordentliche Kündigung des Arbeitgebers
- Musteränderungskündigung des Arbeitgebers
- Muster eines Kündigungsschreibens mit Abfindungsangebot
- Musterschreiben zur Einladung zum betrieblichen Eingliederungsmanagement an den Arbeitnehmer
- Musterabwicklungsvertrag nach Arbeitgeberkündigung
- Zeugnismuster (Endzeugnis, Zwischenzeugnis, Ausbildungszeugnis)

Abkürzungsverzeichnis

ABM	Arbeitsbeschaffungsmaßnahme
Abs.	Absatz
AEntG	Gesetz über zwingende Arbeitsbedingungen für grenzüberschreitend Entsandte und für regelmäßig im Inland beschäftigte Arbeitnehmer und Arbeitnehmerinnen (Arbeitnehmer-Entsendegesetz)
AEUV	Vertrag über die Arbeitsweise der Europäischen Union
AEVO	Ausbildungseignungsverordnung
AG	Arbeitgeber
AG	Aktiengesellschaft
AGB	Allgemeine Geschäftsbedingungen
AGG	Allgemeines Gleichbehandlungsgesetz
AN	Arbeitnehmer
ArbGG	Arbeitsgerichtsgesetz
ArbZG	Arbeitszeitgesetz
Art.	Artikel
ASiG	Gesetz über Betriebsärzte, Sicherheitsingenieure und andere Fachkräfte für Arbeitssicherheit
AU	Arbeitsunfähigkeit
AufenthG	Gesetz über den Aufenthalt, die Erwerbstätigkeit und die Integration von Ausländern im Bundesgebiet (Aufenthaltsgesetz)
AÜG	Gesetz zur Regelung der gewerbsmäßigen Arbeitnehmerüberlassung (Arbeitnehmerüberlassungsgesetz)
AU-Richtlinie	Richtlinie über die Arbeitsunfähigkeit
AuslG	Gesetz über die Einreise und den Aufenthalt von Ausländern im Bundesgebiet (Ausländergesetz)
BAG	Bundesarbeitsgericht
BAP	Bundesarbeitgeberverband der Personaldienstleister
BBG	Bundesbeamtengesetz
BBiG	Berufsbildungsgesetz
BDSG	Bundesdatenschutzgesetz
BEEG	Gesetz zum Elterngeld und zur Elternzeit (Bundeselten- und Elternzeitgesetz)

bEM	betriebliches Eingliederungsmanagement
BetrAVG	Gesetz zur Verbesserung der betrieblichen Altersversorgung (Betriebsrentengesetz)
BetrVG	Betriebsverfassungsgesetz
BGB	Bürgerliches Gesetzbuch
BPersVG	Bundespersonalvertretungsgesetz
BR	Betriebsrat
BRTV	Bau-Rahmen-Tarifvertrag
BT-Drucksache	Bundestags-Drucksache
BUrlG	Mindesturlaubsgesetz für Arbeitnehmer (Bundesurlaubsgesetz)
BVerfG	Bundesverfassungsgericht
BW	Baden-Württemberg
BZRG	Bundeszentralregistergesetz
CEEP	Europäische Vereinigung der öffentlichen Unternehmen und Arbeitgeber
d. h.	das heißt
DB	Der Betrieb (Zeitschrift)
DGB	Deutscher Gewerkschaftsbund
DrittelBG	Gesetz über die Drittelbeteiligung der Arbeitnehmer im Aufsichtsrat (Drittelbeteiligungsgesetz)
DS-GVO	Datenschutz-Grundverordnung
EBRG	Gesetz über Europäische Betriebsräte (Europäische Betriebsräte-Gesetz)
EG	Europäische Gemeinschaft
EGB	Europäischer Gewerkschaftsbund
EntgeltFG	Gesetz über die Zahlung des Arbeitsentgelts an Feiertagen und im Krankheitsfall (Entgeltfortzahlungsgesetz)
EStG	Einkommenssteuergesetz
etc.	et cetera
EU	Europäische Union
EuGH	Europäischer Gerichtshof
EWG	Europäische Wirtschaftsgemeinschaft
f., ff.	folgend, fortfolgend
FPfZG	Gesetz über die Familienpflegezeit (Familienpflegezeitgesetz)
GbR	Gesellschaft bürgerlichen Rechts

gem.	gemäß
GesamtBR	Gesamtbetriebsrat
GewO	Gewerbeordnung
GG	Grundgesetz
ggf.	gegebenenfalls
GKG	Gerichtskostengesetz
GmbH	Gesellschaft mit beschränkter Haftung
GmbHG	Gesetz betreffend die Gesellschaften mit beschränkter Haftung
HGB	Handelsgesetzbuch
HRG	Hochschulrahmengesetz
IfSG	Gesetz zur Verhütung und Bekämpfung von Infektionskrankheiten beim Menschen (Infektionsschutzgesetz)
IG Metall	Industriegewerkschaft Metall
IHK	Industrie- und Handelskammer
InsO	Insolvenzordnung
i.V.m.	in Verbindung mit
JArbSchG	Gesetz zum Schutz der arbeitenden Jugend (Jugendarbeitschutzgesetz)
JAV	Jugend- und Auszubildendenvertretung
KG	Kommanditgesellschaft
KGaG	Kommanditgesellschaft auf Aktien
KonzernBR	Konzernbetriebsrat
KSchG	Kündigungsschutzgesetz
LAG	Landesarbeitsgericht
LeihAN	Leiharbeitnehmer
LohnUGAÜV	2. Verordnung über eine Lohnuntergrenze in der Arbeitnehmerüberlassung
m	männlich
m.w.N.	mit weiteren Nachweisen
MiLoG	Gesetz zur Regelung eines allgemeinen Mindestlohns (Mindestlohngesetz)
mind.	mindestens
MitbestG	Gesetz über die Mitbestimmung der Arbeitnehmer (Mitbestimmungsgesetz)
MTV	Manteltarifvertrag

MuSchG	Gesetz zum Schutz von Müttern bei der Arbeit, in der Ausbildung und im Studium (Mutterschutzgesetz)
NachweisG	Gesetz über den Nachweis der für ein Arbeitsverhältnis geltenden wesentlichen Bedingungen (Nachweisgesetz)
Nr.	Nummer
NZA	Neue Zeitschrift für Arbeitsrecht
NZA-RR	Neue Zeitschrift für Arbeitsrecht Rechtsprechungs-Report
O	Ost
o. a.	oder andere
o. g.	oben genannt
OHG	Offene Handelsgesellschaft
OT-Mitgliedschaft	Mitgliedschaft im Arbeitgeberverband ohne Tarifbindung
PflegezeitG	Gesetz über die Pflegezeit (Pflegezeitgesetz)
PSV	Pensionssicherungsverein
RL	Richtlinie
RVG	Gesetz über die Vergütung der Rechtsanwältinnen und Rechtsanwälte (Rechtsanwaltsvergütungsgesetz)
SCE	Europäische Genossenschaft (Societas Cooperativa Europaea)
SchwarzArbG	Gesetz zur Bekämpfung der Schwarzarbeit und illegalen Beschäftigung
SE	Europäische Gesellschaft (Societas Europaea)
SEBG	Gesetz über die Beteiligung der Arbeitnehmer in einer Europäischen Gesellschaft (SE-Beteiligungsgesetz)
SGB	Sozialgesetzbuch
SGB I	Sozialgesetzbuch (Erstes Buch), Allgemeiner Teil
SGB II	Sozialgesetzbuch (Zweites Buch), Grundsicherung für Arbeitssuchende
SGB III	Sozialgesetzbuch (Drittes Buch), Arbeitsförderung
SGB IV	Sozialgesetzbuch (Viertes Buch), Gemeinsame Vorschriften für die Sozialversicherung
SGB V	Sozialgesetzbuch (Fünftes Buch), Gesetzliche Krankenversicherung
SGB VI	Sozialgesetzbuch (Sechstes Buch), Gesetzliche Rentenversicherung

SGB IX	Sozialgesetzbuch (Neuntes Buch), Rehabilitation und Teilhabe von Menschen mit Behinderungen
SGB X	Sozialgesetzbuch (Zehntes Buch), Sozialverwaltungsverfahren und Sozialdatenschutz
SGG	Sozialgerichtsgesetz
sog.	sogenannt
SprAuG	Gesetz über Sprecherausschüsse der leitenden Angestellten (Sprecherausschussgesetz)
StGB	Strafgesetzbuch
TV	Tarifvertrag
TVG	Tarifvertragsgesetz
TV-L	Tarifvertrag für die Länder
TVöD	Tarifvertrag für den öffentlichen Dienst
TzBfG	Gesetz über Teilzeitarbeit und befristete Arbeitsverträge (Teilzeit- und Befristungsgesetz)
u. a.	unter anderem
UNICE	Dachorganisation der Europäischen Arbeitgeber
Urt.	Urteil
UWG	Gesetz gegen den unlauteren Wettbewerb
VAG	Versicherungsaufsichtsgesetz
verdi	Vereinigte Dienstleistungsgewerkschaft
vgl.	vergleiche
VO	Verordnung
VVaG	Versicherungsverein auf Gegenseitigkeit
W	West
w	weiblich
WO 2001	1. Verordnung zur Durchführung des Betriebsverfassungsgesetzes (Wahlordnung 2001)
WV	Wettbewerbsverbot
z. B.	zum Beispiel
ZivSchG	Zivilschutzgesetz
ZPO	Zivilprozessordnung

Abbildungsverzeichnis

Abb. 1:	Die Normenpyramide des deutschen Arbeitsrechts	19
Abb. 2:	Die sieben Säulen des Europäischen Arbeitsrechts	20
Abb. 3:	Die Grundrechte des deutschen Arbeitsrechts im Grundgesetz	22
Abb. 4:	Definition des Praktikanten (§ 22 Abs. 1 Satz 3 MiLoG)	83
Abb. 5:	Mindestlohnregelung für Praktika	84
Abb. 6:	Übersicht: Fortsetzungserkrankung	114
Abb. 7:	Prüfschema zur Abfindung bei gerichtlicher Auflösung des Arbeitsverhältnisses	224
Abb. 8:	Vertragsbeziehungen in der Zeitarbeit	236
Abb. 9:	Kriterien für leitende Angestellte	256
Abb. 10:	Die vier Organe des Betriebsverfassungsgesetzes	259
Abb. 11:	Einleitung der Betriebsratswahl	264
Abb. 12:	Vereinfachtes Wahlverfahren	265
Abb. 13:	Beteiligung des Betriebsrats in personellen Angelegenheiten	272
Abb. 14:	Anwendungsbereiche des Europäischen Betriebsratsgesetzes	280
Abb. 15:	Mitwirkung von ehrenamtlichen Richtern durch Arbeitnehmer- und Arbeitgebervertretern	295
Abb. 16:	Schema der Rechtsmittel	303

Stichwortverzeichnis

A

Abfindung 222
— aufgrund Vereinbarung 226
— aus betriebsbedingten Gründen 222
— bei gerichtlicher Auflösung 223
— Höhe 226
Abmahnung 177, 181
— Abwehrmöglichkeit 180
— Inhalt 178
— Rügefunktion 178
— Warnfunktion 178
Abwicklungsvertrag 168
AGB-Kontrolle 42
— Prüfschema 42
Allgemeine Geschäftsbedingung 27
Altersgrenze 149, 154
Alterskündigungsschutz 150
Änderungskündigung 138, 213
Anfechtung 46
Anforderungsprofil 65
Annahmeverzug des AG 121
Anwesenheitsprämie 96, 98
Arbeit auf Abruf 60
arbeitnehmerähnlicher Selbstständiger 83
Arbeitnehmerentsendegesetz 81
Arbeitnehmerhaftung
— Begrenzung 234
— Grundsätze 232
— Haftungsausschluss 235
— Verschuldungsgrad 233
Arbeitnehmerüberlassung 30, 235
Arbeitnehmerüberlassungsvertrag 30

Arbeitsbescheinigung 186
Arbeitserlaubnis 187
Arbeitsgericht
— Beschlussverfahren 298
— Gang des Verfahrens 299
— Gebührentabelle 305
— Gerichtskosten 304
— Güteverhandlung 300
— Kammerverhandlung 301
— Prozesskostenhilfe 306
— Rechtsanwaltskosten 304
— Rechtsmittel 302
— Rechtsschutz 294
Arbeitsleistung 63
Arbeitspapier 186
Arbeitsunfähigkeit 193
— Anzeigepflicht 118
— Nachweispflicht 118
— Pflichten des AN 118
Arbeitsvergütung 98
— Pfändungsgrenzen 98
Arbeitsverhältnis
— Beendigung 53
— befristetes Arbeitsverhältnis 50
— Befristung mit Sachgrund 51
— Befristung ohne Sachgrund 56, 58
— unbefristetes Arbeitsverhältnis 50
Arbeitsverhinderung 120
Arbeitsvertrag
— AGB-Kontrolle 42
— Anfechtung 46
— Arbeitszeitregelung 69
— Ausschlussfrist 170
— Begriff 26, 29

– Form 40
– geltungserhaltende Reduktion 43
– Inhalt 49
– Kündigungsregelung 134
– minderjährige Vertragspartner 39
– Schriftformklausel 169
– Überstundenregelung 77
– Vergütungsregelung 78
– Vertragsstrafenabrede 172
– Vertretungsverhältnis 39
– Voraussetzungen 41
– Zustandekommen 38
Arbeitszeit 69
Arbeitszeugnis 182
– Berichtigung 185
– Beurteilungsspielraum 185
– Grundsätze 182
– Inhalt 184
– Schlussformel 185
Aufhebungsvertrag 168
Aufsichtsrat 282, 283
AU-Richtlinie 111
Ausbilder
– Pflicht 243
Ausbildungsvertrag 241, 245
Ausbildungszeugnis 243
Auslagenerstattung 36
– Fahrtkosten 36
– Übernachtungskosten 36
– Verpflegungsaufwand 36
– Zeitaufwand 37
Ausschlussfrist 170
Ausübungskontrolle 65
Auszubildende 83
Auszubildender
– Pflichten 244

B
Befristung
– mit Sachgrund 51
– sachgrundlos 56
– Sonderbefristungsregeln 59
Befristungsrecht 60
behinderte AN 161
Behinderungsgrad 162
Belehrung 178
beruflicher Werdegang 34
Berufsbildungsverhältnis 240
Beschäftigungsanspruch 67
Beschlussverfahren 297, 298
betriebliche Altersversorgung 123
– Anpassungsprüfungspflicht 125
– Direktversicherung 123
– Direktzusage 123
– Pensionsfonds 124
– Pensionskasse 124
– Pensionssicherungsverein 125
– Unterstützungskasse 124
– Verbraucherpreisindex 125
betriebliches Eingliederungsmanagement 195
betriebliche Übung 27, 44
Betriebsänderung 209
Betriebsgeheimnis 128
Betriebsrat 156, 157, 160, 260
– Arbeitsweise 276
– Aufgabe 270
– Bildung von Wirtschaftsausschüssen 275
– BR-Sitzung 276
– Einigungsstelle 262
– Freistellung von Mitgliedern 278
– Interessenausgleich 274
– Kosten 279

Stichwortverzeichnis

— Mitbestimmungsrecht 270
— Nachteilsausgleich 274
— personelle Angelegenheit 271
— Sozialplan 274
— Wahl 262, 263, 266
— Wahlanfechtung 269
— wirtschaftliche Angelegenheit 273
Betriebsratsanhörung 158
Betriebsrente 123
Betriebsrentenzusage 123
Betriebsübergang 153
— Begriff 173
— Folgen 175
— Widerspruchsrecht des AN 176
Betriebsvereinbarung 25
Betriebsverfassungsrecht 253
— allgemeine Grundsätze 258
— Geltungsbereich 253
— Organe 259
Betriebsversammlung 261
Beurteilungsspielraum 185
Bewerberauswahl 35
Bewerbungsunterlage 36
Billigkeitskontrolle 27

D
Datenschutz 247
— Europarecht 251
— Grundsatz 252
— nationales Recht 248
Datenschutzbeauftragte 152
Datenschutzbeauftragter 250
d'Hondtsche Höchstzahlverfahren 267
Dienstvereinbarung 25
Dienstverschaffungsverhältnis 29, 236
Dienstverschaffungsvertrag 30
Dienstvertrag 29, 30
Direktionsrecht 27, 63

Dokumentationspflicht des AG 88
Druckkündigung 197

E
ehrenamtliche Tätigkeit 83
Einigungsstelle 262
Einmalzahlung 79
Einschreiben 145
Elternzeit 167
Entgeltfortzahlung 111
— bei Mehrfacherkrankungen 113
— Dauer 113
— Erstattungsanspruch des AG 115
— Höhe 115
— im Krankheitsfall 111
— Zahlungsverweigerung 116
Entgeltgleichheit 90
Entgelttransparenzgesetz
  (EntgTranspG) 90
Equal-pay-Grundsatz 238
Ermessen, billiges 37
Erstanstellung 51
Europäische Betriebsverfassung 279
europäischer Betriebsrat 279
Europarecht 19
— Primärrecht 20
— Sekundärrecht 20

F
Feiertagsvergütung 118
Firmentarifvertrag 288
Flächentarifvertrag 288
Formulararbeitsvertrag 42
Fortsetzungserkrankung 114
Fragerecht des AG 32, 33
Freistellungsanspruch 67
Freistellungsregelung 68
Führungszeugnis 34

317

Fünftelregelung 227
Funktionsnachfolger 174

G
Geburtsbeihilfe 99
geltungserhaltende Reduktion 43
Gemeinschaftsbetrieb 188, 207
genetische Veranlagung 34
gerichtlicher Vergleich 55
Gerichtskosten 304
Gerichtsvollzieher 145
Gesamtbetriebsrat 260
Gesamtbetriebsvereinbarung 26
Geschäftsgeheimnis 128
Gesellschaftsvertrag 30
Gesundheitsbescheinigung 186
Gesundheitszeugnis 34
Gesundheitszustand 33
Gewerkschaftszugehörigkeit 34
Gewinnbeteiligung 93
Gleichbehandlungsgrundsatz 45, 155
grafologisches Gutachten 34
Grundrecht 22
Gruppenarbeitsverhältnis 38
Günstigkeitsprinzip 26
Güteverhandlung 300

H
Hauptleistungspflicht des AG 78
Haustarifvertrag 288
Heiratsbeihilfe 99

I
Individualarbeitsrecht 29, 253
Insolvenz 150
Integrationsamt 163
Interessenausgleich 273
Irrtumsanfechtung 47

J
Jubiläumszuwendung 99
Jugend- und Auszubildendenvertretung 261
junges Unternehmen 58

K
Karrenzentschädigung 133
Kleinbetrieb 149, 188, 189, 243
Kollektives Arbeitsrecht 253
Konkurrenztätigkeit 129
Konzernbetriebsrat 260
Konzernbetriebsvereinbarung 26
Krankheit
— Kurzerkrankung 193, 196
— langanhaltend 193
Kündigung 134
— Änderungskündigung 138, 213
— außerordentliche Kündigung 137, 217
— betriebsbedingte Kündigung 201, 202, 203
— des AN 151
— Fristen 147, 148
— fristlose Kündigung 137
— in der Elternzeit 167
— in der Pflegezeit 167
— Kündigung aus wichtigem Grund 217
— Kündigung in der Probezeit 148
— Kündigungsgrund 151
— ordentliche Kündigung 137
— Schriftform 146
— sittenwidrige Kündigung 154
— Teilkündigung 139
— treuwidrige 155
— unternehmerische Entscheidung 203

Stichwortverzeichnis

— Verdachtskündigung 155, 201
— von Schwangeren 166
— von schwerbehinderten Menschen 161
— Voraussetzungen 198
— Zugangsform 142
Kündigungsberechtigung 139
— des AG 140, 151
— des AN 139
Kündigungsfrist 148, 150
Kündigungsgrund
— personenbedingt 191, 197
— verhaltensbedingt 197
Kündigungsschutz 187, 247
— bei Massenentlassung 210
— erweiterter 209
— Voraussetzungen 188
— Wartezeit 190
Kündigungsschutzklage
— Inhalt 229
— Klagefrist 229
Kündigungsverbot 153
Kur 34
Kurzerkrankung 193, 196

L
Langzeitarbeitsloser 83
Langzeiterkrankung 117
leitender Angestellter 227, 256
Lohnausfallprinzip 122
Lohnersatzfunktion 133
Lohngrenze 80
Lohnpfändung 98
Lohnsteuerbescheinigung 186
Lohnuntergrenze 239

M
Massenentlassung 154, 210

Maßregelungsverbot 153
medizinischer Dienst 117
Mehrarbeit 74
Mehrfacherkrankung 113
Meldebescheinigung 186
minderjähriger Arbeitgeber 40
minderjähriger Arbeitnehmer 39
Mindestkündigungsfrist 147, 149
Mindestlohn 80, 81, 82
— Ausnahmen 83
— Entgeltbestandteile 86
— Fälligkeit 85
— Höhe 85
Mindestlohngesetz 82
Mitbestimmung der Arbeitnehmer 282
Mitbestimmungsgesetz 283
m/ntel-Methode 124
Mutterschaftsgeld 247
Mutterschutz 246

N
Nachteilsausgleich 274
Nebentätigkeit 126

O
Öffnungsklausel 25, 79

P
Parteizugehörigkeit 34
Personalakte 181
Personalfragebogen 32, 34
Personalrat 156
Pfändungsschutzkonto 100
Pfändungstabelle 98
Pflegezeit 167
Praktikant 83
Prämie 95
Probearbeitsverhältnis 62

Stichwortverzeichnis

Probezeit 148
Prokura 257
Provision 93
Prozesskostenhilfe 306

R
Rechtsanwaltskosten 304
Rechtsmittel 302
Religionszugehörigkeit 34

S
Sachbezug 78
Schriftform 60
Schriftformklausel 169
— doppelte 170
— einfache 170
— mit Zusatz 170
Schufa-Auskunft 34
Schwangerschaft 33, 166
Schwerbehinderung 33, 162
Selbstbehalt 99
Sicherheitsbeauftragter 153
Sicherheitsüberprüfung 34
sittenwidriger Lohn 80
Social Media 35
Sonderbefristungsregelung 59
Sondervergütung 91
Sonderzahlung 91
Sozialauswahl 206
Sozialplan 273, 274
Sozialstaatsprinzip 22
Sozialversicherungsausweis 187
Sperrfrist 169, 212
Stellenausschreibung 31
Sterbegeld 99

T
Tantieme 93

Tarifautonomie 286
Tarifeinheitsgesetz 293
Tarifkonkurrenz 293
Tarifpluralität 293
Tarifrecht 286
Tarifvertrag 24, 287
— arbeitsrechtliche Fragen 289
— Differenzierungsklausel 290
— Flächentarifvertrag 24
— Gehaltstarifvertrag 24
— Haustarifvertrag 24
— Inhalt 289
— Kollisionsregelung 294
— Lohntarifvertrag 24
— Manteltarifvertrag 24
— normativer Teil 288
— Rahmentarifvertrag 24
— schuldrechtlicher Teil 287
— Urlaubstarifvertrag 24
— Verbandstarifvertrag 24
— Verweisung im Arbeitsvertrag 291
— Wirkung 290
Teilarbeitsfähigkeit 117
Teilkündigung 139
Teilurlaub 103
Teilzeit 72
Tendenzbetrieb 254
Transparenzgebot 45

U
Überhangprovision 93
Überstunde 69, 74
Überstundenregelung 77
Überstundenzuschlag 77
Urlaubsanspruch 100, 105
— Verfall 105
Urlaubsbescheinigung 105, 186
Urlaubsdauer 102

Urlaubsgewährung 107
Urlaubsvergütung 109
— Urlaubsentgelt 109
— Urlaubsgeld 110
Urteilsverfahren 297

V
variables Gehalt 93
— Anwesenheitsprämie 96
— Gewinnbeteiligung 93
— Prämie 95
— Provision 93
— Tantieme 93
— Zielvereinbarung 94
Verbrauchervertrag 42
Verdachtskündigung 201
Verfassungsrecht 22
Vergütungsanspruch
— aus Annahmeverzug 121
Vergütungspflicht 76
Vergütungsregelung 78
Vermittlungsausschuss 284
Vermögensverhältnis 34
Verschwiegenheitspflicht 127
Versetzungsklausel 64
Versetzungsvorbehalt 64
Vertragsfreiheit 45
Vertragsstrafe 172
Verwarnung 178
Verweis 178
Vorgesetztenfunktion 65
Vorhaltung 178
Vormund 40
Vorstellungsgespräch 32
Vorstrafen 34

W
Wahlvorstand 152, 264
Weisungsrecht 27, 63
Weiterbeschäftigungsmöglichkeit 204
— in anderen Betrieben 205
— nach Fortbildung 205
— zu geänderten Bedingungen 206
Werkvertrag 30, 236
Wettbewerbsverbot
— nachvertragliches Wettbewerbsverbot 131
— nichtiges 132
— unverbindliches 132
— vertragliches 129
Whistleblowing 128
Wiedereingliederung des AN 117
Wirtschaftsausschuss 275

Z
Zeitarbeit 235
— Abgrenzung zum Werkvertrag 236
— Equal-pay-Grundsatz 238
— Erlaubnispflicht 237
— Lohnuntergrenzen 239
— Vertragsbeziehung 235
Zeitungszusteller 85
Zeugnissprache 185
Zielvereinbarung 94
Zusatzurlaub 102
Zwischenverdienst 122
Zwischenzeugnis 183

Der Autor

Uwe Ringel, geboren 1973 in Görlitz. Jurastudium an der Freien Universität Berlin, Referendarausbildung beim Kammergericht. Seit 2000 als Rechtsanwalt zugelassen. 2002 Gründung einer eigenen Kanzlei. Seit 2012 als Fachanwalt für Verkehrsrecht zugelassen. Mitglied der Arbeitsgemeinschaft Verkehrsrecht des Deutschen Anwaltvereins. Mitglied im Beirat der Rechtsanwälte des Bundesverbandes der freiberuflichen und unabhängigen Sachverständigen für das Kraftfahrzeugwesen (BVSK) e.V. Mitautor im Arbeitsrecht für die anwaltliche Praxis bei Haufe Lexware. Mitautor des Buches zum neuen Vergütungsrecht für Rechtsanwälte zum 1.8.2013 (Haufe Lexware). Mitautor des Kompendiums der medizinischen Begutachtung des Spitta Verlags Balingen.

Exklusiv für Buchkäufer!

Ihre Arbeitshilfen zum Download:

▸ http://mybook.haufe.de/

▸ **Buchcode:** HQA-9506